高等院校旅游管理专业系列教材

旅游资源开发与管理

第三版

马耀峰　甘枝茂　主　编
宋保平　白　凯　副主编

南开大学出版社

天　津

图书在版编目(CIP)数据

旅游资源开发与管理 / 马耀峰,甘枝茂主编. —3 版.
—天津：南开大学出版社,2013.5（2016·6 重印）
高等院校旅游管理专业系列教材
ISBN 978-7-310-04160-2

Ⅰ.①旅… Ⅱ.①马…②甘… Ⅲ.①旅游资源开发—
高等学校—教材②旅游资源—资源管理—高等学校—教
材 Ⅳ.①F590.3

中国版本图书馆 CIP 数据核字(2013)第 069763 号

南开大学出版社出版发行
出版人:孙克强
地址:天津市南开区卫津路 94 号　　邮政编码:300071
营销部电话:(022)23508339　23500755
营销部传真:(022)23508542　邮购部电话:(022)23502200

*

河北昌黎太阳红彩色印刷有限责任公司印刷
全国各地新华书店经销

*

2013 年 5 月第 3 版　　2016 年 6 月第 23 次印刷
230×170 毫米　16 开本　24.625 印张　2 插页　455 千字
定价:41.00 元

如遇图书印装质量问题,请与本社营销部联系调换,电话:(022)23507125

第三版前言

《旅游资源与开发》于 2000 年出版,至 2006 年已连续第 11 次重印,并被许多院校确定为研究生入学考试必选参考书,2005 年本书获得了陕西省高等院校优秀教材一等奖。

到 2012 年本书已经重印 20 余次,但随着我国旅游业所面临的发展转型,特别是国务院《关于加快发展旅游业的意见》国发〔2009〕41 号文件的颁布实施,旅游业被提升到前所未有的高度,旅游业已被确定为国家战略性支柱产业和现代服务业。反思我国旅游资源的保护和开发问题,很多历史观点和实践指向问题需要重新审视和总结提高。基于此大背景,本书应出版社和广大读者要求,做第二次修订。

我国旅游业已进入前所未有的大好发展时期,旅游发展方式的转型,旅游业的提档升级,须从旅游资源开发与规划以及管理方面进行深度解读。人们对旅游资源的认知与评价以及对资源研究的不断深化,对旅游资源经开发所得旅游产品的需求也发生了显著变化,强化对旅游资源开发的科学性、可操作性和可持续以及旅游资源开发管理的要求也越来越高。

为了适应国务院"关于加快发展旅游业的意见"的颁布实施,满足现代旅游业转型发展的要求,根据旅游资源开发和旅游规划类专业人才的教学科研需要,为旅游管理类专业人员工作提供参考,作者根据近些年来的科研积累和数十年来教学实践经验的提炼,特在原书第二版基础上,进行本教材的第二次修订。

本次修订除基本保留了原书的基本结构与框架以及优点外,主要从补充、完善、系统、深化等几方面进行了编撰提升:

(1)在总体结构上,考虑到旅游资源开发所面临的诸多问题,在原旅游资源、旅游资源开发框架上,增加了旅游资源管理这一新板块共三章内容,使旅游资源、资源开发和资源开发管理的系统性和完整性更强。

(2)由于总体大结构的变化,原书名《旅游资源与开发》已显不妥,故改为《旅游资源开发与管理》。

(3)考虑到很多院校在开设本课程的同时,也开设了《旅游管理信息系统》、《旅游规划》等课程,为避免重复,调整压缩了部分章节内容。

(4)对每章前部"学习导引"和后面的"实证案例分析",以及复习参考题做了完善和补充;对一些章节略显多余的实证案例做了删减。

(5)依托旅游资源开发的理论和实践研究成果,补充和深化了旅游资源开发部分的开发理论和开发模式等相关内容。

（6）在附录中增加了 2009 年国务院关于加快发展旅游业的意见，以提高读者对旅游战略性支柱产业国家行为的解读和认识。

在保持原版本教材体系完整、内容简洁、方法精练等特色的基础上，第三版教材力求展现"自然、人文类旅游资源分析解读，旅游资源开发与旅游资源管理三大块内容"的系统性、科学性和完整性；突出易于学习认知，理论和实践能有机结合的编写特色，力图满足培养复合型旅游专业人才的教学要求。

本修订版教材由马耀峰教授负责前言、第 1—6 章、第 12—15 章修订与撰写，宋保平教授负责第 7—11 章修订，白凯教授负责第 16—18 章撰写，全书由马耀峰负责统稿。书中还采用了许多其他作者的研究成果，未详尽罗列，请谅。本教材修订得到了孙淑兰编审大力支持和帮助，并提出了前瞻性修编意见，在此表示衷心谢意。

编著者

2012 年 10 月于西安

第二版前言

《旅游资源与开发》于2000年出版时,正值我国旅游业持续发展二十多年,处在旅游资源开发新阶段,且旅游教育也快速发展,迫切需要一本从理论和实践角度廓清旅游资源概念、实质、体系结构、评价以及旅游资源开发理念、开发模式的教材。本书的出版在一定程度上缓解和满足了对旅游资源教材的急需。承蒙全国各高校师生和旅游行业人员对本书的厚爱,使该教材需求旺盛,到2006年已连续11次重印,并被许多院校确定为研究生入学考试必选参考书,2005年本书获得了陕西省高等院校优秀教材一等奖。

改革开放以来我国旅游业实现了超常规快速发展,旅游资源开发与规划也如火如荼,人们对旅游资源的认知与评价以及对旅游资源的研究不断深化,旅游市场对旅游资源经开发所得旅游产品的需求也在不断发生变化,对旅游资源开发的科学性、可操作性和持续发展的要求也越来越高。2003年5月1日我国《旅游资源分类、调查与评价》和《旅游规划通则》等国家标准颁布实施,需要旅游教育、研究和旅游行业人员等认真学习、研究并付诸实施。

为了适应现代旅游业迅猛发展的要求,满足旅游资源开发和旅游规划类专业人才的教学需要,为旅游管理类人员的工作提供参考,并顺应旅游资源和谐开发和利用的实践需求,根据作者近些年来的科研积累和数十年来教学实践经验的提炼,以及与旅游资源类国家标准实施同步的需要,特修订本教材。

修订版教材基本保留了原书的基本结构与框架,主要在以下几方面进行了变化和提升:

(1)在保证教材内容的相对系统性与独立性的基础上,充分考虑并补充了旅游资源类几个国家标准的相关内容,为读者熟悉和掌握国标打好基础。

(2)适当增加完善了每章的实践案例内容,以使理论和实践能更紧密地结合。便于学生从实践角度切入并理清思路,能够分析、评价旅游资源,拓展实践能力,为进一步深入学习和研究提供科学素材。

(3)增加了旅游资源开发的理论基础等内容,为科学进行旅游资源开发和规划奠定一定的理论功底。

(4)在附录中增加了《旅游资源分类、调查与评价》、《旅游规划通则》等两个国标以及我国自然保护区名录内容,以提高本书的实践应用价值。

在保持原版本教材体系完整、内容简洁、方法精练等特点的基础上,修订版教材力求体现自然、人文类旅游资源及其评价,旅游资源开发等几大块内容的系统性、科学性和完整性;突出易于学习认知、理论和实践有效结合的编写特色,能较好满足培养复合型旅游专业人才的教学要求。

本修订版教材由甘枝茂教授负责第 1～7 章,宋保平教授负责第8～13章,马耀峰教授负责第 14～17 章。书中采用了许多其他作者的研究成果,未能一一列出,敬请谅解。本教材修订得到了孙淑兰副编审无私的支持和帮助,并提出修编意见,在此表示衷心谢意。

编著者

2006 年 12 月于西安

第一版前言

当今世界,全球经济一体化势不可挡,旅游业发展如火如荼。随着我国加入世界贸易组织(WTO)的临近,旅游业日显重要并不可替代。时至今日,全国已有25个省、区、直辖市把旅游业作为区域经济发展的支柱产业或龙头产业。据世界旅游组织预测:新千年国际旅游仍将保持强劲增长势头。到2020年,国际旅游人数将增至15.61亿人次,旅游收入将增加到2万亿美元。在亚洲地区特别是中国,旅游接待人数将有一个大跃进,旅游业发展潜力巨大,扩展空间广阔。

旅游资源是旅游业发展的基础和先决条件,即旅游业发展依托于旅游资源的开发;而旅游资源的开发,必须建立在对资源本身的科学认识和对其内涵的准确把握之上。我国地域辽阔,历史悠久,自然景观丰富多彩,人文景观璀璨夺目,其所独有的东方神韵一直强烈地吸引着中外游客。中国旅游业经二十多年的发展已取得巨大成效自不待言,但旅游资源盲目开发,缺乏科学论证,造成极大的经济损失和浪费的实例也并不少见。对旅游资源的成因、内部机理、文化品位、发展和演替特征以及观赏价值等的正确认识和理解,是当今也是将来我国旅游业发展和旅游教育研究的重要课题之一。

本书是基于教育部最新编制出版的《普通高等学校本科专业目录和专业介绍》中关于旅游管理专业13门必修课的界定而编著的,也是作者数十年旅游教学和旅游科研实践的结晶。在本书的编写中,作者试图突出以下特色:

(1)突出旅游资源的序列性和完整性,以廓清旅游资源特别是人文旅游资源分类的无序性或不合理性;

(2)除"绪论"与"旅游资源分类"两章外,以自然旅游资源、人文旅游资源和旅游资源开发等三大块构成清晰脉络,避免重自然资源轻人文资源或重资源轻开发的不足;

(3)突出旅游资源的理论阐述、吸引力因素、旅游功能和美学鉴赏,防止或减少有关旅游资源的描述与旅游地理、中国旅游地理课程的内容重复;

(4)旅游资源开发强调宏观、中观层次的开发方向和开发模式,不拘泥于微观的旅游规划,以避免和旅游规划课程的内容重复;

(5)除在各章节的分析论述中尽量结合实际外,还以实证案例分析贯穿于绝大部分章节,加强理论和实践的结合。

负责完成各章的人员如下:第1~7章甘枝茂,第8~13章宋保平,第14~17章马耀峰。全书由甘枝茂、马耀峰统稿。参加本书有关工作、撰写部分章节的还有:甘炜、宁维英、朱晔、白晓娟、张晓惠、席岳婷、马彦、邢晓梅、李旭、王镜、宋咏梅、张洁、苟小东、李永军和杨青生。孙淑岚副编审为本书的出版付出了大量辛劳,在此致谢。

由于作者水平有限,错误和不妥之处在所难免,恳希批评指正。

编著者

2000 年 3 月于西安

目　录

第一章 绪论

学习导引

    旅游资源是发展旅游业的基础条件,如何认识旅游资源的概念和内涵,正确理解旅游资源的分类以及特点,是本书首先需要解决的基本问题。作为开篇章,首先探讨旅游资源概念和内涵问题;其次,分析自然旅游资源和人文旅游资源的特点;再次,分析旅游资源的价值。通过旅游资源概念和内涵的介绍,希望引导学生能够理解旅游资源的重要性,并掌握旅游资源与旅游业的关系。

教学目标

- 分析和理解旅游资源的概念和内涵。
- 了解旅游资源的特点。
- 掌握旅游资源和旅游业之间的关系。
- 认识和了解不同类型旅游资源特点的差异性。

学习重点

    旅游资源的概念和内涵;旅游资源的特点;旅游资源的价值;旅游资源与旅游业的相互关系。

第一节 旅游资源的概念及内涵

一、旅游资源的概念

旅游资源在国外被称做旅游吸引(物)(Tourist Attraction),是指旅游地吸引旅游者的所有因素的总和。

在我国,随着旅游业的发展,"旅游资源"这一名词已被人们所认同,并广泛地得到应用。许多学者对这一概念进行了有益的探讨。然而到目前为止,由于人们着眼点的不同,对旅游资源这一概念的具体界定却存在着不同的认识,因而提出了许多关于"旅游资源"概念的阐述。例如:

"凡是能够造就对旅游者具有吸引力环境的自然因素、社会因素或其他任何因素,都可构成旅游资源"(李天元、王连义);

"旅游资源是在现实条件下,能够吸引人们产生旅游动机并进行旅游活动的各种因素的总和"(陈传康、刘振礼);

"凡是能为人们提供旅游观赏、知识乐趣、度假疗养、娱乐休息、探险猎奇、考察研究及人民友好往来和消磨闲暇时间的客体和劳务,都可称为旅游资源"(郭来喜);

"凡是对旅游者产生吸引力,并具备一定旅游功能和价值的自然与人文因素的原材料,统称为旅游资源"(卢云亭);

"目前已经利用和尚未利用的、能够吸引人们开展旅游活动的有关自然过程、人类活动以及它们在不同时期形成的各种产物之总称"(阎守邕等);

"凡是经过开发能够吸引游客的东西都可称之为旅游资源"(何礼荪);

"能够使旅游者发生兴趣,有足够的力量吸引他们前来,并由此可获得经济效益的各种要素的集合"(晓鞍);

"旅游资源是指在自然界或人类社会中凡能对旅游产生吸引向性、有可能被用来规划开发成旅游消费对象的各种事与物(因素)的总和"(苏文鎏、孙文昌);

"自然界和人类社会凡能对旅游者产生吸引力,可以为旅游业开发利用,并可产生经济效益、社会效益和环境效益的各种事物和因素"(《中华人民共和国国家标准——旅游资源分类、调查与评价》)。

可以看出,在众多的阐述中,其共同之处都表明旅游资源必须对游客具有一定的吸引力。其不同之处主要是对旅游资源具体内容的概括与表述的差异。随着旅游业的不断发展和对旅游资源认识的深化,关于旅游资源的概念必将会取得较为一致的认识。

作为一个科学概念的定义,应该体现其基本属性与内容,阐述准确,语言简练。基于上述要求,本书把旅游资源的概念界定为:凡能够吸引旅游者产生旅游动机,并可能被利用来开展旅游活动的各种自然、人文客体或其他因素,都可称为旅游资源。

二、旅游资源的内涵

如何理解旅游资源的概念?可作如下解释:

(一)对游客的吸引力是旅游资源实用价值和基础性的主要体现

"旅游资源"作为"资源"的一部分,应该具有"资源"的共性。所谓"资源",一般指生产资料或生活资料的来源。也就是说凡是资源对人类生产、生活都具有实用价值,而且是生产生活中最基本的物质基础(或原材料)。例如矿产资源、土地资源、森林资源、水资源等,都是现今人类社会生产、生活中所必不可少的最基本的物质基础。可见实用价值(即"有用")和基础性(即作为原材料)是资源的共性。旅游资源是资源的一部分,理所当然地应该具有资源的共性,即在旅游业发展中具有可利用的价值,并作为重要的基础。

旅游资源的实用价值和基础性体现在哪里?主要体现为对游客的吸引力。游客之所以从客源地到某一旅游地去旅游,就是因为这一旅游地有吸引游客的对象。例如优美的自然风光、驰名的文物古迹、舒适的气候环境、奇特的景物等,它们可以吸引游客前去游览、观赏、休疗等,从而促进了旅游活动的开展。旅游资源具有对游客的吸引力不仅体现了旅游资源的基础性,而且成为旅游资源的重要属性。同时也限定了旅游资源存在于旅游目的地,它排除了从客源地到旅游目的地的其他因素。这里必须指出,所谓旅游资源对游客的吸引力,是指对社会旅游者的群体而言,而不是以个别人的爱好为标准。

(二)旅游吸引力是判别是否属于旅游资源的重要依据

自然界赋予的或者人工创造的、历史遗存的客观实体复杂多样,那些不具备物质形态的文化、艺术、思想等因素,其表现形式更是名目繁多。上述内容并非都是旅游资源,只有那些对游客有一定吸引力,有可能被旅游业所利用的内容才算旅游资源。例如优美的山、川、河、湖,幽静、茂密的森林,奇特的鱼、虫、鸟、兽,珍贵的历史文物,纯朴、浓郁的民俗,优良的社会风尚,精湛的艺术表演……它们都能对游人产生一定的吸引力,成为游客观光游览、参考体验、学习提高的对象。

虽然月球对许多人具有强烈的吸引力,但由于目前科学技术水平等原因的限制,还不能被利用来开发旅游活动,因此不能算做旅游资源。旅游资源开发能否取得良好的经济效益、社会效益和环境效益,不完全取决于旅游资源本身,与旅游开发、经营管理等有直接关系。因此不宜把能否"产生经济效益、社会效益和环境效益"作为确认是否属于旅游资源的依据。

至于劳务或其他因素是否属于旅游资源,同样不能一概而论,要具体分析。对那些在旅游中仅仅起着媒介作用的劳务,例如一般的导游、服务员、司机、经营管理人员等,他们并不是吸引游客前来旅游的对象,因此这些劳务不应属于旅游资源范畴。但在一些特殊情况下,例如某些名厨师,造诣较高的书法家、艺术家,不仅他们的作品或产品为旅游者所欣赏或享受,而且他们的劳动服务(创造或制作)过程也可吸引游人参观。夏威夷人民热情好客,许多人去夏威夷的目的之一就是想亲身体验热情好客的情景,夏威夷也把热情好客的人民作为吸引游人的因素来宣传与开发。类似上述的劳务已不仅仅是媒介,而成为吸引游客前来旅游的因素之一,可以视为旅游资源。因此要对各种客观实体或其他因素进行具体分析,只有那些对游人有一定吸引力的内容才属于旅游资源。

(三)旅游资源既包括未被开发利用的,也包括已被开发利用的内容

未被开发利用的那些能对游客产生吸引力的客观实体或因素,它们经过开发,可以为发展旅游业所利用,起到"原材料"的作用,理所当然地属于旅游资源。至于那些经过开发利用的旅游资源及人工创造物,由于它们既可被看做是加工后的产品,同时又可作为继续开发的对象,不断地加工提高,继续开发,重复使用,因此已经开发利用的那些客观实体或因素,仍然可以视为旅游资源。

(四)旅游资源的范围在不断扩大

旅游资源是一个不断发展的概念,随着社会的进步、经济的发展、科学技术水平的提高,人们对旅游需求的多样化、个性化,旅游资源的范畴在不断扩大。保健旅游的兴起,使一些地方访问百岁老人活动、参观中药材博物馆、"森林浴"等悄然兴起。参与型旅游活动已不局限于过去的滑冰、滑雪、冲浪、游泳和体验民风民俗等,又出现了滑沙、滑草、放风筝、田园作业等。旅游活动不仅在地面,而且开始向水下、空中发展。一些地方开展了游人潜水观看海底世界,乘坐飞机升空俯瞰城镇、冰峰,人们遨游太空、登上月球旅游的愿望也会成为现实。西安的卫星测控中心、美国的宇航中心、澳大利亚的造币厂、朝鲜半岛的"三八线"等,已向游客开放,成为重要的旅游点。专供旅游而兴建的人造乐园,微缩集锦式公园,栩栩如生的各种蜡像馆更是五花八门。特别是集优美的环境、现代高科技、深厚的文化内涵于一体的大型综合性旅游景点与游乐场所,因符合时代朝流而受到人们的偏爱。今后旅游资源的范围还将继续扩大,某些现在看来不是旅游资源的客体或因素,很可能以后会成为旅游资源。

（五）旅游资源既有物质的，也有非物质的；既有有形的，也有无形的

在旅游资源中，自然界赋存的名山、大川、瀑布、湖泊、森林、动物等，以及人工创造、历史遗存的园林、宫殿、文化名城、珍贵文物等，它们是物质的、有形的客观实体，认同感较强，易于被人们所认可，这是旅游资源中很重要的一部分。同时还有许多无形的、非物质的旅游资源，例如文化艺术、高尚的品德、神话故事等。由于它们是无形的、非物质的精神产品，不易为人们所感受，其本质也不易被人们所理解与认可。实际上，这些非物质的、精神的旅游资源，是在物质的基础上产生的，总是与一定的物质基础相联系，并依附于一定的物质而存在。例如高尚的品德、热情的服务，总是与具体的人联系在一起；不同的文化总是与一定的社会历史、环境条件相联系；各种悦耳的音乐总是与演奏者、歌唱者及各种乐器相联系。充分发掘这些无形的非物质旅游资源，不仅可以拓宽旅游的内容，而且还可以为有形的、物质的旅游商品创造出一种新的附加价值。

第二节　旅游资源的特点

旅游资源是旅游目的地借以吸引旅游者的最重要因素，也是旅游开发必备的条件之一。正确认识旅游资源的特点，对合理开发、充分利用旅游资源和发展旅游业有促进作用。旅游资源既具有一般资源的共性，又有它自己的许多特性。

一、旅游资源的共同特点

（一）广域性

旅游资源在地域分布上十分广泛，在地球上不同的区域都有旅游资源的分布。在陆地上有各种自然、人文景观；在海洋有波涛汹涌的海浪、一望无际的水面、奇特的海洋生物；在天空有瞬息万变的天象、气象；在地下有神秘的溶洞，地下河流、湖泊；在城市有体现现代建筑、科技水平的城镇风貌；在乡村有浓郁的民俗及田园风光；在人烟稀少的山区、沙漠，有原始、纯朴的自然风光；在赤道地区有热带雨林，在极地有冰天雪地；等等。几乎在地理圈范围内的各个区域都有旅游资源的存在。

（二）区域性

各种旅游资源既是地理环境的组成部分，同时它们的形成和存在又受到地理环境的影响和制约。随着环境的区域变化，旅游资源也存在着一定的区域差异，例如热带风光、高山冰雪、沙漠驼铃、椰林竹楼、林海雪原等，均与不同的地理环境有关。不仅自然旅游资源如此，人文旅游资源的分布也同样受到地理环境的影响，存在着区域差异。人们在长期的生存发展中,为了求得自身较好的生存,便顺应自然、适应自然,因而作为人类创造出的各种人文景观、灿烂的文化,也受到一定的地理环境的影响,打下了一定的区域特征的烙印。例如在民居建筑中,黄土高原的窑洞、牧区的帐篷与毡房、西南地区亚热带的竹楼、华北地区的四合院等差异,都与一定的自然环境的区域差异密切相关。

(三)不可移动性

如前所述,各种旅游资源都分布在与之相适应的地理环境和区域环境中,带有强烈的地方色彩和区域特征,这也正是旅游资源个性特征的体现,而与之相适应的环境是个性特征及内涵存在的必要条件。离开了必要的条件,它们的个性、特殊的内涵及吸引力就会消失或者大大降低。例如,把秦兵马俑运到外地去展出,脱离当地环境,人们就难于感受到两千年前秦军兵强马壮、气势磅礴的阵容,以及秦始皇统帅百万大军叱咤风云,"横扫六合"、"北却匈奴"、"南平吴越",统一中国的宏伟业绩。许多仿造的旅游景观,尽管应用了高超的现代技术,甚至做到了以假乱真,但它们仍然不可能与真景实景的魅力相提并论。因为它们在旅游者心目中的感受毕竟不是原物,旅游意义自然不如原地原物那么浓厚。因此旅游资源的开发利用一般应在当地进行,即旅游基本上是旅游者移动到旅游资源地的活动,而不是把资源运到其他地方再加工利用。事实上,有不少旅游资源也难于迁移,例如名山胜水等。

(四)重复使用性

在旅游资源中,除了少部分内容在旅游活动中会被旅游者所消耗,需要通过自然繁殖,人工饲养、栽培和再生产来补充外,绝大多数旅游资源都具有长期重复使用的价值。例如山水风光、城镇风貌、文物古迹、园林建筑、宗教文化等旅游资源所形成的旅游产品,旅游者只能带走各种印象和美感,但不能把这些旅游资源带走。因此它们可以长期供人们开发利用。但必须指出,长期使用是相对的。所以在开发利用中,要重视通过各种保护措施,一方面减少其自然的、人为的破坏,另一方面,为某些自然景观、人文景观的存在和发展创造良好的条件,如保护生态环境等,从而延长重复使用的期限。

(五)文化属性

旅游资源是观赏的对象,文化内涵是旅游资源的灵魂。一般的旅游资源都具有与之相应的文化内涵,即蕴藏着一定的科学性和自然的或社会的哲理。正因为如此,旅游活动本身才成为一种文化交流活动。人们通过观光、游览、参与、体验,可以得到各种知识和美的享受,丰富人们的知识,提高人们的智力水平,增加人们的美感。例如,各种科学展馆给人们提供了学习科学知识、探索自然奥秘的条件;通过各种石窟人们可以看到古代文化、雕刻艺术;各种历史博物馆可以帮人们回顾历史、了解历史；奇峰异石、幽深的峡谷、寂静的山林、咆哮的瀑布等优美的自然风光，不仅给人们以不同的美感，而且都具有一定的科学哲理，能激发人们的思维。旅游资源的文化内涵虽是其吸引游人的一个重要方面，但要获得这种文化享受，往往与旅游者的文化修养、精神境界有密切关系。文化素养与精神境界的高低，直接影响到旅游者对观赏对象文化内涵的认识水平。这正是某些文化内涵深刻的观赏对象，反而引不起某些旅游者的兴趣的重要原因。旅游的开发者不仅应深入研究旅游资源的文化内涵，而且应该采取合理的措施使其文化内涵能充分地展现在旅游者的面前，让旅游者获得更多的文化享受，增加对游客的吸引力。这也是旅游资源深度开发的重要途径。

二、自然旅游资源的特点

自然旅游资源除了具有一般旅游资源共同的特点外，还具有自己独有的特性：

(一)天然性

天然性即自然属性。自然旅游资源是天然赋存的，是自然形成的，而不是人为的，因而它们具有自然属性。这些旅游资源的形成、发展、分布及特点，主要受自然因素的影响和自然规律的制约。桂林山水溶洞、云南路南石林、峨眉山雄秀、华山雄险、张家界奇秀、青海湖的鸟岛、台湾的蝴蝶谷、长白山的原始森林、西部的雪山冰峰……均是如此。自然旅游资源的天然性能够给人们一种朴实、天然、自由自在的美感。由于自然旅游资源具有自然属性，在开发利用中要特别注意尊重自然规律。

(二)季节性与时限性

自然景观受到气候或其他因素的影响，常有季节性、周期性的变化。不同的季节、不同的气候条件下，自然景观有所不同，甚至有些景观只能出现在一定的时间内。在我国淮河—秦岭以北大部分地区，夏季植被生长旺盛，草木葱绿，百花盛开，山清水秀，鸟语花香；而冬季气温降低，千里雪飘，河湖封冻，是观赏北国风光、林海雪原的大好季节。吉林的树挂(雾凇)只能在入冬时才出现，北京香山及南京栖霞山的红叶在深秋才能看到。"天下壮观无"的钱塘江大潮，最佳观赏时间是农历八月十六日至十八日，过了这段时间这个奇景就会消失。有些现象如朝霞夕阳则是一天内的变化。由于自然景观的季节变化、周期变化或时限性的影响，使旅游资源的吸引力也发生变化，因而出现了旅游的旺季和淡季。掌握这个规律，调整旅游活动内容，制定不同季节的旅游价格，做到淡季不淡，是旅游开发者所应该重视的问题。

(三)地带性(区域性)

自然旅游资源中的植物、动物、水体深受气候的影响，从赤道至极地随着气候带的不同,植物、动物的类型、分布、特征在有规律地变化着,地表水、地下水的数量、分布、动态也随之变化,因而形成了不同的水平地带性景观。在一些高山地区,由于气候的垂直变化,生物景观也呈现出垂直分带的特点。地质地貌虽受非地带性因素影响较大,但由于气候影响下的水力、风化等外营力的分布具有地带性的特点,因而使地貌的外部形态也打下了地带性的烙印,形成了所谓的气候地貌。例如在寒带气候条件下,冰川、冰缘地貌发育,有些地方湖泊、泥炭沼泽较多,河流作用很弱;在温带湿润、半湿润气候区,降水稍多,流水作用强烈,河流地貌普遍,湖泊、沼泽较多;在降水少的干旱、半干旱地区,风力作用强盛,风沙地貌较多;热带气候区,水力作用及化学风化作用强烈,河谷景观占有主导地位。

三、人文旅游资源的特点

人文旅游资源独有的特性有:

(一)人为性

人文旅游资源是人类在其发展过程中自身创造的,不是天然固有的。它是人类自身发展过程中科学、历史、生产劳动、生活方式、文化艺术的结晶,是宝贵的财富。因此人文旅游资源今后还可不断地创造与更新。人文旅游资源的形成虽然与人为活动息息相关,但许多人文景观是在自然环境基础上建立的。人们以自然环境为背景,充分发挥人为的创造性,把自然美与人工景观美结合在一起,融为一体,更增加了人文景观的美感,北京的颐和园、承德的避暑山庄、杭州的西湖风景区等皆是如此。因此新建人文景观要注意与自然环境的协调、统一。

(二)时代性

如前所述,人文旅游资源是人为创造的,而人总是生活在一定的社会历史环境中,因而人文旅游资源的形成与社会历史密切相关,必然深深地打上社会时代的烙印。不同的历史阶段、不同制度的国家、不同的民族,由于生产水平、科学技术、审美观点、道德规范不同,其人文景观的建造水平、风格、性质也就不同。历史上遗留下来的各种古建筑、古墓、古典园林等,都反映了当时的科学文化、社会经济水平。例如西安半坡村遗址反映了原始母系氏族社会的生产生活情况;北京故宫则反映了明清封建社会的建筑特色和皇帝、后妃的生活状况;昔日敌寇屠杀人民群众的集中营、万人坑,今天却是凭吊革命先烈的纪念地,是法西斯罪行的有力见证。

(三)文化内涵的丰富性

文化是人类在社会历史发展过程中所创造的物质财富和精神财富的总和。而人文旅游资源就是人类创造的,是人类智慧的结晶,本身就具有丰富的文化属性。不同的人文旅游资源具有其特定的文化内涵。例如饮食文化、服饰文化、建筑文化、宗教文化、民族文化……西周文化、秦文化、汉文化、唐文化……因此在开发利用人文旅游资源时,要突出其文化内涵。

第三节 旅游资源与旅游业的关系

旅游资源是发展旅游业的重要基础。之所以如此,主要是因为:

一、各种旅游活动的开展,都要以一定的旅游资源作为基础

所谓旅游业,就是以旅游市场(旅游需求)为对象,为旅游活动的开展创造有利条件,并向旅游者提供所需商品及服务的综合性产业。不开展旅游活动,也就不会有旅游业的产生和发展;而旅游活动的开展又离不开旅游者和吸引旅游者的各种旅游资源。旅游资源是吸引旅游者产生旅游动机,并进行观赏旅游、参与体验的客体,没有旅游资源这个客体,就不会产生旅游动机,也就不会有旅游活动,更不会有为旅游活动创造有利条件和为旅游者服务的旅游业(如图1-1)。没有旅游资源却要发展旅游业,就等于是"无米之炊"。事实上,只要我们认真地分析一下,目前开展的各种旅游活动都是以一定的旅游资源作为基础的。例如,自然赋存的客观实体、历史遗存或现代人工创造的人文景观,或者能够吸引游人的其他因素。

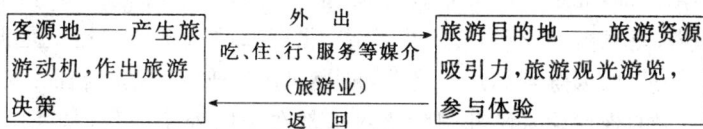

图 1-1 旅游活动关系示意图

二、旅游资源质量的高低,对旅游业的发展有重要影响

旅游业能否得到快速发展,其影响因素很多,但在其他条件相似的情况下,旅游资源本身质量的高低具有重要意义。旅游资源质量越高,对旅游业发展越有利。所谓旅游资源的质量,主要是指旅游资源所具有的旅游价值的高低,它包括旅游资源的美学特征、体闲康乐价值、文化历史价值、科学研究价值等。价值越高,对游客的吸引力就越大,旅游市场就越广阔,游客也就越多,旅游业就会得到快速发展。北京、西安、桂林、杭州、昆明等地为什么会成为吸引国内外游客的热点城市?其中很重要的原因就是因为这些地方有知名度高、吸引力大的特色旅游资源。许多区位条件、基础设施、经济发展水平优于桂林、西安、昆明的城市,其旅游业的发展却

落后于上述几个城市,其原因是那里缺少高质量的特色旅游资源。

●实证分析:北京市发展旅游业

北京是我国的首都,也是我国重要的旅游目的地。北京以其悠久的历史,丰富的文化遗存以及其政治、文化中心的地位,吸引着广大国外旅游者,也成为国内各族人民向往之地。

北京是我国最重要的旅游城市之一。北京旅游资源的特点表现在以下几个方面:首先,旅游资源具有很高的品位,具有一批垄断性的资源。北京建城史已有3000多年,建都史也有800多年。各个不同的历史时期,出土和保留了大批有价值的文物和古迹,许多成了稀世珍宝;第二,北京旅游资源数量丰富,组合较好。北京既有如"西山红叶,卢沟晓月,玉泉垂虹"等知名的自然景观;又有故宫、颐和园、十三陵、长城、北海、天坛闻名于海内外的人文景观。北京的胡同、四合院是中国北方传统的民居形式,反映了中国人传统的审美观念和人地协调思想。作为历史名城,北京保留了许多文化传统,如庙会、节庆活动、风俗习惯、地方艺术形式等,以京剧、相声为代表的京派表演艺术更是享誉国内外。北京是我国革命史上众多历史事件发生的舞台,是老一辈无产阶级革命家生活和从事革命工作的场所,许多革命遗址、遗迹、名人故居,不仅值得瞻仰和纪念,而且也是研究中国革命史的圣地;第三,北京旅游资源特色明显。北京作为旅游地的特色在于其丰富的都城型资源赋存。作为文化古都,北京广泛分布有古城(金中都城、元大都城等)、宫殿、庙坛、府第、陵墓、古塔、皇家苑囿、行宫等历史遗迹,北京都城与皇城的建设是世界建筑史上的杰作,至今仍然闪烁着灿烂的光芒,成为观赏和研究的艺术精品。作为现代我国的首都,北京的现代化水平和国际化水平都在全国处于前列,是我国的政治、经济、文化、科教中心,也是国际交往的中心,吸引着各族人民和世界各地的游客。首都的地位为北京提供了特有的旅游资源,同时也是北京旅游吸引力构建的重要背景。

复习思考题

1.什么是旅游资源?

2.如何理解旅游资源的基础性和实用性价值?

3.为什么说旅游资源是一个发展的概念?

4.简单分析旅游资源的特点。

5.举例说明旅游资源与旅游业的关系。

6.旅游资源在旅游业发展中具有什么地位?

第二章 旅游资源的分类

学习导引

　　旅游资源分类是掌握和认识旅游资源的重要问题。掌握旅游资源的几种不同分类方案，了解旅游资源不同分类的差异性，是本章需要重点解决的问题。首先，分析旅游资源分类的概念、意义和原则；其次，讲授旅游资源"两分法"分类方法；再次，介绍了旅游资源的《国家标准》分类方案；并简要介绍了其他的分类方案。通过旅游资源分类方案的介绍，希望引导学生能够理解几种不同旅游资源分类方法的差异性，并掌握基本的分类方法。

教学目标

● 分析和理解旅游资源的概念和意义。

● 认识旅游资源的分类原则。

● 了解几种不同的旅游资源分类方案以及差异。

● 掌握旅游资源的基本分类方法。

学习重点

　　旅游资源分类的概念和原则；旅游资源的基本分类；几种旅游资源分类的差异性；旅游资源的《国家标准》。

第一节 分类概述

一、分类及其目的意义

(一)分类的概念

通常所谓分类,是指根据事物的特点分别归类。它是根据分类对象的共同点和差异点,将对象区分为不同的种类的一种逻辑方法。它是以比较为基础,通过比较识别出事物之间的共同点和差异点,然后根据其共同点归并为较大的类,根据差异点将事物划分为较小的类,从而将事物区分为具有一定从属关系的不同等级的系统,这就是分类。

旅游资源的分类,是根据旅游资源的相似性和差异性进行归并或划分出具有一定从属关系的不同等级类别的工作过程。在所划分出的每一种类别(类型)中,其属性上彼此有相似之处,不同类别(类型)之间则存在着一定差异。例如根据成因可把旅游资源区分为自然旅游资源与人文旅游资源这两大类别,其所有的自然旅游资源均为天然赋存的,自然界形成的;而所有的人文旅游资源均是人为作用下形成的,两者之间的成因存在着明显的不同。自然旅游资源与人文旅游资源这两大类别,根据各自内部的差异还要进一步划分出次一级类型,从而形成具有一定从属关系的不同等级的类别系统。

(二)分类的意义及目的

科学的分类是一项重要的基础性研究工作。旅游资源的分类具有重要的意义。

首先,分类可以使众多繁杂的旅游资源条理化、系统化,为进一步开发利用、科学研究提供方便。五花八门的旅游资源各有特点,通过比较、认识、归纳及划分,所形成的不同的旅游资源分类系统,实际上是一个旅游资源有关资料的存取系统(即信息系统),为人们从整体上或局部(分门别类)认识旅游资源创造有利条件。区域性旅游资源分类系统的建立,又可为区域旅游开发提供一定的科学依据。不进行旅游资源的分类,杂乱无章的旅游资源个体就难以被人们所认识和利用,就会陷入烟云迷雾之中。因此旅游资源分类是研究、认识旅游资源及开发利用旅游资源的重要基础,具有重要的实践意义。

其次,旅游资源的分类过程,实际上是人们加深对旅游资源属性的认识过程。分类总是通过分析大量旅游资源属性的共性或差异性,分出不同级别的从属关系及其联系,通过不断补充新的资料,提出新的分类系统,或通过不同地区、不同要求的旅游资源分类,都可以从不同侧面加深对旅游资源属性的认识,甚至发现、总结出某些新的规律性认识,从而促进有关理论水平的提高。因此旅游资源分类也具有一定的理论意义。

由上所述可以看出,旅游资源分类的目的,在于通过各种分类系统的建立、补充,加深对旅游资源整体或区域旅游资源属性的认识,掌握其特点、规律,为进一步开发利用保护及科学研究服务。

二、分类的原则和依据

(一)原则

分类的原则是分类的准绳、标准,只有遵循一定的原则才能保持分类的科学性和实用性。作为旅游资源分类的原则主要有:

(1)共同性与排他性原则。也称相似性与差异性原则,即不能把不具有共同属性的旅游资源归为一类,所划分出的同一级同一类型旅游资源,必须具有共同的属性,不同类型之间应具有一定的差异。

(2)对应性原则。所划分出的次一级类型内容,必须完全对应于上一级类型的内容,不能出现下一级内容超出上一级或少于上一级内容的现象,否则就会出现逻辑上的错误。例如地质地貌旅游资源进一步分类,应包括所有的地质地貌旅游资源,不能只包括地质旅游资源或地貌旅游资源,更不能包括非地质地貌旅游资源。

(3)逐级划分的原则。即分级与分类相结合的原则。旅游资源是一个复杂的系统,它可以分为不同级别、不同层次的亚系统。分类时,可以把分级与分类结合起来,逐级进行分类,避免出现越级划分的逻辑性错误。例如可以把旅游资源先分为高一级的自然旅游资源与人文旅游资源,然后对其分别再进行划分次一级类型,如果需要还可再向下划分更低一级类型。

(4)不同级别或不同系列的类型划分,可以采用不同的依据(标准);不同级别的类型划分不能采用相同的依据(标准),对每一类型直接划分次一级类型,必须采用相同的依据(标准),否则会出现分类的重叠。

此外,分类系统还应简明扼要,具有实用性。

(二)依据

要进行分类,除了应遵循基本原则外,还必须要有一定的具体依据(标准),即必须根据旅游资源本身的某些具体属性或关系进行分类。由于旅游资源的属性、特点及事物之间的关系是多方面的,因而分类的标准也是多方面的,人们可以根据不同的目的要求选取不同的标准进行分类。常见到的标准主要有:

(1)成因。是指旅游资源形成的基本原因、过程。例如,人文旅游资源是人为的,自然旅游资源是自然界赋存的、天然形成的;地貌旅游资源按成因可分为流水作用的旅游地貌、风力作用的旅游地貌、溶蚀作用的旅游地貌等。

（2）属性。是指旅游资源的性质、特点、存在形式、状态等，例如自然旅游资源中的地质地貌旅游资源、水体旅游资源、气候旅游资源、生物旅游资源等，它们的性状不同，因而可以区分为不同的类别。

（3）功能。所谓旅游资源的功能是指能够满足开展旅游活动需求的作用。有的旅游资源可以满足开展多种旅游活动的需求，因而具有多种旅游功能。根据旅游资源功能的不同可以把旅游资源区分为不同的类别，例如观光游览型、参与体验型、购物型等旅游资源。

（4）时间。指旅游资源形成至今时间的不同，据此可将旅游资源区分为不同的类别，例如依据时间因素可把建筑旅游资源区分为古代建筑与现代建筑。

（5）其他。例如开发利用情况、管理级别、旅游资源质量高低等，均可作为不同目的要求的分类依据。

三、分类的方法

如何进行具体的分类？作为区域性旅游资源的分类，通常在大量收集各种旅游资源（或景点）资料的基础上，按以下步骤进行：

首先，确定分类的目的要求，明确是普通的一般性旅游资源分类，还是有特殊目的要求的专门性旅游资源分类，并参照一般分类原则和依据，结合实际确定相应的分类原则和依据。

其次，通过比较分析，初步建立分类系统，把各种旅游资源分别归入不同的类型。这一过程可采用逐级划分与逐级归并相结合的方法进行。所谓逐级划分，是指由上而下的分类，即把所有旅游资源看成一个群体（即整体或大的系统），按照一定依据的相似性和差异性，首先划分出高一级类型（即大类或支系统），然后再分别向下逐级细分出不同的类型。所谓逐级归并，是指由下而上的分类，即由旅游资源个体开始，按照一定依据，把相同的首先归并为最基本的小类型，然后再根据某些相似性和差异性，逐步归并为较大类型或大类。

第三，通过补充、调整，完善分类系统。在初步分类、建立分类系统的基础上，再自上而下或自下而上，逐级对比分析是否符合分类原则和目的要求、所采用的依据是否恰当、分类系统是否包含了所有应划分的分类对象（即旅游资源）。如有不妥之处，应进行补充、调整，最后形成一个符合要求的科学的分类系统。

第四，在完成上述工作的基础上，还应写出简要说明，其内容包括该项旅游资源分类的目的要求、原则、依据以及分类结果等。

对区域旅游资源的分类成果，应尽可能利用计算机建立旅游资源信息系统，以便于补充调整和应用。

第二节 两分法分类方案

所谓"两分法"分类方案,是指把旅游资源首先分为自然旅游资源与人文旅游资源这两大系列的一种分类系统。这是目前最常见、应用广泛的一种分类方案。许多学者在完善这一分类方案方面做了大量研究工作,但由于认识上的差异及所采用的依据不同,对自然旅游资源及人文旅游资源的进一步细分的过程及结果有所不同,因此目前还没有一个真正被普遍认同的两分法分类方案。现综合前人研究成果,提出一个两分法分类方案,供参考。

一、两分法分类系统

该分类系统共包括两大类、14 个基本类型、63 个类型。详见表 2-1。

表 2-1 旅游资源分类表

大类	基本类型	类 型	大类	基本类型	类 型
自然旅游资源	地质	岩石 化石 地层 构造遗迹 地震灾害遗迹	人文旅游资源	历史古迹	古人类遗址 古战场遗址 名人遗址 重要史迹 其他古迹
	地貌	山地 峡谷 喀斯特 风蚀风积景观 冰川遗迹 火山熔岩 黄土景观 丹霞地貌 海岸与岛礁 其他地貌		古建筑	防御工程 宫殿 水利工程 交通工程 瞭望观赏建筑 起居建筑 其他建筑
				陵墓	帝王陵墓 名人陵墓 其他陵墓
	水体	河川 湖泊 瀑布 泉 海洋 其他水体		园林	皇家园林 私家园林 寺观园林 公共游憩园林
	气象气候与天象	气象 气候 天象		宗教文化	佛教文化 道教文化 伊斯兰文化 基督教文化

大类	基本类型	类　型	大类	基本类型	类　型
自然旅游资源	动植物	植物 动物 动植物园	人文旅游资源	城镇	历史文化名城 现代都市 特色城镇
				社会风情	民俗 购物
	综合景观	自然保护区 田园风光 其他综合景观		文学艺术	游记、诗词 楹联、题刻 神话传说 影视、戏曲 书法、绘画

二、几点说明

(一)关于分类的依据

本分类系统共分为三级,其中一级大类的划分主要依据旅游资源的基本成因,即是天然形成的还是人为形成的,据此分为两大类;二级基本类型,主要依据各种旅游资源属性的异同进行划分;三级类型的划分依据较多,例如对地质、地貌、水体、气象气候与天象、动植物、综合景观等旅游资源进一步的划分,主要依据其所属内容的具体存在形式、状态、形态的异同作为标准。对历史古迹、陵墓、宗教文化、城镇、社会风情旅游资源的进一步划分,主要依据具体内容内涵的异同作为标准;对古建筑、园林等旅游资源的进一步划分,主要依据其原来的用途、作用异同作为标准;文学艺术旅游资源的进一步划分,则主要是依据其表现形式的不同。

(二)关于"综合景观"与"其他"类型

由于自然保护区的内容较多,既有动植物又有典型的非生物的地质剖面、化石、地貌、水体等,田园风光虽以种植、养殖的生物为主,但有的也包含了其他方面的内容,例如丘陵、山区的梯田风光,"风吹草低见牛羊"的高原牧区风光等,都包括了一定的地貌(含人为地貌)内容,水生生物养殖场则更离不开水体。因此自然保护区、田园风光不宜归入动植物类,应另外归类,故划分了综合景观基本类型。

在三级类型中,由于内容较多,为了简明扼要,尽量归并,并列出主要类型。对未包括在主要类型中的内容,用"其他"类型代替。例如古建筑除了防御工程(例如城池、长城)、宫殿、水利工程(例如运河、渠、堰、井)、交通工程(例如桥、直道、驰道)、起居建筑(例如厅、堂、斋、馆)、瞭望观赏建筑(例如亭、台、榭、舫)外,还有楼、阁及许多建筑小品(例如阙、碑、碣、牌坊、华表等),再未进行细分,统一归入"其他"建筑类之中。

第三节　《国家标准》中的分类方案

　　2003 年,在国家旅游局提出并由国家质量监督检验检疫总局发布的《中华人民共和国国家标准——旅游资源分类、调查与评价》中,提出了一种以旅游资源调查评价为主要目的,并适用于旅游资源开发、保护、管理等方面的应用性分类方案。该方案主要根据旅游资源的性状,即现存状况、形态、特性、特征等进行分类,其分类对象包括稳定的、客观存在的实体旅游资源与不稳定的、客观存在的事物和现象。分类结构包括“主类”、“亚类”、“基本类型”等三个层次。共划分为 8 个主类、31 个亚类、155 个基本类型。

　　A 地文景观(类)

　　AA 综合自然旅游地(亚类)　包括山丘型旅游地、谷地型旅游地、沙砾石地型旅游地、滩地型旅游地、奇异自然现象、自然标志地、垂直自然地带等 7 个基本类型。

　　AB 沉积与构造(亚类)　包括断层景观、褶曲景观、节理景观、地层剖面、钙华与泉华、矿点矿脉与矿石积聚地、生物化石点等 7 个基本类型。

　　AC 地质地貌过程形迹(亚类)　包括凸峰、独峰、峰丛、石(土)林、奇特与象形山石、岩壁与岩缝、峡谷段落、沟壑地、丹霞、雅丹、堆石洞、岩石洞与岩穴、沙丘地、岸滩等 14 个基本类型。

　　AD 自然变动遗迹(亚类)　包括重力堆积、泥石流堆积、地震遗迹、陷落地、火山与熔岩、冰川堆积、冰川侵蚀遗迹等 7 个基本类型。

　　AE 岛礁(亚类)　包括岛区、岩礁等 2 个基本类型。

　　B 水域风光(类)

　　BA 河段(亚类)　包括观光游憩河段、暗河河段、古河道河段等 3 个基本类型。

　　BB 天然湖泊与池沼(亚类)　包括观光游憩湖区、沼泽与湿地、潭池等 3 个基本类型。

　　BC 瀑布(亚类)　包括悬瀑、跌水等 2 个基本类型。

　　BD 泉(亚类)　包括冷泉、地热与温泉等 2 个基本类型。

　　BE 河口与海面(亚类)　包括观光游憩海域、涌潮现象、击浪现象等 3 个基本类型。

　　BF 冰雪地(亚类)　包括冰川观光地、长年积雪地等 2 个基本类型。

C 生物景观(类)

CA 树木(亚类)　包括林地、丛树、独树等 3 个基本类型。

CB 草原与草地(亚类)　包括草地、疏林草地等 2 个基本类型。

CC 花卉地(亚类)　包括草场花卉地、林间花卉等 2 个基本类型。

CD 野生动物栖息地(亚类)　包括水生动物栖息地、陆生动物栖息地、鸟类栖息地、蝶类栖息地等 4 个基本类型。

D 天象与气候景观(类)

DA 光现象(亚类)　包括日月星辰观察地、光环现象观察地、海市蜃楼现象多发地等 3 个基本类型。

DB 天气与气候现象(亚类)　包括云雾(含雾凇、雨凇)多发区、避暑气候区、避寒气候区、极端与特殊气候显示地、物候景观等 5 个基本类型。

E 遗址遗迹(类)

EA 史前人类活动场所(亚类)　包括人类活动遗址、文化层、文物散落地、原始聚落遗址等 4 个基本类型。

EB 社会经济文化活动遗址遗迹(亚类)　包括历史事件发生地、军事遗址与古战场、废弃寺庙、废弃生产地、交通遗迹、废城与聚落遗迹、长城遗迹、烽燧等 8 个基本类型。

F 建筑与设施(类)

FA 综合人文旅游地(亚类)　包括教学科研实验场所、康体游乐休闲度假地、宗教与祭祀活动场所、园林游憩区域、文化活动场所、建设工程与生产地、社会与商贸活动场所、动物与植物展示地、军事观光地、边境口岸、景物观赏点等 11 个基本类型。

FB 单体活动场馆(亚类)　包括聚会接待厅堂(室)、祭拜场馆、展示演示场馆、体育健身场馆、歌舞游乐场馆等 5 个基本类型。

FC 景观建筑与附属型建筑(亚类)　包括佛塔、塔形建筑物、楼阁、石窟、长城段落、城(堡)、摩崖字画、碑碣(林)、广场、人工洞穴、建筑小品等 11 个基本类型。

FD 居住地与社区(亚类)　包括传统与乡土建筑、特色街巷、特色社区、名人故居与历史纪念建筑、书院、会馆、特色店铺、特色市场等 8 个基本类型。

FE 归葬地(亚类)　包括陵寝陵园、墓(群)、悬棺等 3 个基本类型。

FF 交通建筑(亚类)　包括桥、车站、港口渡口与码头、航空港、栈道等 5 个基本类型。

FG 水工建筑(亚类)　包括水库观光游憩区段、水井、运河与渠道段落、堤坝段落、灌区、提水设施等 6 个基本类型。

G 旅游商品(类)

GA 地方旅游商品(亚类)　包括菜品饮食、农林牧产品及制品、水产品及制品、中药材及制品、传统手工产品及工艺品、日用工业品等 7 个基本类型。

H 人文活动(类)

HA 人事记录(亚类)　包括人物、事件等 2 个基本类型。

HB 艺术(亚类)　包括文艺团体、文学艺术作品等 2 个基本类型。

HC 民间习俗(亚类)　包括地方风俗与民间礼仪、民间节庆、民间演艺、民间健身活动与赛事、宗教活动、庙会与民间集会、饮食习俗、特色服饰等 8 个基本类型。

HD 现代节庆(亚类)　包括旅游节、文化节、商贸农事节、体育节等 4 个基本类型。

［注］如果发现本分类没有包括的基本类型时,使用者可自行增加。增加的基本类型可归入相应亚类,置于最后,最多可增加 2 个。

第四节　其他分类方案简介

由于分类的目的要求、依据不同,形成了多种分类方案,择其主要的介绍如下:

一、按照旅游资源的功能分类

按旅游资源功能分类,其主要目的在于认识和充分发挥各种旅游资源的作用,为开展多种形式的旅游活动服务。根据旅游资源的不同功能,把旅游资源分为以下类型:

(一)观光游览型旅游资源

此类以各种优美的自然风光、著名的古建筑、城镇风貌、园林建筑为主,以供旅游者观光游览和鉴赏,旅游者从中获得各种美感享受,借以陶冶性情。

(二)参与型旅游资源

也有人称做体验型旅游资源,包括冲浪、漂流、赛马、渔猎、龙舟竞渡、游泳、制作、品味、访问、节庆活动、集市贸易等。旅游者可以置身其中,亲自参与活动,可以得到切身的体验,以乐在其中,乐在其身。

(三)购物型旅游资源

包括各种土特产、工艺品、艺术品、文物商品及仿制品等旅游商品,主要供旅游者购买。

(四)保健休疗型旅游资源

包括各种康复保健、度假疗养设施与活动,例如疗养院、度假村、温泉浴、沙浴、森林浴、健功房等。旅游者从中得到体质的恢复与提高,或对某种慢性疾病的治疗。

(五)文化型旅游资源

包括富有文化科学内涵的各类博物展览、科学技术活动、文化教育设施等。旅游者从中可以获得一定的文化科学知识,开阔眼界,增长阅历。

(六)感情型旅游资源

主要包括名人故居、名人古墓、各类纪念地等,可供开展祭祖、探亲访友、怀古等旅游活动,以表达旅游者的思古、怀念、敬仰、仇恨等感情。

二、按照旅游动机对旅游资源分类

(1)心理方面的,例如宗教圣地、重大历史事件、探亲等;

(2)精神方面的,例如科学知识、消遣娱乐、艺术欣赏等;

(3)健身方面的,例如休疗养院、体育运动设施等;

(4)经济方面的,例如土特产、购物品等;

(5)政治方面的,例如国家政体状况、各种法律、革命纪念地等。

三、按照旅游资源的增长情况分类

(1)可再生旅游资源,例如动植物旅游资源;

(2)不可再生旅游资源,例如地质地貌旅游资源;

(3)可更新旅游资源,例如某些人文景观及旅游商品。

四、按照旅游资源的价值及管理级别分类

(1)国家级旅游资源;

(2)省(市)级旅游资源;

(3)县级旅游资源。

五、按照旅游资源的利用现状分类

(1)已开发利用的旅游资源;

(2)正在开发利用的旅游资源;

(3)未开发利用的旅游资源(也称潜在的旅游资源)。

六、按照旅游资源特性、旅游活动性质分类

1966 年克劳森和尼奇(M. Clawson and J. L. Knetsch)提出如下分类:

(1)利用者导向型游憩资源:以利用者需求为导向,靠近利用者集中的人口中心(城镇),通常满足的主要是人们的日常休闲需求,如球场、动物园、一般性公园。一般面积在 40～100 公顷,通常由地方政府(市、县)或私人经营管理,海拔一般不超过 1000 米,距离城市在 60 公里的范围内。

(2)资源基础型游憩资源:这类资源可以使游客获得近于自然的体验。资源相对于客源地的距离不确定。主要在旅游者的中长期度假中得以利用。如风景,历史遗迹,远足、露营、垂钓用资源,一般面积在 1000 公顷以上,主要是国家公园、国家森林公园、州立公园及某些私人领地。

(3)中间型游憩资源:特性介于上述二者之间,主要为短期(1 日游或周末度假)游憩活动所利用,游客在此的体验比利用者导向型更接近自然,但又比资源基础型地区要次一级。

● 实证分析:中国郑国渠旅游区旅游资源分类

依据《旅游资源分类、调查与评价》(GBT18972－2003)国家标准,经实地调研,结合泾阳县志、地方志以及地方政府提供的相关资料,规划组对中国郑国渠旅游区的旅游资源进行了系统地整理、统计与分析,旅游区共有旅游资源单体 71 个,分属地文景观、水域风光、生物景观、遗址遗迹、建筑与设施、旅游商品、人文活动等 7 大资源主类,17 个亚类,30 个基本类型。总体而言,旅游区内旅游资源单体类型较为齐全,数量较丰富。国标中旅游资源共有 8 大主类,中国郑国渠旅游区(郑国渠国家水利风景区)占有 7 类,覆盖率可达 87.5%;国标中旅游资源亚类为 31 个,旅游区共有 17 个,覆盖率可达 54.8%;国标中旅游资源基本类型为 155 个,旅游区共有 30 个,覆盖率可达 19.4%。

资料来源:西安陕师大旅游规划设计研究院.《中国郑国渠旅游区总体规划》,2011.5.

复习思考题

1.什么是旅游资源的分类?

2.旅游资源分类的基本原则和依据有哪些?

3.比较两分法分类方案、功能分类方案及《国家标准》中的分类的不同之处。

4.结合实际对某地的旅游资源进行分类。

5.几种不同的旅游资源分类方法的主要优缺点是什么?

6.为什么要对旅游资源进行分类?

第三章 地质地貌旅游资源

学习引导

地质地貌类资源是最重要的自然类旅游资源类型之一。本章需要了解地质作用与地貌的形成与发展,地质地貌与旅游的关系;掌握地质地貌类旅游资源的吸引因素与旅游功能。首先,探讨地质地貌旅游资源形成问题;其次,分析地质地貌资源与旅游的关系;再次,分析地质地貌旅游资源的吸引因素与旅游功能。通过地质地貌旅游资源的介绍,希望引导学生能够理解地质地貌旅游资源的形成,掌握该类旅游资源的吸引因素和旅游功能。

教学目标

- 分析并理解地质地貌旅游资源的形成。
- 了解地质地貌旅游资源与旅游的关系。
- 掌握地质地貌旅游资源的旅游吸引因素和旅游功能。
- 认识和了解地质地貌类旅游资源的基本类型。

学习重点

地质地貌旅游资源的形成;地质地貌与旅游的关系;地质地貌旅游资源的吸引因素(形态美、科学文化属性、空间载体)与功能(岩石景观、化石、典型地层、构造形迹);地质地貌类旅游资源的基本类型(山地、峡谷、岩溶地貌、干旱风沙地貌、黄土地貌、火山与熔岩地貌、冰川地貌、丹霞地貌、雅丹地貌、海岸、海岛)。

第一节　地质作用与地貌的形成

一、地质作用

在漫长的地球历史中,地壳从未停止其变化。山地不断受到剥蚀,会被夷平;沧海又会不断填充泥沙,成为桑田;坚硬的岩石会被风化破裂成为细粒,松散的泥沙又会形成新的岩石。地球上,没有一块岩石始终停留在原来的地方,更没有一种地貌保持着始终如一的形态,形成地壳的物质及地表形态永远处于变化之中,只是有些变化缓慢,在短时间内不易被人们所发觉。这种引起地壳物质组成、地质构造和地表形态不断变化的作用叫地质作用。地质作用是由地质营力引起的。力是能的表现,按照能的来源不同,地质作用可分为外营力作用和内营力作用。

(一)外营力作用

外营力作用也称外力作用,它是地球以外的能,其中主要是太阳辐射热能所引起的。太阳热能在地球表面各处的差异,引起了寒暑变化,刮风下雨,河水流动,并使地表各种物质不断破碎、分解、移动,使地表形态变化。外力作用主要包括风化作用、剥蚀作用、搬运作用、沉积作用和成岩作用。

风化作用是指由于温度的变化以及大气、生物、水分等的影响,使地表岩石及矿物物理状态、化学成分在原地发生变化的过程。它能使地表坚硬的岩石分崩离析,形成疏松的岩屑和土壤,其中冷热变化或冰冻冰融影响所引起的岩石崩解变化过程,称为物理风化;由于大气(O_2、CO_2等)、水等作用通过化学反应使岩石化学成分发生变化的过程,称为化学风化;在生物参与下的机械、化学破坏过程,称为生物风化。

剥蚀作用,也被称做侵蚀作用,是指流水、风、冰川运动等外营力对地壳表层岩石、土壤的破坏作用,使岩石发生破坏,并使风化破碎的岩石离开原地。按其营力的不同又可分为风蚀、水蚀、冰蚀、湖蚀、海蚀等。其中地面流水的侵蚀作用,是最常见最强烈的一种作用。

搬运作用,岩石经风化剥蚀形成的碎屑、土壤等,除部分残留在原地外,其余部分会被流水、风力、冰川、海浪等搬运至其他地方,这种作用称为搬运作用。在山坡,风化物在重力作用下亦可直接发生移动。剥蚀作用与搬运作用是紧密联系的,它们之间没有截然的分界,有剥蚀就有搬运,有搬运才能使新出露的物质再受剥蚀,促使剥蚀的进行。

沉积作用,是指被搬运的物质,到达一定场所,因环境变化(如动力减弱、形成超载),便要发生沉积(即卸载),称为沉积作用。一般是颗粒大的先沉积,颗粒小的后沉积。被流水搬运的可溶性物质及胶体物质,当浓度达到饱和,或者不同电荷中和等,也会沉积析出,形成盐类或铁、锰、硅等胶体物质的沉积。

在一定条件下,沉积的松散物质通过后期的压实、胶结等作用,可以固结为坚硬的新的沉积岩石,称为硬结成岩作用。

(二)内营力作用

内营力作用,也称内力作用,是由来自地球内部能的影响而形成的,其中主要是由地球自转所产生的旋转能和地球内部放射性元素蜕变产生的热能所引起的作用。内力作用表现为地壳运动、岩浆活动、变质作用和地震。

地壳一直处于运动之中,表现形式主要为升降运动(垂直运动)和水平运动,只是不易被人们所感觉。例如雄伟的喜马拉雅山,2500万年以前还是一片汪洋大海,现在仍然以每年18.2毫米的速度在上升;秦岭太白山第四纪以来上升了约3000米,而渭河关中盆地却由于缓慢下降,同期堆积了厚达1000米的松散沉积物;东非大裂谷2500万年以来,平均宽度扩展了65公里,如果依此速度继续加宽,大裂谷以东的陆地将会与非洲大陆分离,隔水相望。

岩浆是处于地壳深处高温高压下的一种复杂的硅酸盐熔融体,具有极大的物理—化学活动性。可以顺着地壳脆弱地带侵入上部,或者沿着构造裂隙喷出地表。岩浆这种向着地壳上层压力减小的方向的运动,称为岩浆活动。岩浆上升到地壳一定位置停留下来,冷凝后可以形成岩石,称为侵入岩;如果岩浆冲破上覆岩层喷出地表,则称为喷出作用或火山活动,喷出地表的岩浆冷凝后所形成的岩石,称喷出岩(或火山岩)。侵入岩、喷出岩(或火山岩)统称岩浆岩。

地壳中已经形成的岩石,由于温度、压力等环境的变化,使其成分、结构、构造发生一系列的变化,这种促使岩石发生变化的作用称为变质作用。由变质作用形成的新岩石称为变质岩。影响变质作用的温度、压力及具有活动性的气体、液体,主要来自地壳运动和岩浆活动。

地震是一种经常发生的灾害性自然现象。据观测统计,地球上每年发生约500万次地震,其中人们能够感觉到的只有1%,有破坏性的强烈地震,每年只有一二十次。地球的运动变化,所产生的作用于地壳的巨大能量,称为地应力。在地应力作用下,地壳岩层发生形变一般比较缓慢,当地应力超过某处岩层强度时,那里的岩层就会突然破裂或断裂错动,同时将受力时积累起来的巨大能量骤然释放出来,并以纵波和横波形式的地震波向各个方向传播。当地震波传到地面时,地面便会发生震动,即所谓地震。

二、地貌的形成与发展

地貌是指地球表面的各种形态,也称地形。地表形态,复杂多样,千差万别,高低起伏,有大有小。按其成因可分为构造地貌、流水地貌、岩溶地貌、干旱风沙区地貌、冰川冰缘地貌、湖成地貌、熔岩地貌等;按其基本形态可分为平原、台地、丘陵和山地,其中山地按海拔高度又可区分为低山(小于 1000 米)、中山(1000～3500米)、高山(3500～5000 米)、极高山(大于 5000 米);按其规模可分为星体地貌(如大陆和海洋籍地)、巨地貌(如巨大的山系、高原、平原)、大地貌(如山系中的山脉、大的盆地)、中地貌(为大地貌内的次一级地貌,如分水岭、河谷、山间盆地)、小地貌(如山脊、谷坡、小的沟谷、洪积扇、沙丘等)、微地貌(如坡面侵蚀小沟、沙丘表面的沙坡等)。这些等级大小只具有相对意义,而无绝对的数量界限。

一般认为,地球表面千姿百态的形态,是在地球内营力和外营力相互作用下形成和不断发展变化的。如前所述,内营力主要表现在地壳的水平运动、垂直(升降)运动、岩浆活动及地震,而地壳运动可以形成规模巨大的隆起和凹陷,例如高起的丘陵、山地与高原,凹下的海洋盆地、陆地上的断陷盆地及断陷谷地等,都是内营力作用的结果。可以说,地球表面基本面貌、大的形态,主要是在内营力作用下形成的,内营力作用的结果会增加地表的高差起伏。各种外营力作用的具体表现虽有所不同,但也有共同之处,即通常都具侵蚀、搬运和沉积等三个过程。它们在一些地方对高起的地表侵蚀、剥蚀,进行破坏,并把破坏下来的碎屑物质进行搬运,然后到另一个相对低的地区进行堆积,形成许多新的地表形态。所以外营力作用总的趋势是削高填低,使地表和缓。目前许多中小形态,如河谷、冲沟、沙丘、洪积扇等,主要是由外营力作用形成的。

内营力和外营力的作用并不是孤立的,而是互相联系、共同作用于地球表面。例如高大的喜马拉雅山,内营力作用使它抬升为山地,但正由于它的升高,又加强了外营力的剥蚀作用;由于总的高度大,所以才有可能形成冰川作用。今日喜马拉雅山的形态,正是在内外营力作用下形成的。外营力作用虽然主要形成一些中小地貌,但在一个较长的时间里,它不仅会使地表形态发生巨大变化,而且还会影响到内营力作用强度的变化。华北大平原,由于流水的搬运堆积,新生代以来平均堆积了 2000～3000 米厚的松散物质,在京、津一带最厚达 5000 米,使昔日的沧海变为今日广阔的桑田。在欧洲西北部,由于第四纪古冰盖的消融,使地壳负载量减轻,因此目前那里处于不断抬升之中,可见外力对内力也有影响。总之对具体的地貌形态来说,内外营力作用的程度可能有所不同;但从长时间、从地貌总的形成与发展来说,内、外营力具有同等重要的意义。

组成地表的岩性和地质构造,对地貌发育也有明显影响。坚硬的岩石,例如石英岩抗蚀性强,不易风化和侵蚀,常形成山岭和峭壁;松软的岩石,例如页岩、黄土等硬度不大,常形成和缓的低山、丘陵和岗地;石灰岩等可溶性岩石,在湿热气候条件下可形成岩溶地貌。不同地质构造,常反映出不同的形态,例如褶皱山、断块山、断裂谷、断陷盆地等。

人类在其生产活动中,对地表的改造和利用也在一定程度上给地貌的形成和发展带来影响。例如人类破坏植被、垦荒种地,可以加速流水、风力的侵蚀,促进侵蚀地貌形态的变化;还可直接塑造出新的地貌形态,例如梯田、坝地等。

总之,各种地貌是在内营力和外营力的相互作用下以及地表物质的影响下形成和发展的。由于内、外营力在各地区及不同的时间内的组合、作用强度、表现形式不同,各地区的地质构造、岩性不同,因而形成千差万别的地貌形态。

第二节　地质地貌与旅游的关系

地质是指地壳的物质组成及其结构,如前已述,它直接影响着地貌的形成与发展。地质地貌条件,不仅是环境的重要组成部分,影响到其他自然旅游资源的形成,而且对某些人文旅游资源的形成也有一定影响,更重要的是直接提供了丰富的地质地貌旅游资源。因此,地质地貌与旅游的关系非常密切。具体表现有:

一、地质地貌影响旅游环境

地质地貌是自然环境重要的组成要素之一,不同的地质地貌条件影响到自然环境,进而提供了不同的旅游环境。例如,由于构造沉降及外营力的沉积所形成的平原地貌,为旅游城市及其基础设施的发展提供了方便;在山区,复杂多样的地质地貌条件,不仅使自然环境复杂,生物多样化,而且提供了大量山石、地貌旅游资源;广阔的海滩为发展海滨旅游提供了场所;在一定范围内,高低错落、起伏变化的地表形态,有利于园林布局与建设。特别是在景区景点规划中,景区的划分、道路的规划设计、建筑物及观景点的布设,要做到因地制宜,地貌条件是重要的依据之一。此外,某些现代地质地貌变化过程会给旅游带来不利的影响,甚至带来灾害。例如滑坡、崩塌、泥石流、水土流失等,会给旅游环境、旅游交通及旅游资源等带来破坏,影响旅游活动的开展。因此必须对灾害性地质地貌过程进行防治。

二、地质地貌条件是自然景观存在的基础和前提

除部分气象气候景观外,自然景观总是孕育、诞生于特定的地质地貌环境中,

并和富有一定特色的地质地貌联系在一起。一方面,地质地貌对一个自然风景区的构成起着骨架作用。例如云南西山滇池风景区,断层作用所形成的湖盆及断层山,构成了景区的基本骨架,而湖水、树木、人文景观则给以点缀装饰。广西桂林风景区,典型的岩溶峰林地貌,奠定了桂林山水溶洞奇观的基础,再加上漓江碧水在石山群峰间的回环映衬,才使整个景区显得秀丽无比。即便是气象气候旅游资源,有的也依赖于地质地貌条件,例如著名的黄山云海,就依托于广阔的山谷空间。另一方面,地质地貌作用及形态,又是许多自然旅游资源形成的必要条件。例如自然瀑布的形成与特殊的河床地貌(河床纵剖面上的陡坎)有关,雄伟的泰山、华山等,都是在地壳断裂隆起的作用下形成的。骊山温泉、济南泉水、云南洱海与滇池等的形成,都与地质地貌有着密切的关系。

三、地质地貌可以单独构景,直接形成旅游资源

自然界许多特殊的地质现象,奇异的地貌形态及过程,对旅游者具有强烈的吸引力,因此成为旅游资源的重要组成部分,不仅可以单独构景,甚至有的成为景区的主景。例如,新疆将军戈壁上的"魔鬼城",是在强烈的风蚀作用下,地表被雕塑成各种奇形怪状的形态,如石蘑菇、石笋、石兽、石亭、楼阁等;又如云南路南的石林、西岳华山、周口店猿人遗址、自贡市的恐龙博物馆、沙丘景观、黄土景观等,均是如此。其实张家界、桂林、长江三峡等景区,地貌不仅是基础和骨架,在一定程度上已经起到了主景的作用。

四、在某些景区通过地质地貌的配景可以增加美感

许多景区并不是以地质地貌作为观赏、游览的主体,但地质地貌条件的有利配置,却能很好地烘托主景,强化主景的美学特征,使林更幽、水更美,园林更自然。主景与配景相互辉映,相得益彰。例如杭州西湖风景区,虽然吸引游人的内容很多,但主景是西湖水面,并以此形成了闻名遐迩的"西湖十景"。但西湖周围的山地对整个景区的秀丽之美起到重要的烘托作用。北面的宝石山、葛岭,南面的吴山、夕照山,西面的丁家山和许多山峰等,遥相对峙,群峰凝翠,使得西湖景区,三面环山,中涵碧水,水平如镜,湖山映衬。另外群山中还有许多山涧小溪、泉水、洞,使得西湖锦上添花。如果西湖周围没有山,是一片平地,风景就显得单一了。

五、地质地貌条件对风景区意境的形成有很大影响

一定的旅游资源实体特征为旅游者所感受,使旅游者能获得一定的寓意和情趣,这就是意境。不同的旅游资源的组合特征,能反映出不同景区的意境。如无限深远的意境、清秀和朦胧的意境、开朗豁达的意境等。这些意境的形成,主体旅游

资源的特征固然很重要,但也需要一定的背景作为基础。而地质地貌在许多情况下能够提供这样的作用。例如"青城天下幽",这种寂静、幽深意境的形成,主要是由于山间小路弯弯曲曲,两侧苍松翠竹,碧绿成荫,而深藏其间的寺观、溪流也加强了景区的深远感。但景区的崇山深谷却强化了这种意境,使景观视域较窄,景深而富有层次。

地貌之所以能起到增加意境的作用,是因为它具有强烈的立体形象感染力。地貌形态不同,往往给人以不同的明晰的感受。游人身临其境,极易把景与情、境与意融为一体,形成一种思想感情和自然图景相互交融的艺术境界,从而形成不同意境。例如当你站在坦荡的平原或一望无际的高原上,一种视野无限、心胸开阔的感觉油然而生;当你走进深邃的谷地,自然会有一种幽静、深思之情;当你登上高山,举目远望,就会感到心旷神怡和伟大。

第三节　旅游吸引因素与旅游功能

旅游资源最基本的属性是对游客的吸引力,即能够满足游客开展某种旅游活动的需求,这也是旅游资源实用价值和基础性的主要体现。地质地貌旅游资源对游客的吸引力及旅游功能,主要体现在以下方面:

一、具有形态美,可以开展观赏性旅游活动

形态美也称形象美。地质地貌所表现出的千姿百态的形态,可以给人们形成雄、奇、险、幽、旷等多种形态美的感受[①]。

(一)雄伟美(即雄美)

主要指一些具有高大形体的山地景观。其形态特征表现为,一是相对高度较大,易于被人们所观察对比,得到直观的感受。例如东岳泰山,虽然绝对高度仅1532.7米,但周围没有高大山地,仅有齐鲁丘陵。以磅礴之势凌驾于齐鲁丘陵之上的泰山,与丘陵脚下的大平原高差达1500米左右。因此显得特别高大。登上泰山极目远眺,"会当凌绝顶,一览众山小"的雄伟之感油然而生。二是山坡应该比较陡峻,人们由上而下或由下而上观望,俯角、仰角较大,会有拔地而起的感觉,心理上易产生雄伟之感。

雄伟美,可以使游人产生仰慕、自豪之情,增加人们的豪情壮志,鼓励人们奋勇

---

① 　陈传康、刘振礼.旅游资源鉴赏.上海:同济大学出版社,1990.

前进。

（二）奇特美（即奇美）

是指一些少见、独具一格的地质地貌外部形态。例如被称为"天下奇观"的张家界，有许多造型奇特的峰石，有的像恩爱的夫妻，有的像仙女，有的像武士，有的像金龟、海螺，有的如雄狮猛兽，真是千姿百态，栩栩如生。广西大化瑶族自治县七百弄乡，有数以千计的喀斯特高峰丛深洼地，洼地形似深瓮，周围峰丛围绕，高差达200～300米，形态奇特，规模宏大。为国内罕见，实为一大自然奇观。新疆乌尔禾的"魔鬼城"、云南路南的石林、西藏札达县的土林等，都是规模较大的地质地貌奇特景观。至于具有奇特形态的个体山石，例如雁荡山的"合掌峰"（夫妻峰）、桂林的"象鼻山"、九华山的"乌龟石"、黄洋界景区的"坐狮观天石"、路南石林的"母子偕游"等，举不胜举。

奇特美能给人以特殊的愉快、高兴感，具有极强的吸引力。这些奇特的形态可以启发人们的智慧，促进思维，激励人们去追求、去探索、去创新。

（三）险峻美（即险美）

险峻虽然有惧怕之感，但可形成美景。"无限风光在险峰"、"名山处处有险峰"，都说明险峻与优美的风景之间有着密切的联系。观赏某些险峻的形态，能给人带来一种特殊的美感享受。高陡的山坡或狭窄高起的岭脊，往往可以形成险峻美。例如西岳华山，历来以险著称于世。之所以"华山天下险"，是因为华山由花岗岩组成，节理特别发育，流水长期侵蚀切割，形成陡峻的谷坡；加之南北两侧断层崖发育，因而使山体四周峭壁千仞，挺拔险峻。主峰海拔2154.9米，高出北部渭河平原1800米。游人登山必须于攀铁索或手扶栏杆，须经过"千尺幢"、"百尺峡"、"擦耳崖"、"上天梯"、"苍龙岭"等险径，才能到达各景点。此外，某些不安全的景象，例如倾斜的石柱、凌空的"天生桥"等，也能使人感到惊险。

险峻美可以激励人们奋勇进取、全力拼搏，去争取胜利，可以锻炼人们的意志，不畏艰险，顽强不屈。

（四）幽静美（即幽美、幽深美）

在一些丛山深谷，由于道路曲折，视线狭窄，光量较小，空气洁净，人烟稀少，常形成幽境。幽境不能一目了然，具有深不可测之感。"曲径通幽"，更有深远、寂静的内涵。所谓"幽必曲、必静、必深、必暗"，正是对幽境与曲"、"静"、"深"、"暗"关系的精辟解释。"青城天下幽"，虽与茂林修竹有关，但"谷深"也是重要因素。长江三峡、小三峡的幽静美，则主要是峡谷地貌所致。在川西、云贵高原和西藏等地区，峡谷地貌典型构成了中外闻名的高山峡谷区，也是幽静美典型的地区。

幽境一般环境幽雅、僻静、隐蔽、深远，人烟稀少，空气洁净。游人置身其间，有超然世外之感，是一种美好的享受。幽境有利于养情怡性，是静养的好地方。

(五)畅旷美(即旷美)

在广阔的高原、平原、戈壁,具有视野开阔,极目远眺,一望无际的特点,故称为旷景。例如广袤千里的华北大平原、辽阔的内蒙古大草原、浩瀚的大戈壁,以及连绵不断、波状起伏的黄土高原等,都是旷景。旷景能给人以阔大无边、奔腾豪放的美感,置身于旷景之中,能使人心旷神怡,促进心胸开阔。

由上所述,可以看出,多种多样的地质地貌形态,具有突出的美学观赏性。可以供游人观赏,开展观赏性旅游活动,使游人在观赏中获得多种形态美的感受。

二、具有科学文化属性,可以开展求知、科学考察旅游

各种地质现象、地貌形态及其过程,它们的形成、发生、发展,都有一定的规律性,有一定的哲理。有的已经被人们有所认识,这是人类智慧的结晶,是宝贵的财富,应该学习和继承。有的尚未被认识,有待于人们去探索。关于地壳的物质组成,地质构造的类型及成因,地壳的运动,各种内外营力的作用过程,矿产的形成,岩石的类别及形成,部分古生物及其环境等;关于地球表面的基本形态及其成因,流水地貌、喀斯特地貌、风沙地貌、黄土地貌、冰川地貌、海岸地貌等的基本类型、特征及形成,人们都有了一定的认识和了解。在观光游览的过程中,可以结合实际认识有关地质地貌现象,学习有关科学知识,满足人们求知的需要。例如,登华山,不仅能体验"天下险",还可以了解华山为什么以险著称,险是如何形成的;去桂林及路南石林游览,不仅可以享受喀斯特地貌所形成的奇观之美,还可以从中学习这些特殊地貌形成的科学道理。通过断层、褶皱等地质构造可以了解地壳的运动,通过地层中的生物化石可以认识一定的地质环境。特别是一些造型奇特的地质地貌形态,更能启发游人的智慧。

然而,地球表面还有许多人迹未到之处,还有许多藏在深闺人未知的地质地貌旅游资源,有待人们去考察,去了解;有许多高山、深谷、迷洞,有待人们去探险;更有许多虽有一定了解,但还未完全认识的地质地貌现象,有待人们进一步探索。因此可以开展科学考察、探险、科学研究等旅游活动。

三、具有空间载体特征,可以开展休闲、游乐、体育活动

某些旅游活动的开展,必须要有特殊的地貌作为空间载体。这些特殊的空间载体,便成为吸引游人开展一定旅游活动的重要因素。例如具有一定相对高度的山地,可以开展登山旅游活动;广阔优质的海滨沙滩,是优良的海滨沙滩体育运动及水上游泳、游乐必备的条件;具有一定起伏的地形,可以开展赛车体育活动;而高尔夫球场、山地滑雪、攀岩等,也必须有特殊要求的地形条件;某些大的喀斯特溶洞,既可观光游览,又可作为避暑消夏休闲的场所;等等。

总之,地质地貌旅游资源不仅具有美学观赏价值,可以开展多种旅游活动,而且有些地质地貌景观、地质遗迹还具有特殊的科学意义。为了很好地保护、利用这些地质地貌资源、地质遗迹,普及地学知识,开展旅游活动,促进地方经济发展,近几年在全国各地建立了许多地质公园,如北京十渡国家地质公园、陕西翠华山山崩国家地质公园、安徽黄山世界地质公园、云南石林世界地质公园等。

第四节　地质旅游资源

一、岩石景观

所谓岩石,即人们所说的石头。它是在一定的地质作用下,由一种或多种矿物组合而成。例如花岗岩是由长石、石英、云母等多种矿物组成;砂岩是由石英、云母、长石、角闪石等矿物组成,也可由石英单独组成;大理岩主要由方解石组成。根据其成因,岩石可以分为三大类:即由岩浆活动所形成的岩浆岩(也称火成岩),由外力作用所形成的沉积岩,由变质作用形成的变质岩。在众多的岩石中,有的具有一定的观赏价值,被称为观赏石。

花岗岩,节理发育,被节理分割成块状,在长期风化作用下,棱角逐渐消失,原来类似方形的花岗岩岩块,就成了球状石块。这种风化过程被称为球状风化,所形成的球状石块以及许多奇特的造型,具有较高的观赏性。例如黄山的“仙桃石”、“龟鱼石”、“金龟望月石”、“龟蛇二石”、“飞来石”、“天鹅孵蛋石”、“猴子观海”,普陀山的“磐陀石”、“云扶石”,海南岛的“天涯海角”、“鹿回头”、“南天一柱”,辽宁千山的“无根石”等。

玄武岩,是岩浆喷出地表后冷凝形成的,一般为黑色或灰黑色的细粒致密状岩石。它的突出特征是具有柱状节理,形成六边形的石柱。广东湛江南面的硇洲岛,为一典型的玄武岩陡崖,崖面由许多石柱排列而成,柱体直径约50厘米,每边长约40厘米,高达16米,是国内规模最大的玄武岩石柱林。此外,南京六合桂子山、福建澄海牛首山等地,亦有玄武岩柱状节理景观。

二、化石

所谓化石,是指保存在地层中的地质时期的生物遗体、遗物和遗迹。生物遗体包括动物的骨骼、贝壳、牙齿,植物的根、茎、干、叶、花、种子等;生物遗物包括古人类使用过的石器、骨器,动物粪便等;而生物遗迹主要指虫迹、足迹、外壳形成的印模,人类祖先用火留下的灰烬等。由于化石是地质时期留下来的,年代久远,反映了当时一定的生物及环境状况,对现代人来说具有一定的神秘感,也具有一定的科学研究价值,同时也是进行生物演化、环境变化等科普教育的活教材,因而具有较强的吸引力。许多典型的化石产地,已成为重要的旅游点(地)。

恐龙化石产地在我国较多。例如黑龙江嘉荫、四川自贡、山东诸城、内蒙古二连浩特盐池和查干诺尔、广东南雄、山西天镇、河南西峡、新疆准噶尔盆地等,均有恐龙化石。其中"四川恐龙多,自贡是个窝"。自贡恐龙化石非常丰富,驰名世界。在这里化石富集区面积达17000平米,埋藏集中。种属多,保存完好。曾经在不足3000平米的范围内,发掘出近200具恐龙个体,属世界中侏罗纪时期最具代表的恐龙化石,包括3个纲、11个目、15个科的十多个种属。有陆生、水生、两栖和空中飞的古脊椎动物,包括大型长颈椎蜥脚龙、短颈椎蜥脚龙,凶猛的肉食性恐龙,身躯细小的鸟脚龙,比较原始的剑龙等。1986年已建立了专门的恐龙博物馆,供游人和科学工作者观赏、研究。

山东临朐县山旺村古生物化石产地,保存有距今约1800万年前的大量动植物化石标本。已发现的有十多个门类,四百余种。植物化石有苔藻、蕨类、裸子植物和被子植物;动物化石有昆虫,鱼,鸟,两栖、爬行和哺乳类动物等,具有很高的观赏价值和科学研究价值。为研究我国东部中新世时期生物群、古地理环境及地层对比提供了重要依据。已被列入"国家重点自然保护区"、"世界遗产之最",并建立了山旺化石博物馆,已成为重要的旅游点。

云南澄江动物群化石,是目前世界上发现最古老、保存最完整的软体动物化石群,有海绵、腔肠、蠕形、节肢、腕足等四十多个动物门类,八十多种动物。对研究5.3亿年前的寒武纪早期生物演化提供了重要依据。已被联合国教科文组织列为世界级文化遗产。

此外,贵州台江县八郎山中寒武纪时期"凯里化石库"、山西榆杜县古生物化石群、辽宁朝阳鸟类化石、内蒙古札赉诺尔松花江猛玛象化石、甘肃合水县板桥"黄河剑齿象"化石、新疆吐鲁番藏犀化石、陕西咸阳"披毛犀"化石、北京延庆下德龙湾和四川江安县二龙乡等地的木化石(硅化木)等,都具有重要的科学研究及旅游观赏价值。

三、典型地层

所谓地层,是指在地质营力作用下所形成的各种成层岩石的总称。属哪个地质时代所形成的层状岩石,便称为哪个时代的地层,可见地层与时代联系在一起,具有时代意义;而岩层是总称,不具时代意义。不同的地层,反映了不同的地质环境,特别是含有生物化石、遗迹的地层,更能为研究生物演化及地质环境变化、地球发展历史提供重要的科学资料。我国地层出露较全，许多在国际上具有代表性。

天津蓟县前寒武纪陆相剖面，是一个反映地球早期38亿至8.5亿年漫长历史的地质剖面。在这里可以看到连续10亿年的沉积物，出露完整，厚达9200米，为世界所少见。其中不仅找到了10亿年前的动物遗迹，古孢子及微体古植物；还发现了距今18亿年的藻类真核生物化石，为生命科学研究提供了极其宝贵的资料。该剖面经国务院批准，已列入国家级地质自然保护区。

云南晋宁梅树村剖面，是反映全球前寒武系—寒武系界限的剖面。含有腹足类、腕足类、软舌螺类等动物化石和遗迹化石，已发现五万多件标本，共含一百多种、四十多个门类的动物化石，对研究5.3亿年以前地球历史和生物演化提供了重要依据。该剖面已列入省级自然保护区。

此外，辽宁大连金石滩震旦纪、寒武纪沉积岩剖面、陕西东秦岭岩相剖面、洛川黄土剖面、内蒙古东胜区三迭系—中侏罗统剖面、萨拉乌素组河湖相沉积剖面、宁夏六盘山地质剖面、四川江油县龙门山泥盆系剖面，江苏长兴二迭系剖面，河北原阳泥河湾地层剖面等，亦很有名。

四、构造形迹

承受地壳运动的岩层或岩体，在地应力的作用下发生变形变位的结果，称为构造形迹或地质构造。典型独特的构造形迹，不仅具有重要的科学研究价值，还可供游人观赏。

大连白云山庄莲花状地质构造，位于大连市白云山公园内，占地面积7.5平方公里。它是以中央高地为中心，周围由5组较大的环形山脊和沟谷组成，由空中俯视，酷似一朵盛开的莲花，甚为奇特壮观。其成因为多重环形断裂所致，是地壳在水平扭动力作用下的产物。我国著名地质学家李四光将其命名为莲花状旋卷构造。

清水断崖，位于台湾东部宜兰县东南沿海，面向太平洋，南北长约21公里，海拔700米。是我国最大、最险，也是唯一的海岸断崖，属世界第二大断崖。它是由于沿海山地发生断裂，东侧断块陷落而形成的特殊海岸地貌。具有奇特、壮观的美学特征。

宁夏银川西北红果子沟和苏峪口断层崖、台湾东部太鲁阁公园内的锥麓大断崖，以及许多地方的岩层褶曲构造等，都有一定的观赏价值。

五、地震

如前所述，地震是一种灾害性自然现象，有的地震发生后留下了一定遗迹，可供人们进行科学研究和观赏。例如：1605年7月13日，海南琼州曾发生8级大地震。据记载,当时有72座村庄陷入海底。现今的东寨港一带,即为当年陷入海底的村庄分布地。每当海水处于低潮时,当年的那些村庄遗迹露出水面,清晰可辨,成为一个特殊的自然—人文景观。该处已列为东寨港国家自然保护区的重要内容。

1976年7月28日凌晨,唐山发生了7.8级地震,使这个城市一瞬间变成了废墟,造成了巨大的破坏。在重建唐山的过程中,保留了7处建筑被破坏的震迹,列为国家重点保护项目,以此进行科普教育。

第五节 地貌旅游资源

一、山地

(一)山地的分类

山地是对许多山的统称,它由山岭和山谷组成。其特点是具有较大的绝对高度和相对高度。关于山地的分类较多。

山地按其高度可分为:极高山(海拔大于5000米)、高山(海拔3500~5000米)、中山(海拔1000~3500米)、低山(海拔500~1000米),各类山地相对高度均应大于200米。海拔小于500米,相对高度大于50米的高地称为丘陵。习惯上把丘陵也纳入山地范畴。

按其岩性不同,山地可分:花岗岩山地(如华山、衡山、黄山等)、喀斯特山地(如桂林峰丛、峰林)、变质岩山地(如庐山、五台山)、砂岩山地(如张家界)、玄武岩山地(如长白山)、流纹岩山地(如雁荡山)、黄土山地(如白于山、华家岭)等。

(二)名山

许多山地由于具有奇特的形态、优美的自然风光,或者具有一定的人文景观、悠久的历史等而成为名山。作为名山,不仅是山地中一种独特的地理实体,还应该有其特殊的内涵。卢云亭教授认为名山应该具有以下特点:

(1)名山是富有美感的自然景观实体。美有形象美、结构美、色彩美、动态美、听觉美、嗅觉美等等。形象美是名山秀色的基础和核心,其形象特征可以概括为雄、奇、险、秀、幽、旷、野等等。每座名山既是各种基本形象的空间综合体,又具有独特的总体形象特征,如泰山天下雄、黄山天下奇、华山天下险、峨眉天下秀、青城天下幽等。

(2)在科学上具有典型的研究价值。其典型性深刻地反映和渗透于研究与认识地球发展史、地质变迁、自然地理规律等学科领域中,如峨眉山因地层丰富而被称为"天然地质博物馆",植物种类繁多被誉为"植物王国"。太白山为自然景观垂直分带及第四纪冰川活动的研究,提供了良好的场所。

(3)拥有悠久的开发历史、丰富的文化遗产。名山大多开发时间早,反映出一定的历史文化渊源。例如我国的"五岳"封禅活动,最早起源于战国时代的齐、鲁,至秦汉时已逐步臻于完善,距今已有二三千年的历史;同时留下了大量的文化景观和遗址(古建筑、摩崖题刻、历史人物活动遗存物等),并拥有丰富的史料。有的被誉为"历史文化宝库",具有重要的社会历史价值和学术研究价值。

(4)自然和人文景观浑为一体。名山的形成多以自然景观为基础,不断地建造人文景观,并逐渐完善。因而形成了人文景观与自然景观相融合,主体、客体和谐,浑为一体的完整风景地域。例如庐山、华山、九华山、泰山等皆是如此。

可以看出,名山之美既在自然,又在人为。我国古代人民很早就认识到这一点,并且提出:有景(优美的风景)则名,有僧则名(天下名山僧占多),有史则名(正史、野史、传说、掌故、神话等),有宝则名(名贵物产、矿产等)。

我国名山有多少,说法不一。据卢云亭教授与测绘研究所合编的《中国大山名山主峰图》记载,我国目前有名山779座。按其海拔高度可以分为极高名山(>5000米),如喜马拉雅山、四川的贡嘎山等;高名山(3500~5000米),如陕西太白山、台湾玉山、云南玉龙雪山及点苍山等;中名山(1000~3500米),如峨眉山、五台山、九华山、"五岳"、黄山、雁荡山、庐山、武夷山、骊山等;低名山(500~1000米),如北京香山、福建鼓山、江苏云台山、陕西药王山等;极低名山(<500米),如北京景山和玉泉山、安徽琅琊山、南京钟山、浙江普陀山、武汉龟山、广东白云山等。

2007年4月,国家测绘局发布了经国务院批准的我国首批19座名山,分别为泰山、华山、衡山、恒山、嵩山、五台山、云台山(河南)、普陀山、雁荡山、黄山、九华山、庐山、井冈山、三清山、龙虎山、崂山、武当山、青城山、峨眉山。

(三)名峰

山峰是山地中高起的山顶,是伟大、胜利的象征,在登山、探险、科研、旅游活动中,具有重要意义。名山大多有名峰,如喜马拉雅山的珠穆朗玛峰,秦岭太白山的拔仙台,九华山的天台峰,泰山的玉皇顶,峨眉山的万佛顶,黄山的莲花峰、光明顶、信始峰、天都峰,华山的南峰、西峰、东峰,阿里山主峰大塔山等。

由上可以看出,作为山地具有较高的高度,尤其是名山,既有优美的自然风光,给游人以雄、奇、险、秀、幽、野等多种美感,又有丰富的文化遗产;既是旅游观光、登山活动的场所,又是科学研究、文化教育、科普活动的阵地。利用名山可以开展观光游览、科学研究、体育活动、求知等多种旅游活动。

二、峡谷

峡谷是指谷地深狭、两坡陡峻的河谷地貌景观。其中横剖面呈"V"字形的峡谷最为常见。峡谷是由于地壳上升、流水或冰川强烈下切侵蚀而形成的。

峡谷风光以气势磅礴为总体特征，以"险、雄、幽、隐"为其主要美学特征。谷坡陡峻，水急而险，谓之险；谷坡连绵，高陡出众，峡夹其间，气势磅礴，谓之雄；谷地深邃、寂静、人烟稀少，谓之幽；谷地狭窄、曲折，视线不畅，谓之隐。我国西部山区，峡谷地貌突出，著名的峡谷较多。例如：云南丽江县北的金沙江虎跳峡，长二十余公里，谷底宽 30～50 米，两侧谷坡陡峻，高出谷底 3000～4000 米，水流湍急，有险滩 18 处，是世界最深的峡谷之一；西藏雅鲁藏布江大拐弯峡谷，位于林芝县与墨脱县境内，谷地平均切割深度超过 5000 米，峡谷长达 494.3 公里，河床宽74～200 米，为世界第一大峡谷；长江三峡，西起重庆奉节白帝城，东到湖北宜昌南津关，全长193 公里，由瞿塘峡、巫峡、西陵峡组成。其中瞿塘峡自白帝城至大溪长 8 公里，两岸悬崖绝壁，群峰对峙，急流澎湃，声如雷吼，雄伟壮观，"夔门天下雄"即位于此。巫峡西起大宁河口，东至巴东官渡口，长 45 公里，两岸奇峰峭壁，群峰叠嶂，秀丽幽深。西陵峡西起秭归香溪岸，东至宜昌南津关，全长 74 公里，滩多水急，礁石林立，航道迂回曲折，惊险万分。此外，还有怒江峡谷，澜沧江峡谷，大渡河峡谷，黄河龙羊峡、李家峡、刘家峡、盐窝峡、青铜峡、三门峡，嘉陵江小三峡，珠江水系北江小三峡、西江小三峡，等等。无不具有峡谷的美学特征。

峡谷虽然可以其体量、形象吸引游人，但其内的造型景观意义也很大。例如美国亚利桑那州的科罗拉多大峡谷，非常壮观。它主要由砂岩、页岩、石灰岩、板岩构成，基本保持了原始景观形态。岩层经风化、侵蚀后形成许多孤峰、石柱、洞穴，千姿百态。其中大拇指山、轮船山、月亮神殿、阿波罗神殿、婆罗门庙等，都是一些造型生动的奇景。

峡谷的文化景观也是吸引游人的一个重要因素。长江三峡既有驰名的峡谷景观，又有许多传说、诗文、题刻、掌故、人文景观，被誉为文化长廊。峡中胜迹很多，例如千古之迷黄金洞，白龙过峡的圣泉，以及古代悬棺、白帝城、巫山十二峰、孔明碑、禹王庙、鱼石等。

除"V"形峡谷外，还有嶂谷（谷底更狭窄，谷底即为河床，谷坡更陡峭），例如北京延庆的龙庆峡；"一线天"（谷坡几乎直立，谷底更狭窄），例如武夷山、黄山等处的"一线天"。

三、岩溶地貌

地表水及地下水对可溶性岩石所产生的化学作用过程（溶蚀和沉淀）和机械作

用过程中(流水的侵蚀、沉积、重力崩塌、坍陷和堆积等)所形成的地貌,称为岩溶地貌或喀斯特地貌。它是以溶蚀为主形成的地貌。岩溶地貌在我国分布较广,其中广西、贵州、云南、四川等省区有大面积成片分布,形成了复杂多样的地貌形态。常见的具有旅游价值的地表形态有石芽与溶沟、落水洞、竖井、漏斗、天生桥、峰林、峰丛、孤峰等,地下岩溶形态有溶洞、地下河、地下廊道、洞穴堆积等。

(一)石芽、溶沟与石林

地表水沿可溶性岩石的裂隙进行溶蚀、侵蚀,使岩石表面形成凹下的沟槽称溶沟,沟间突起的部分为石芽。在热带厚层纯石灰岩地区可形成高大的石芽,众多的石芽排列如林,称石林。云南路南石林最为典型,面积 2.7 万公顷,游览区 80 公顷,怪石嶙峋,雄伟壮观,造型奇特。既有"万千石笋拔地起,森严刀剑指向天"的威严气势,又有"阿诗玛"、"母子偕游"、"双鸟渡食"等栩栩如生的象形山石,被称为巨大的"天然雕塑博物馆"。四川兴文石林、福建永安石林也颇具特色。

(二)漏斗、落水洞与竖井

岩溶漏斗是一种碟形或漏斗形的洼地,宽数十米,深数米至十余米,主要由流水沿裂隙溶蚀而成。重庆奉节县小寨天坑、云阳县云阳天坑及兴文县天泉洞后洞大漏斗,均较典型。

落水洞是地表水流入地下河的主要通道,其宽度比深度小得多,一般只有数米,是流水沿裂隙溶蚀、侵蚀而成。落水洞进一步发展,形成深度较大的井状管道,称为竖井。

(三)天生桥

多由溶洞顶部两侧崩落,或地下河不断溶蚀,顶板未全部崩塌,两侧与地面相连,而中间悬空的桥状地形。如贵阳花溪南明河上的天生桥、河北涞水野三坡海棠峪的天生桥、云南九乡溶洞的叠虹桥(多层天生桥上下重叠)等。而贵州黎平县天生桥高 78.8 米,宽 112 米,拱高 38.8 米,跨度 118.9 米,为世界最大的天生桥。

(四)峰丛、峰林与孤峰

基部相连、成簇状的石灰岩山峰,称峰丛。一般峰丛内部洼地、漏斗、落水洞很发育。广西红河上游,尤其是大化县七百弄峰丛洼地非常典型。成群分布、基部不相连的石峰,称为峰林。它是峰丛进一步发展的结果。广西桂林、贵州安顺等地比较典型。孤立分散的石峰,称孤峰。例如桂林的独秀峰、伏波山、书童山、骆驼山等。

石灰岩峰丛、峰林典型分布地,常形成"平地涌千峰"和"群峰倒影山浮水"的奇丽景观。分布于河边的孤峰,山水相映成景,清丽动人。

(五)溶洞、洞穴堆积

溶洞是地下水沿可溶性岩层层面、裂隙、节理或断裂带进行溶蚀扩大而成。其大小不一,形态多样。溶洞内往往有碳酸钙沉淀物形成的钟乳石、石笋、石柱、石幔、石瀑布、石花等多种形态。有的洞内还有地下河、地下湖,有的洞内还有题刻、壁书、古建筑、人类活动遗迹等人文景观。溶洞具有"奇"、"险"、"幽"等美感特征,可供开展游览观赏、科学考察、探险等旅游活动。

我国有名的溶洞较多,例如广东肇庆七星岩,贵州安顺龙宫洞、绥阳双龙洞,广西桂林七星岩与芦笛岩、柳州的白莲洞,宜昌三游洞,重庆武隆芙蓉洞,四川兴文天泉洞、神风洞,云南建水燕子洞,陕西柞水县溶洞等。其中处于湖南桑植县城西15公里的九天洞,为亚洲第一大洞。洞内面积250万平米,30个支洞交错相连,可分上、中、下三层,有36个大厅、12处瀑布、5座天生桥、3个天然湖,共有9个天窗与外界相通。洞中石柱林立,乳钟浮悬,石幔遍布,形态多样。

四、干旱风沙地貌

我国干旱风沙地貌主要分布在西北、内蒙古等省区的内陆盆地或高原地区。旅游意义较大的景观类型主要有:沙漠、戈壁、雅丹地貌等。

(一)沙漠景观

"黄沙西海际,白草北连天",这是唐代诗人岑参对新疆沙漠的描述。浩瀚的沙漠,广袤千里。新月形沙丘、纵沙垄、格状沙丘、鱼鳞状沙丘、金字塔形沙丘等,各种形态的沙丘风姿绰约。奇特的沙生植物,埋没其间的古文化遗址,更给荒凉的沙漠赋予迷人的魅力。近年来兴起的沙疗、沙浴也引入注目。吐鲁番地区有几处沙山,沙中含有大量磁铁矿粉末,进行沙浴等于"磁疗",对神经衰弱、风湿性关节炎、高血压病有较好的疗效。宁夏中卫沙坡头还建成沙漠公园,游人在此可滑沙、观沙、听沙(鸣沙声响如钟),观赏沙生植物,还可乘古老的羊皮筏领略黄河岸上"塞外风光"。此外,甘肃敦煌鸣沙山、酒泉沙漠公园、毛乌素沙漠景观专线旅游等,也颇具吸引力。我国沙漠面积广大,但沙漠旅游在我国刚刚兴起,仅限于沙漠的边缘地带,潜力巨大。世界上许多国家,如阿尔及利亚、印度、巴基斯坦等,都建立了沙漠旅游专线。

(二)雅丹地貌

"雅丹"在维吾尔语中是"陡壁小丘"的意思,是河湖相岩层经风力"雕琢"后形成的大片险峻崎岖地形,以新疆的罗布泊洼地、乌尔禾"风城"、将军戈壁上的"魔鬼城"最为典型。这些地方被雕塑成千奇百怪的形态,如石蘑菇、石笋、石兽、石亭、石塔等,有的如残垣断壁的古城堡,有的像宫殿、教堂等,嶙峋古怪,令人神往。

(三)戈壁景观

戈壁是干旱风沙地貌中另一特殊的、具有吸引力的景观类型。这里植被稀少、石砾满布,给人以野旷辽阔之感。戈壁中最负盛名的是"蜃楼幻影",它虽是太阳光强烈照射下形成的一种幻觉,却能带给游人无比美好的遐想和向往之情。

五、黄土风景

我国黄土高原是黄土及黄土地貌分布最集中的地区,北起长城,南抵秦岭,西起青海日月山,东到太行山,总面积 41.56 万平方公里。陕西洛川、甘肃西峰黄土较厚,可达 150～200 米;兰州最厚达 400 米;晋西、陕北、陇东、豫西等地一般厚 50～100 米,其他地方多在 50 米以下。

连绵不断、波状起伏的高原,首先给人以宏伟开阔、意境深远之感。特殊的黄土梁峁,水土流失形成的千沟万壑,形态各异的黄土桥、黄土柱、黄土塔、黄土墙、黄土洞、黄土林以及层层梯田、黄土窑洞等,这些天然的或人为的景观不仅有很好的观赏价值,也越来越多地吸引着科学工作者前来考察和研究。

我国黄土地貌景观区域差异较大,梁峁丘陵沟壑以陕北延安、安塞、子长、绥德、米脂及晋西离石、兴县等地最为典型;高塬沟壑以陕西洛川、富县、长武和甘肃西峰等地最为典型;黄土长坡梁峁丘陵沟壑以甘肃秦安、甘谷、静宁等地最为典型;黄土梁峁宽谷丘陵沟壑,以陕西白于山河源区,宁夏西吉、彭阳及甘肃永登、皋兰、会宁等地最为典型。

六、火山与熔岩风景

地下岩浆及有关气体,顺着地壳裂缝经常地或周期地喷出地表的现象,称为火山喷发。它可以形成火山锥、火山口湖、堰塞湖、温泉、熔岩洞穴、熔岩台地等地貌景观。

世界上现有火山约三千座,其中活火山五百余座。许多国家都利用火山资源来开展旅游活动,如意大利维苏威火山、日本富士山是著名的观光游览地。美国夏威夷岛还建立了火山公园,这里的基拉厄威活火山经常白烟蒸腾、岩浆翻滚、火星四溅,非常壮观。每年接待游客达百万人次以上。

我国火山熔岩风景,主要集中在东北大小兴安岭、长白山区,台湾及海南岛、雷州半岛,云南腾冲及山西大同等地。其中黑龙江德都县五大连池,由 14 座火山锥和呈串珠状排列的 5 个熔岩堰塞湖及大片熔岩台地组成,火山锥、火山口保存完整,熔岩流形成的台地怪石林立,有“火山地貌博物馆”之称。近年来游人较多。海南岛北部和雷州半岛约有一百座火山,以海口市琼山县马鞍岭火山口最为典型,周围有火山群,这里熔岩隧道发育,约有七十余条,其中卧龙洞长达 3 公里,高 7 米,宽 10 米,景色壮观奇丽。云南腾冲火山群;有火山四十余座,八十余处温泉,其中打鹰山为我国少见的高大火山,高出地面六百四十余米,火山口直径 300～500 米,深九十余米。已建立了腾冲火山博物馆。山西大同火山群有火山三十余座,火山锥体形态保存较好。台湾北部的大屯火山群和基隆火山群也比较有名,前者已建成"国家公园",面积约 1 万公顷。

七、冰川地貌

冰川地貌主要是指第四纪古冰川在沿山坡或河谷运动过程中,对地表进行刨蚀、磨蚀作用后所遗留下的各种围椅状冰斗、平直的 U 型谷、尖峭的角峰、单薄的刃脊、匍匐状的羊背石及波光粼粼的冰斗湖等地貌形态。当冰川消融后,冰川所挟带的碎屑物质便堆积下来,又会形成鼓丘、蛇丘、冰积丘陵等地形。冰川地貌多保存在高山或高纬地区,例如陕西秦岭太白山的拔仙台,海拔 3767 米,山势险峻,是一典型的角峰,周围保存有完好的冰川地貌。在其西北面的大爷海及南面的二爷海、三爷海、玉皇池均为冰蚀湖,其中大爷海是非常典型的冰斗。我国山地较多,已发现的第四纪古冰川作用留下的遗迹也较多,主要分布在中西部的中、高山地区。例如青藏高原,滇西北山地,新疆天山、阿尔金山,甘肃祁连山、兴隆山,四川西昌螺髻山、黄龙寺自然保护区,甘川交界处的岷山等。在台湾雪山山脉,也发现冰川遗迹 35 处。冰川地貌,以其形态奇特、稀有少见,对游客有巨大的吸引力。同时也是研究第四纪环境,特别是气候变化的重要依据。因此冰川地貌是一项重要的旅游资源,开发潜力巨大。

八、丹霞地貌

丹霞地貌是由一系列硬度较小、易受风化的红色砂砾岩,在风化剥落、流水侵蚀、重力崩塌等作用下,所形成的丹岩赤壁及有关地貌形态。以广东仁化县的丹霞山最为典型,因而得名。山色丹红如朝霞,山体形状如柱、如塔、如壁、如堡,平地拔起,给人以峻秀挺拔、奇特优美之感。我国丹霞地貌分布较广,主要集中在广东、福建、江西、广西北部、湘南、云南、贵州、四川、甘肃、河北等地,已发现三百五十多处丹霞地貌。除广东丹霞山外,比较著名的有碧水丹山、奇秀东南的武夷山,丹霞地貌面积最大、最典型的资新盆地(位于广西资源县与湘南新宁县交界处),江西龙虎山,安徽齐云山,贵州梵净山,甘肃麦积山及崆峒山,四川青城山等。许多丹霞地貌已成为风景名胜区的重要组成部分。

九、海岸、岛屿

海洋与陆地相互作用的地带,称为海岸带。它由海岸、潮间带及水下岸坡等三部分组成。海岸是海洋高潮线以上,到激浪(海洋波浪)作用所能达到的地方之间的狭窄的陆上地带;潮间带是高、低潮海面之间的地带;水下岸坡是低潮线以下直到波浪有效作用的下限。海岸地带是大陆与海水交互作用的地带,由于波浪、潮汐、洋流的作用,在此可以形成海蚀穴、海蚀崖、海蚀拱桥、海蚀柱、海滩等特殊的海岸地貌。

海蚀穴,是在高潮水面与陆地接触处,波浪冲蚀、掏蚀所形成的槽形凹穴,断续分布于海岸线附近。海蚀崖,是海蚀穴顶部基岩崩塌,海岸后退时所形成的陡壁。海蚀拱桥,是两个相背的海蚀穴被蚀穿而相互贯通,所留下的上覆拱形基岩。海蚀柱,是海蚀崖后退过程中,留下的柱状岩体。海滩是波浪带来的泥沙、砾石等固体物质在岸边沉积所形成的。海岸地带各种侵蚀地貌及波浪、潮汐,可供人们观赏;优良的沙滩,充足的阳光,适宜的气候,可开展避暑、休疗、体育运动等多种形式的旅游活动,是世界旅游重点发展区之一。

我国大陆海岸线从鸭绿江口至中越边境的北仑河,长达 18000 公里,拥有众多类型海岸地貌资源。从北至南已建立有大连金石滩、北戴河、南戴河、青岛、万石岩与鼓浪屿、天涯海角等许多著名旅游区。如北戴河海滨,风景优美,潮平浪静,沙软滩平,海水清澈。大片绿树丛中掩映着红瓦白墙、造型精巧、别具风格的海滨别墅,是避暑疗养胜地。又如天崖海角,这里"波清海面阔,沙石磊石圆","天崖"、"海角"、"南天一柱"等石刻屹立在群石之中;极目远望,但见海阔天高,白浪撩云,渔帆点点,景色非凡;海边花石、贝壳五彩斑斓,令人爱不释手。现在已是海南岛有名的游览胜地。

岛屿是被海水(或湖水)包围的小块陆地。由于被水四面包围,形成一个特殊的封闭环境,尤其是海洋中的岛屿与大陆分离,不仅自然环境、居民生活方式与大陆不同,而且对居住在大陆上的人来说,有一种神秘感,具有极大的吸引力。例如福建鼓浪屿,是隔海与厦门相望的不足 2 平方公里的小岛,其上冈峦起伏,四季开花,在繁茂的林木中掩映着一幢幢色彩艳丽、造型美观的别墅洋楼,景色十分优美;又有沙平浪静的海滩,是理想的海滨浴场,现已成为有名的旅游地。在热带、亚热带的海域中,还有一些由珊瑚虫石灰质残骸堆积形成的珊瑚岛和珊瑚礁,景色奇特,更具吸引力。例如澳大利亚大陆东北部沿海的大堡礁,长 2000 公里,是世界上最长的珊瑚礁群。

我国岛屿资源丰富,有人居住的海岛共 433 个。季节性利用的海岛达一千多个。著名的海岛有辽东半岛东南的长山群岛、大连附近的蛇岛、兴城市附近的菊花岛,山东的庙岛列岛、芝罘岛、刘公岛、田横岛,江苏的东西连岛、车牛山岛,浙江的嵊泗列岛、小洋山、舟山岛、普陀山岛、朱家尖岛、大鹿岛,福建的马祖列岛、平潭岛、金门岛、湄洲岛、鼓浪屿、东山岛,台湾岛,澎湖列岛,香港诸岛,广东的海陵岛,广西的涠洲岛、斜阳,海南岛以及南海诸岛等。

●实证分析：天下奇山、名山——黄山

黄山位于安徽省黄山市境内，地跨歙县、太平、休宁和黟县之间，总面积约1200平方公里。划为风景区的精粹部分约154平方公里。古称黟山，唐天宝六年改称黄山。自古以来久负盛名。明代大旅行家、地理学家徐霞客两次登临黄山，发出了"薄海内外无如徽之黄山，登黄山而天下无山，观止矣！"的赞叹，激发了人们对黄山的向往。黄山集雄、奇、幻、险于一体，以怪石、云海、奇松、温泉等"四绝"闻名于世。泰山的雄伟、峨眉的秀丽、华山的峻险、衡山的烟云、庐山的飞瀑、雁荡的巧石，黄山无不兼而有之。

黄山山体由粗粒花岗岩构成，节理发育，经大自然的风化剥蚀，雕琢成奇景异景。著名胜景有72峰、24溪、2湖、3瀑。36座大峰威武雄壮，36座小峰玲珑多姿，三大主峰莲花、天都和光明顶海拔都在1800米以上，其中以莲花峰最高，海拔1862.1米。其余二峰海拔分别为1829.5米和1841米。

从温泉沿前山登光明顶，沿途有慈光阁、金沙岭、蜡烛峰、飞来洞、青鸾峰等景点。半山寺可望见"金鸡叫天门"、"老鹰抓鸡"等巧石奇观。在天都峰登山石级上有狭长惊险的"鲫鱼背"，山上有仙桃石和"登峰造极"石刻等景。从天都峰到玉屏楼，要过"小心坡"、"一线天"。回首三座小石峰如同蓬莱仙岛。玉屏楼附近有著名的迎客松，远望可见"金龟望月"、"松鼠跳天都"、"孔雀戏莲花"等奇岩怪石。峰上有众多石刻。从莲花峰下经"百步云梯"可上光明顶，梯顶可见"仙女绣花"、"老僧入定"、"鳌鱼呼螺蛳"等奇石异景，妙不可言。

黄山是一个峰之海、云之海，全山共分五海，即北海、前海、西海、东海和天海。在散花坞可观赏著名的"梦笔生花"奇景，狮子峰上有著名的巧石"猴子观海"。在清凉台上，可观云海日出。石笋矼、石柱参差林立，奇松奇石风姿各异，"十八罗汉朝南海"惟妙惟肖，引人入胜。西海的观赏胜地为排云亭，群峰隐现，云雾缭绕。又有"仙人晒靴"、"仙女操琴"等怪石出没，景色绝妙。南有飞来石和双剪峰、双笋峰。光明顶是天海的观景点，也是看日出的极佳处。

温泉也为黄山一绝。它源于朱砂峰，水温常年42 ℃左右，可饮可浴。西侧正对桃花溪上的"人字瀑"。西行沿溪一带还有虎头岩、三叠泉、醉石、鸣弦泉、试剑石等胜景①。

复习思考题

1.简述地质作用的内容与地貌的形成。

---

① 以上见冯天羽编著《中国地质旅游资源》。

2.举例说明地质地貌与旅游的关系。

3.地质地貌旅游资源吸引因素与旅游功能有哪些方面?

4.在科普旅游活动中,化石与地层有何教育意义?

5.简述山地、峡谷的美学特征及旅游意义。

6.喀斯特地貌是如何形成的? 主要的形态有哪些?

7.黄土地貌、火山与熔岩、冰川地貌、海岸地貌各有哪些类型?

第四章 水体旅游资源

学习引导

水体资源是最重要的自然类旅游资源类型之一。了解水体旅游资源的概念，分析水体资源与旅游的关系，以及水体构景的主要因素和旅游功能，是本章需要重点解决的问题。首先，分析水体旅游资源的概念、水体与旅游的关系；其次，讲授水体旅游资源的吸引因素与功能；再次，讲述水体旅游资源的类型。通过对水体旅游资源的分析介绍，希望引导学生能够理解水体旅游资源的概念、旅游吸引因素和功能，并掌握水体旅游资源与旅游的关系。

教学目标

- 分析和理解水体旅游资源的概念和特点。
- 认识水体旅游资源的基本类型。
- 掌握水体旅游资源的吸引因素和旅游功能。
- 了解水体旅游资源与旅游的关系。

学习重点

水体旅游资源的概念和特点；水体旅游资源的旅游吸引因素（水形、水声、水色、水味、水影、水态）和旅游功能（疗养功能、娱乐功能、文化功能）；水体旅游资源的类型（河川风景、湖泊景观、瀑布景观、泉景、品茗、海洋）；水体旅游资源与旅游的关系。

第一节　概述

　　水是自然资源的重要组成部分,是保证人类生活和生产的重要物质条件,同时水也是构成旅游资源重要的物质基础。

一、水体旅游资源的概念

　　水是自然界分布最广、最活跃的因素之一,是无处不在的。它不仅存在于水圈,在大气圈、生物圈、岩石圈均可以见到水。水又是地球上最奇妙的物质,它是地球上以所有三种聚合态——液态、固态、气态——存在于自然界的唯一物质,有液态的海洋水、河流水、湖泊水、水库水、地下水、涌泉、瀑布,有固态的冰川水、积雪,有气态的云雾等。它们在地质地貌、气候、植被及人类活动等因素的配合下,形成不同类型的水体景观。烟波浩渺的大海,银妆素裹的雪山,飞流直下的瀑布,清澈透明的湖水,碧波粼粼的河流……给人们不同的感受、不同的体验、不同的美感,成为自然旅游资源的重要组成部分。凡能吸引旅游者进行观光游览、体验参与的各种水体及水文现象,我们都可视为水体旅游资源。

二、水体与旅游的关系

　　水体资源与旅游的关系十分密切。

(一)水体是最宝贵的旅游资源之一

　　水体,以它特有的魅力,成为旅游资源的重要组成部分。一望无际的海洋,汹涌澎湃的大江大河,蜿蜒曲析的溪流,幽雅轻柔的湖泊,跌宕飞流的瀑布,清秀优美的涌泉,以形、色、声、动态变化的多样性美感,使人心驰神往、浩气激荡,吸引着众多游客,提供了种类繁多富有生气的旅游产品。俄罗斯的美学家车尔尼雪夫斯基曾写道:"水,由于它的形态而显出美。辽阔的、一平如镜的、宁静的水在我们心里产生宏伟的形象。奔腾的瀑布,它的气势是令人震惊的,它的奇怪突出的形象,也是令人神往的。水,还由于它的灿烂透明,它的淡青色的光辉而令人迷恋;水把周围的一切如画地反映出来,把这一切屈曲地摇曳着,我们看到水是第一流的写生家。"

(二)水体是各类景区的重要物质基础

　　有水体的景区,才有生气,才更有活力。自然风景区大多以有水为佳。名山不可以缺水,溪流瀑布使山地变得生动活泼,云雾使群山时隐时显、似有若无,产生了飘渺朦胧之美。水滋润着花木,养育了动物,从而使景色秀丽,充满生机。因此郭熙曾说:"山无云则不秀,无水则不媚。"所以人们对水在风景构成中的作用给予很高的评价,称水为"风景的血脉"。从桂林到阳朔,漓江蜿蜒于奇岩怪峰之间,构成了一幅百里画卷;武夷山九曲溪两侧有 36 座山峰,"溪曲三三水,山环六六峰",山环水绕,景色诱人。在人文旅游资源中,也十分重视对水的利用。古往今来,无论是皇家宫苑,还是私家花园,都采取"引水注入"、"引泉凿池",尤其是园林常以水为中心进行布局。古人有"名园依绿水"之说,突出了水体在构景中的地位和作用。如:北京颐和园的昆明池、承德避暑山庄的湖区等。

(三)水体可单独构景或与其他因素组合成景

许多瀑布、湖泊、泉景、风景河段,以其自身优异的景色而成为独立的极有价值的风景名胜区。如黄果树瀑布、壶口瀑布是独立构景的典型,杭州西湖则构成西湖风景名胜区的主景。被喻为"神话世界"的九寨沟,众多的海子(湖泊),清澈的溪流及瀑布群,成为景区中最具魅力的奇丽景观。利用冰雪还形成了专门的冰雕、雪塑等冰雪艺术,成为某些地方的特色。中国哈尔滨、日本的札幌等都以冰雪艺术节而闻名于世。大多数情况下水景表现出它的组合性,如水与山、水与动植物、水与季节气候、水与建筑物、水与人类活动等,共同组合成了景色多变、风采各异的水体风景名胜。"桂林山水甲天下",是山与水有机结合的典型。

(四)水体可开展丰富多彩的体验性旅游活动

水体旅游资源既可观赏又可体验,且形式多样,最为丰富。如游泳、划船、驶帆、划水、滑冰、冰球、滑雪、雪橇、潜水、冲浪、垂钓、漂流、探险以及疗养品茗等,都是体验性的旅游活动,并且许多水上活动老幼皆宜。如今,人们越来越重视自身的参与性体验,水体旅游资源的开发可谓独具优势,市场广阔。

第二节　旅游吸引因素与旅游功能

一、吸引因素

水体旅游资源以其形、声、色、味、影、动静态等因素吸引着游客。

(一)水形

指水体不同的形状。海、河、湖、瀑布、泉,形态形状各异。如一平如镜的湖泊,波澜壮阔的海洋,蜿蜒曲折的小溪,宛如银带的江河,跌宕如飞、喷珠溅玉的瀑布,淙淙外溢、澄碧晶莹的泉水等,以不同的形态风韵吸引着游人。

（二）水声

水流的声音是美的。推波助澜的急流、惊涛拍岸的潮流、空山雄浑的飞瀑，以及恬静的涓涓细流，各自弹出了不同声域的乐章。既给人以强烈的动感，又悦耳动听，给人以音乐美的享受。无锡寄畅园的"八音涧"、北京颐和园中谐趣园的玉琴峡的"声趣"，均是借引泉水或湖水，促其层层跌落所形成的空谷回响，既徐缓抒情，又抑扬顿挫。

（三）水色

水本来是无色透明的，但在不同的地理环境中由于所含矿物质及洁净程度的不同，或者受天色及周围自然景物的影响，可产生丰富的色彩。具体表现为：一是透射水底不同基岩水草的颜色；二是反射岸边的景物岩石；三是因水体中悬浮物质浮游生物的多少，发生折射、散射形成不同的水色；四是水体本身所具有的晶莹清澈优越的水质吸引游人。如：黄河因含沙量大，成为世界上特有的黄色巨流，在阳光下像一条金色的带子；福建崇安县小武夷山，丹山碧水"奇秀东南"；唐代文学家韩愈把桂林漓江山水比喻成"江作青罗带，山如碧玉簪"。美国黄石国家公园中蓝宝石泉的碧蓝，绿松石泉的翠绿，猛犸温泉流过的台阶上有红、棕、蓝、绿的彩条，以及蔚蓝的大海，清澈见底的溪流，都是水色美的体现。

（四）水味

纯净水是无色无味的液体。但在自然界的水体，或多或少含有各种盐类、有机质和微量元素，所以出现不同的水味。常说的"清冽甘泉，爽人可口"往往是一些很少含有机质的林间溪谷、泉瀑的水流，它给人以清心、养心的享受。如山西太原晋祠公园的难老泉、陕西甘泉县的甘泉等。另外，奇特的味道也可以吸引游人，如被称为"甜河"的希腊马加河，非洲安哥拉的勒尼达河能放出扑鼻的香味，被称为"香河"。

（五）水影

水中倒影能增加水景的层次、扩大空间，使自然风光更加绚丽多姿，意趣盎然。湖光波影、岸边垂柳等"湖光山色"引人入胜。如云南大理的洱海，碧波同苍山雪峰相映，被誉为"银苍玉洱"；新疆的天池紧依博格达雪峰，峰湖相映，成为传说中的"瑶池仙境"。袁牧所写的"江到兴安水最清，青山簇簇水中生，分明看见青山顶，船在青山顶上行"，是对漓江山水相映的生动写照。

（六）水态

液态水体有动态与静态之分。静态水常以塘、池等形式出现，给人以安详朴实的感受；动态的水，不论是河、泉、瀑或是海浪，波光晶莹，充满活力，令人兴奋欢快。因此，平湖如镜、清泉滴流、飞瀑倾泻、汪洋激浪……千姿百态，吸引着游客前往观赏。

二、旅游功能

水体旅游资源能从不同的方面满足游客的多种旅游需求和旅游动机。

(一)审美功能

水体,以它所具有的形、声、色、影、态变化的多样性展示着其特有的美感,成为旅游中重要的审美对象。水的雄壮之美:当我们面对一望无际的大海,面对它汹涌澎湃的波涛,或眼观飞流直下的瀑布,往往会惊讶和赞美其不可阻挡的阳刚之气。非洲的维多利亚瀑布比我国的黄果树瀑布还宽 90 倍,其巨响远达 15 公里,虽旱季也不减其气势,人称"魔鬼瀑布",可见其雄壮之势。我国钱塘江潮起时,惊涛拍岸,以排山倒海之势滚滚而来,令人震惊和振奋。雄壮之美往往使人产生仰慕或敬畏之情,催人奋进。水的秀丽之美:弯弯的小河,潺潺的流水,"如情似梦"的漓江、"浓妆淡抹总相宜"的西湖,都属于秀美的形态。水的奇特之美:往往以其出人意料之外的形态,给游客一种巧夺天工之叹。有"天下奇"之谓的黄山,奇云似锦似缎、变幻无穷,驰名中外,人字瀑、百丈泉、九龙瀑等都是具有奇特形象的典型风景。位于巴勒斯坦与约旦两国交界处的死海,也堪称世界之奇。在死海中,不会游泳的人也不会下沉,甚至可以仰卧水中,捧书而读。每逢节假日,游客蜂拥而至,使死海之滨呈现出蓬勃的生趣。美国黄石公园内间歇喷泉类型丰富,占全世界间歇喷泉的 50% 以上。另外,水的色彩美、动态美、听觉美都给游客不同的美感享受。

(二)疗养功能

温泉、矿泉、海水、湖泊等均具有疗养功能。这些水体中含有多种化学成分,通过对人体的药理和化学生物作用,使其具有治病健身的功效。如利用温泉治病在我国已具有悠久的历史和丰富的经验。汉代张衡《温泉碑》曾记:"有病疕兮,温泉浴焉。"明代李时珍在医学名著《本草纲目》中,曾论及不同温泉的医疗作用:"温泉主治诸风湿、筋骨挛缩及肌皮顽痹,手足不遂、无眉秃发、疥癣诸疾。"现在,我国很多地方都建立了温泉浴。世界上许多国家如法国、日本、罗马尼亚、保加利亚等都很重视泉水的疗养保健功能。

(三)品茗功能

茶与水的关系非常密切,我国几千年的传统饮茶习惯,使人们既重视茶叶的质量,更重视水的质量。名茶必须用好水,已成为人所共知的道理。水质清醇的泉水既可供品茗,也可供酿造。我国的许多名酒佳酿,使用的都是优质的水体。

(四)娱乐功能

清澈的河水,碧波荡漾的湖泊,水温在 34 ℃以上的温泉,夏日的海滨,都具有极丰富的娱乐功能。如海滨可开展海水浴、驶船、帆板、冲浪、潜水、垂钓、观景等活动。

（五）文化内涵

古往今来，不少文人墨客以秀丽的江河湖泊、雄壮粗犷的瀑布为对象，吟诗作赋，写下了许多流传至今的优美诗篇。如大诗人李白的"飞流直下三千尺，疑是银河落九天"；陈毅同志的"水作青罗带，山如碧玉簪。洞穴幽且深，处处呈奇观。桂林此三绝，足供一生看"。近代大文豪郭沫若畅游千岛湖时赋诗赞曰："西子三千个，群山已失高；峰峦成岛屿，平地卷波涛。"一些湖边水体边的摩崖题刻、传说等，形成了丰厚的文化积淀和浓郁的文化氛围，提高了观赏价值。

第三节 水体旅游资源的类型

水体旅游资源按水体性质、基本形态、使用价值及潜在功能，划分为河川、湖泊、瀑布、泉、海洋等类型。

一、河川风景

河川即河流，是地表线形集水洼地。陆地上河川纵横交织，不计其数。仅我国流域面积在 1000 平方公里以上的就有一千五百八十多条，大小河流总长度超过42 万公里。众多的河川不仅给人们以灌溉和舟楫之利，而且有些河川通过自身成景或与其他景观相结合构成重要的河川风景旅游资源。如中国长江大小三峡、桂林漓江，欧洲多瑙河，美洲亚马逊河等，或以其形、声、色、质，或以其河岸景色吸引着众多的旅游者前去观赏或体验。目前，我国已列入国家级重点风景名胜区的河川有长江（三峡段）、鸭绿江、漓江、富春江、新安江、楠溪江、丽江、瑞丽江、雅砻河、舞阳河、建水等，被列为地方级风景名胜区的河流就更多。

最具旅游意义的河川风景，可归纳为以下几类：

（一）沿江有景的河流

这类河流分布广泛，我国许多河流具此特征。不同河流由于所处地理条件的差异，可以表现为不同的景致。同一条河流由于流经地区的地貌、气候的差异，上、中、下各段也表现出不同特征；同一条河流的同一河段也因季节变换，表现出不同景致。

长江是中国第一大河，也是世界四大长河之一，全长 6300 公里。其干流流经我国十一个省区市，沿河旅游资源丰富，景点星罗棋布，是我国著名的"黄金水道"和"黄金旅游线"。最典型的景观资源集中于三峡区，堪称四百里天然画廊。

黄河是中国第二大河。黄河流域为中华民族的摇篮之一，它哺育了中华民族的文明。但黄河泥沙量过大,进入华北平原后,两岸大堤相夹,形成"悬河"奇观。黄河流域文化古迹众多,高原风光、塞上江南、黄土风貌、千里平野等,都对游客有吸引作用。位于郑州邙山的黄河游览区,已开放4大景区36个景点。

最美的河流当属于广西桂林阳朔间的漓江段。漓江,是中国锦绣河山的一颗明珠,是桂林山水风光的精华,早已闻名遐迩,著称于世。从桂林到阳朔83公里的水程,酷似一条青罗带,蜿蜒于万点奇峰之间。沿江风光旖旎,碧水萦回,奇峰倒影,深潭、喷泉、飞瀑参差,构成一幅绚丽多彩的画卷,人称"百里漓江,百里画卷"。

(二)沿江有名城的河流

这类河流开发历史悠久,沿河附近旅游名城相间分布。著名的如长江、黄河、江南运河、钱塘江、湘江、赣江、漓江、松花江等等。长江沿岸分布着一百一十多座大中城市,其中著名古城、工商城和风景城有上海、南通、扬州、镇江、南京、芜湖、泸州、宜宾等。

江南运河流经太湖流域,沿河古城、工商业城市和旅游名城有杭州、嘉兴、苏州、无锡、镇江等。黄河及其支流沿岸的咸阳、西安、洛阳、开封,是显赫一时的历史古都。兰州、银川、包头、呼和浩特、济南等城市,既有大量风光胜迹,又聚集现代都市风情。开辟这些河流沿线的乘船旅游,既可欣赏沿线风光,又可游览沿线城市风貌。

(三)漂流探险河段

河川漂流探险是一种新兴的特殊旅游形式,它以游客参与、有惊无险、野趣无穷的魅力,吸引着越来越多的游客。

漂流不同于平湖泛舟,需有一定的水流速度支撑,"滩多浪急、有惊无险"是漂流探险的活动特征。目前我国可进行漂流活动的河段可达几百条,如长江上游山高谷深、水急滩险,是探险旅游的理想地段。作为"母亲河"的黄河,在宁夏、内蒙古河段开展的漂流活动,尤其乘坐独具特色的羊皮筏与牛皮筏,极富刺激性。武夷山九曲溪,曲曲不同,山环水绕,乘坐竹筏漂流其间,可饱览沿溪胜景。贵州兴义市马岭河,有"神州第一漂"之誉。在不到20公里的马岭河两岸,分布着常流瀑布六十余条。漂流途中给人以巨瀑压顶、"游龙吞舟"的惊险感。沿岸还可观赏峡谷、溶洞、天坑、万峰林、布依风情等景观。

二、湖泊景观

湖泊是陆地上的洼地积水形成的水体。地球上的湖泊总面积占全球大陆面积的1.8%左右。我国是一个多湖泊的国家,目前湖泊面积在1平方公里以上的有两千六百余个,面积合计为74277平方公里,主要分布在东部平原、青藏高原及蒙新地区。湖泊具有灌溉、航运、养殖、旅游、调节河川经流、调节湖滨地区气候等功能,是一项宝贵的自然资源,是水体旅游资源的一个重要组成部分。

(一)类型

按成因,可分为:

(1)构造湖。它是陆地因受地壳运动而引起地壳断陷、褶皱、沉陷所形成构造盆地积水而形成的湖泊。如云南滇池、洱海,长江中下游的洞庭湖、鄱阳湖、巢湖,还有俄罗斯的贝加尔湖等。

(2)火山口湖。它是由火山口洼地积水成湖。如吉林省的长白山天池、云南腾冲大龙潭火山口湖。

(3)堰塞湖。它是由山崩滑坡、冰碛物、火山熔岩流等阻塞河流而形成的湖泊。如东北的镜泊湖、陕西翠华山的聚湫池。

(4)喀斯特湖。是石灰岩地区的溶蚀洼地积水而成。如贵州威宁德草海、云南中甸的拉帕海。

(5)冰川湖。是由冰川的刨蚀或冰碛作用形成凹地,积水成湖的。如新疆阿尔泰山的喀拉斯湖、陕西太白山的大爷海等。

(6)河迹湖。因河流的演变,在废弃的河道中积水成湖。如湖北的洪湖、内蒙古的乌梁素海。

(7)海迹湖。也称潟湖,由于沿岸沙嘴、沙洲等不断向外伸展,最后封闭海湾,形成湖泊。如杭州西湖、太湖。

(8)风蚀湖。在干旱、半干旱地区,因风蚀作用所形成的洼地积水而成。如毛乌素沙地的湖泊、内蒙古西部的嘎顺诺尔和苏古诺尔湖。

(9)人工湖。即由人工建造的水库。如北京十三陵水库、长江三峡水库、河南黄河小浪底水库等。

(二)湖泊景观

人们常用"湖光山色"来形容自然风光的幽美谧静、妩媚诱人。一个风景区有了秀丽的湖光,山色更加增辉;有了山清水秀、绿水环绕、湖光波影、岸边垂柳,风景才更加绚丽多姿,意趣盎然。地球上形形色色、绚丽多姿的湖泊,像一颗颗光彩夺目的蓝色宝石,镶嵌在世界各地,给秀丽的大自然增添了无限的风光。湖泊通过其形、影、声、色、奇等因素吸引游人前往观赏探索奥秘,同时湖泊还可开展垂钓、驶帆、游泳、品尝水鲜等多种水上活动。我国可作为旅游资源开发的湖泊数量丰富、类型多样,各具特色。例如:

吉林松花湖——人工湖。位于吉林省吉林市东南 24 公里外的第二松花江上游,地处长白山西侧吉林哈达岭山区,与白头山天池上下遥遥相对,是吉林省最大的湖泊,以湖山秀丽誉满全国。湖的面积约 480 平方公里,平均深约 22 米,湖水清澈、深邃,湖中有湖心岛、湖中岛等岛屿,环境幽雅,风景如画,为国家级风景名胜区。

无锡太湖——泻湖。位于苏浙两省交界处，长江三角洲的南部，为我国第三大淡水湖，以其优美的湖山风光和人文景观而闻名遐迩，是我国胜迹最多的湖。湖身椭圆形，湖面两千两百多平方公里，浩瀚如海，美丽如画，"势吞日月，波涌天地"。湖中有48处岛屿，山外有山，湖中有湖，碧波银浪、重峦叠峰，古迹名胜相映成辉，构成了人间美景。

杭州西湖——海迹湖。位于杭州市西面，紧邻市区。杭州市地处钱塘江下游北岸，长江大三角洲南缘，地理位置十分重要。西湖山水之胜、景色之美，自古扬名于海内外，为我国十大风景名胜古迹之一，并成为著名的国际性花园。湖身略呈椭圆形，面积5.6平方公里，平均深度1.8米，最深处可达2.8米。全湖由堤、桥分成互相沟通的五个部分：外湖、北里湖、西里湖、岳湖和小南湖。西湖风光，三面环山一面城，碧波盈盈，映照着沿岸的亭台轩榭，天生丽质，国色天香，湖中和谐地点缀着一山二堤三岛。一山就是孤山，二堤为苏堤和白堤，三岛是小瀛洲、湖心亭和阮公墩。加上湖边山岭大都是由砂岩石灰岩构成，奇峰幽洞，秀竹茂林，各具特色，美不胜收。更与历史上众多的名人联系在一起，因此西湖美名永留人间。

大理洱海——构造湖。云南第二大湖，自古以秀丽的风光闻名于国内外。湖形似人耳状，被称为洱海。洱海以"银苍玉洱"的特有风韵和风、花、雪、月等四大奇景，名闻天下。湖水清碧似玉，水天一色；一遇大风，波涌连天，凶猛如海。点苍山位于洱海西侧，19座陡峭的山峰嵯峨壁立。雪湖交相映辉，并有云雾奇观相伴，云弄峰下有著名的蝴蝶泉。洱海还有三岛、四洲、九曲之胜。湖的东岸，由石灰岩构成，经长期侵蚀，形成断崖、深湾、岛屿，三岛九曲之胜大都集中于此。

阿尔泰山喀拉斯湖——高山冰川湖。位于新疆维吾尔自治区西北部阿尔泰山区布尔津县境内。湖居于喀拉斯中段的谷地中，海拔1300米。这是我国最著名的冰川湖，并以秀丽的自然风光誉满中外。湖身呈狭长形，最深处超过88米，面积37.7平方公里。湖面稳定，水位变幅最小，水色湛蓝，水源由西北友谊峰上的喀拉斯冰川融水补给。喀拉斯湖青山环抱，景色明媚。更令人称奇的是，这个湖竟是一个变色湖，湖随季节和阴晴的变化而呈现五彩之色。

湖泊是在长期的自然演变中形成的，它是一个完整的生态系统。但湖泊的水体与河流不同，流动性差，水体循环较慢，一旦污染，很难治理。所以，在开发利用湖泊资源时，应特别注意防止湖水污染，让湖泊为人类提供更多的物质财富，更长久地为人类精神文明服务。

三、瀑布景观

瀑布，是流水从悬崖或陡坡上倾泻而下所形成的水体景观，或者说是河流纵断面上突然产生坡折而跌落的水流。瀑布景观是水景中的一个重要组成部分,具有独特的美学价值,飞流直下,仪态万千,给人以充满活力的动态美感,因而是一种重要的水景旅游资源。

(一)类型

瀑布有多种类型,划分方法多样。按瀑布的水流量的洪枯多寡,可将瀑布划分为常年瀑布、季节性瀑布和偶发性瀑布;按瀑布的跌水次数可分为单级瀑布和多级瀑布;从瀑布本身的气势大小造型优美等,分为雄壮型和秀丽型等类型;按瀑布产生的环境条件差异分为江河干支流上的瀑布、山岳涧溪瀑布和地下飞瀑;按瀑布分布特点可分为孤立型瀑布和群体型瀑布等。

按瀑布的成因及瀑布的本质特征,可将瀑布分为以下类型:

(1)构造瀑布。是由地壳运动使地层发生断层所形成的瀑布。如:庐山三叠瀑布、石门洞瀑布、香炉峰瀑布。当多级断层以地堑或地垒的形式出现时,则可形成多级瀑布。

(2)堰塞瀑布。由火山喷发出来的熔岩漫溢,阻塞河道,造成原来河流在熔岩陡坎上产生跌水,形成瀑布,或由山崩、滑坡、泥石流等堆积物阻塞河道而形成瀑布。如黑龙江镜泊湖的吊水楼瀑布、四川迭溪瀑布。

(3)差异侵蚀瀑布。当两种不同抗冲能力的岩层在一起,并同时受到一条河流的冲蚀,则会产生差异侵蚀瀑布。如黄河壶口瀑布的后期发育就属此类。

(4)喀斯特瀑布。在石灰岩地区,因水流溶蚀作用使石灰岩岩层、落水洞等发生坍塌或钙化层的不断堆积,河道中出现天然坝坎等因素形成,有时还可形成喀斯特暗瀑。如金华冰壶洞瀑布。

(5)悬谷瀑布。此类瀑布往往以古冰斗或火山口为积水潭,再经由边缘的缺口,夺路飞跌而成。如广西南海县的西樵山瀑布群。

实际上,瀑布的形成,往往是多种因素影响的结果,划分瀑布的类型,只能依其最主要的成因而定。

(二)瀑布的旅游意义

瀑布是一种自然景观,有重要的观赏价值。一处瀑布的观赏价值,主要从三方面得到反映,一是瀑布自身所具有的形声色动态的景观特色,二是瀑布与周围自然景观组合的幽美,三是特有的文化内涵。

(1)景观特色突出,吸引力强。瀑布所具有的形、声、色、动态是其最大特点,其中"形"、"动"态最为主要,最具美学特征。其形有垂帘状、散状、片状、人字形、多节形、水帘状、迷雾状等。有喷洒百米以上的飞瀑,也有巨涛滚滚的瀑浪。千变万化,各有特色,给人以雄、险、奇、壮之美感。声态在水景中别具一格,黄河壶口瀑布、贵州黄果树瀑布所发出的轰鸣声,在四五百米以外可以闻及,临近则震耳欲聋,使人惊心动魄。色态指瀑布下落形成的各种色彩,一般呈白色,人们常用"白练"、"白绢"、"白纱"、"堆雪"等来形容。此外,瀑布弥漫的水雾,在阳光的照射下,还会形成七色彩虹。

(2)与其他自然要素结合,更能形成美景。一处瀑布所具有的形、声、色、动态,使其在自然景观中成为独具一格的迷人胜景,若与山石峰洞、林木花草、蓝天白云等自然环境要素相结合,更会形成美若仙境的风景名胜区。例如:黄果树风景名胜区,不仅有雄伟壮观的瀑布,而且周围有茂密的林木、幽深的峡谷,山清水秀,环境优美。

瀑后水帘洞、瀑下的碧潭与瀑布相伴生,能增加瀑布的奇景美感。如河南桐柏县水帘洞、贵州黄果树瀑布水帘洞、湖南衡山的水帘洞等。我国许多瀑布下的深潭都被称为龙潭,瀑布也常被称为龙潭瀑布,可见瀑潭的关系十分密切。

(3)丰富的文化内涵。我国许多瀑布景观,留下了不少文人墨客的诗文、题记、摩崖石刻,其本身所具有的艺术价值,不仅成为景观的一个重要部分,而且也提高了瀑布的观赏价值。如:李白著名的《望庐山瀑布》和描写九华山瀑布的"天河挂绿水,秀水出芙蓉"诗句等,早已脍炙人口。浙江省青田县的石门瀑布,自南朝宋景平元年(公元 423 年)永嘉太守谢灵运称道之后而著名于海内,许多文人墨客题诗留刻,摩崖题刻布满瀑布左壁。清代袁枚曾作有《浙西三瀑记》,唐朝李白和近代诗人郭沫若都有诗赞美石门洞瀑布。

四、泉景

泉是地下水的天然露头。它不仅美化了大地,还给人们提供了理想的水源。许多泉水具有重要的旅游价值,是一种独特的水体旅游资源,而饮用矿泉水又是一种旅游商品资源。

(一)泉的类型

泉的类型多种多样。按泉的水文地质条件分承压泉、潜水泉;按水的出露情况分下降泉、上升泉或喷泉、间歇泉、溢出泉;按水温可分为冷水泉(低于当地的年均温)、温泉(当地年均温以上,45 ℃以下)、热泉(45 ℃以上)及沸泉;把泉水所具有的特种化学成分和气体成分(矿化度)在 1 克/升以上,并对人类肌体显示良好生物生理作用的称为矿泉;按泉水的奇异特征可分为喊泉、笑泉、乳泉、盐泉、珍珠泉、含羞泉、香水泉等。

(二)泉水的旅游意义

我国泉水资源非常丰富且分布广泛,粗略估计总数约有 10 万之多,是世界上泉水最多的国家之一。其中,水质好、水量大,或因奇异而闻名遐迩的泉水也有上百处之多。目前不少泉水已被开发利用,成为旅游热点。泉水的旅游意义主要表现为以下几方面：

1.美化环境,造景育景,增加观赏点

泉水的喷涌和汇集使地方气候温润,植物茂密,有效地美化了环境。我国以泉为主体资源而闻名的旅游地或景点很多。如陕西华清池、太原晋祠、甘肃酒泉公园、甘肃敦煌的月牙泉、云南大理蝴蝶泉等。以"泉城"而家喻户晓的济南,曾经是"四面荷花三面柳,一城山色半城湖","家家泉水,户户垂柳"。在城区2.6平方公里范围内,约计有108处清泉涌流,水质纯净甘洌,久负盛名。金代有人立"名泉碑",列举泉名七十二个,其中趵突泉、黑虎泉、珍珠泉、金线泉并称四大名泉。济南泉群的形成,是因奥陶系石灰岩组成的千佛山地岩溶发育,有较多的溶洞或裂隙,在济南附近被石灰岩埋没地下,并受到不透水层辉长岩的阻挡,加上上覆第四纪前堆积物透水性不好,从而形成承压水构造。山区接受大气降水补给,城区则以上升泉形式涌出地表。

2.奇泉的特殊吸引力,直接形成引人入胜的景观

如潮水泉,也称间歇泉。湖南花垣县民乐镇苗寨里有一日三潮的奇泉。每天清晨、中午和傍晚,都有水柱从泉眼中冲天而起,响声如雷,持续时间50～80分钟。更奇的是,此泉还能预报天气,故也称"气象泉"。云南安宁县曹溪寺北潮水泉,每天早、中、晚各准时喷水一次,被称为"三潮圣水"。这是由于水在石灰岩洞中所受的虹吸作用,在太阳吸引力和地球自转离心力所组成的合力随时段变化影响下,使泉水定时涌出所致。江西弋阳城外山谷、湖南新宁县烟村、甘肃宕昌等地也有类似的潮涌水泉。

四川广元龙门山东北的陈家乡山中,有一处怪泉,对外来震动十分敏感,当人们投石进水,水会蜷缩倒流,安定片刻又会自动流出。安徽寿县八公山下的"喊泉",广西兴安县白石"喊水泉",湖南新宁县万峰的"喊水岩"及广西德保县"叫泉",安徽巢县、无为县的"笑泉"等,其实都是间歇泉,只不过是不遵守时间而已。其原因是具有虹吸现象的管道受压力的变化,致使泉口断流或倒流。

在陕西合阳县东阳乡的濩泉,分布有五个泉眼,水呈碧绿色,水温29℃～31℃,冬天水气浮空,景色殊秀。因泉水中含氮、磷、钾等化学成分,用它灌田,小麦可增产25％左右,故名濩泉。在河北涞水野三坡的鱼泉,每年农历谷雨前后,从泉口会随水喷出活蹦乱跳的鲜鱼,每年达1000公斤左右。

3.治病疗养的独特价值

这是矿泉最重要的价值体现。矿泉水中所含有的多种化学成分,再加上一些泉水的温度较高,便使其具有了很强的医疗功能。这种医疗功能主要源于以下几个方面:浮力和压力作用、水温作用、化学作用。关键在于矿泉水中所含各种元素对人体的药理和生物化学作用。温泉中的氡元素是放射性气体,其放射性能对治

疗神经衰弱、心率不齐、血压高或血压低、糖尿病、内分泌紊乱、月经不调、皮肤搔痒等多种疾病具有较好的疗效;温泉中的硫化氢可溶解角质,软化皮肤,帮助肉芽和上皮细胞生长,有助于皮肤外伤的康复,可改善皮肤血液循环及新陈代谢,对银屑病、神经性皮炎、湿疹等有明显疗效;硅酸浴有助于湿疹、皮肤搔痒、银屑病的治疗;碳酸氢钠泉可软化皮肤,浴后可感到皮肤光滑柔软,清爽舒适,对创伤、皮肤病有疗效,饮用碳酸氢钠水,能帮助消化。此外,泉水的压力和浮力有利于肢体关节功能的恢复;较高的水温,能舒筋活血、化瘀消肿等。

目前,世界各地利用矿泉和温泉疗疾健身的国家和城市越来越多。我国利用温泉治病的历史悠久,疗养地遍及全国。其中著名的有:西安市临潼华清池温泉(在距今 2800 年前的周朝就已经开始利用)、鞍山市的汤岗子温泉、福州市汤坑温泉、云南安宁温泉、江苏江蒲温泉、湖北应城汤池温泉、广东从化温泉等。五大连池矿泉,在黑龙江省原德都县,为全国闻名的度假疗养地。其医疗价值最大的为药泉,水中含有大量的二氧化碳和硫、钠、钙、镁、锰、铁、重碳酸根等离子和二氧化硅、锶、钡、镭、氡等微量元素,属重碳酸—镁、钙型矿泉水,其疗效极为显著,故被称为"药泉"。

4.品茗佳酿

矿泉水在地下经过多次过滤,杂质少、矿化度低,色清味纯、水质甘甜,用来泡茶、酿酒,在我国历史悠久。杭州的"虎跑泉"以质纯味甘著称,龙井茶以色香味俱佳著称于世,用虎跑泉水泡龙井茶被誉为"西湖双绝"。我国的名酒佳酿,多用泉水酿造。如茅台、五粮液、莲花白、白沙液、乳泉酒、惠泉酒、青岛啤酒等所使用的都是泉水。

五、海洋

海洋是世界最大的水体,约占地表总面积的 71%,它以浩瀚无际、深邃奥妙的魅力吸引着每一个旅游者。由于海和洋在水文地理环境上的差异,所以旅游资源的开发利用多限于大洋的边缘海部分,大洋旅游仅限于公海考察、探险等特殊旅游项目。目前,大量旅游活动都集中在大陆边缘的海岸带、岛屿群。按海洋旅游的内容,可分为以下几方面:

(一)海洋风光的观赏

多变的海景,奇特的海岸,丰富的海洋生物极具观赏价值。

海面风光:辽阔的海面,水天一色,广阔无边,风平浪静时微波荡漾;波浪滔天时,惊心动魄。海景的多变,令人神往,给人启迪,具有传奇性的海市蜃楼奇景及海滨观潮,更是极具吸引力。如我国的钱塘观潮、蓬莱阁观"海市",有许多文人墨客写诗赞美。苏东坡诗云:"八月十八潮,壮观天下无","重楼翠阜出霜晓,异事惊倒百岁翁"。

海岸景观:丰富独特。有柔软温暖的金色沙滩,五色缤纷的砾石、卵石,五光十色的珊瑚、贝壳,奇形怪状的礁石悬崖,海浪威力的惊人遗迹,天斧神开的海蚀、堆积海岸等自然风光;还有众多的名胜古迹,灯塔、渔港、渔村、现代建筑等人文景观。

海洋生物:种类丰富,形象独特,对游人有极大的吸引力。不少国家或地区兴建的水族宫、海洋公园等专供游人观赏水下生物。

(二)海滨休疗与水上娱乐

海水不仅有观赏价值,而且有疗养功能。海水中所含有钠、钾、碘、镁、氯、钙等多种对人体非常重要的元素,尤其是碘的作用日益受到世人的重视。海滨空气中含有这些元素也较多,对人体健康有利,更有利于创伤、骨折等疾病的康复。海滨空气中的氧和臭氧含量较多,而且少灰尘,空气清新,太阳的紫外线较多。由于水的比热大,缩小了气温变化的幅度,故环境比较舒适,是人们消暑避夏、休息疗养的好去处。

海滨更为人们提供了一个广阔的娱乐天地。海滨还宜于开展海浴、驶船、帆板、冲浪、潜水、垂钓等多种体育运动以及品尝海鲜。充足的阳光、柔软的沙滩、清新的空气、旖旎秀丽的风光,使海滨多成为旅游胜地。尤其气候适宜、阳光充足的地中海沿岸、夏威夷、加勒比海、东南亚、我国的海南等,都成为世界著名的避暑、疗养、休假和水上活动胜地。现代旅游业中的所谓"三 S"(Sun、Sea、Sand)都与海滨有关。

(三)海底观光探秘

随着现代科技的发展,海底观光探秘已成为海洋旅游活动的一个重要组成部分。

游客在潜水督导员的指引下,潜到水下去观赏鱼类、珊瑚等海生动物,或游览和考察海底地貌,或去探寻水下的古迹沉船,还可以在游览中进行水下狩猎、摄影和打捞活动。据统计,世界上已有 30 多个国家建立了海洋旅游中心,每年吸引着几百万游客。其中美国、澳大利亚、新加坡、泰国、菲律宾、印尼的海域都是潜水旅游者最向往的地方。我国这项特种旅游项目也在建设和开发中。主要潜水基地有湛江和海南岛,这里属热带地区,具备海底公园开发的天然条件。如我国第一个海底潜水旅游地——电白放鸡岛,海水潜热量大,终年温和可游潜,波潮稳缓,明清透澈,鱼虾众多;各种岩石堆成的"水晶宫"、"洞室厅堂"、"长廊曲径"、"楼台亭阁"之类水下奇石异景,应有尽有。

除了潜水旅游外,有些国家还发展了以领略海底风光为目的的"人工海底乐园"。如美国佛罗里达州奥兰多迪斯世界建立的"活海",占地面积 17187 平方米,其中人造海直径 62 米、深 8.2 米,海水容量 2545.8 万升。"海"内养有热带珊瑚礁和鲂鱼、鲨鱼等4000种海洋动植物。"海底汽车"将通过水下走廊,把游客送至有240座位的珊瑚礁餐厅,游人透过2.4米高、20.3厘米厚的玻璃窗观看海底世界。

21世纪将是海洋的世纪,作为水体旅游资源重要组成部分的海洋,开发利用前景广阔。

● 实证分析:黄果树瀑布

黄果树瀑布发育在世界上最大的喀斯特地区——云贵高原。这里可溶性碳酸盐岩地层广布。良好的水热条件,形成了清水河、打帮河、灞陵河等诸多河流。这些河流对高原面的溶蚀、侵蚀切割,加剧了高原地势的起伏,形成了绚丽多姿的喀斯特地貌。由于河流的袭夺或落水洞的坍塌等原因,形成众多的瀑布景观。黄果树瀑布就是其中最优美壮观的喀斯特瀑布,具有极大的旅游观光价值。

黄果树瀑布位于贵州关岭县与镇宁县交界处的打帮河上游的白水河上,为我国第一大瀑布。瀑布高66.8米,宽81.2米,水流充沛,气势雄壮,环境清幽。瀑布平水时,一般分为四支,瀑布景观,随四季而替换。黄果树瀑布景区主要由瀑布、水帘洞和犀牛潭等三部分组成。水帘洞位于主瀑布之后,它由6个洞窗、5个洞厅、3股泉眼和6个通道线组成,全长134米。犀牛潭深17.7米,瀑布跌入潭中,发出轰天巨响,激起的水柱,似千万银箭冲天飞升,水雾弥漫,气势非凡,在阳光照射下,半空架起夺目的虹桥。黄果树瀑布的成因问题,多有争议。最近研究表明,瀑布是由落水洞坍塌而成。

黄果树瀑布突出了水体景观形、声、色、动态等特色,加之环境清幽、水质良好,水帘洞(喀斯特洞穴)、犀牛潭的组合,已成为国内外著名的旅游景点。

复习思考题

1.简述水体与旅游的关系。

2.简析水体旅游资源的构景因素与旅游功能。

3.瀑布按成因可分为哪几种类型?并分析其景观特点。

4.开发海洋旅游资源的意义是什么?

5.不同类型水体旅游资源各有哪些旅游价值?

第五章　气象气候旅游资源

学习引导

气象气候资源是重要的自然类旅游资源类型。了解气象、天气与气候的概念,气象气候与旅游的关系,该类资源的特点;能够分析地带性气候,山地气候,地方性气候,小气候,康乐型气候;掌握气象气候旅游资源类型,是本章的重点问题。在了解气象气候旅游资源基本知识基础上;分析讲授气候旅游资源类型与规律;阐述气象天象旅游资源的类型。通过以上分析,引导学生能够理解气象气候旅游资源的概念和特点,掌握其基本类型。

教学目标

● 分析和理解气象气候旅游资源的概念和特点。
● 认识并能分析气候旅游资源与旅游的关系。
● 了解气象气候旅游资源对旅游业的作用。
● 掌握气象天象旅游资源的基本类型。

学习重点

气象气候旅游资源的概念和特点;气象气候资源与旅游的关系;气候旅游资源分析;气象天象旅游资源的基本类型(云雾景、雨景、云浪景、日出日落景、冰雪景、蜃景、宝光景、雾凇与雨凇景)。

第一节　概述

一、有关概念

所谓气象,是指某一地方大气中的冷、热、干、湿、风、云、雨、雪、霜、雾、雷电、光等各种现象和过程的总称。表示上述各种现象、过程的要素,如气压、风、云、雾、降水、温度、湿度、能见度等,称为气象要素。它们是通过气象台(站)的观测而获得的。

天气,是指一定的区域在某一瞬间或短时间内所观测到的各种气象要素所综合的大气状况及其变化的总称。例如人们生活中所遇到的阴、晴、冷、暖、干、湿等天气状况,都是温度、气压、湿度、风、云、降水等各气象要素综合的结果。不同的时间和不同的地点,各气象要素组合不同,因而出现各种各样的天气。对于某一时段的天气,则用该时段内的气象要素连续变化或平均值表示。也有人把影响人类生活与生产的大气物理现象与物理状态,如阴、晴、雨、冷、暖、干、湿等称为天气。

所谓气候,一般认为它是多年天气综合的表现,即气候是某地区多年常见的和特有的天气状况的综合。包括该地区多年经常出现的正常天气情况和特殊年份出现的极端天气情况。"多年"一般指至少 30 年或更长的时间。世界气象组织认为 30 年时段的气候,基本上能反映当地的气候特征。并提出 1931～1960 年的各种气象要素平均值,可作为最近一段时间内相互比较的标准。在同一地区,气候不同于天气,相对天气而言,气候比较稳定,多年间气候的平均状况差异较小,而天气变化则较大。

二、气象、气候与旅游的关系

气象、气候与人类生活、生产关系极为密切。同样,它也直接或间接地影响着人们的旅游活动,进而影响旅游业的发展。气象、气候对旅游的影响主要有以下方面:

(一)影响某些景观的季相变化

某些自然景观受气候变化影响较大,随着气候一年四季的变化,自然景观也发生季节性的变化。例如,在我国四季分明的北方,植物景观形成"春花,夏荣,秋萧,冬枯"的有规律地变化。春季气温逐渐升高,春暖花开,是旅游的大好时节;夏季气温进一步增高,降水也增多,植物生长茂盛,大地出现一片葱绿喜人的景象;秋季,秋高气爽,随着气温的逐渐降低,各种果实成熟,进入收获季节,又进入一个旅游的大好季节;冬季气温降低,植物枯萎,出现千里冰封、万里雪飘的北国风光。自然景观的变化必然会影响到旅游效果。

(二)影响旅游流的时、空分布

旅游流在时间和空间上分布的不均衡性,原因是多方面的,但气候的影响也是一个重要的方面。从全球来看,亚热带和温带适宜于多数人的一般旅游。在这里一年大部分时间气候温和、雨量适中,水文及植被条件比较好,为游客提供了较好的环境及自然景观观赏条件;而在热带或寒带,或因气温太高、天气炎热,或因天气严寒、自然景观较单调,不能为一般旅游者提供较好的环境或观赏对象。因而在一年内,去亚热带、温带旅游的人,相对比去寒带、热带旅游的人要多。地中海沿岸气候温和、阳光充足,并且有优良的海滩、海水,为寒冷、潮湿、少阳光的北欧、西欧地区的人们提供了良好的避寒、娱乐佳境,因而这里的旅游业经久不衰。

气温对游客在时间上分布的不均衡性有重要影响。据测定,气温在15℃~18℃时,能使人心情舒畅,精力充沛。在气候学上一般采用候平均气温来划分四季,候均温在10℃~22℃之间的时期定为春季或秋季,候均温小于10℃为冬季,候均温22℃以上为夏季。因而春秋季宜于旅游,往往形成旺季。

(三)影响游客的计划和旅游观赏效果

天气变化对旅游影响较大。其一,影响既定旅游计划能否顺利地执行。旅游路线及时间安排确定以后,如果遇到意外的天气变化,例如阴雨天、大风、寒潮等,原计划安排就难于圆满完成,会给游客带来一定损失。其二,天气的变化除影响总游览计划外,对每次特定目的的游览观赏效果也会产生直接影响,例如观日出、日落,应该是晴天无云无雾,能见度好。如果风云突变,观赏时天气条件不能很好地配合,游客将会乘兴而去,扫兴而归。又如海滨游泳,需要有好的天气,阳光充足,水温适度,使水浴、光浴、沙浴有效地结合起来;否则,遇阴雨天,水、沙不暖,旅游者就会感到不舒服,效果就会受到影响。

(四)影响风景区旅游功能的发挥

有些风景区旅游功能能否得到充分发挥,与气象、气候条件有密切关系。例如:作为大面积、一定深度的水体,只有具备必要的气象气候条件,才可以开展游泳活动。而某些海滨由于风大浪高,不能开展游泳活动;某些高山湖泊由于水温太低,也不宜开展一般性游泳活动,因而旅游功能受到一定限制。在某些海滨,由于既有海水、沙滩、阳光,又有温润的气候及海陆风的配合,形成避暑度假、休息疗养的胜地。例如我国的北戴河、烟台、青岛、鼓浪屿等风景区,就是如此。

三、气象气候旅游资源的特点

(一)地域性

气候的形成与地理纬度、大气环流、下垫面的性质等因素的相互作用密切相关。此外，人类活动对气候的影响也日益重要。由于地理纬度及海拔高度的影响，形成了气候的水平地带性分布规律及垂直地带性分布规律；由于海陆分布的不同影响，使近海与大陆内部气候有明显的差异；由于东西向延伸的高山的影响，使其南北坡气候也有所不同。城市大量建筑、众多的人口及工厂，常产生"热岛效应"，形成与周围乡村不同的小气候。大片的森林、沙漠、水域等不同下垫面，都会对太阳辐射产生不同影响，形成不同的地方性小气候。终年长夏无冬、四季常青的海南岛，四季如春的昆明，终年长冬无夏的黑龙江，冬季严寒、夏季炎热的吐鲁番等，都是气候旅游资源地域性的表现。

(二)速变性

大气物理现象及其变化，形成许多引人入胜的风景气象，如云雾景、雨景、日出景、朝晖与夕阳景等。而这些景象往往具有瞬息变幻、千变万化的特点。例如，短时间内可能出现冷、热、晴、雨、风、云、雾的变化，几小时前还是晴空万里，转眼会乌云密布，甚至雷鸣电闪、倾盆大雨，由艳阳蓝天转化为阴霾雨景。那些日出日落景、朝晖与夕阳景、海市蜃楼景、"佛光"景等，则更是瞬间出现或消失的景象。因此，对气象景观的观赏，一定要把握时机，同时切莫苛求。

(三)季节性

如前所述，气候存在着季节变化。其原因主要是影响气候形成的某些因素，在一年内存在着有规律的变化。例如，对同一地区来说，一般夏季接受太阳热量较多，因而气温较高；冬季接受太阳热量较少，气温较低。气温的周期变化，又影响到气压、风的周期变化，进而影响云、雾、干、湿、雨、雪等气象要素的季节变化。我国东北地区，冬季气温严寒，千里冰封，万里雪飘，银装素裹，是观赏冰雪景、开展冰雪体育活动的大好地方；夏季气候温和，无炎日，是避暑的好去处。著名的黄山云海，主要出现在秋季至春季，太白山平安寺云海主要出现在夏、秋季，云南大理点苍山玉带云主要出现在夏末秋初。气象气候旅游资源季节性变化规律，必然对某些旅游活动带来季节性变化的影响，进而可能对旅游流产生导向作用。

(四)配景性

风景气象、舒适的气候，虽然可以供人们观赏和体验，给人们带来多种美感；但它又不像地质地貌旅游资源、水体旅游资源及树木花草等具有具体的形象，即一般无相对稳定的实体。除冰雪景外，其他景象难于保证旅游者随时能够观赏和享受，即难于形成主景作为固定的旅游产品向旅游者销售。在一般情况下需要与其他景观结合,起到配景、借景、背景的作用。例如,舒适的气候,虽然有利于休息、疗养,但要建立度假村、疗养院,还必须要有山水风光、树木花草等优美的环境条件。

第二节 气候类型的旅游分析

舒适的气候有利于外出旅游和休疗、避寒、避暑,某些特殊的气候能产生特殊的环境效应,对某些旅游者能产生强有力的吸引力。因而它们是气象气候旅游资源的重要组成部分。世界上的气候有不同的类型,它们在旅游中的意义也各不相同。

一、地带性气候与旅游

按照气温、降水和湿度,全球可分为五种基本气候带,即热带气候、干燥气候、湿暖多雨气候、湿润寒冷气候、极地气候。

(一)热带气候

该气候类型主要分布在赤道两侧的低纬度地区,例如非洲刚果河流域、南美亚马逊河流域、委内瑞拉、印度南部、中南半岛大部、澳大利亚北部、中国海南岛及台湾岛等。突出的特点是,年气温较高,最冷月均温大于 18 ℃,气温年较差小,一般小于 12 ℃;年降雨量 750～1000 毫米,甚至更多;生物繁茂,四季常青。除 3 月、9 月前后,因太阳直射本区,气温较高、湿度较大、天气闷热或有的地方干热,对旅游者不利外,其他时间均可旅游。尤其是 1 月、7 月前后,正值北半球、南半球处于冬季,那里的人可以来此旅游或避寒。中国的海南岛,每年春节吸引大量的大陆游客去旅游,已成为避寒胜地。

(二)干燥气候

主要分布在温带大陆内部,由于距海较远,气候干燥少雨为其突出特征,其景观主要为干燥草原和干燥沙漠。前者温差较大,降水较少,年均降雨量 100 毫米左右,多时达到 200～300 毫米。例如撒哈拉南北边缘、阿拉伯半岛西部、北美中部、南美部分地区、澳大利亚沙漠边缘、中国内蒙古中西部草原等;后者夏季高温、"日较差"[①]大,降水极少,多在 100 毫米以下,空气干燥,多风沙。例如撒哈拉、阿拉伯半岛中部、印度半岛西北部、中亚、中国西北部、澳大利亚中部等。这两种气候都不能提供舒适的气候条件,不利于开展普通旅游。但这种特殊的气候及其影响下的

---

① 指一日中气温最高值与最低值之差。

自然景观,可开展专项特殊旅游,例如科学考察、沙漠探奇等。

(三)温暖多雨气候

主要分布在中低纬度地区的亚热带、温带。其突出的特点是夏季气温较高,冬季并不严寒,最冷月均温在 18 ℃～－3 ℃之间,没有长期积雪,年降雨量 600～1000 毫米,甚至更多。它又分为温暖冬干气候、温暖夏干气候和温暖常湿气候。前者夏季降雨较多,次为秋春,冬季最少,例如中国大部、印度北部、非洲东部、巴西南部、澳大利亚东部等。温暖夏干气候,夏季降雨较少,例如地中海沿岸、非洲南部、智利中部、美国西南部沿岸等。温暖常湿气候,全年降雨较多,或受海洋影响较大,气候湿润。例如欧洲大部、日本、中国东南部、美国东北部、新西兰等。本气候类型区一年内大部分季节均可开展普通旅游,是开展旅游较好的气候类型。

(四)湿润寒冷气候

主要分布在北半球,北纬 45°～70°之间的温带及寒温带,例如中国东北、俄罗斯西伯利亚、芬兰、瑞典、加拿大等。其突出的特点是夏天炎热而短暂,冬季较长而严寒,最冷月均温在－3 ℃以下,气候湿润,冬季有稳定的积雪覆盖。该类型气候区,夏季有利开展普通旅游及避暑专项旅游,冬季可开展冰雪体育运动等特殊旅游。

(五)极地气候

主要分布在极地及近极地地区,例如:加拿大北部、格陵兰、南极大陆等。该气候类型区,冬半年严寒,夏半年气温也较低,最热月均温在 10 ℃以下,有的终年积雪结冰。因此不利于开展普通旅游,只能在短暂的夏季开展一些特殊的旅游,例如科学考察、冰雪体育运动等。

二、山地气候与旅游

海拔高度对气候的形成有重要的影响。其中之一是,在山地、高原地区,由于海拔高度较大,形成了气候的垂直变化。例如,东秦岭主峰太白山,海拔 3767 米,高出北部渭河平原 3200 米,在其北坡自下向上可分为暖温带、温带、寒温带、亚寒带等气候带。7 月份当关中平原为炎热的盛夏时,太白山顶却凉意浓郁,"太白积雪六月天"成为著名的关中八景之一。西藏南迦巴瓦峰海拔 7756 米,冰雪终年不消,而相距不远的雅鲁藏布江谷地则呈现出一片亚热带风光。夏季,当长江中下游一些城市进入"火炉"时,海拔 1474 米的庐山却凉爽宜人。非洲第一高峰乞力马札罗峰海拔 5995 米,位于赤道附近,却白雪皑皑。在这里,人们从山下到山上,短时间内可以经历热带、温带、寒带的气候变化。气候垂直变化的基本原因,是由于随着海拔高度的增高,气温下降,其递减率为海拔高度每增加 100 米,气温下降0.6 ℃。山地气候的垂直变化,使山地气温低于临近的河谷、平原区的气温,因此山地便成为夏季避暑的好地方。现在世界许多国家把避暑地向山地发展已成为趋势。山地气候的垂直变化，又影响到生物、土壤的变化，因而在高山出现了自然景观的垂直分带现象。自下而上可以看到不同的自然景观，为旅游提供了更多的游览、观光、科学研究的内容。

三、地方气候、小气候与旅游

局部下垫面（地貌、植被、土壤、水体等）结构、性质及周围环境的不同，会引起近地面层的热量与水分状况的差异。这种差异便形成了小范围的特殊的地方气候或小气候。前者范围较大，水平尺度可达 10～100 公里，后者一般不超过 10 公里。

某些地方气候或小气候，往往适宜于开展旅游或形成具有吸引力的景观。例如沿海（湖）地带，受水体的影响与远离海面的内陆相比较，气温温差小，相对湿度较大；冬季温度高，夏季温度低。正因如此，我国的青岛、秦皇岛、北海、鼓浪屿等形成了著名的冬暖夏凉的旅游、度假、疗养胜地。北京的樱桃沟受地形影响，有利于集聚太阳照射所产生的热量，春季增温快，气候偏暖，花时较早，故有"早春花园"之称，因而吸引了许多北京居民前去观赏。在许多特殊的地方，例如山谷口、海边等，常形成山谷风、海陆风，夏夜凉风阵阵，可以供人们避暑、纳凉，云南下关的风就是如此。范围更小的特殊气候称为微气候，例如洞穴、温室内的气候。溶洞或熔岩流形成的溶洞，不仅可以观赏，而且多具有"冬暖夏凉"的恒温，湿度也较大，可以避暑纳凉。西安翠华山，因山崩巨石堆积形成了堆石间的孔洞，其中较大者因冷空气聚集，夏季特别凉爽，故有冰洞之称，每到夏季吸引许多游客前去乘凉。

城市由于建筑物高大密集，空气流动不畅，且人口众多，生产、生活热源多，向外辐射的热量多，因而城市气温比郊区气温偏高，常形成"热岛"，对居民生活及旅游不利。这也是城市居民夏季喜欢外出避暑旅游的重要因素之一。

四、康乐型气候

前已叙述，气候对旅游的影响是多方面的，尤其是旅游者的亲身感受更为直接和重要。不同的气候对旅游有不同的影响，即便是同一气候、同一天气状况下，由于人们身体状况的不同，会有不同的感受。从多数人出发，感到舒适，有利于开展旅游活动，特别是能够开展休疗活动的气候条件，称为康乐型气候。

如何确定康乐型气候，国内外许多学者对此进行了研究。其中特吉旺（W. H. Terjung,1966）提出了舒适指数和风效指数这两个评价指数。他根据大多数人的感受，把温度与湿度的不同组合分为 11 类，称为舒适指数（表 5-1）。该指数的获得，是通过月平均最高气温和月平均最小相对湿度，以及月平均最低气温和月平均最大相对湿度等 4 个指标（应为昼夜最高最低值）在舒适指数图（图 5-1）上查取。

又把温度与风速的不同组合分为12类,称为风效指数(表5-2),该指数可通过月平均最高气温、月平均最低气温、月平均风速(应为昼夜最高最低值)在风效指数图(图5-2)上查询获得。

表 5-1 舒适指数

符号	大多数人的感觉状况	符号	大多数人的感觉状况
-6	极冷	0	舒适
-5	非常冷	+1	暖
-4	很冷	+2a	热
-3	冷	+2b	闷热
-2	稍冷	+3	极热
-1	凉		

资料来源:刘继韩.我国东部若干名山康乐气候的初步分析.旅游学刊(增),1988

表 5-2 风效指数(WEI)

符号	千卡/m² 时	大多数人的感觉状况	符号	千卡/m² 时	大多数人的感觉状况
-h	≤-1400	外露皮肤冻伤	-b	-200～-300	舒适风
-g	-1200～-1400	极冷风	-a	-50～-200	暖风
-f	-1000～-1200	很冷风	n	+80～-50	皮感不明显风
-e	-800～-1000	冷风	a	+160～+80*	皮感热风
-d	-600～-800	稍冷风	b	-160～+80**	皮感不舒适风
-c	-300～-600	凉风	c	+160 以上***	皮感非常不舒适风

* 气温 30 ℃～32.7 ℃   * * 气温>32.8≥℃   * * * 气温≥35.6 ℃

资料来源:刘继韩.我国东部若干名山康乐气候的初步分析.旅游学刊(增),1988

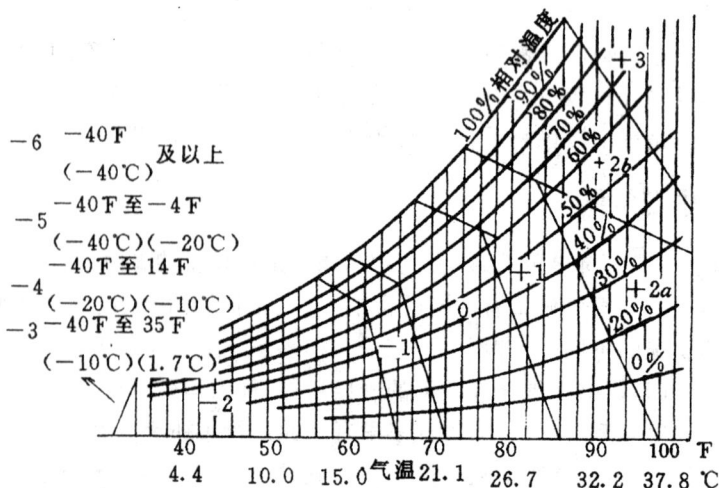

图 5-1 舒适指数

资料来源:刘继韩.我国东部若干名山康乐气候的初步分析.旅游学刊(增),1988

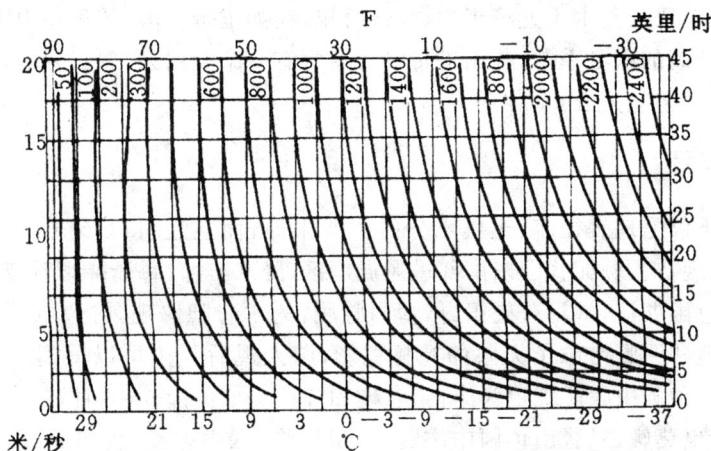

图 5-2 风效指数

资料来源:刘继韩.我国东部若干名山康乐气候的初步分析.旅游学刊(增),1988

刘继韩利用上述方法,对我国黄山、庐山、衡山、嵩山、泰山和相应的山麓屯溪、九江、衡阳、临汝、泰安等地的舒适指数与风效指数进行了研究。结果表明春末至初秋山上比山下要凉爽得多,是山地气候对平原和丘陵气候的优势,是山地康乐气候的特点。

第三节 气象与天象旅游资源

一、云雾景

在山区,云雾的积聚和流动,可以形成瞬息万变的云雾奇观,吸引游人观赏。自古以来描写云雾景的文章和诗赋颇多。例如宋代画家韩拙说:"云之体聚散不一,轻而为烟,重而为雾,浮而为霭,聚而为气。""山无云则不秀",更说明云雾在构景中的意义。正因为如此,许多地方都有云雾景。例如"双峰插云"(西湖十景之一)、"狮洞烟云"(蓬莱十景之一)、"平安云海"(太白山八景之一)、"罗峰晴云"(峨眉山十景之一)等。河南信阳鸡公山还建立了云雾公园。有些云雾很奇特,例如庐山云雾有声有味,其声是因为在云雾遮罩下,不显其形的溪流、山泉和林涛所发出的声音。其味是因庐山云雾多沿秀谷上下奔腾,带来了谷中百花之香。云南大理点苍山的玉带云和望夫云也很有名,每年夏末秋初,雨后天晴,常有乳白色带状积云,束在翡翠般的苍山十九峰半腰,长达百里,宛如玉带一般,故称苍山玉带云。在天气特别晴朗的秋冬季节,苍山玉带峰背后常有一朵朵白云,忽起忽落,上下飘动,如有所盼,故名望夫云。

二、雨景

降雨不仅是地表径流、土壤水分的主要来源,而且还可以形成一定的自然美景,供人们观赏。例如我国东南部季风温润区,降水丰沛,每逢降雨时节,大地或细雨朦朦或急雨如注,举目遥望田野,烟雨朦胧,树木忽隐忽现,村舍也漂忽迷离,给美丽的大地和原野增添了无限的神秘色彩,游人观后至少可以得到一种朦胧美。至于山地这种雨中朦胧美更为丰富、有趣和神秘。如黄山4~5月,春雨连绵,此时"雨中看山也莫嫌,只缘山色雨中添"。遥望群峰,烟雨弥漫,犹如仙境。雨景往往还能唤起人们的各种情感,增加意境。例如春雨贵似油,秋雨几多愁。细雨绵绵,烟雾迷漫,小桥流水,村舍时隐时现,其意境耐人寻味,扣人心弦。自古至今,在我国许多地方都有雨景胜迹,在许多以八景、十景命名的古景中,不少就有雨景一项。例如以蓬莱阁观雨景而著称的"漏天银雨"(蓬莱的十景之一),峨眉山洪椿坪山高林茂,湿度大,炎夏清晨常有霏霏细雨向院庭洒落,形成著名的雨景"洪椿晓雨"(峨眉山十景之一)。在广州西泮塘附近,珠江两支流的大桥,因春天细雨朦朦,远看大桥似虹,形成著名的"双桥烟雨"(羊城八景之一)。此外"海沱飞雨"(北京延庆八景之一)、江南烟雨、梅雨赏梅、巴山夜雨等,都是颇有名气的。

三、云霞景

霞是日落日出时阳光透过云层,由于散射作用,使天空的云层呈现出黄橙红等色彩的自然现象。阳光穿过云雾射出的彩色光芒即为霞光。霞景有朝霞、晚霞、雾霞之分。由于霞景瞬息万变、光彩夺目,对游人有极大的吸引力。鸡公山十景之一的"晚霞夕照"、江西彭泽八景中的"观客流霞"、贵州毕节八景中的"东壁朝霞"等都很有名。观赏落霞余辉极易引起情景交融。特别是日落前的晚霞夕照,在其他景物的配合下,常常给人以"夕阳无限好"的美好享受。

四、日出日落景

观赏日出、日落是人们观赏大自然的一个重要部分,许多游人到庐山、泰山、黄山、华山、峨眉山、九华山、崂山,以及海滨游览,观旭日东升的磅礴景色,观夕阳西下的万道彩霞,无不陶醉迷离。"旭日东升"是泰山四大奇观之一。每当凌晨,在日观峰举目东望,天际开始闪出鱼肚白光,不一会呈现出一条水平红线,渐渐扩张,忽红、忽黄、忽赭,绚烂多彩。随后在红云之下忽现弓形旭日,随之呈半圆形迅速升起,一轮红日跃出海面。这时,天际的云霞则或金橙或桔红,光芒四射,再看近处的薄薄云雾,或动或静,环绕在峰峦之间,其他忽而紫翠,忽而晴红,变化莫测,美妙无穷。

不仅旭日东升有着无穷魅力,而且夕阳西下也有难以道尽的妙处。例如济南的"江波晚照"、西湖的"雷峰夕照"、台湾的"平安夕照"、关中八景之一的"骊山晚照"等都美不胜收。庐山观赏夕阳景也是迷人的。当你登上天池亭,极目西眺,夕阳渐坠,晚霞浓抹,散落天际的桔红色云块,有淡有浓,有的如城堡,有的如豆荚,有的恰似羽毛……变幻莫测、竞相争妍,令人流连忘返。

五、冰雪景

雪是中纬度地区的冬季和高纬度地区常出现的一种特殊天气降水现象,可以形成壮观的雪景,如高山、森林、冰川等与之配合所形成的景观则更加诱人。

冰雪作为旅游观赏内容,在我国有着悠久历史。我国大部分地区处于亚热带、暖温带、温带,每年冬季都有一定时段的降雪。纷纷扬扬的雪花把大地妆扮成银装素裹的洁白世界。特别是各旅游名山在雪的装点下,白雪与苍松翠柏相映构成一幅壮丽、晶莹、洁白,格外迷人的图画。如西安的"终南积雪"、燕京的"西山晴雪"、嵩山的"少室晴雪"、九华山的"平冈积雪"、西湖的"断桥残雪"、太湖东洞庭山的"厘峰积雪"等都是著名的雪景。

冰雪除作为观赏对象外,近年来兴起的冰雪运动为冰雪旅游提供了广阔的天地。目前,阿尔卑斯山区是世界上冰雪运动开展得最好的地区。另外,加拿大、美国、日本、阿根廷、俄罗斯以及北欧国家也正积极开展冰雪体育运动。我国东北的黑龙江、吉林属于北温带季风气候,地面积雪长达5个月,这里每至冬季大地银装素裹,有着发展冰雪运动的良好条件。吉林省在松花湖青山建立的滑雪场,滑雪道长达3000米,并配有长一千八百多米的空中载人索道,十多分钟就可把人送到高山滑雪场。这里可为运动员提供大型综合性项目比赛设施,是我国目前建成的最大冰雪联合竞赛基地。哈尔滨被称为"冰城",每年冬季这里要举行为期两个多月的冰灯和冰雕活动,由能工巧匠精心制作的各种冰灯、冰雕,玲珑剔透,把冰城打扮成一个水晶世界。每年都吸引着数以万计的国内外旅游者前往冰城,一睹为快。

六、蜃景

即海市蜃楼奇景。由于气温在垂直方向上的剧烈变化,使空气密度的垂直分布产生显著变化,从而引起光线的折射和全反射现象,导致远处的地面景物出现在人们眼前的一种奇异景观。一般在海湾、沙漠可以看到。"海市"意为海上神仙的居所,"蜃"即蛟龙之属,能吐气为楼。故曰"海市蜃楼"。山东蓬莱仙阁是有名的观赏海市蜃楼之地。

七、宝光景

宝光又称为佛光,是某些山岳所特有的自然现象。我国庐山、峨眉山、泰山、黄山、华山都有宝光景的出现。其中峨眉山宝光久负盛名,也是峨眉十景之一。每当浓雾弥漫、日光灿烂的早上或傍晚,你站在卧云旁的睹光台(即舍身岩)前,在与太阳位置相反的云雾幕上,会出现自己的身影,外面绕以巨大的彩色光环,这就是"金顶佛光",即"宝光"、"祥光"。"光环随人动,人影在环中"的景色之美,令人赞叹不绝。宝光实际上是太阳光通过空气中悬浮的无数水滴发生衍射的结果。由于各山岳的具体环境条件不同,"宝光"出现的次数及美丽程度也不同。四川峨眉山云雾天数较多,湿度大,而且风速最小,云雾少变,所以宝光也最美妙精彩,出现的次数也最多。

八、雾凇、雨凇景

雾凇又名"树挂",是在低温的雾天里细小的雾滴(即水滴)在树枝、电线等物体上所形成的白色而松软的凝结物。由于雾凇中雾滴与雾滴之间空隙很多,因此雾凇呈完全不透明的白色。有的似腊梅,有的似水仙,有的似菊花,千姿百态,能给人以天然艺术美的享受。我国吉林松花湖下的滨江两岸,由于气温低,多偏南风,空气湿度大,所以常常在行道树枝上结成洁白冰莹的雾凇,真像"忽如一夜春风来,千树万树梨花开"。

雨凇是与雾凇类似的天然景观。它是寒冷时过冷的雨滴或毛毛雨滴,碰到物体上很快冻结起来所形成的透明或半透明的冰层。其产生必须要在近地面层有温度向上递增的条件,所以从高层气温高于零度的气层中下降的雨滴,到了近地面层中,因为气温低于零度,使雨呈过冷状态,这种过冷水滴只要滴落于一切温度接近零度以下的物体便立刻凝冻成雨凇。我国雨凇最多的地方是峨眉山,年均135.2天,最多年达167天。庐山雨凇也很有名,一到冬季,有时在遍山常绿的松柏竹杉上,披覆着银装,人们称它为"玻璃世界",与云海、日出、夕阳、宝光、蜃景合称为"天象六景"。

●实证分析:清凉世界——庐山

庐山地处我国亚热带东部季风区域,气候状况受到大范围气候状况的制约,具有鲜明的季风气候特点。以牯岭为参照系,年平均气温为11.5℃,比同纬度平原地区年平均气温低5℃—6℃,与北京年平均气温11.6℃几乎相等,这相当于牯岭纬度向北推移了10°。盛夏时,长江中下游河谷和鄱阳湖盆地一片热浪,而庐山虽处于这片夏热中心,却与"长江火炉"形成鲜明对照。牯岭 7 月份平均气温为 22.6℃,比山下九江、星子低 7℃,这与自由大气气温垂直递减(0.6℃/100m)基本相符合,在相同天气状况下,夏日午后最热的时刻,牯岭气温比九江低 10℃,比星子低 7.8℃。牯岭极端最高气温只有 32℃,故而有"清凉世界"的美誉。有趣的是,牯岭的英译文 Kuling 便是从英语 Cooling(清凉)一词演变而来的。

庐山具有山地气候特色,表现出夏短冬长,春迟秋早的四季特色。庐山的春天,冰裹桃红,雾绕青峰,若梦若幻;夏天,千山滴翠,万木浓荫,云舒云卷;秋天,桂子飘香,枫叶流丹,疏峰吐月;冬天,苍松傲雪,寒梅破冰,银装素裹。唐代诗人白居易以"匡庐奇秀甲天下山"八个字道出庐山的精髓和品位。牯岭的四季,同山下九江、星子相比,夏季短 85 天,7月进初夏,季节落后一个半月,夏季"走走过场"便悄然而去了;冬季早早"叩响山门",提前一个月来临,延后一个月迟迟不愿结束,冬季几乎比山下长两个月;春季姗姗来迟,三月桃花四月开,明媚的春光常常伴随着云雾,使春光"犹抱琵琶半掩面";天高云淡的秋季,云雾偏少,显现庐山真面目的机会增多,和九江,星子相比,秋季的来去都提前一个月左右,而秋季的长短差别不明显。

冬日的庐山,仿佛是耸立在江湖间的一座琼岛。牯岭 1 月份多年平均气温为－0.1℃,极端最低气温,也曾在水银柱－16.8℃的刻度上停留过。

庐山是一个清凉美丽的世界,如同一个清秀美丽,清高淡雅的少女,欢迎着旅游者。

复习思考题

1.气象、气候与旅游有什么关系?

2.试述气象、气候旅游资源的特点。

3.举例说明山地气候、地方性气候的旅游意义。

4.举例试算某地的舒适指数与风效指数。

5.举例说明主要的气象、天象旅游资源。

6. 主要的气象天象旅游资源类型有哪些?

第六章　生物旅游资源

学习目的

　　生物资源是最重要的自然类旅游资源类型之一。本章需要解决的问题是,生物旅游资源的特点、构景因素、分类和旅游功能等。首先,分析生物旅游资源的概念和特点;其次,讲授生物旅游资源的吸引因素和构景因素;再次,探讨植物、动物旅游资源的分类和旅游功能。通过生物旅游资源的介绍,引导学生能够理解生物旅游资源的类别、特点,掌握生物旅游资源的吸引因素和旅游功能。

教学目标

- ● 分析和理解生物旅游资源的概念和特点。
- ● 认识生物旅游资源的分类和构景因素。
- ● 了解生物旅游资源和旅游的关系。
- ● 掌握生物旅游资源的吸引因素和旅游功能。

学习重点

　　生物旅游资源的概念和特点;生物旅游资源分类(观赏植物、奇特植物、珍稀植物、风韵植物);生物旅游资源的吸引因素(风来美、珍稀美、寓意美、嗅味美和健身)和旅游功能(观赏功能、美化净化环境功能、造园功能)。

第一节　概述

一、生物及相关概念

生物是自然界有生命的物质，也是自然界最具活力的群体。地球在没有生物出现之前是寂静的、单调的，生命的出现使地球上有了生机、有了色彩。生命演化至今，丰富多彩的生物使地球生机盎然。

生物是由植物、动物和微生物组成的，而肉眼所能看到的主要是动物和植物。动物是以有机物为食，有神经、有感觉、能运动的生物。植物是有叶绿素，无神经、无感觉的生物。植物的生长和分布与自然环境密切相关，复杂的地表环境产生了丰富多彩的植被类型。动物又直接地或间接地依赖于植物，因而不同的植被类型有着不同的动植物相伴。

动物和植物是地理环境的重要组成部分。据估算，地球上约有植物三十余万种，动物一百九十余万种，分布于陆地和海洋。陆地动植物因气候类型复杂多样，区域差异明显，从而种类繁多、数量巨大、千姿百态、丰富多彩。其中不乏名贵花木和珍禽异兽，如日本的"国花"樱花，中国的"花王"牡丹，澳大利亚的桉树，中国的水杉、银杏；美国的红狼，西班牙的王鹰，中国的熊猫、金丝猴等，都具有很高的观赏价值和考察研究价值。海洋动植物更使海洋广阔深奥，更加神秘，更具魅力。海带、紫菜、海葵、珊瑚，五颜六色、形姿多变；"海中之王"鲨鱼、"海中之狼"虎鲸及海豚等，更吸引着人们去了解"海底世界"，去观赏"海洋公园"。随着现代旅游的蓬勃发展，部分动植物就成为人们旅游观赏和考察的对象。

属于旅游观赏对象的这些动植物，因具有香化、净化、美化环境的功能和具有观赏、科研价值并能为旅游业所利用，而成为旅游资源中的重要组成部分，即生物旅游资源。

二、生物与旅游的关系

生物的存在与人类环境和经济文化生活有着极其密切的关系。随着人类社会的发展，生物以其特有的方式作用和影响着旅游业的发展进程。

(一)生物是富有生机的自然旅游景观所不可缺少的组成部分

生物可以美化环境、装饰山水，同时因其具有生命的发展演化，使自然景观色彩斑斓，生意盎然。植物犹如大自然的服饰，"峨眉天下秀"，其"秀"正是由于茂密的植被不仅色彩葱绿,而且使山势柔美;"青城天下幽",其"幽"虽与深山峡谷有关,但谷中茂密的植被,无疑更增加了寂静、幽深的美感。缺少生物的自然景观,会显得苍凉,缺乏活力,没有生机,色彩单调,因而也降低了魅力。"花香鸟语"、"草长莺飞"、"碧水青山"、"苍翠欲滴"所形容的诱人景色,无一不包含着生物美化环境的功能及其生命活力所构成的美景。

(二)生物能使游客在旅游中获得知识、扩大视野,吸引游客探索大自然

许多动植物之所以为人们所喜爱,不仅是由于它们能美化环境,供人观赏,表达情感,寓意蕴情,同时在观赏中可以学到许多科学知识。例如动植物的分布与环境的关系,沙生或旱生植物与湿土植物为什么在形态及生长发育中有着明显的不同,有的植物叶子为什么会变颜色,生活在高原、草原上的羚羊、狼、豹、兔、马与生活在森林地区的熊、猴、大象在形态、习性方面为什么有很大差别,以及如何保护生物等。特别是一些奇特、珍稀的动植物,其本身所具有的美学价值、科学研究价值,更能激发游客去探讨生物发展的奥秘,从中获得一定的科学知识。各种类型的植物园、动物园不仅可供人们休闲、旅游,而且也是生物科学知识普及教育的重要场所。

(三)生物便于根据游客的需求更新、创造新的旅游景观,更紧密地服务于旅游业

游客通过旅游是为了满足他们求新、求美、求奇、求古的需求。而人文景观,如"八大奇迹"之一的兵马俑,就不能因游客嫌其灰暗而人为添加色彩;路南石林引人入胜,但我们无法再造一个天然的石林。只有生物,以其所固有的生命节律,表现出变化多端的四时景观令游客耳目常新。同时还可根据游客的需求进行更新,创造新的旅游景观,如通过组合拼装,可组成花篮、花柱、花钟等图案;通过修剪嫁接,可形成塔树、伞树、扇树;通过精心栽培雕琢,会有各种盆景、根雕和叶雕。根据生物的特征,将野生生物驯化后能创造出新的具有旅游价值的景观。通过人工营造环境,将各地的动植物活体汇集一园形成植物园、动物园,具有较高的研究、观赏、娱乐价值。人类驯化并栽培和养殖的生物所形成的农业生态景观,为大自然添景增色,如麦浪滚滚的丰收景象、万亩油菜花的壮美、硕果累累的果园等景观,成为田园旅游美景。所以,生物能够更多地为旅游所利用,特别是能够适应现代社会人们返朴归真、回归大自然的生态旅游趋势,促进旅游业的发展。

三、生物旅游资源的特点

(1)生命性。生物旅游资源是旅游资源中最富有生机和活力的类型。因为它具有生命,可以不断地生长、发育、繁殖,是具有生命的运动。它们的存在使风景区成为一个具有生气的景观综合体。自然界若没有生物就会感到死气沉沉,有了生物就显得生机勃勃。在以山、水为主体的风景区,若没有必要的生物风景,则景区将大失风采;在以人文景观,尤其是历史古迹为主的景区,若缺少了植被,或人烟稀少,又将会是多么的悲怆凄凉。而一个鸟语花香、树木苍翠、百花盛开的环境,则会使人精神振奋,轻松、欢快。

(2)可持续性。生物与无机物不同,它们具有繁殖功能,可维持其生命体的不断延续与增加,从而使其具有了经济利用上的重复性和可持续性。同时生物的可驯化性和空间位置可移置性,使人们可以在适当改变环境的基础上,将野生动植物驯化、移置栽培、饲养,从而不断满足人们旅游的需求。

(3)季节性。生物因其自身的生命节律周期性,具有随季节变化发生形态和空间位置变换而形成季节性旅游景观的特点。如植物,不同季节有不同的植物开花,春季的茶花、樱花,秋季的菊花,冬季的腊梅花;不少植物的叶色也随季节变化而更换色彩。不少动物随季节有规律地南北迁移,出现如"雁南归"等生物空间位置随季节变化等胜景。

(4)寓意性。在中国的传统审美中,"自然的人化"现象非常明显,把爱憎等感受寄托在动植物上。如称松、竹、梅为"岁寒三友",其傲立霜雪严寒的精神成为人们不畏逆境的精神支柱;菊、兰、水仙、菖蒲为"花中四雅",其圣洁高雅的风格,常成为人们追求做人的崇高境界。又如牡丹象征富贵华丽、莲花寓意洁身自好、鸽子是和平的象征等。这些生物的某些特征中蕴藏着某种深受人们推崇的精神,能够启迪人的心灵,陶冶人的情操,从而具有了特有的旅游文化价值,吸引着游客争相观赏。

(5)多功能性。生物因具有各自的生态、习性、色彩、造型等特征,从而可以满足人们各种观赏目的和娱乐、狩猎、垂钓、疗养、造型、交易、考察、食用等功能的需要。除此之外,还可利用植物为人类创造幽境,利用药用植物开展保健、医疗活动等,以达到利于人们身心健康、增加知识、扩大视野、启迪心灵、陶冶情操等目的,求得社会、文化、经济等多种效益。

第二节　生物旅游资源吸引因素分析

某些生物之所以具有旅游资源意义,就是因为它们本身或所构成的环境特有的现象,具有很高的美学、科研、食用价值,对游人产生一定的旅游吸引力。其吸引因素主要有:

(1)风采美。生物旅游资源的风采美包括色态和形态等美学特征。植物的形态多姿多彩,或亭亭玉立,或婀娜多姿,或挺拔雄健,或匍匐攀缘。植物的色彩五颜六色,叶子有绿、红、黄、紫,花有红、蓝、白、黄、紫、黑等,真是无色不有。色彩斑斓的动物比比皆是,如黑白条斑相间排列的斑马、黄色皮毛上带有圆形褐斑的金钱豹、肩背毛色光亮如金丝的金丝猴、体羽纯白、头顶红色只点顶的丹顶鹤等。动物的形态更是千奇百怪,各具特色,如虎,体形雄伟,给人以王者之气概;腿修长、头高昂的长颈鹿的体态则给人以典雅华贵的感觉。生物的风采在美化环境、装点世界的同时,也使游客为之深深陶醉。

(2)珍稀美。"物以稀为贵"。生物旅游资源也是如此,越是珍稀,越具有审美价值,越能激发游客的观赏游趣。珍稀植物与一般常见的植物在形、色、香、韵等方面均有差异,有差异就会具有珍稀美的特征。如金钱松,叶成条形,扁平柔软,在长枝条上呈螺旋状散发,在短枝上簇生辐射平展,形似铜钱,秋后呈金黄色,故名金钱松。珍稀动物因其特有、稀少甚至濒于灭绝,而引起游人的极大兴趣。如大熊猫,丰满圆润的体态、黑白相间的花斑和温顺的性格、逗人的憨态及圆圆的黑眼圈,非常诱人。澳洲的鸭嘴兽、树袋熊和大袋鼠等低等哺乳动物,因海洋阻隔、古地理环境变化等影响,只分布于澳大利亚大陆等。旅游者观赏这些珍贵稀有的动物会感到自豪和满足。

(3)寓意美。在世界上许多国家或地区、或民族,对某些动植物赋予特殊意义,因而这些动植物也受到人们特殊的关注,从而引起人们的兴趣。如许多国家以雄鹰、雄狮来象征民族的威武、坚强不屈。有的国家以某种花或树为国花、国树,来表达人们的情感,寄托民族的理想,作为民族的象征。有的国家除国花外还有国鸟、国禽、国兽等。我国鉴于土地辽阔,生态条件各异,动植物种类极其丰富,故设立国花群、国树群、国鸟群和国兽群。国花为梅花、牡丹、菊花、蔷薇、杜鹃等,国树为银杏、国槐等。由于宗教原因,许多动植物被视为"神鸟"、"神花"、"神树",于是便带上了宗教色彩。这些动植物不仅受到宗教保护,且有特殊的观赏内涵,成了与宗教旅游相互借鉴的观赏对象。

(4)嗅味美。有些植物的花果叶茎能发出一定的香味,如桂花香、檀木香、茉莉香等,还有许多以香命名的植物如丁香、香蕉、香椿、夜来香等。这些具有香味的植物在景区栽培,不仅可美化环境,而且这些香味可以给游人以嗅觉美,吸引游人,使游人陶醉其芬芳之中。

(5)奇特美。奇特动植物以其某些外形、生态、生理的独特性吸引人们。这里所说的奇特,既包括由于人们生活环境的限制所出现的"少见多怪",如万里雪飘、银装素裹的北国风光,对热带游客来说确为奇观;又包括地球上绝无仅有的某一特征,如最高、最古、最大等而闻名。如最古老的树——银杏,远在两亿七千万年前就开始出现,曾与恐龙一起称霸一时;而恐龙早已绝灭,银杏仍然独存我国,被誉为

"活化石"。黄帝陵寝之地——陕西黄陵县桥山,现有古柏八万余株,其中千年以上古柏三万余株,为我国最大古柏林,至今生长茂密,郁郁葱葱。而"黄帝手植柏",高19米,树围10米,树龄达4000年,仍苍劲青翠,堪称群柏之冠。白鳍豚是我国所特有的珍稀哺乳淡水生动物,长2米多,重约100公斤,善于游水,时速可达80公里左右,大脑特别发达,声纳系统极为灵敏。广西桂林的半边鱼,其体一边突起有鳞、一边扁平无鳞,有成对生活的习惯。这些奇特的动植物,既满足了人们的好奇心,又增添了旅游的乐趣,成为旅游资源中颇具吸引力的一部分。

(6)在医疗和健身生物旅游资源中,因某些生物环境对人有调节精神、抗病强身的功能,所以对游客也产生了吸引力。植物的医疗功能主要表现在两方面:其一,在众多的植物中,有相当一部分的根、茎、皮、叶、花和果实可用做中草药。目前已知的中草药植物在我国至少有千种,其中许多还是名贵药材,例如人参、当归、天麻、枸杞、三七、大黄等。中草药是我国人民防病治病的传统药物,在我国利用中草药防病治病有着悠久的历史和丰富的经验。旅游中购买中药材、参观有关药用植物、学习有关利用中药材治病的知识,也是当今某些游人喜爱的内容之一。其二,特殊的植物环境,也能起到一定的医疗作用,如"森林浴"。所谓森林浴是指包括林中消遣、荫下散步等广泛接触森林环境的活动,是通过森林环境调节精神、解除疲劳、抗病强身,从而起到医治效果。森林的隔音效果会形成特有的宁静环境,绿色的环境和优美的风景能给人以轻松、舒适的感觉。另外森林中的许多树木,如樟木、杉木等还能散发出对人体有益的药素,抗炎、抗癌,促进生长素分泌。森林空气中的氧气、负离子能促进人体的新陈代谢,振奋精神,提高人体免疫力。目前兴起的森林旅游,其重要内容就是进行"森林浴",发挥森林的医疗功能。部分动物资源,可为人们提供药材或制作药品,成为重要旅游商品。如蛇胆川贝液,具有驱风镇咳、散结化痰的功能,对治疗风热咳嗽有效。用麝香、虎骨等制成的麝香壮骨膏,具有镇痛、消炎功能,可治疗风湿痛、关节炎、腰痛等。此外许多动物的毛、皮可制作高级裘衣、皮鞋、手套、帽子等。驼鸟肉、皮、羽可制成多种旅游产品和工艺品。许多奇特的动物或生态特殊的动物,往往对科研人员极具吸引力。有的野生动物还可供人们度假、狩猎、消遣、垂钓,取得既健身又娱悦的效果。还有食用价值(如瓜果、动物肉骨等)、历史考查价值(如古树、稀有动植物)、经济价值等。

通过生物旅游资源功能的发挥,大力开展观光游览及某些专项旅游,可使游人获得风采美、珍稀美、环境美、幽静美、精神美、嗅味美等多种美感。因此,充分合理地开发和利用生物旅游资源,是发展旅游事业不可缺少的重要内容。

第三节 植物旅游资源的分类和功能

一、植物旅游资源的分类

根据植物的美学特征,可将植物旅游资源分为观赏植物、珍稀植物、奇特植物和风韵植物等四大类。

(一)观赏植物

根据观赏植物的主要观赏内容,将其划分为观花植物、观果植物、观叶植物和观枝冠植物。

1. 观花植物

花是植物体中最引人注目的器官,其美学特征主要体现在花色、花姿、花香和花韵。美学特征越多,观赏价值越高。我国的奇花异卉不计其数,由上海园林学会等单位发起评选的"中国十大传统名花"为牡丹(万花之王)、月季(花中皇后)、梅花(雪中高士)、菊花(寒秋之魂)、杜鹃(花中西施)、兰花(花中君子)、山茶(花中妃子)、荷花(水中芙蓉)、桂花(金秋娇子)、君子兰(黄金花卉)。

2. 观果植物

成熟的果实以其色、形、味引起人们的兴趣。果实具有各种各样的颜色,如绿色的西瓜,红色的枣,浅褐色的猕猴桃,红紫色的苹果、桃、李、荔枝、山楂,黄色的杏、梨、橙等;果实的形状大小也各有差异,有的大如篮球,有的小如珠子,有球形、蛇形、葫芦形、菱形、梨形;其味甜、酸、香、苦、涩,各具风味。一般果实富含人体所需的营养物质和微量元素,备受人们青睐。享誉世界的十大名果为:榴莲(果中之王)、西瓜(瓜中上品)、中华猕猴桃(超级水果)、梨(百果之祖)、苹果(记忆之果)、葡萄(水晶明珠)、柑橘(美味佳果)、香蕉(长腰黄果)、荔枝(果中皇后)、菠萝蜜(微花巨果)。

3. 观叶植物

观叶主要观叶色、叶形。绿色虽为叶之本色,但却有不少植物叶色随季节变化而变化,具有一定的观赏价值,即季相观叶植物。还有一些植物终年具备似花不是花的彩叶,尤为美丽。温室庭园栽培彩叶观赏植物,目前在各国已较常见,故有"人们喜花更爱叶"的说法,古人也有"看叶胜看花"的诗句。

　　(1)季相观叶植物

　　进入秋季,不少落叶树种的叶色渐变为红、红紫、黄、橙黄等色,其中尤以红色最具观赏价值。我国历来就有深秋赏红叶之传统,北京香山红叶、南京栖霞山红叶等比较有名;在日本,樱花除了春天供人观赏外,秋季也作为主要的深秋红叶树欣赏。红叶的形成是由叶片中所含物质的变化决定的。叶片里除了含叶绿素、叶黄素、胡萝卜素外,还含红色的花青素。秋季之前,叶绿素含量多,显不出花青素的颜色,叶片为绿色;入秋后,尤其是深秋,天气渐冷,叶绿素在低温下不断分解减少而红色的花青素不断增加,叶片就变为红色。我国著名的红叶树种除北京香山的黄栌外,还有乌桕、柿树、漆树、卫予、丝棉树、枫树、连香木和黄连木等。

　　(2)栽培彩叶植物

　　栽培彩叶植物是最丰富多彩、最具魅力的观叶植物,公园、庭园、家庭随处可见。据其色彩分布的位置和色彩搭配可分类为:彩缘观叶植物、彩脉观叶植物、斑叶观叶植物和彩面观叶植物等。

　　4.观枝冠植物

　　树木的枝冠之美主要由树冠外形和棱序角决定。树冠是树木外围线所包围的部分,其形态有尖塔形、柱形、伞形、卵形、球形、杯形、波形、下垂形、被覆形等,其中如冲天柏的塔形和如垂柳的下垂形较美。棱序角即枝与树干的夹角,一般为 $10°$ ～ $180°$,$30°$～ $40°$ 为常见,棱序角 $10°$ 左右的上向形的美国白杨、棱序角 $90°$ 左右的水平型的雪松和棱序角介于 $90°$～$180°$ 的下垂型柳树,均具有极高观赏价值。如雪松被誉为"风景树的皇后"。

　　(二)奇特植物

　　奇特植物是指具有某些奇特之处的植物,它们往往以其独特或地球上绝无仅有的某一特征而闻名。例如:

　　食虫植物——猪笼草。生长在热带、亚热带、温带。它的叶梗末端异化成袋状或瓶状,成为一个用以捕诱昆虫的捕虫袋,昆虫一旦跌入,会被袋内所分泌的消化液粘留淹死并"消化",其养料被植物所吸收。

　　没有根的植物——松萝凤梨。生长在不毛之地或干旱燥热地区,原产美国、智利。其叶退化呈丝状,全株灰白色,如同丝麻。属气生植物,没有根,可从空气中吸收必要的水分和营养,不需种植,随便挂在什么地方就可生长。

　　七叶一枝花——七叶莲,百合科。最大特征是由一圈轮生的七片叶子中冒出一朵花,每棵植株只有一朵花。为顶生,花的外轮为黄绿色,内轮呈丝状,为黄色,雌雄同株。

　　"胎生"植物——红树。它生长在海边,被称为海上森林。其种子成熟后,先在树上发芽,然后离开母体,飘落于地,几个小时就可扎下根。在海上漂流两三个月不死,如遇海滩照样可以扎根生长,一二年便可成林。

最高的植物——杏叶桉。澳大利亚草原上的杏叶桉,一般树高 100 米左右,最高竟达 156 米,比美国巨杉还高 14 米。

板状根植物——四数木,是生长在热带雨林地区的一种乔木。枝叶茂盛,树冠宽大。树干基部有板状根呈翅膀状沿地面向四周逶迤延伸,以稳固上部枝叶;同时由于土壤水分过多,地面板状根可以满足根系呼吸所需。

形如金丝"狗毛"的植物——金毛狗蕨,为大型树状陆生蕨类植物。粗大的根状茎,其上生有黄色柔软茸毛,光泽油润,闪闪发光,因而得名。

只有一片叶子的植物——独叶草。仅有一片叶子,为毛茛科独叶草属多年生的草本。分布于陕西、四川、云南等山地,喜潮湿荫蔽,常呈小片状分布。独叶草属为我国所特有种属,是古老的孑遗植物。

独木成林的树——榕树。生长在热带雨林的大榕树,枝叶茂盛,在枝桠上生长着一条条下垂的气生根,入土后吸收水分和营养,同时成为支撑枝桠的"树干",形成独木成林景观。孟加拉有一棵榕树树冠投影面积竟达 1 万平米,可容纳数千人在树荫乘凉,堪称世界树冠之最。

(三)珍稀植物

由于生存环境的变化,有的物种不断减少,有的濒临灭绝。保留下来的珍稀濒危植物既是人类保护的主要对象,同时因珍贵稀少而具有极高的科学研究价值和旅游观赏价值。

世界范围内种类个体或分布面积极为有限、本身又具有独到特征或重要价值的植物珍品,各国均视为国宝。例如:

莲中王——王莲。生长在南美洲亚马逊河流域,是世界上最大的莲。叶片大而舒展,直径两米多,最大可达 4 米,圆形,叶缘向上直立翻卷。浮于水面,可载20～30 公斤重的小孩也不沉没。其原因是叶背面有类似蜘蛛网的粗大叶脉。

活化石——水杉。1946 年在我国四川万县发现一株原被认为早在亿万年前地球上就已绝灭的水杉,称为"活化石"。树身高大挺拔,老枝横生,小枝下垂,其形高大如塔。

热带雨林巨树——望天树。1974 年在我国西双版纳发现一种异常高大的树木,比周围其他乔木高出二十多米,欲见其树冠须抬头仰望才能见,最高达八十多米。

蕨类植物之冠——桫椤。蕨类是古老的原始植物,现今的蕨类多为草本,桫椤(又名树蕨)是恐龙灭绝后留下的数量极为有限的木本蕨类,极为珍贵。

中国的鸽子树——珙桐。珙桐原产中国,初夏开花。花分两瓣,为卵形,白色,奇特而美丽,随风上下跳动,犹如白鸽展翅,故称"白鸽树"。西方人引种后称为"中国的鸽子树"。

稀世山茶之宝——金花茶。1960 年在中国广西南宁发现一种花呈金黄色的稀世之宝的金花茶，花色娇艳，分布面积狭小，数量极少。

中国的珍稀植物无论是珍稀程度还是数量，在世界上都占有重要的地位。例如在乔木树种中，有水杉、银杏、银杉、珙桐、台湾杉、杜仲、樟树、福建柏等五十多种，为我国所特有。这些珍稀植物既具有科学研究价值，也具有旅游观赏价值。

(四)寓意植物

植物因其生长环境的不同，各具有特殊的风韵。其中不少具有特别风韵的植物受到人们的青睐，借以表达人们的情感、理想、意志等，此类植物被称为寓意植物。

世界上许多国家或城市，都有自己的"国花"或"市花"，成为国家或城市精神的象征。例如：中国——梅花，日本——樱花，荷兰——郁金香，美国——玫瑰，墨西哥——大丽花，泰国——睡莲。中国部分城市的市花例如：北京——菊花、月季，天津、郑州——月季，南京、武汉、苏州——梅花，西安——石榴、月季，上海——白玉兰，长沙、济南——荷花，昆明——山茶花，沈阳、兰州、乌鲁木齐、拉萨——玫瑰，长春——君子兰，福州——水仙，成都——木芙蓉，哈尔滨——丁香、玫瑰，广州——木棉花，杭州、合肥、桂林——桂花，洛阳——牡丹，西宁——丁香，等等。

在中国有名的寓意植物较多，例如：

松柏——寓意不怕困难、不怕严寒、坚贞不屈的精神，以及万古长青的象征。

松、竹、梅——被喻为"岁寒三友"，象征在逆境下团结奋进的高尚品质。

桃李——比喻弟子，常用"桃李遍天下"来形容弟子众多。

竹——被人们寓意为刚强、谦虚，不畏霜欺雪压，不在风刀冰剑下屈服，不在春光艳阳里逞能。

牡丹——因花大形美，雍容华贵，香气宜人，被喻为花中之王，形容荣华富贵。

柳——枝叶柔软，随风摇动，婀娜多姿，寓意为女人的美貌姿态。

红豆——寓意思念之情。唐代王维《红豆》诗曰："红豆生南国，春来发几枝，愿君多采撷，此物最相思。"

荷花——出污泥而不染，亭亭玉立，洁身自好，被称为花中君子。寓意为品行端正、清廉。

桂树——花开满树，香味四溢，有才华冠群之意。

根据植物旅游资源的造景因素，又可以分为观形植物、赏色植物、闻香植物、思古植物、探奇植物。

二、植物旅游资源的功能

植物旅游资源的功能是多方面的,充分利用植物旅游资源可以开展多种旅游活动,同时为美化环境作出贡献。

(一)观赏功能

植物旅游资源具有很高的观赏价值,是自然旅游资源不可缺少的内容,通过观赏,可使游人获得多种美感。

(1)风采美。植物的风采美包括姿容、色彩、幽香等美学特征。植物形态多姿多彩,或雄伟挺拔(如杉、红桧),或苍劲古拙(如松、柏),或婆娑多姿(如垂柳),或清姿瘦节(如文竹)。植物色彩五颜六色,有的四季长绿(如松、柏、冬青),有的彤彤红火(如石榴花、木棉花、扶桑花),有的洁白似雪(如梨花、李花、杏花),有的灿似黄金(如迎春花、金茶花),有的蓝似苍穹(如丁香、矢车菊、勿忘我),有的斑驳陆离(如斑竹、五色梅)等。花卉最富色彩,红、白、蓝、橙、紫、黑各色皆有,而且每种颜色还有深浅之分。植物的香味也有多种,例如茉莉香、檀香、果香等。通过观其形,看其色,嗅其味,可以领略植物的风采美。

(2)珍稀美。植物越是珍稀越具审美价值。因为它们数量太少,一般人难于见到,能有机会观赏这些珍稀植物,也是一种美好的享受。我国是世界上植物区系成分最丰富的地区,保留了许多"活化石"特种,如前所述的水杉、银杏、银杉、金钱松、台湾杉、水松、珙桐、杜仲、香果树等。珍稀植物不仅具有重要科学价值,而且也是珍贵的风景树。

(3)寓意美。人们在长期的审美活动中,对某些植物形成了公认的相当明确的寓意,通过栽培、抚育或观赏,可以把思想感情与寓意植物融为一体,从而通过这些寓意深刻的观赏植物寄托相应的思想感情。既是情感的抒发,也是一种享受,以获得某些精神上的满足和教益。例如观赏坚岩峭壁上生长的苍松翠柏能激励人奋发向上,送一枝牡丹祝你荣华富贵,给亲友寄几颗红豆以表思念等。

(4)绿雕美。植物在人工精心塑造下可形成绿雕美。它既具有一般雕塑的形象美,又有植物的构景特点。例如在公园、街头、建筑物上,由植物枝叶或花卉组成的各种各样的图案,有的像花篮,有的像动物,有的如字幕,有的呈方阵。也有巨形树、绿色塔、花钟报时等绿色建筑。成为城市公共场所的点缀景,显示了造型绿雕的独特美。植物与建筑的结合,可以塑造绿墙、绿篱、绿桥等造型。

(二)美化、净化环境功能

植物的美化、净化环境作用主要通过城镇森林、行道树、草坪、花坛、绿墙、绿篱等绿色植物来实现。有一定的树木花草可以增强环境的美感,避免房舍、道路等死板的单一感,增加生气,增加活力。植物,尤其是树木可以说是绿色的"水体",它在防风、防沙、水源涵养,调节气候以及维持大自然生态平衡方面所发挥的巨大作用,早被人们所认识并充分利用。

植物是大自然的"制氧工厂",1 亩(666.7 平方米)森林每天可制造 4.9 公斤氧气,足够 65 人呼吸之用。植物还是大自然的"消毒员",它具有吸收二氧化碳、氟化氢、氯气及含铅、汞、锌等有毒气体的功能,还可吸滞烟尘和粉尘、杀灭细菌,从而净化空气。植物对人类环境以及人体的卫生保健作用,已被人类所广泛重视。许多国家已开发了森林浴等森林旅游,让旅游者到森林中去领略森林绿野、鸟语花香的自然景色,使人迅速恢复体力。

(三)造园功能

首先,植物是园林中不可缺少的因素。虽然每个国家的园林中植物的比重不同,如日本园林中植物较疏朗,而在西方园林中大量使用花坛、花圃和绿篱,但任何园林都需要利用植物的配置来表现某种特殊的观念和制造特殊的意境。在园林中还经常利用高大的植物来达到夹景、隔景、障景的效果。其次,为了发挥植物的功能,并保存特有品种,培育新种,可以人为地创造各类环境,兴建综合性和专门性的植物园,把有关风景植物集中起来,以供人们参观游览和科学研究。

第四节　动物旅游资源的分类和功能

一、动物旅游资源分类

动物,在自然界中最具活力。与植物相比,动物能运动,会发声,通人性。不少动物的体态、色彩、姿态和发声都极具美学观赏价值。世界各地历来就有观赏动物的传统。

(一)根据审美角度可将动物分为观赏动物和珍稀动物两大类

1. 观赏动物

许多动物的形体、色彩、运动及发声,具有一定的观赏价值,能给人以美感,这些动物被称为观赏动物。根据其主要美学特征,可将观赏动物分为观形动物、观色动物、观态动物和听声动物。

(1)观形动物

动物的体形千姿百态、各具特色,能给人以形态美的感受,外形奇特的动物还能给人以奇特美的享受。如我国的东北虎,是世界上最大的虎种,体重可达 200 公斤,体态魁伟,毛色斑斓,颇具王者风范;头顶冠以朱红色的丹顶鹤,它颈部、腿、嘴修长而尾短,体态秀丽,矫健多姿,行走步履轻盈,恬静潇洒,高雅而圣洁,被誉为"仙鹤";最高的动物长颈鹿,高四米左右,高昂的脖子、修长的腿,显得非常文雅;野生种已灭绝,现仅在动物园生存的麋鹿,头似马而非马,角似鹿而非鹿,蹄似牛而非牛,身似驴而非驴,因此得名"四不像",引起观赏者的极大兴趣;大象身高体重,鼻子长,四肢粗壮,站立沉稳,给人以"稳如泰山"之感。

(2)观色动物

动物的颜色五彩斑斓,如身披金黄色长毛的金丝猴;全身黑色,仅两颊处各有一道白色毛的黑叶猴;黑白色条带相间的斑马;全身通白的白熊、白叶猴、白猴;棕色毛皮上散布着白色斑点的梅花鹿;全身橙黄,布满黑色横纹的华南虎;色彩艳丽的孔雀;羽毛呈朱红色的火烈鸟;蝴蝶更是五彩缤纷,被称为会跳舞的花朵。这些不同的色彩,常引起游客的兴趣,成为观赏动物的内容之一。

(3)观态动物

许多动物的行动很受人喜爱,如行走沉稳的大象,其鼻子不仅动作灵活,能自由伸卷,帮人搬运物品,而且还能吸水、喷水,与人同乐;猴子的灵活跳动与攀枝,大雁排列整齐的空中飞行,让人惊叹;草原上的黄羊群,疾速的奔跑,犹如狂潮汹涌,景象极为壮观;盘羊能在崖壁上自由行走,可谓是攀崖高手;水中游鱼能给人以无拘无束的自由感,难怪"花港观鱼"成为西湖有名景点之一。特别有趣的是许多动物经过人工培训,还能模仿人或其他动物的动作进行表演,给人们增添乐趣。

(4)听声动物

有些动物能够发出奇特的或悦耳的声音,给人以听觉美。"莺歌燕舞"、"鸟语花香"、"蛙蛙合鸣"、"鹦鹉学舌"等成语,都包含着对动物鸣叫声的赞美。黄山八音鸟的鸣叫声音调强弱多变,一声能发出八个音,悦耳动听;峨眉山万年寺的弹琴蛙,叫声委婉动听,如同古琴声;澳洲的琴鸟,叫声很像铜铃声,它还能模仿羊咩声、锯木声、狗吠声等。中国的画眉、百灵、鹦鹉、八哥等,都能模仿人或其他动物的声音,深受人们的喜爱。

由于珍稀动物具有重要的经济、科研价值和旅游意义,而在世界范围内又极为稀少,因此深受世界人民所喜爱和保护,有的还被视为国宝。例如:

大熊猫——又名竹熊、大猫熊,是世界著名、我国特有的珍稀濒危动物,被喻为中国动物中的"国宝"。第四纪初期曾广泛分布于我国长江流域及秦岭以北地区,后因冰期影响,自然环境变化,生存受到严重威胁,到距今十几万年前分布区已很小,数量也急剧减少。目前仅分布在四川、陕西、甘肃交界的山区,以竹笋和叶茎为食,成为研究动物的"活化石"。大熊猫体态丰满圆润,毛色呈黑白花斑相间,黑色眼圈,性温顺,憨态逗人喜爱。世界野生动物协会还把大熊猫作为会标。

金丝猴——中国特有、世界著名的珍稀动物,因其全身长有黄棕色、光亮如丝的长毛而得名。金丝猴喜欢成群结伴,嬉戏玩耍,有很强的跳跃攀枝能力,动作灵活,性情活泼、喧闹,以各种嫩芽、枝叶花果为食。现分布在四川中部、陕南、甘南等海拔 1500～3000 米的山区密林中。

朱鹮——又名朱鹭、红鹤,是东亚特有鸟类。嘴长而弯曲,头顶及面颊、脚呈朱红色,飞行时双翅下部及尾羽亦呈朱红色,因此而得名。朱鹮曾广泛分布于东亚,20 世纪 30 年代在我国东北、华北、长江中下游均可见到,60 年代后除日本动物园饲养的 2 只外,其他地方再未见到。1981 年在陕西洋县发现了 7 只,被列为国家保护鸟类及国际最稀有的鸟类之一,并在洋县建立了朱鹮自然保护区。经过二十多年的精心保护,现已达到 300 只以上。

藏羚羊——它生性温和,体态优雅多姿,矫健敏捷。雄兽有角,角长而侧扁,乌黑发亮。生活在海拔 4000～6000 米青藏高原的高山草原、谷地。善于奔跑,能在海拔 4000～6000 米空气稀薄的无人区日驰千里,体现了"更高、更快、更强"的奥运精神,成为 2008 年北京奥运会的吉祥物之一。由于藏羚羊的毛绒十分昂贵,经济价值极高,因此遭不法分子的无情猎杀,目前濒临灭绝。现国家已采取措施,建立保护区,加强了保护。

扬子鳄——是我国特有、世界珍稀动物。属古老的爬行类动物之一,在生物学分类上属钝吻鳄科,仅有 2 种,分别在美洲与中国。目前在我国主要分布在安徽南部局部低山丘陵区的水塘,数量很少。具有重要的科学价值。现在长江中下游地区已建立了扬子鳄自然保护区,并进行人工养殖。

(二)根据动物旅游资源的构景因素可分为奇特动物、珍稀动物、表演动物

1. 奇特动物

许多动物在形态、生态、习性等方面,具有与众不同的一些奇特之处。这些奇特之处既是动物构景的重要因素之一,也是游人观赏动物旅游资源的重要内容。动物的奇特性主要表现在:

(1)特殊的外形

动物的外形是指动物的形态、形体。奇特的形态、形体引人注目,具有强烈的吸引力和观赏价值。例如,生活在热带的珊瑚,其形态呈圆筒单体或树枝状群体。由珊瑚骨骼形成的珊瑚礁,有的可做盆景,有的可雕琢首饰。最诱人的动物外形,在两栖类和爬行类动物中较多,例如蛙、蟾、蛇蜥、大鲵、海龟、鳄、蛇、蟒等,形态奇特,富有观赏价值。哺乳类动物的形体,更是千姿百态。例如有生活在海中的鲸鱼、海豹、海狮、海牛,也有生活在陆地上的袋鼠、猴、熊、狼、豹、虎、鹿、象等,它们的外形各有特色。在同一类动物中,有的形体大小相差十分悬殊,如果将它们放在一起对比观赏,也能引起人们的兴趣。例如最大的驼鸟高可达 2.5～3 米,重达近百公斤,而最小的蜂鸟(即太阳鸟),形体如蜂,体重仅几克。

(2)特殊的生态

许多动物有特殊的生态,即特殊的生理特征和生活习性,因而也引起游人的极大兴趣。例如,五色斑斓、能飞善舞的蝴蝶,喜欢群聚,因而在一些盛产蝴蝶的地方,由于数十万乃至数百万只以上蝴蝶的大量集聚,形成规模宏大的自然胜景。在云南大理有著名的"蝴蝶泉",福建、香港、台湾等地有迷人的"蝴蝶谷"。青海的鸟岛,位于青海湖的西北隅,它的面积只有0.1平方公里,但却栖息着十多种候鸟、十万多只美丽的斑头雁、鱼鸥、棕头鸟、鸬鹚。可以说这里是鸟的王国、鸟的乐园,青海湖已成为青海重要的旅游地。

2.珍稀动物

"物以稀为贵"。一些特有的、稀少的,甚至濒于灭绝的动物,往往引起旅游者的极大兴趣。在我国就有许多珍稀的动物,例如大熊猫、金丝猴、白唇鹿、褐马鸡、黑颈鹤、黄腹角雉、扬子鳄等。大熊猫和朱鹮,是引起世人注目的濒危动物。此外还有东北虎、亚洲象、中华鲟、蜂猴(懒猴)、白鹤、野牦牛、黑骆驼等珍贵动物。对于珍稀动物必须加强保护,在保护中发挥其观赏、研究等价值。

3.表演动物

动物不仅有自身的生态、习性,而且在人工驯养下,某些动物还会有模拟特点,即模仿人的动作或在人们指挥下做出某些技艺表演。如大象、海豹、猴、大熊猫等能做出可爱又可笑的模拟动作,有的鸟类也可模仿其他声音进行表演,如画眉、鹦鹉、百灵等能学舌。马戏团的各种动物表演,更是人们乐意观赏的内容。所有这些特性无疑对游人有强烈的吸引力,也是观赏价值之所在。

二、动物旅游资源的功能

(一)观赏功能

动物旅游资源具有观赏功能,这是由于它们具有特殊的形态、形体和生态,及珍稀性、表演性、特殊的寓意性所决定的。所以动物旅游资源成为游览观赏活动中的重要对象,游人通过观赏动物的形态、生态、习性、繁殖、迁移等方面的奇异性、逗乐性,可获得奇特美、珍稀美、怪诞美等多种美的享受。

(二)造园功能

与植物一样,动物也有造园功能。建造各类动物园,这是发挥动物观赏功能的主要途径。动物园形式主要有人工动物园、天然动物园和水族馆等。

人工动物园不同于自然状态下的野生动物保护区和天然动物园。动物完全被固定在人工控制的小圈子里;同时园址在城市或城市附近,便于市民就近观赏。

水族馆和海洋公园是现代城市富有魅力的游览地。人们可以不用漂洋过海便能看到活生生的水族,饱览海洋风光。它既是人们了解海洋的窗口,又是动物园博物馆的发展新形式。

野生动物园是一种对动物半开放的动物园。动物可在园内自由行走、追逐食物,游人必须乘封闭车辆观看动物。

●实证分析:生物王国——太白山

位于我国中西部地区的秦岭山脉是我国南北自然地理及气候的分界线,也是长江流域、黄河流域的分水岭。其主峰太白山,海拔 3767.2 米,是我国青藏高原以东大陆地区第一高峰。

南北气候的过渡,使秦岭成为华北、华中、华西植物区系的交汇点,因而,森林公园形成植被覆盖面积广、生物种类多样的特点。森林公园植被覆盖率达 85 %,有种子植物 1550 多种、苔藓植物 302 多种。其中,国家重点保护的珍贵树种有太白红杉、连香树、山白树、金钱槭等 10 多种;珍稀草本植物如星叶草、瓶儿小草等16 种。此外,由于太白山植物区系起源古老,保留有不少单属种、特有种和孑遗植物,如独叶草、紫斑牡丹等仅产于我国太白山的珍稀物种。丰富的植物资源为野生动物的生存繁衍提供了物质条件。太白山有野生动物 262 多种;森林昆虫 1400 多种;珍稀动物 9 种,还有国家一类保护动物金丝猴、羚牛等。太白山海拔高,处于我国东部季风湿润地区,使太白山具有明显的植被垂直变化现象。北坡自山麓到山顶一般可分为 5 带:海拔 600—1000 米为山前落叶阔叶林和侧柏林带,1000—2300米为华山松林、栎树及落叶阔叶树混交林带,2300—2600 米为桦木林带,2600—3500 米为高山针叶林带,主要树种为冷杉。3500 米以上为高山灌丛和高山草甸带,分布有大片杜鹃灌丛林。

由于森林公园相对高差较大,因此,水热条件随山地地势升高而呈现有规律的变化。海拔 3300 米以上为寒带,从 10 月到翌年的 4 月平均气温在零度以下,最低可达−30℃。这里分布有大面积第四纪冰川遗迹和由冰川作用形成的冰斗湖、冰蚀湖和湖碛湖①等罕见的高山湖泊。海拔 2600—3350 米之间为亚寒带,气候寒湿,一日内有春、秋、冬三季特点。海拔 1500—2600 米之间为寒温带,此带多雨,全年无夏,春季短,而冬季长达 7 个月。海拔 800—1500 米之间为温带,气候温和湿润,夏热冬寒,森林繁茂。海拔 800 米以下为暖温带,春干、伏旱、秋雨多。

太白山还有丰富的温泉资源。其温泉不但品位高,且出水量大。隋、唐以来,眉县汤峪就是关中著名的疗养旅游胜地,先后建有"凤泉宫"、"凤泉汤"和"唐子城"等行宫。太白山形态各异的森林景观、独特的山川地貌、罕见的高山湖泊、丰富的

---

① 指冰川末端消融后退后,挟带的砾石在地面堆积成四周高、中间低的洼地。

生物资源和得天独厚的温泉资源皆成为引人入胜的自然旅游资源。"太白积雪六月天"是著名的关中八景之一。太白山是科研、教学实习的理想场所,也是科普、生态旅游和环保教育的天然博物馆。

复习思考题

1. 什么叫生物旅游资源?

2. 生物旅游资源的旅游价值主要体现在哪几个方面?

3. 生物旅游资源的特点有哪些?

4. 试分析生物旅游资源的吸引因素。

5. 动物、植物旅游资源可分为哪几类?

6. 植物、动物旅游资源的旅游功能分别表现在哪几个方面?

第七章　历史古迹类旅游资源

学习引导

　　历史古迹类资源是最重要人文类旅游资源类型之一。学习本章,要了解历史古迹类旅游资源的形成、范畴、作用,掌握古代遗址、古代建筑、古代陵墓三种人文资源类型。本章首先分析历史古迹类旅游资源的概念以及旅游价值,其与旅游的关系;其次,介绍人类历史文化遗址的类型及典型代表,古代建筑的艺术特征和形式,古代陵墓的主要形制和中国帝王陵墓的形制演变;再次,讲述了主要历史文物及其艺术鉴赏。通过上述介绍,引导学生能够理解历史古迹类旅游资源,并掌握古代遗址、古代建筑、古代陵墓这三种类型的基本知识。

教学目标

- 分析和理解历史古迹类旅游资源的概念和意义。
- 认识历史古迹类旅游资源与旅游的关系。
- 了解几种不同类型历史古迹类旅游资源的形式、特征和演变。
- 掌握古代遗址、古代建筑、古代陵墓三种历史古迹类旅游资源的基本知识。

学习重点

　　历史古迹类旅游资源的概念和实践应用价值;历史文化遗址的类型及典型代表;古代建筑的艺术特征和形式。

第一节　历史古迹与旅游

一、历史古迹的形成和界定

人类社会有长达 300 万年的发展历史。在这漫长的岁月中,人们通过自己的聪明才智和长期的社会实践,利用自然、适应自然、改造自然,使地球成为人类的家园。历史古迹就是指人类社会发展历史过程中所留存下来的活动遗址、遗迹、遗物及遗风等。历史古迹形成于历史发展阶段之中,是人类活动的产物,也是历史真实的客观表现,凝聚着人类智慧,昭示着特定的历史时代特征,成为重要的旅游资源。

从广义上来讲,任何人类社会的遗存物迹,都应该属于历史古迹的范畴,其表现内容和遗存形式十分丰富。一般可划分为古代遗址、古代建筑、古代陵墓、古代园林、宗教遗存、文物遗存、古代城市、古代文学艺术、古代风俗等。古代园林、古代宗教遗存、古代城市、古代文学艺术、古代风俗等与现代社会相应的人文特征联系十分密切,价值的延续性表现突出,又构成相对独立的文化体系(另章讲授)。本章所论述的历史古迹旅游资源,主要指历史活动遗址、古建筑、古陵墓和历史文物,可视其为狭义的历史古迹旅游资源。

二、历史古迹在旅游业中的作用

在旅游产业发展中,历史古迹之所以能够成为旅游资源,是因为其可以作为旅游吸引物,满足游客的旅游需求,为旅游产业带来收益。

(一)社会历史的真实写照

人类社会经历了漫长而又曲折的发展历程,才进化到当今高度发达的现代文明社会。这一发展历程对于生活于现代社会的人来说,充满了神秘、奇特之感,了解历史演变的思古忆古之情和追寻人类社会发展的历史真谛,遂成为现代人类的行为动机之一。随着时间的推移,历史距今天越来越远,历史场景已无法再现。因此,人类活动的遗存——历史古迹就成为社会历史发展的唯一真实的具体写照。追寻历史古迹,可以较直观地实现追溯历史、回首历史、了解历史的目标。

(二)人类文化的集中凝聚

历史文化的发展衍生出现代文化,理解现代文化必须了解历史文化。这是因为人类文化具有继承性和异化性。历史古迹忠实地记录了历史的文化状况和基本特征,是人类历史文化演变的集中凝聚,是我们理解文化特征的理想媒介物。金字塔是古埃及文明的充分展示,雅典神庙是古希腊文明的深刻反映,同样散布于中国大地的成千上万历史古迹就是一部五千年华夏文化发展的史书。文化旅游具有强烈的思想性和求异性。文化专项旅游线路,如丝绸之路游、三国之旅等,都是以历史古迹为结点串联而成的历史文化游。东西方游客的互访,不同民族的对游,很大程度是通过历史古迹来加深对异质文化的理解和认识。

(三)古代科技的高度浓缩

古代科学技术与现代科学技术相比,虽有其历史局限性的一面,但代表了人们科技水平的历史进程,是古代人民聪明智慧的结晶,如古代工程建设、古代科学思想、古代科技创造等。历史古迹是古代人类科技成果的高度浓缩,有的在历史上曾赫赫有名,有的在现代仍发挥作用,有的于当今仍令人感叹其精巧,历史古迹具有极大的历史科学价值。我国古代科学技术发展水平较高,取得了世界为之注目的众多科技成果,历史古迹是反映我国科学技术发展史的最好实证。

(四)景观美学的形象展示

在不同时代美学观念的指导下,人们在建筑、物品、陵墓、园林等方面都凝聚着浓厚而独特的美学思想,如凝重与精巧、古朴与华丽、对称与变化、高耸与宽广等,具有较高的美学观赏价值。历史古迹,尤其是古建筑、古园林、古陵墓及古代文物,是景观美学的形象展示,表现出丰富的造型美、质地美、色彩美、意境美、环境美等美学内涵,令人百看不厌、意味深长。尽管人们的美学观念在变,但追求生活中美的旋律,现代人与古代人是息息相通的。

第二节　人类历史文化遗址

人类的历史发展,在地球上留下了众多的活动痕迹。虽然这些遗址遗迹不像其他的保存较完整的历史古迹那样直观易懂,但它们昭示了人类发展的历程,可满足游客探索的需求。

一、古人类文化遗址

古人类文化遗址是指从人类社会形成到有文字记载历史以前的人类活动遗址,包括古人类化石、原始聚落遗址、生产工具和生活用品等。这些遗址反映了长达几百万年的人类进化史,可以划分为旧石器时代和新石器时代两个区间。

(一)旧石器时代人类文化遗址

旧石器时代是指距今 250 万年到距今 1 万年的历史时期,可以划分为三个发展阶段：①直立人阶段，直立人又叫猿人，距今 30 万年以前，主要遗址有云南元谋人（250 万年）、陕西蓝田人（115 万年）、北京人（40 万～50 万年）；②早期智人阶段，早期智人又叫古人，距今 30 万～4 万年前，主要遗址有陕西大荔人（20 万年）、广东马坝人（13 万年）、山西丁村人（16 万～21 万年）、山西许家窑人（10 万～12.5 万年）；③晚期智人阶段，晚期智人又叫新人，距今 4 万～1 万年前，主要遗址有广西柳江人、四川资阳人、北京山顶洞人。

中国旧石器时代的人类化石表明，人通过劳动，生理进化已与动物形成显著区别，上肢灵活，下肢直立，脑容量已达 780～1400 毫升，能够发出分节语言。但仍保留有或多或少的原始性，早期头盖骨厚而低平，眉骨隆，颧骨高，吻前凸，牙齿粗大。但中后期逐渐进化，各种生理表征已具备黄种人特点。

旧石器时代以打制石器使用为主，从早期的粗糙向后期的细小精致发展，石器类型增加。后期新人发明了弓箭和复合工具，磨光钻孔工艺已使用。利用工具进行原始采集、狩猎、渔猎，使生活资料供应不断增加。猿人已能利用天然火种，中期古人已懂人工取火，火的使用使人结束了"茹毛饮血"的生活，使身体素质大大提高，改造自然能力增强。

旧石器时代人们主要以天然岩洞穴居为主，结合成一定的社会群体。婚姻制度逐渐进化，从乱婚发展到猿人和古人的血缘内婚（辈婚），发展到新人的族外群婚，家族内部成为完全的非性关系集团。社会结构也出现进化，血缘内婚形成较为松散的血缘家族，血缘家族扩大发展成较稳定的血缘集团，而族外通婚又使血缘家族结合成具有特定名号、共同信仰、牢固经济联系的社会单位——氏族公社。旧石器后期穿孔饰品的出土表明原始审美意识形成，对死者埋葬显示出原始宗教观念形成。

（二）新石器时代古人类文化遗址

新石器时代指以磨制石器使用为主的原始社会中后期，持续约 6000 年，可以分为母系氏族公社和父系氏族公社两大阶段。全国发现的七千多处遗址，可建立中华新石器文化序列（表 7-1）。

表 7-1 中华新石器文化时间空间序列表

主要空间区域	区域中心	文化类型及时间序列
黄河中游文化区	关中、晋南、豫西	前仰韶文化——仰韶文化——河南龙山文化 （前 6000～前 5000 年）（前 5000～前 3000 年）（前 3000～前 2000 年）
黄河下游文化区	山东	青莲岗文化——大汶口文化——山东龙山文化 （前 5400～前 4400 年）（前 4300～前 2500 年）（前 2500～前 2000 年）

主要空间区域	区域中心	文化类型及时间序列
长江下游 文化区	太湖平原	河姆渡文化——马家浜文化——良渚文化 (前5000～前4000年)(前4300～前3300年)(前3300～前2000年)
长江中游 文化区	江汉平原	皂市(下层)文化——大溪文化——屈家岭文化 (前5000～前4000年)(前4000～前3300年)(前3000～前2600年)

1.母系氏族公社遗址

母系氏族公社遗址主要有河南新郑裴李岗遗址和渑池仰韶遗址、西安的半坡遗址、山东泰安大汶口遗址、浙江余姚河姆渡遗址、四川巫山大溪遗址等。

这一时期普遍使用磨制石器,加工精细,使用效率提高。原始农业从原始采集业、原始畜牧业从原始狩猎业脱胎而出,形成北方的粟、黍种植和南方的水稻种植,六畜品种齐备。神农氏和伏羲氏的传说就是此阶段社会生产力发展的反映。遗址出土的石耜、石铲、石镰、石刀等农业工具和谷种遗存、兽骨遗存就是可靠的考古学证据。

原始农牧业的发展为生活提供了可靠的保证,使人们能够也需要在适宜生产的地方定居下来,形成原始聚落。各遗址出土有大量的原始房屋遗迹,表明人工建筑代替天然洞穴成为人们的主要居住场所,从半地下向地面演变,木构架的雏形出现。聚落可分为居住区、墓葬区、制陶区等功能区。以制陶为主的手工业发达,从早期的夹砂粗陶发展到兴盛时期的彩绘红陶,如盆、碗、瓮、甑、尖底瓶等,制作精致,图案美丽,所以仰韶文化又称"彩陶文化"。

母系氏族公社遗址的聚落中,房屋有大小两种,小房围绕大房分布。大房为氏族成员集体活动用房,小房供配偶居住。这表明当时的婚姻制度已从族外群婚发展成较长时间保持两性关系的对偶婚。但关系并不稳定,不构成独立的家庭单元,以女性为中心,母系血缘纽带仍是维系氏族统一性的主要手段。所以在这一时期的墓葬遗址中,多单人葬,合葬为同性葬,无成年男女合葬。

2.父系氏族公社遗址

大约从公元前3000年我国进入原始社会末期的父系氏族公社时期,发现的遗址有山东泰安大汶口二期、山东章丘龙山文化、内蒙赤峰红山文化、浙江余杭良渚文化、湖北京山屈家岭文化等。

由于社会生产力的进步,锄耕农业成为氏族的主要生活来源,男子成为主要社会劳动力、生产工具的占有者、生活资料的拥有者,妇女社会地位降低,使婚姻制度由男从女居变为女从男居,对偶婚过渡到一夫一妻制的单偶婚,母系氏族公社演变为父系氏族公社。因此这一时期墓葬出现了男女异性合葬墓,男子身边置放大量陪葬品且呈仰面直身,女性则为屈肢葬。聚落房屋面积变小,各有火塘,父系家庭开始形成。

这一时期的遗址多出土有大型磨光石斧、石锄、石刀、石镰等,发现大型窖穴、大型陶瓮,还有陶盉、陶杯等饮酒器,并有水井遗迹。这一切表明农业发展水平已较高。良渚文化遗址还有花生、芝麻、丝绢片出土。饲养牲畜数量增多,以养猪为盛,大量用猪头、猪下颌骨随葬,成为财富和地位的象征。

手工制陶技术发展,转轮制陶法出现,窑室烧制温度达 1000 ℃以上,形状规则精致美观。黑陶为龙山文化典型文物,厚度仅 0.5～1 毫米,称之为蛋壳陶。玉器琢磨技术提高,出土有珠、璧、璜、琮等玉器种类。这一时期还出土了我国早期铜器,尤以西北地区为多。如甘肃东乡马家窑遗址的铜刀(我国最早的铜器,约公元前 3000 年)、武威皇娘娘台遗址的刀锥凿、青海贵南的铜镜等,数量虽少形制虽小,但揭开了青铜文化的序幕。

这一时期社会成员的不平等分化已出现,墓葬中随葬品多少相差很大,青海乐都柳湾墓地中少者不足 5 件,多者达 95 件,说明私有制开始产生,氏族首领权力加大。五帝(黄帝、颛顼、帝喾、唐尧、虞舜)传说就是本时代特征的反映。

二、社会历史文化遗址

社会历史文化遗址是指人类有文字记载以来活动场所的遗址。原貌虽毁,但与保存下来的文物古迹一样有着重要的旅游开发价值。

(一)古城遗址

历史演变,城市屡兴屡毁,古城遗址众多,虽被千年风雨埋没为废墟,但其历史的辉煌并未完全消失,甚至可成为旅游热点。如希腊的雅典卫城,建于公元前 8 世纪,巴农神庙的巨柱屹立 3000 年而仍不失其雄伟。柬埔寨的吴哥古城虽埋没于丛林莽野之中,但其宫殿城垣、吴哥古寺等古遗迹仍被视为建筑珍品,备受游人关注。

中国作为文明古国,遗存有自商周以来历朝历代的古城池遗址,著名的有殷商都城殷墟遗址、周朝都城丰镐遗址、汉长安城遗址、齐国都城临淄遗址、洛阳汉魏古城遗址、西藏古格王国遗址,尤以西北丝绸古道上古城遗址为多,如武威黑水国城堡遗址、敦煌沙洲古城遗址以及新疆高昌古城、交河古城、楼兰古城等。楼兰遗址地处罗布泊西岸,是丝绸古道必经之地,后被流沙所湮没,城墙残存,城中有佛塔、住宅、古水道等遗迹,出土有大量文物,被誉为"沙漠中的庞贝",对研究中西交通和文化交流极有价值。

(二)古道路遗迹

古代人民为交通联系方便而开凿道路,又由于自然社会原因而放弃,形成了古道遗迹。古道是历史古迹的纽带,古道是历史事件的张扬,古道是文化发展的桥梁,沿古道探古不失为旅游的最佳方式之一。

我国古道遗存众多。秦始皇修秦直道直通河套地区,至今子午岭遗迹尚存,沿途多后世开凿的佛教石窟。秦岭为古代南北交通的屏障,人们通过武关道、子午道、褒斜道等沟通南北联系,留下了"明修栈道、暗渡陈仓"的故事。丝绸之路可谓我国古代最长的国际性道路,也是最早的"欧亚大陆桥"。沿古道而行,可赏绿洲、戈壁、沙漠、雪峰奇景,可寻古城探幽,可领略古长城、古烽燧、古佛寺、古石窟的风采。

(三)古战场遗址

历史所遗存的古战场遗址,以及相关联的历史战役、历史事件、历史人物和历史传说,具有很丰富的文化内涵,可以吸引游人缅怀历史,抒发怀古之情,如比利时滑铁卢古战场、法国马奇诺防线等。

陕西岐山五丈原,曾是三国时诸葛亮驻兵攻魏之地,原高一百二十余米,前临渭水后依棋盘山,东接石头河西有麦里河,形势险要可攻可守,原北端建有武侯祠,嵌有岳飞手书的前后《出师表》石碣40方。

赤壁之战中,诸葛亮借东风火烧曹军战船的故事可谓妇孺皆知。其古战场遗址地处湖北蒲圻县长江南岸,赤壁、南屏、金鸾三山相连,直逼江水,苍黛如绘,气势不凡,保存有大量石刻和古建筑。登临赤壁,怀古之情悠然而生:"大江东去,浪淘尽,千古风流人物;故垒西边,人道是三国周郎赤壁;乱石穿空,惊涛拍岸,卷起千堆雪,江山如画,一时多少豪杰!"

西藏江孜宗山炮台,是1904年西藏军民抗击英国侵略军的遗址,遗址炮台尚存。一部《红河谷》电影不仅艺术地再现了军民誓死抵抗的英雄气概,而且使宗山炮台成为知名全国的古战场遗址。

除古城池、古道路、古战场遗址,在人类历史上还形成许多其他文化遗址,如古建筑遗址、古代水利工程遗址,古代桥梁遗址、古代天文观象台遗址等。

三、名人故居和活动遗址

历史名人以自己的奋斗精神、聪明才智、辉煌成就、优秀品质载入史册之中,成为后人的楷模。历史名人故居和活动遗址因人而名,得到人们的保护,成为参观瞻仰的场所、历史文化旅游的热点。

由于历史的沧桑变化,众多年代久远的历史名人故居已无迹可寻,或无法考证,或面目全非。因此,国内外目前保存较好的多为近代时期的历史名人故居,如欧洲文化启蒙运动以来的历史名人故居、中国1840年鸦片战争以来的历史名人故居和活动遗址。

对历史名人故居和活动遗址旅游资源的开发方式主要有两种:一是建筑物以

原样保存,室内用具陈设依历史名人使用时的原样布设,以突出历史名人的生活工作场景与历史背景;二是以原建筑物为基础,通过适当的空间重组,建立故居式博物馆、展览馆、纪念馆等,通过图片、文字、文物展示历史名人的生平经历。

中国的历史名人故居以东部地区为多。如北京市是中国近代史上许多风云人物的活动之地,保存有孙中山行馆、宋庆龄故居、徐悲鸿故居、鲁迅故居、郭沫若故居等。但是,中国历史文化的连续性和崇拜性,使中国拥有一批年代相对久远的历史名人故居及活动遗址资源,相对世界其他地区有所不同,表现了中华文化的深远性,其中延续千年以上者首推孔府、孔庙和孟府、孟庙。孔子作为中国古代伟大的思想家和教育家,封爵世袭,延续两千多年而不衰,是举世罕见的。孔庙原为孔子故宅,公元前 480 年立庙,目前占地二十多公顷,南北九进院落长达千米,规模宏大而庄严。孔府为历代"衍圣公"的府第,始于北宋,前后沿用九百多年。孟府、孟庙位于山东邹县,建于北宋年间,分别为亚圣公的官衙府宅和祭祀孟子的场所。

四、革命遗址及革命纪念地

中国自鸦片战争以来的近代历史,是一部不断反抗外来侵略和封建统治、争取民族独立和民族解放的历史,是一部不屈不挠、不惜牺牲的革命斗争史。为了纪念革命前辈和先烈,弘扬爱国主义和革命奋斗精神,这些革命斗争史所遗存的旧址得到了认真的保护,修建了纪念馆,形成了革命遗址和革命纪念地。

该类旅游资源按照时代可以划分为:①旧民主主义革命时期的纪念地,如广西桂平县金田村金田起义旧址、山东蓬莱的"备倭城"、福建的郑成功纪念馆、广东虎门炮台、广东三元里抗英团遗址等;②辛亥革命纪念地,如广州黄花岗烈士陵园、武昌起义军政府旧址、南京孙中山大总统办公旧址、云南陆军讲武堂旧址;③北伐战争纪念地,如广东肇庆叶挺独立团团部旧址、武汉汀泗桥战役旧址等;④土地革命纪念地,如南昌八一起义总指挥部旧址、井冈山革命根据地旧址、瑞金苏区中央政府旧址、广西百色红七军军部旧址等;⑤抗日战争纪念地,如革命圣地延安、平型关战役遗址、卢沟桥抗日战争纪念馆、安徽泾县新四军军部旧址、重庆八路军办事处旧址、南京日军大屠杀纪念馆等;⑥解放战争纪念地,如辽宁锦州辽沈战役纪念馆、重庆中美合作所集中营旧址、江苏徐州淮海战役烈士纪念塔、南京梅园新村及雨花台烈士墓园等。

第三节 古代建筑

古代建筑,是古代人民运用建筑技术和艺术所营造的生活生产场所,反映了特定历史时期的社会发展和文化意识,是人类文化的物质结晶和凝聚。

一、古代建筑的旅游功能

古代建筑的旅游功能主要在于:①古代建筑与历史进程密切相关,具有突出的历史价值,可满足游客的访古心理;②古代建筑是凝固的艺术,可满足游客的求美心理;③古代建筑又是科学技术的凝聚,可满足游客的求奇心理;④古代建筑类型多样,蕴含内容丰富,可满足游客的求异心理。

二、中国古代建筑的发展及艺术特征

(一)中国古代建筑的发展

中国建筑的发展可追溯到50万年前的北京猿人洞穴,通过"穴居"和"巢居"从地下、空中走向地面,1万年前出现了地面房屋的营建。新石器时代人们用木棍藤条捆扎屋架,用泥土作墙,用茅草覆顶,创造出了简陋伟大的建筑奇迹。原始房屋虽如此简陋,但它们是人工建筑的最早萌芽和发展基础。

奴隶社会剩余产品的增加和社会财富的集中,不仅出现了专业的建筑工匠,而且完成了中国建筑独特结构和艺术风格的创立,获得飞跃发展。建筑材料出现了砖和瓦,与土木材料配合使建筑物壮观耐用;使用青铜工具和规、矩、水平、罗盘等仪器,使建筑工程更加精致;饰以金、玉、锦绣、绘画装饰,使建筑物显出华丽之色。奴隶社会建筑的突出成就是筑城和宫殿。"筑城以卫君,造廓以守民",城垣规模虽有限,但对后世城市布局产生深远影响,如《考工记》就有"匠人营国,方九里,旁三门,国中九经九纬,经涂九轨,左祖右社,面朝后市"之说。宫殿作为王城的核心,不仅华丽堂皇,且流行高台之风,以使高大雄伟。

封建社会建筑技术不断发展,表现出了:①建筑类型不断丰富,不同的需求导致不同结构、不同造型、不同用途的建筑涌现;②建筑材料多样化,以木质建材为核心,砖瓦、石料、金属、石灰等大量应用;③建筑技术不断提高,砖石拱券结构及其他结构的出现,木结构技术成就显著;④建筑艺术日益精美丰富,造型艺术的外廓从简单发展成具有各式各样立面平面的优美曲线,色彩艺术从单一崇尚发展为五颜六色,绘画艺术从自然模拟描绘发展为规格化和程式化,雕刻艺术从简单质朴向繁复精细发展。这一系列发展最终奠定了中国古代建筑的主要艺术特征。

(二)中国古代建筑的主要艺术特征

1.木构梁柱式构架的科学艺术

中国古建筑以木材为主,由立柱、横梁、顺檩等主要构件,以榫卯连结的方式,构成坚固而富有弹性的框架体系。榫卯之法始于河姆渡文化,已有七千多年历史。以柱承梁,以梁承檩,以檩承顶,被誉为"墙倒屋不倒",消能抗震性强,这也是许多古建筑得以完好保存的主要原因。

2.优美柔和的轮廓造型艺术

中国古代建筑,无论是立面平面,还是屋顶,都特别讲究式样的变化,形成优美柔和的造型艺术美。如柱子从中间向外逐渐加高,角柱高耸,使屋檐飞翘,不仅增加了建筑物的稳定性和采光性,而且使檐角体现出优美的轮廓线,飞动明快。

3.整齐而又灵活的平面布局艺术

中国古代建筑群的平面布局,多讲究中轴线贯穿,主体建筑居中,附属建筑对称,形成整齐严谨、主次分明的布局风格,如都城、宫殿、坛庙、陵墓、府衙、寺庙等。与此同时,又追求曲折变化、灵活多样的平面形态,中国的古典园林就是典型代表。两种平面布局原则的应用,均达到了如诗如画的境地,取得了辉煌的成就。

4.丰富绚丽的建筑装饰艺术

中国古代建筑装饰内容十分丰富。建筑色彩多根据需要和风尚而选择。大凡宫殿、寺庙等多使用色调鲜明对比强烈的色彩,如红墙黄瓦的宫殿内外饰红绿彩画,很好地完成了蓝天、白云、黄顶、红柱、绿画的转换过渡,呈现出绚丽辉煌之感。民居则以色调和谐朴素淡雅为风格,江南小镇青山碧水中掩映粉墙灰瓦,充满自然情趣。雕刻装饰也被广泛应用于建筑物的各个部位,从基座到屋顶,从门窗到柱梁,从墙壁到地面和天花板,应有尽有。雕刻题材有人物、神佛、飞禽、走兽、花鸟、鱼虫等,但以龙凤题材最广泛。材质有砖、石、木、瓦、金属等,雕刻表现手法有线刻、平雕(平阴、平阳)、浮雕、半圆雕、圆雕等。

5.天人合一的环境艺术

建筑是空间的艺术、环境的艺术,中国古代建筑在天人合一思想指导下,特别讲究与周围环境的和谐统一。都城选择高勿近旱而水用足,低勿近涝而沟防省;陵墓选址和布局,依山面水,聚气纳势;民居村庄随山势而转折,就地形而高下,错落有致;园林巧于借景以纳美色于园中,无拘远近,相融于一体……如此众多事例都表明中国古代建筑十分关注外部环境,务必使布局形式、色调体量与周围环境相适应。

三、中国古代建筑的主要构件及等级

中国古代建筑在多样化的同时表现出强烈的等级观念,敬天法地的崇拜思想、尊祖敬宗的宗法思想、皇权至上的统治思想、家长为中心的家族思想在古代建筑上留下了深深烙印。

(一)建筑基座

建筑基座又叫台基,用于承托建筑物、防水隔潮,并使建筑物向高处延伸以显宏伟之势。

普通基座,多用素土、灰土、三合土夯筑而成,高度尺余,用于普通小型建筑。

较高级基座,高度升高,可用砖石,建栏杆,多用于府宅大型建筑或宫殿中次要建筑。

更高级基座,砖石砌成,下有线脚纹饰,座角折收,上有汉白玉栏杆,又叫须弥座或金刚座,多用于宫殿、寺庙、佛龛。

最高级基座,多个须弥座叠置而成,多重折角多重栏杆,尽量雄伟高大,为皇家宫殿所专用。

(二)开间

"间"为四柱之间的围合空间,是中国古代建筑的基本单元,通过面阔和进深来反映建筑物体量的大小。以间组屋,以屋组院,以院组群,是中国古代建筑的主要布局模式。古人以奇数为吉祥,面阔进深多为单数。

开间越多,建筑等级越高。九为阳数之极所以面阔九间、进深五间就成为皇权的象征,称之为"九五之尊"。例外是北京故宫太和殿和太庙大殿为十一间,扩建于清代。

(三)斗拱

斗拱处于梁柱和其他部件结合部,作用是加大木构件的接触面,增加抗震能力,是我国古建筑特有构件。方形木块为斗,弓形短木上弯为拱,斜置长木为昂,总称斗拱(铺作)。斗拱可以支撑载梁挑出屋檐,同时其纵横交错重叠富于变化,又成为重要的装饰部件。斗拱彩绘和雕刻更加强化了斗拱的装饰作用,从而出现使用等级的限制。出挑层数越多,斗拱体量越大,外观越气派,所以建筑物等级越高斗拱层次越多。

(四)屋顶和屋檐

屋顶是中国古代建筑极富变化极具艺术表现力的部分,其艺术手段包括形式、用料、颜色、装饰等。屋顶多与屋檐相配合,共同反映建筑的等级水平。

1.屋顶与屋檐形式

庑殿顶,四面斜坡,一条正脊,四条斜脊,又叫四阿顶。

歇山顶,又叫九脊顶,由四个斜面、一条正脊、四条垂脊和四条戗脊组成。在两条垂脊之间形成三角形山墙叫山花。

悬山式,双坡屋顶,一条正脊四条垂脊,屋面悬于山墙之外,又叫挑山顶。

硬山式,双坡屋顶,屋面与山墙平齐以别于悬山式。

攒尖顶,锥形屋顶,根据平面形态可分为圆形攒尖顶和多边形攒尖顶。屋顶汇于中心一点,无正脊,是塔、亭、楼、阁常用形式。

卷棚顶,屋顶双坡,但两坡以弧线相接而无正脊。另外还有顶平如匣的盂顶、圆如丘陵的穹隆顶、状如头盔的盔顶等。

屋檐根据檐数可分为单檐、双重檐、三重檐。重檐既可增加建筑物的立面形态美感,又可减小高大建筑檐面排水对基座的冲击力,所以用"重檐三滴水"表示三重檐。

屋顶以庑殿顶级别最高,依次为歇山、悬山、硬山。檐以重数越多级别越高。两者结合,形成重檐庑殿顶、重檐歇山顶、单檐庑殿顶、单檐歇山顶的排序。

2. 用料与色彩

屋顶用料以瓦为主,主要有釉质琉璃瓦和灰陶瓦。琉璃瓦南北朝开始用于建筑,材料贵重仅饰于局部,宋元开始出现全铺盖使用,级别明显高于灰陶瓦,被皇家建筑所采用。琉璃瓦颜色丰富,以黄、绿、蓝为主。到封建社会中期,黄色为五色之中心,被尊为帝王之色,黄琉璃就成为皇宫主体建筑的专用色,王公贵族只可用绿琉璃瓦覆顶。

3. 屋脊装饰

古代建筑多在屋脊上饰以动物雕塑,以增加威严和神秘。正脊上的压脊兽名鸱吻,为龙之九子之一,又叫螭龙,喜登高,多塑于屋顶(或刻于碑首),流行宋,呈张口吞脊之状。垂脊上为垂兽,戗脊曰走兽,宋代开始走兽装饰。清代皆用单数,故宫太和殿为11个,自下而上依次为嫔伽、龙、凤、狮、天马、海马、狻猊、狎鱼、獬豸、斗牛、行什,乾清宫为9个,坤宁宫为7个,东西六宫为5个,小殿为3个。

(五)彩画装饰

彩画装饰始于殷周,秦汉发展,唐宋形成使用制度,明清更加程式化,成为建筑等级标志。

(1)和玺彩画。为最高级别彩画,画面用双线双曲框定,以龙凤为图案主体,间补花卉,沥粉贴金,金碧辉煌,十分壮丽。

(2)旋子彩画。多用于次要宫殿、庙宇。画用双线单曲框定,画面为简化涡卷瓣旋花,龙凤较少。以贴金多少而有差异,可分金钱大点金、墨线大点金、金琢墨、烟琢墨等。

(3)苏式彩画。等级较低,但画面内容丰富,如人物故事、山水林草,花鸟鱼虫以及戏剧题材等,画框为"包袱"形,来自江南彩画。

四、中国古代建筑的主要形式

中国古建筑遗存十分丰富,类型多样,主要包括以后章节将要介绍的陵墓建筑、坛庙建筑、宗教建筑、园林建筑、民居建筑和本节所介绍的宫殿、楼阁、亭台,军事、交通、水利等建筑类型。

(一)宫殿建筑

宫本为房屋的通称,殿则为"堂之高大者也"。历代统治者拥有天下财富,最大最高的房屋只有他们能建造,宫殿也就成了帝王居所的专用名词,成了我国古代建筑中级别最高、技艺最精的建筑类型,其规模之大、气势之宏、装饰之奢,无与伦比。

奴隶社会宫殿修建即始,商周宫殿遗址表明院落式平面组合和基础立柱构架的特征已形成。秦灭六国,仿六国宫殿于渭北,"作朝宫渭南上林苑中","前殿阿房,东西五百步,南北五十丈,上可以坐万人,下可以建五丈旗,周施为阁道,自殿下直抵南山,表南山之颠为阙"。宫殿结合连称,始于此。自此出现了许多著名宫殿建筑,汉有长安之长乐宫、未央宫、建章宫和洛阳南北二宫;唐有太极宫、大明宫、兴庆宫等三大宫殿建筑群,号称"三大内";元代入主中原,经营元大都,核心为大内宫殿、兴圣宫、隆福宫;朱明王朝先后建成了南京宫殿群和北京宫殿群;满清一代留下了沈阳故宫,且使原明故宫更加宏伟辉煌。秦末时有民谣:"阿旁阿旁,亡始皇"。雄伟的宫殿建筑并未使历代封建王朝得以永存,朝代的更替也使这些宫殿建筑大部被毁。目前保存较好、较齐全的主要有北京故宫、沈阳故宫和布达拉宫。

(二)楼阁建筑

楼阁为两层或两层以上的古代木构建筑。二者在建筑形制上无多大差别,但使用功能不同,楼的用途极为广泛,阁的用途主要为珍藏图书、佛经、佛像和观景。

我国古楼分布广泛,形制多样,多为明清建筑。如承德避暑山庄烟雨楼、嘉兴烟雨楼、广州镇海楼、武汉黄鹤楼、岳阳岳阳楼、成都望江楼、昆明大观楼、贵阳甲秀楼、台南赤嵌楼等。其中黄鹤楼、岳阳楼与南昌滕王阁合称为江南三大名楼。黄鹤楼位于武汉蛇山之黄鹄矶头,始建于三国,屡毁屡建,虽历朝格调不同,但耸构巍峨、重檐飞翼、势动欲飞之风格贯穿始终。现黄鹤楼以清代建筑为蓝本,重建于1985年,主楼高51.4米,五层重檐飞翼,内陈嵌瓷壁画、长卷绣绿画等以呈现黄鹤一去、白云悠悠、烟波浩渺之气氛。岳阳楼地处洞庭之滨,现楼为清代建筑,通高19.72米,三层三重檐盔顶长方形结构,极目远眺八百里洞庭尽收眼底,范仲淹"先天下之忧而忧,后天下之乐而乐"的抱负感人胸怀。

供佛阁多分布于寺庙,规模宏大,气势庄严。北京颐和园佛香阁为我国形制最高阁,三层四重檐,高41米,平面八角,内供佛像。建于明代的宁波天一阁为我国古代藏书楼的典范,二层硬山式,上为天层一通间,下为地层分为六间,取郑玄注《易经》"天一生水"、"地六成水",以水克火之义而命名。清乾隆时编纂缮写七部《四库全书》,仿天一阁建藏书楼收藏,形成"北四阁"——北京故宫文渊阁、沈阳故宫文溯阁、北京圆明园文源阁和承德避暑山庄文津阁,"南三阁"——扬州大观堂文汇阁、镇江金山文宗阁、杭州文澜阁。其中文源、文汇、文宗已毁,现存四阁。观景阁多于园林之中,或地势高突开阔之处。如鄱阳湖滨可览"落霞与孤鹜齐飞,秋水共长天一色"的滕王阁、山东蓬莱海滨山巅可赏海市蜃楼仙景的蓬莱阁等。

(三)亭台建筑

亭为我国分布最为广泛的古建类型,尤以园林中多见。柱间多不设门窗而设半墙或平栏,用于休憩、观景等。亭之造型最为丰富,平面、立面、亭顶、亭檐皆有多样变化,或简单或繁复,或高大或小巧,或古朴或堂皇,本身就是内涵丰富的游览对象。亭可赏景——提供最佳观景角度,亭可佐景——为自然山水添色增辉,因此是最典型的景观建筑。除景观亭外,还有纪念历史事件和人物的纪念亭、收存碑石的碑亭、文人雅士行曲水流觞之俗的流杯亭、宗教祭祀亭等。

台始于奴隶社会,如商纣的鹿台。春秋战国盛行筑台之风,一直流行于秦汉,绵延到魏晋。曹魏在邺城筑铜雀三台,台址今尚存。后来单独的筑台虽不再流行,但以台为基抬高建筑气势的传统却得以延续,称之为高台建筑。台的修建,可通神求仙、登高远望、观赏乐舞,亦可烽火御敌、观测天象等。中国历代皆有观象台的兴建,但现遗存不多。如河南洛阳汉魏故城南郊的灵台,是已被确认的最早的观象台遗址,建于东汉,使用长达二百五十多年。古代杰出科学家张衡主持了灵台的天象观测,创制了最早的天象仪和候风地动仪。河南登封的元代观象台,砖石砌成,台顶有测量日影的景表、石圭、郭守敬曾在此亲自测日报时。北京古观象台为明代建筑,是世界保存有原完整天文仪器的最古老天文台,如经纬仪、天体仪等。

(四)军事防御工程

1.城防工程

筑墙护城,在中国有悠久历史,也得到了考古学的证明。如河南登封古城遗址和偃师二里头遗址就被认为可能是夏城遗址。郑州商城遗址和安阳殷墟遗址断代已确认无疑,但早期城墙时有时无。到春秋战国时,城墙建筑已成为城市防御不可少的工程设施。早期为版筑土城,公元300年出现砖包砌城墙,以后又使用石料于墙基墙体,使城墙更加坚固可靠。明代在"高筑墙"思想指导下,作为城防工程的城墙可谓全国开花,多为砖砌或砖表土心,我国现存的城墙基本上都是形成于这一时期。

为加强城防能力,城墙建筑十分完整。城墙外有护城河环绕,吊桥控制出入,城墙上有敌台、敌楼、角楼、垛口、射孔,城门为防御重点设有瓮城、箭楼、城楼、屯兵洞、马道等。目前我国保存较完整的城墙有南京城、西安城、湖北江陵城、山西平遥城、云南大理城等。

2. 长城

长城是我国最大的古代防御工程，修筑历时之长、规模之大、体系之全、保存之好，世界罕见。长城修建始于春秋战国，一为防御其他诸侯国，二为防御北方游牧民族。秦统一后以燕赵秦原边墙为基础，构筑了西起临洮、东达朝鲜半岛的第一条万里长城。汉为防止匈奴南侵，于秦长城以北筑外长城，西起罗布泊，东止鸭绿江，绵延达两万里，为历史上规模最大的长城。明长城为最后一次修建，也是最为坚固的万里长城，东起辽东鸭绿江，西止嘉峪关。全长六千三百多公里，并形成了由墙体、城台、烽燧、关隘所组合的边疆防御体系，在冷兵器时代发挥了很大的作用。目前我国保留长城遗址的省区多达 17 个，形成了如山海关、八达岭、慕田峪、雁门关、嘉峪关等长城旅游景区景点，长城也成为中华民族文化的象征和代表。

(五)古代桥梁

桥梁是古代重要的交通建筑，又具有高超的艺术成就。最早的桥应是"天生桥"的利用，并启发了人工桥的修造。原始社会后期架木为桥已经开始，并形成了早期的梁式桥。以后筑桥技术不断发展，出现了拱券桥等形式，成为我国历史建筑的重要遗存，具有很高的科学技术价值、艺术鉴赏价值。

河北赵县的安济桥（赵州桥），为单拱敞肩石桥，桥长 50.82 米，跨度 37.4 米，宽 9.6 米，为世界现存的最早敞肩拱实例。主拱之肩各砌两个小拱券洞，既可省料减轻桥重，利于洪水宣泄，又增强了桥梁的造型美，被视为桥梁史上的创举。桥建于隋初，已有 1400 年历史，仍保持原状，令人叹为观止。桥西侧栏板和望柱的石雕艺术亦有很高价值。

福建泉州洛阳桥则是古代多孔梁式桥的代表，建成于 1059 年，跨洛阳江入海口，桥长 834 米，宽 7 米，47 孔石梁横架。该桥首创"筏形桥基"，为适应江海交汇处水急浪大的环境，建桥时沿桥梁中线于江中抛巨石形成宽达 25 米的矮石堤，作为基础；并在桥基大种牡蛎，依石而生，胶结成整体，首创生物固桥之先例。

我国遗存古桥甚多，不胜枚举。北京永定河的卢沟桥、广东潮州韩江的广济桥和以上介绍的洛阳桥、赵州桥并称为中国四大古桥。泉州的安平桥长达 2070 米，为我国现存最长的古桥。另外还有悬索桥、悬臂木梁桥、廊屋桥等多种类型。

(六)水利工程

中国的季风气候造成降水变率大、旱涝灾害多，所以自古以来就特别重视水利工程的修建。现存的古代水利工程，不仅可以继续发挥作用，也具有很强的旅游吸引力。这主要是因为：①许多工程已有悠久的历史，代表着人民的奋斗精神，成为中华文明发展的重要组成部分；②水利工程建设反映了古代人民的聪明才智和科学技术的发展,具有显著的科学价值;③工程设施构成独特的景观集合,与自然山水融为一体,颇具独特的观赏价值;④水利工程实施多创造出更加优美的环境景观,使其与大环境形成反差,对比性强烈。

四川都江堰水利工程建于公元前250年,是我国现存最早的古代水利工程,由秦国蜀守李冰父子所建,引岷江之水浇灌成都平原,造就了"天府之国"的富庶。工程由鱼嘴分水堤、飞沙堰溢洪坝、宝瓶口引水渠等部分构成,相互配合形成设计科学、调度有序的水利系统。该工程使用至今,灌溉能力已扩大到800万亩。都江堰附近还形成了二王庙、伏龙观、安澜桥等名胜和建筑。此外,灵渠、京杭大运河、坎儿井等,也是古代有名的水利工程。

第四节 古代陵墓

丧葬习俗虽无法开发为旅游项目,但同丧葬有关的历史遗存却成为重要的旅游资源。这是因为陵墓是人类历史的产物,是历史文化的积淀,可成为探索历史的有效手段,其陵墓建筑、陪葬文物、优美环境、墓主效应构成古代陵墓的主要旅游吸引力。

一、中国古代墓葬概述

丧葬习俗是人类重要的生活习俗,"由生而死,由死而葬"。丧是指哀悼死者的各种礼仪,葬是指处置遗体的方式,由此而形成的丧葬制度包括了埋葬制度、丧服制度、丧礼制度。埋葬遗体的方法(称之为葬法)很多,如火葬、水葬、天葬、树葬、塔葬、路葬、悬棺葬、洗骨葬等。但中华民族最标准的葬式是土葬,即通过墓穴墓室以土掩埋的葬法,又叫墓葬。

(一)墓葬的起源

原始社会初期的遗址发掘表明,当时并无墓葬,推断可能不加掩埋弃之于原野山谷,即"盖上世尝有不葬其亲者,其亲死,则举而委之于壑"(《孟子·滕文公上》)。

大约从旧石器时代后期,人类开始对死亡同类进行有意识的埋葬处理,最早的丧葬遗迹可追溯到1.8万年前。山顶洞人遗址的下洞就是氏族死者的埋葬墓地,距今约1.8万年,有三具完整的头盖骨和部分躯干骨,骨殖周围撒布赤铁矿粉末并放置有随葬品(工具、石珠、兽牙等)。孟子认为从不葬到掩埋,是不忍亲人尸体遭野兽蝇虫之噬,是怀念亲人和社会伦理进步的表现。但更重要的原因是灵魂观念和原始宗教意识的形成。这时的早期智人的脑容量已接近现代人,语言和思维能力大大提高,形象思维导致记忆和想象。死者在活者梦中得以复苏的幻觉和死亡对群体生存影响的恐惧,相互交织在一起,促使人们不愿承认死亡就是生命的结束,从而出现了灵魂的观念。灵魂不死,灵魂可脱离肉体而活动,而且具有神秘的力量,可以降福、可以作祸,自然形成了对死者灵魂、尤其是氏族首领家长灵魂的崇拜;"事死如生",对尸体加以保护,由此而出现了葬法和葬礼。

我国所发掘的两千余座母系氏族公社墓葬表明,到新石器时期,人们掘坑埋尸已成为黄河流域最普遍的葬法,出现了氏族公共墓地,有单人葬、多人葬、二次葬等葬式。到原始社会末期土坑式墓葬从黄河流域发展到长江流域、东南沿海、东北地区,出现了男女合葬、男子仰面直身和女子侧体屈身表明父系氏族的社会结构特征,墓坑也更加规整平直。

(二)墓葬形制

1.坟丘形制

埋棺之处称墓或茔,墓上堆土称坟或冢,多合称为坟墓。但在春秋前期及其以前,以土坑竖穴墓为主,墓上不起坟冢,被称为"不封不树"。安阳殷墟的商王墓群、陕西凤翔雍城秦公墓等,皆具有形制宏大的地下墓穴,但均无封土遗迹。春秋晚期才出现墓而封土为坟,孔子曾对弟子曰:"吾见封之若堂者矣,见若坊者矣,见若覆夏屋者矣,见若斧者矣。"堆土为坟,其目的是成为墓的标志。孔子曾考虑自己为四方奔走之人,为父母合葬墓立标志,"于是封之,崇四尺"。土丘坟一经出现,迅速流行,从"不封不树"到"又封又树"、"大封大树",以丘之高下、树之多少表明死者地位身份。至战国时已成定制,至秦汉已无墓不坟,延续两千余年。

自战国以来,一般坟丘多为圆丘形、圆锥形、长尖形(马鬣封)。但作为统治阶级的威权象征,帝王墓葬封土形制却出现一系列变化,其封土占地之广、封势之高尤如崇高山陵,不称之为坟而称之为陵。①秦汉时期流行"方上",即夯土筑就上小下大顶平的方锥体,又叫覆斗形,方指其形,上指其位(于墓室之上),方形为贵,代表主大地四方的帝王威严。②唐代形成"因山为陵"的建制,据说是一为节俭二为防盗,但根本原因还是以山作封土,取山高之势造陵之威严。③唐末至元末帝陵封土出现多种形制,如南方诸国的圆丘形、宋代的小规模重层方上形、元帝的乱马踏平不起封土等,表现了过渡性。④明清时期流行"宝城宝顶",受南方圆坟的影响,地宫之上砖砌圆形宝城,中填土成圆丘形宝顶;宝城向前突出的城台上建方城明楼,供立帝后谥碑,达到帝陵封土形制的高峰。

2.墓穴形制及葬具

墓穴又叫墓室、墓圹,有竖穴、横穴之别,随时代和身份而不同。帝王墓穴被称之为地宫、玄宫、幽宫。商周时期为竖穴形制,根据墓道多少可分为"亚"、"中"、"甲"字型陵墓。战国流行横穴墓,但在晚期开始出现砖砌墓室,两汉时特别流行,券形室顶,室壁饰雕刻图案(汉画像石砖),阶梯或斜坡墓道。唐代陵墓在前后墓室前出现多重过洞、天井,犹如生前多进庭院;墓壁盛行壁画装饰,反映生活场景。这一前为庭、后为堂的形制沿用至以后各朝,如明定陵就由前、中、后和左、右等五个殿堂组成。

墓穴置放棺木,逐渐形成等级森严的棺椁制度。有木棺、石棺、陶棺、金属棺之别。《礼记》所载,天子除内棺外有外棺四重即大棺、属棺(合称梓宫)、裑棺(又叫蕃,椵木制)、革棺(牛皮制),诸公三重,诸侯双重,大夫一重,士不重。棺或套棺之外,隔较大空间再加一层,称之为椁,多用木料榫卯构成,下底上盖,分为数格,中置棺木,旁置随葬品,所以叫椁室、井椁。汉代帝侯之墓的椁多用黄心柏木垒嵌而成,就是古书所载的"黄肠题凑"。汉以后不再有椁室制度,多把最外之棺称椁。

3. 墓地建筑

墓地建筑多少不等,以帝陵最为宏伟齐全。

(1)寝殿:是供死者灵魂起居生活的建筑。起于原始社会后期,先秦之时置于墓室之上,秦汉时封土后寝设于墓侧,内设墓主生前用具。帝陵寝殿规模宏大,设施齐全,甚至有宫人定时侍奉等。

(2)祠堂:又叫享堂,是祭祀死者的场所。内设祭台,上置神座,祭祀之日摆放祭品,焚香降神召唤死者前来享用。祠堂出现于西汉中期,随墓祭代替庙祭而流行。宗族墓地的祠堂多成几进院落,成为团结族众之重要手段。帝王陵的祭祀建筑更为宏伟,多称为享殿、献殿、祭殿。

(3)墓阙:阙本为高台建筑,用于登高远眺。墓前建阙始于西汉中期,是供墓主灵魂登高之地,由基座、阙身、阙顶组成。汉后墓阙废止,但帝陵前仍有高台阙楼,唐乾陵三重双阙成为陵园三重城垣的标志。

(4)神道:通向祭祀区的大道和墓区的中轴线,是地面建筑的重要组成部分。帝陵神道又叫司马道,道前立华表,道侧排列石雕群像,道终立墓碑(神道碑),多借地势拾阶而上。华表为墓地的标志、等级的象征。石雕有石兽(石像生)、石人(翁仲),是地位和侍从的象征。最早出现于汉霍去病墓,唐乾陵形成定制。陵墓前石刻是陵墓文物的重要组成部分,具有极高的艺术价值、历史文化价值。

(三)中国古代墓葬的主要特点

1. 鲜明的政治等级性

墓葬制度所表现出的坟丘高低大小、棺椁重层多少、墓穴大小形制、随葬品多少、墓前石刻规格等,都是死者身份的象征、生者权势的体现,具有十分明显的等级性。等级的高低实质是社会阶级地位的反映,是维护封建伦理和政治统治的工具。

2. 强烈的宗法观念

中国墓葬与宗法制度密切相关,是宗族伦理观念的反映,又约束人的行为观念,形成强烈的宗族墓地(祖坟)情结。不肖子孙不得入祖坟被认为是最严厉的惩罚,祖坟被毁被认为是最大的耻辱,客死他乡也有葬归祖坟的心愿等,就是明证。

3."事死如事生"的表现形式

以死者生前生活情形来安排死者的墓葬,在中国古代墓葬中表现十分突出。历代帝王公侯陵墓多重墓室,尽显生前的宫殿庭堂风采;秦始皇陵陪葬有象征秦军的兵马俑;唐陵前的石像生、石翁仲,如皇帝御下的满朝文武;仿木结构、墓室壁画、画像砖石以及随葬品都如现实生活的再现。

4.深受"堪舆学说"的影响

相地之术——堪舆学说对墓地选址及布局影响之大,远过阳宅之风水。迷信认为阴宅风水的好坏,与子孙福祸密切相连。帝王陵墓要反复踏勘确定,讲究聚气纳势、依山带河,以求王气永存。

二、中国帝王陵园

中国帝王陵园是中国古代陵墓遗存的主要组成部分,也是旅游的主要对象物,构成陵墓旅游资源的主体。

(一)秦始皇陵

作为我国历史上第一个统一封建王朝的创立者,秦始皇从即位(公元前 246 年)就开始为自己筑建陵墓,前后长达 37 年,动用刑徒 72 万人,营建规模之大,有"运石甘泉口,渭水不敢流,千人一唱,万人相钩"之歌谣为证。其封土呈方上形,原高 115 米,底部南北长 515 米,东西长 485 米,经两千年风雨洗刷仍有 76 米高,如山峰屹立于骊山之北麓。封土周围建回字形两重陵城,建有门楼、角楼、寝殿等建筑群。据《史记》记载,秦陵地宫"穿三泉,下铜而致椁,宫观百官奇器珍怪徙臧满之,令匠做机弩矢,有所穿近者辄射之。以水银为百川江河大海,机相灌输。上具天文,下具地理,以人鱼膏为烛,度不灭者久之"。据钻孔探测,秦陵地宫东西 392 米,南北 460 米,其深估计在 25 米以下,贯穿三层含水层,以巨石砌筑墓室,以铜作椁室,规模之大犹如一座地下金字塔,至今未遭任何破坏。

秦始皇陵有许多珍贵文物出土,其中首推号称世界第八奇迹的兵马俑坑。兵马俑坑位于秦陵东侧,主向朝东,是秦军阵势的真实再现:一号坑为步兵和战车组成的主力军阵,埋葬陶俑六千余件;二号坑是由战车方阵、步兵方阵、骑兵方阵和车步混合方阵等四个单元所组成的机动军阵;三号坑是军阵的指挥中枢——军幕;四号坑估计因秦末战乱未能放俑品而成为空坑,但它应是计划中的三军之一。另外出土的铜车马、青铜剑、石铠甲等都是举世无双的珍贵文物。

(二)西汉帝陵

西汉历时 210 年,有 11 位帝王临位,在关中形成了西汉帝陵群,除文帝霸陵和宣帝杜陵在渭河之南外,其余 9 陵呈一字形分布于渭河北的咸阳塬上。汉陵除霸陵外均为方上形,周围有夯土围墙,四面开门立阙,帝后同园而不同茔。陵旁建寝殿和祭庙。汉陵首创陵邑制,即依陵设县、移民护陵的制度,所迁多为富户,形成陵区繁华景象。汉陵中规模最大者为汉武帝刘彻的茂陵,其高 46.5 米,底基 240 米见方,超过汉帝陵高 30 米的规制。茂陵尚存陪葬墓 12 座,其中霍去病封土为祁连山形制,反映了西征匈奴收复河西的丰功伟绩,陵前石刻 16 件为我国最早陵墓石刻的遗存,浑厚传神,堪称珍品。

通过最近几年对汉景帝刘启阳陵的考古研究,解决了一系列有关西汉帝陵的认识问题:①陵园布局不是坐北朝南,而是坐西朝东,与秦陵陵葬一致,阳陵东西向司马道长达六千余米。②帝陵位于中轴线西端,四条墓道呈"亚"字形。③不仅有位于帝陵陵园城墙之外的后陵、嫔妃墓葬、南北从葬坑、刑徒墓地及多处建筑遗址,而且在城墙与封土之间发现从葬坑道 81 条,放置有丰富的陪葬品。④陪葬墓群位于东西向司马道两侧,南北成列,东西成排,围沟分割成墓园,陪葬墓还有陪葬墓,多达 16 排 107 座。

(三)唐代帝陵

唐代历 290 年 20 帝,其中 18 位皇帝葬于渭水之北、北山之阳,东西绵延一百二十多公里,号称唐十八陵。唐太宗李世民的昭陵以九嵕山(1188 米)为陵丘,首开唐代因山为陵的先例,地宫开凿于山南半腰绝壁处;以山陵为中心有内外两重城垣,南有献殿北有祭坛,昭陵六骏原置玄武门内,为著名石刻艺术品;昭陵南侧有 167 座陪葬墓,依次构成皇亲国戚墓群、文相墓群、武将墓群,使陪葬从葬成为定制。乾陵位于唐十八陵最西,以梁山北峰(1047.9 米)为陵,以南双峰为阙。乾陵不仅是我国唯一的两个皇帝——唐高宗李治和女皇武则天的合葬墓,而且其陵墓石刻规模宏大、艺术精湛,并成为帝陵定制。陵前遗存石刻 114 件,从二道门到内城朱雀门,依次有华表 1 对、鸵鸟 1 对、翼马 1 对、牵马石人 5 对、石翁仲 10 对,朱雀门前左右立有无字碑和述圣记碑,朱雀门内有 61 尊宾王像,内城各门均有石狮 1 对。乾陵陪葬墓位于陵区东南部,已发掘了章怀太子墓、懿德太子墓和永泰公主墓等墓葬,墓室由墓道、天井、过洞、前后甬道、前后墓室构成,出土有大量墓室壁画和陪葬文物。

(四)宋代帝陵

北宋帝陵地处河南巩县境内、嵩山与洛河之间,其一改居山面河居高临下的布局传统,面嵩山而背洛水,南高北低,陵台最低。这是因赵姓在五音中属角,"吉自高山来"的风水思想影响所致。宋陵规制整齐划一,由南向北依次为鹊台、乳门、华表、石像生、上宫及陵台(封土)、后陵、下宫。石刻数量多保存完好,仅帝后陵达 550 件。

南宋帝陵位于浙江绍兴一带,因思归葬中原,营造简陋,今尚存遗迹。

(五)元代帝陵

元代帝王驾崩,多运入草原深埋,马踏去迹,不封不树,难觅所在,仅存有成吉思汗陵。成吉思汗陵位于内蒙伊金霍洛旗的鄂尔多斯草原上,陵园方圆 15 里,由 3 座蒙古包式大殿和廊庑构成。中央纪念堂高 20 米,上穹隆顶下八角形,中为成吉思汗坐像,两廊为事迹壁画,后为灵柩寝宫。每年农历三月十七日举行公祭大典。

(六)明代帝陵

明代帝陵分为三处,即南京明孝陵、北京明十三陵和景泰陵。

明孝陵为明代开国皇帝朱元璋之陵,位于紫金山南麓,复土起坟,并首创宝城宝顶式墓制,影响了明清两代帝王陵墓。明孝陵可分为引导建筑和陵寝两部分。引导建筑依次为下马坊和禁约碑——大金门——碑亭——孝陵神道(石兽 24 座、华表 1 对、石像 4 对)、棂星门,过御河桥进紫金城大门进入陵寝区,前有御碑殿、享殿,后有方城明楼和宝城宝顶。明孝陵虽地面建筑被毁,但石刻、神道、陵阜保存完好,气势恢宏。

明十三陵位于北京昌平天寿山南麓,山势环绕,诸陵依山而建,形成一庄严和谐的整体布局。各陵共用总神道、牌坊、石像生等,各陵神道自总神道分出,绿树丛中为一座座红墙黄瓦的陵园建筑。是我国保存完整的帝王陵园。各陵布局规制基本相同,三进院落,有陵门、碑亭、棱恩门、棱恩殿、方城明楼、宝城宝顶。

(七)清代帝陵

清代帝陵共分三处陵区,即关外二陵(辽宁新宾的四祖"永陵"、沈阳东郊努尔哈赤的福陵和沈阳北郊皇太极的昭陵)、河北遵化清东陵和河北易县的清西陵。

清东陵为顺治、康熙、乾隆、咸丰、同治五帝及众多嫔妃的陵区,南北长 120 公里,东西宽 20 公里,地面建筑以定东陵最为考究,地下建筑以裕陵最为壮观。定东陵为咸丰皇后慈禧之陵,其殿堂选料上乘,装饰考究,汉白栏杆满呈龙凤呈祥、水浪浮云图案,隆恩殿内仅贴金就达 4590 两,金碧辉煌,光彩夺目,其随葬珍宝更是价值连城。裕陵为乾隆皇帝陵墓,其地宫为汉白玉砌成,拱券式结构,进深 54 米,石门 4 道,内有长方形的明堂、穿堂、金堂,平面为"王"字形,四壁顶部浮雕佛像、经文和图案,装饰极尽豪华富丽。

三、独特墓葬

中国历史上由于葬法之别,不仅土葬成墓,其他葬法亦可成墓。其墓之奇令人费解,旅游吸引功能独特。

（一）悬棺崖墓

崖墓悬棺葬法，是流行于我国古代一些少数民族的葬法，或利用自然崖壁平台、洞穴、缝隙安放棺木，或打孔设棺柱悬吊棺木。江河之滨，峭壁之上，棺木高悬，充满神秘与悬念，颇具旅游吸引力。据研究，该种葬法使用时间漫长，早至商周，晚达明清，广布于南方各省，以福建武夷山区、江西龙虎山、四川珙县和兴文县的崖墓最为有名。武夷山九曲溪两岸的崖墓，悬棺如船形又称船棺，经测定距今达3800年，被视为悬棺发源地。龙虎山崖墓群位于泸溪河两岸峭壁之上，距地达30～50米，墓葬一百多座，为春秋战国墓葬，距今两千六百多年，有单洞单葬、单洞群葬、联洞群葬等形式，独木刳制而成。四川珙县麻塘坝两崖有崖墓悬棺160具，兴文县苏麻湾有悬棺五十余具，皆被认为是古代僰人的墓葬，低者十几米，高者近百米，或凿孔置木，或利用天然石穴，距今400～700年，形成于明代。

（二）塔葬墓

塔葬随佛教的传入而兴起，佛门高僧坐化圆寂后，建塔存放遗骨。知名佛教寺院多有塔墓，但以河南少林寺塔林最为有名。少林塔林位于寺西，现存自唐以来砖石墓塔二百二十多座，式样繁多、造型各异。既是佛教文化的产物，又是古代砖石建筑和雕刻艺术的精品。

第五节　历史文物

一、历史文物的概念

历史文物，又叫文化遗物，是指人类社会在各个历史时期的生产和生活中所创造、能够反映古代物质文明和精神文明、保存至今的历史遗存物。文物这一概念的含义是历史发展中逐渐演变而成的。《左传·桓公二年》中就有"夫德，俭而有度，登降有数，文物以纪之，声明以发之"。此处的含义是指当时的古代礼乐典章制度。但随着社会的发展，文物一词的历史意义越来越浓厚。唐代诗人杜牧有诗曰："六朝文物草连空，天淡云闲今古同。"对六朝古都建康（南京）在隋唐时代的衰败发出了由衷的感慨。

历史文物的范畴虽然特指历史文化遗存，但在实际应用中仍有广义和狭义之分。广义的历史文物包括一切历史文化遗存物，如前面所讲述的历史遗址遗迹、古代建筑遗存、古代墓葬遗存以及后面要讲述的宗教寺庙石窟等。狭义的历史文物则仅指广义历史文物中非固定文物，如历史纪念物、石刻艺术品、工艺美术品、古旧图书资料及其他历史代表性实物。本节所讨论的为狭义的历史文物旅游资源，又称之为文物旅游资源。

二、主要历史文物及其艺术鉴赏

(一)原始社会的文物艺术

原始社会在人们的生产劳动中逐渐形成了初级的审美观念，对人体美、形态美、节奏美、色彩美等有了一定的鉴别和取舍能力。审美观念被应用于原始人的生产和生活当中，形成了原始文物艺术，成为其聪明才智、社会形态和审美感知的具体写真。原始文物所表现出来的均衡、对称、流畅，体现了丰富的美学及历史文化内涵。

石器据用途可以分为砍砸器、尖状器、刮削器等，经过捶击、敲砸、磨制等完成，是原始文物发现数量最多的集合。原始石器数量种类的发展，不仅反映了社会生产力水平的提高，也表现出艺术修养的提高，形体规整、光滑对称，构成石器的主要美学形象。

玉器出现于新石器时代。美石为玉，说明玉器脱胎于石器，但其功用已从生产工具转为装饰工艺品，如玉璧、玉环、玉璜、玉璋、玉珠等均已出现。

原始陶器出现于新石器时代。有无陶器和出土什么类型陶器，成为判断原始人类遗址文化发展阶段和文化类型的重要依据。原始制陶术是在人们不自觉地用火焙烧泥土过程中发明创造出来的，经过了编织物泥坯成形法、手工捏塑法、泥条泥圈盘筑法和转轮制陶法的发展过程，创造出了灿烂的原始制陶文化。

夹沙粗陶为新石器早期遗物，捏制而成，厚薄不均，松脆吸水。彩陶为新石器中期的重要标志，仰韶文化的代表，出土分布很广，在红褐色或棕黄色陶器上加绘了暗黑色装饰花纹，使原始陶器在造型美的基础上表现出更加丰富的装饰美。黑陶为新石器晚期龙山文化的代表，又叫黑陶文化，其特点被称之为黑如漆、亮如镜、薄如纸，反映轮制陶器质量的提高，主要出土于沿海地区。灰陶是新石器中期北方发展起来的原始陶器，其虽然没有彩陶的华丽和黑陶的高洁，但作为生活用具被人们一直沿用下来。

原始陶器的形态美讲究对称均衡，极富曲线美和稳定感，部分摹拟动物或人形的陶器，更为精彩绝妙，对后世的造型艺术产生了深远的影响。陶器纹饰可分为植物纹、动物纹、人形纹、几何纹，典型的如叶纹、树纹、鸟纹、鱼纹、格纹、网纹、波纹、圈纹等，采用描绘、刻划、戳刺、按压、拍打等完成，多绘制于肩部腹部，是人们艺术地再现生活的集中写照。

(二)青铜器艺术

青铜器是继原始陶器文化后发展形成的典型民族文物艺术品，具有独特的艺术风格。

1.青铜器类型

青铜器根据其用途可以划分五大类：生活用器（炊器、食器、酒器、储器等）、祭器、乐器、兵器、工具器。鼎为煮牲之器，可分为镬鼎（煮肉）、食鼎（盛肉）、馐鼎（盛调味羹）。食物加工则有甑（蒸饭）、盂（盛饭）、簋（用饭）。酒器种类极多，如尊、罍、卣、觥、爵、角、斝、瓟、觯、盉。青铜器是奴隶社会宗法礼仪制度的代表，身份地位的象征，有一系列使用规范，如天子为九鼎八簋、诸侯为七鼎六簋、大夫为五鼎四簋、士为三鼎两簋。青铜乐器以编钟为主，曾侯乙墓出土编钟多达 8 组 64 件。青铜兵器主要有戈、矛、戟、钺、剑、镞等。

2.青铜器纹饰

青铜器纹饰早期以饕餮纹（怪兽纹）、夔龙纹、蟠龙纹等抽象恐怖纹饰为主，中期则以龙纹、凤纹及其他动物纹为主，战国时期则出现绘画形式的装饰纹。几何纹饰应用普遍，如雷纹、回纹、穷曲纹、涡纹、重环纹等。构图手法早期表现为单个装饰区间单独纹样，后期连续纹饰围绕器物无始无终。

(三)陶瓷器艺术

1.唐代陶瓷艺术

唐三彩为唐代陶器的典型代表。唐三彩为彩釉陶，主要色彩为黄、白、绿，故名。各种色釉在同一器物上交错使用，自然流畅，斑驳淋漓，浸润交融，雍容华贵，形成了巧夺天工的独特艺术风格。唐三彩造型也十分精美，以人物和动物为盛，散发着浓郁的生活气息，反映中外文化的交流和融合，如三彩骆驼、三彩马、三彩瓶、三彩碗等。

唐代瓷器以单色的白、青釉瓷器为主，号称"南青北白"，分别指南方的越窑和北方的邢窑。越窑分布于浙东宁波、余姚等地，以青瓷而著称，多生产宫廷所用贡瓷，配方秘不外宣，号称"秘色瓷"。法门寺地宫秘色瓷器出土，为这一宝贵的陶瓷艺术提供了文物实料，其胎质如玉，晶莹如水，青翠雅致，有诗赞曰"九秋风露越窑开，夺得千峰翠色来"。邢窑位于河北内丘县境，其生产的白瓷白度纯正，色调稳定，釉色洁净，有"内丘白瓷瓯，天下无贵贱通用之"的说法。邢窑白瓷"类银"、"类雪"，杜甫有"君家白碗胜霜雪"之诗句。

2.宋代陶瓷艺术

在我国陶瓷史上，宋瓷名声显赫，成就卓越。宋代制瓷有五大名窑之说，即官窑、汝窑、定窑、钧窑、哥窑。实际上由于艺术风格的差异形成了几大窑系，影响最为深远的有河北的定窑系和磁州窑系、陕西的耀州窑系、河南的汝窑系和钧窑系、江西的景德镇窑系、浙江的龙泉窑系（哥窑和弟窑）。

宋瓷为陶瓷美学开拓了一个新的境界。造型艺术曲线变化多样，构成十分优美的外部轮廓线,呈现稳健、庄重、粗犷、修长、玲珑、雍容、丰满等多种形态美。釉色装饰匠心独运,如粘稠石灰碱釉的应用造就了堆脂凝血的深厚质感,窑变技术使色釉斑斓缤纷,色彩美感强烈,如钧窑的玫瑰紫、海棠红,定窑的甜白,官窑和景德窑的影青(青白瓷)、粉青,黑釉中的乌金釉、铁锈花、油滴、兔毫等。装饰手法多样,有划花、刻花、印花、贴花、剔花、堆花等手法,与各色彩料和釉料相配合,形成十分丰富的装饰美。

(四)雕塑艺术

中国古代雕塑艺术,表现出两条创作主流,为封建统治服务和反映社会现实生活。雕塑以人物为主题,肖像式作品占很大比重;雕塑手法以写实为特色,比例匀称,体态优美,富有节律,把静与动、外表与气质有机地统一于一体,取得了很高的艺术成就。

根据出土文物来看,石刻和陶俑是我国古代雕塑艺术中的两朵奇葩。石刻文物最早起于殷商,绵延三千年,经久不衰。主要遗存有陵墓石刻、宗教石刻、民间石刻等类型,典型代表有汉霍去病墓石刻、南朝陵墓石刻、唐代帝王陵墓石刻、佛教石刻、道教石刻。古代石刻作品广泛地采用了线刻、浮雕、圆雕、镂空雕等技法,简洁流畅,古朴生动,浑厚有力,气魄宏大,堪称艺术珍品。

俑出现于中国封建社会初期,沿用到隋唐长达千余年,是奴隶社会人殉制度崩溃的替代和延续。从制作材料而言有石俑、木俑、泥俑、陶俑、铜俑等,尤以陶俑文物遗存最为丰富。秦兵马俑是秦代陶俑的代表,反映了秦代的军阵、服饰、兵器、制陶工艺等,个体形象逼真,群体形象宏大,细部塑造细腻,艺术成就举世无双。汉代陶俑题材广泛,有人物俑、动物俑等,反映现实生活、社会风尚、风土人情。陕西杨家湾西汉三千彩绘兵马俑为汉陶俑的典型作品,数量之大、配套之全、品类之多、阵容之齐,在汉代出土文物中首屈一指。唐代陶俑出土数量惊人,懿德太子墓达793件,永泰公主墓达777件。三彩俑的出现代表了历史上陶俑制塑的最高水平,典型的有仕女俑、黑人俑、乐伎俑、骆驼俑、马俑、天王俑、武士俑,绚丽多彩,形神兼备。

(五)古代绘画艺术

中国古代绘画艺术表现出不同于西方绘画的艺术特点:一是绘画题材十分广泛,形成人物画、山水画、动物画、花卉画、风俗画等门类;二是以散点透视为章法,达到了纳千山万水为一轴、取四季花卉为一卷、融社会场景为一体的"梦想与现实相结合"的高超境界;三是以线描为基本手法,线描为骨,彩绘为肌肤,表现出刚柔兼备的质感;四是强调形似和神似的统一,以形写神,以形传神;五是源远流长流派纷呈,一脉相承又不拘于前人,艺术成就十分丰富;六是表现形式多样,除卷轴画外还遗存有岩画、壁画、石刻画、砖刻画、帛画、漆画等。

中国古代绘画虽以线描为"骨法",但形成多种画法类型:①白描,指以单色线条描勾而表现形体的画法。②工笔。又叫工笔重彩,在白描基础上施以工细的彩绘。③写意。通过简练豪放的笔墨描绘出物象的形神,与工笔相对而言的画法。④没骨。不以白描线条为基础的工笔着色绘画。⑤水墨画。仅以水和墨完成的绘画,是我国特有绘画工具(毛笔、墨、宣纸)特性的利用,体现了书画同源的运笔规律。⑥平涂。以白描为基础平涂色彩的绘画,如年画、连环画。

● 实证分析:巍峨壮丽的九重庙堂——孔庙

孔庙为古代统治者尊孔崇儒的集中表现之一。孔庙整体建筑布局所追求的最终效果,就是让孔庙享用最高建筑规格,烘托孔子的丰功伟绩,表现儒学的博大精深。孔庙的主体建筑在南北中轴线上,前后递进;附属建筑分列左右,对称严谨,呈现整齐雄伟之势。孔庙建筑与"九"相连,庙堂九进九重,正殿大成殿重檐九脊九个开间。九为阳数之极,是皇帝御用之数,代表至高无上的皇权,即所谓"九五之尊"。孔庙享用"九"的建筑形制,并不视为僭越,正是把孔子和儒学抬高到无以复加的高度的写照。

孔庙建筑单体形式变化不大,但文化意蕴丰富。各个建筑的位置、命名和用途都与祭孔的礼仪要求相适应。如孔庙前区的四大牌坊,为弘赞孔孟之道分别命名为:金声玉振坊——孔子之学集先贤之大成如金似玉声振天宇,太和元气坊——孔子思想如天地之灵气育万物,德牟天地坊——孔子道德与天地一样伟大,道冠古今坊——孔子思想至高至圣为古今之冠。

孔庙建筑装饰也尽显帝王气派。大成殿黄瓦覆顶,重檐飞翘,斗拱交错,回廊环绕,辉煌雄伟;殿内雕梁画栋,金箔裹贴,云龙腾翔,富丽堂皇;殿周28根雕龙石柱高近6米,玲珑剔透,刚劲有力,栩栩如生,为石刻精品。

复习思考题

1. 历史古迹类旅游资源有哪几种类型,各具有什么特点?
2. 人类历史文化遗址有哪些典型代表?
3. 古代建筑旅游意义和价值何在?
4. 古代墓葬形制如何?
5. 历史古迹类旅游资源与旅游的关系是什么?
6. 为什么我国具有极为丰富的历史古迹类旅游资源。

第八章　宗教文化类旅游资源

学习引导

宗教文化是最重要的人文类旅游资源类型之一。掌握宗教文化的旅游功能以及宗教建筑的类型和特点,了解宗教活动的旅游吸引因素,是本章需要重点解决的问题。首先,分析宗教文化与宗教旅游文化;其次,分别讲述宗教建筑、宗教活动和宗教艺术旅游资源;再次,介绍宗教文化资源的旅游吸引因素和功能。通过以上讲述,引导学生能够理解宗教旅游资源的基本知识,掌握其旅游吸引因素和功能。

教学目标

- 分析和理解宗教、宗教旅游资源的概念以及形成。
- 认识宗教文化的旅游功能。
- 了解宗教主要活动的旅游吸引因素。
- 掌握宗教建筑类型及特点。

学习重点

宗教文化与宗教旅游资源的概念与形成;宗教建筑(佛教文化建筑、道教文化建筑、伊斯兰教文化建筑、基督教文化建筑、礼制礼仪建筑)、宗教活动和宗教艺术旅游资源(雕塑、壁画、石窟、摩崖造像);宗教文化资源的旅游吸引因素和功能。

第一节 宗教文化与旅游

一、宗教文化概述

宗教是一种社会历史现象,产生于史前社会。当时生产力水平低下,人们对于束缚自身的自然现象、社会现象以及生理上的做梦等现象无法解释,从而产生了"万物有灵、灵管辖万物"和"人类有魂、魂支配自身"的观念,幻想以祈祷、祭献和巫术来感化神灵,以达到避祸就福、消灾免难的目的,形成最初形式的宗教。宗教产生以后,就逐渐向人类生活的各个方面拓展,包括哲学、科学、艺术、社会伦理道德以及社会政治制度等各方面,最后导致了宗教文化的诞生。

世界上流行的宗教很多,其中伊斯兰教、佛教、基督教被称为世界三大宗教。信奉三大宗教的人数几乎占世界总人口的1/2。此外,还有许多国家流行范围较小的宗教,如日本的神道教、印度的印度教、中国的道教、以色列的犹太教等,称为地方宗教。

(一)佛教

佛教起源于公元前6世纪至公元前5世纪的古印度。创始人释迦牟尼,出生于印度迦毗罗卫(今尼泊尔国南部)的释迦族;父亲是迦毗罗卫的国王,称净饭王。释迦牟尼意为释迦族的圣人,姓乔达摩,原名悉达多,佛教徒称其为"佛"或"佛陀",意为觉悟者、达到觉悟的人。

佛教的基本教义是"四谛"(苦、集、灭、道)、"八正道"(正见、正思、正悟、正业、正命、正精进、正念、正定)、"十二因缘"(无明、行、识、名色、六处、触、受、爱、取、有、生、死)、"三法印"(诸行无常、诸法无我、涅槃寂静)等,宣扬世界虚幻不实,人生充满苦难,要摆脱困难,只有依经、律、论三藏,修戒(持戒)、定(坐禅)、慧(教理)三学,改变世俗欲望和认识,超脱生死轮回,以达到涅槃境界。

佛教在古印度的发展中,由于僧团的传承和见解不同而分裂为大乘佛教和小乘佛教这两个教派。小乘佛教以自我解脱为宗旨,大乘佛教则主张修行应以自觉和觉他并重,要普渡众生。公元前3世纪阿育王统治时期,佛教在印度国内外得到广泛流传。到了公元前2世纪,佛教传向国外,流行于南亚、东南亚和东亚诸国,至20世纪佛教又传到欧美。由于佛教起源最早,距今已有两千五百多年的历史,对人类的影响遍及世界,其建筑、雕塑、绘画艺术是世界文化的重要内容。

(二)基督教

基督教起源于公元前 1 世纪亚洲西部巴勒斯坦地区的犹太人中间,与犹太人民族宗教犹太教有着血缘联系。基督教相传为犹太的拿撒勒人耶稣为救世主,以《旧约全书》、《新约全书》为经典。该教于 392 年被罗马帝国皇帝狄奥多西一世确定为国教。1054 年基督教第一次大分裂,在西欧北欧的教会自称公教,即天主教;而以希腊为中心的东部教会包括俄罗斯教会则称为正教,亦称东正教;16 世纪宗教改革运动中,新教又从罗马公教中分裂出来。新教、天主教、东正教为基督教的三大派系。

基督教广泛流传于欧美、大洋洲等地,是世界最大的宗教势力,对世界许多国家的政治、思想、文化具有重大的影响。基督教的基本教义主要包括三位一体(圣父、圣子、圣灵为同一本体的独一无二的神)、上帝之创造(上帝创造了世界万物)、道成肉身(耶稣在世界被创造之前与上帝同在,因世人犯罪无法自救,上帝派他来到人间,以神和人的双重身份,与世人同在)、原罪(人一生下来在上帝面前就是罪人,需要基督的救赎)、天堂与地狱(人只有相信和顺从上帝和耶稣,死后灵魂才会升天堂,否则末日审判时会被投入地狱)等内容。

(三)伊斯兰教

伊斯兰教于 7 世纪初产生于阿拉伯半岛,为穆罕默德所创。其基本教义是:信奉安拉(真主)是唯一的神,穆罕默德是安拉的使者;认为世上一切事物都是安拉的"前定",甚至人的生死都是由安拉判决;要求教徒"顺从、和平",规定教徒必须念清真言、做礼拜、斋戒、纳天课、朝觐等功课。《古兰经》为该教的根本经典,同时也是伊斯兰教国家立法、道德规范和思想学说等的基础。

伊斯兰教主要分布于亚洲、非洲和东南欧,西亚、北非、南亚、东南亚最集中。伊斯兰教是世界上仅次于基督教的第二大教,中东各国、巴基斯坦、印尼的信教人口都占其总人口的 90% 以上。

伊斯兰教有许多派别,其中最主要的有逊尼派和什叶派。逊尼派自称"正统派",现为最大教派,世界上的穆斯林大都属于此派。什叶派则流传于伊朗、也门等国。

(四)道教

道教是中国土生土长的宗教,渊源于古代的鬼神思想、流行的巫术和求仙方术、谶纬之术和黄老思想。东汉顺帝时,张道陵创立五斗米道,又名天师道,稍后张角另创太平道,两者成为早期道教的两大派别。北魏嵩山道士寇谦之创立了北天师道,南朝宋时庐山道士陆修静创南天师道。唐宋时,南北天师道与上清、灵宝、净明各宗派逐渐融合,至元代都归并于"正一派"中。金大定七年(1167 年),王重阳在山东创立"全真派",其徒丘处机为元太祖成吉思汗所赏识,因此全真派盛极一时。此后,道教正式分为正一、全真两大教派,正一派教士不出家,俗称"火居道士"或"俗家道士",全真派道士须出家守戒律。

道教尊春秋时代的老子为教祖,尊称其为"太上老君",以老子的《道德经》为主要经典。道教基本信仰和教义是"道"。道原先是先秦道家的哲学概念,道是"神异之物"、"灵而有性"、"为一切之祖首、万物之父母",宇宙、阴阳、万象皆由此化生。道教进一步发挥这一思想,并把道与老子合而为一,于是老子在道教中便被神化为众生信奉的神灵。六朝时又演化出至高无上的元始天尊,产生三清尊神。以后,又逐渐发展并形成了包罗许多天神、地癨、人鬼在内的神仙体系。

道教相信道可以"因修而得",视"道之在我谓之德"。因此,认为只要认真修道,就能"使道与生相守,生与道相得,二者不相离","神与道合,谓之得道"。按照这一众生均可修道成仙的思想,提出一系列道功和道术,如服食、行气、服气、胎息、内丹、存思、服食草木药、起居摄养、辟谷、房中术、斋醮、符箓、守庚申等等。不同道派对修炼方术各有侧重,重斋醮符箓以祈福禳灾的名为"符箓派";重清修炼养的名为丹鼎派。

二、宗教文化的旅游功能

宗教文化是一种特殊的文化形态,它不仅能满足游客求知、求美、求奇的旅游动机,同时还能满足更深层次的情感需求。因此,可将宗教文化的旅游功能归纳为如下几点:

(1)宗教文化能够满足游客开拓知识的需要

透过宗教文化遗产,旅游者不仅能获得大量的宗教知识,同时还可以了解到一个国家或地区一定历史时期社会、经济、科技、文学艺术的发展面貌,从而满足求知的欲望。

(2)宗教艺术文化遗产为旅游者提供多种美感享受

宗教建筑、雕刻、绘画、音乐等都有其独特的表现形式和方法,饱含和散发着强烈的艺术感染力,因此具有特殊的美感功能。随着宗教艺术的繁荣,宗教的审美功能也逐渐加强,一件优美的宗教艺术品,或者一首动听的宗教赞歌,感染人的不仅仅是信仰的力量,同时也有强烈的美的力量。

(3)宗教仪式活动可以满足游客猎奇的心理

各种宗教仪式,如澳大利亚土著居民的原始宗教仪式"繁殖礼",佛教、基督教、伊斯兰教、道教的重大活动,因为笼罩着浓重的神秘色彩,从而更能满足游客猎奇的心理。

(4)宗教能满足人们宗教式的情感需求

对于宗教徒来讲,宗教情感需求是连系其与宗教的纽带;而对于非宗教徒来讲,也存在着一定的情感因素,可称为"宗教式情感"。宗教式情感大体表现在三个方面:一是追求宗教式的超脱出世,二是寻求温情与宽容,三是求善情结。正因为如此,那些并不能称为宗教信徒的芸芸众生只是追求宗教意识的超脱,通过它得到心理上的补偿,实现心态平衡,并把宗教场所视为慈善、抑恶、圣洁、庄严的象征,愿意接近它。

第二节　宗教建筑旅游资源

一、佛教文化建筑

(一)佛教寺院建筑

佛教寺院是佛教徒供奉佛像,僧众居住、修行和举行各种法事活动的地方,也是信徒进香朝拜、参加宗教活动的中心。佛教寺院作为佛教的外在要素和佛教文化的依托,是人们了解佛教、学习佛教传统文化的重要实物资料。佛教于公元1世纪前后传入中国,在汉族、藏族、蒙古族和傣族等地区传播过程中,逐渐形成了汉地佛教、藏传佛教(俗称喇嘛教)和云南上座部佛教(巴利语系佛教)等三大系统。各佛教寺院的建筑中也分别吸收了本地、本民族的建筑风格,形成了各具特色的建筑形式。

1.汉地佛教寺院的建置

汉地佛教寺院在汉代时主要按汉代的官署布局建造,不少官吏、贵族、富人舍宅为寺,由此沿袭下来,佛寺的格局总体上与中国传统的院落形式相似。院落重重,层层递进,回廊相绕,引人入胜。

唐代以前,汉地佛寺主要有石窟寺、塔庙这两种形式。北魏至唐代,相继开凿了敦煌石窟、云岗石窟、龙门石窟,供奉石刻佛像,绘制精美壁画,并在石窟周围建立寺院。塔庙,也称浮图寺,以塔为中心建筑,周围建以殿堂、僧舍。塔中供奉着舍利、佛像等,塔成为寺院礼佛的中心。唐代以后,佛塔多建在寺前、寺后或另建塔院,形成了以大雄宝殿为中心的佛寺结构。寺院座北朝南,主要殿堂依次分布在中轴线上,层次分明、布局严谨。

宋代时,禅宗兴盛,形成了"伽蓝七堂"制度。七堂指佛殿、法堂、僧堂、库房、山门、西净、浴室。规模较大的寺院还有讲堂、禅堂、经堂、塔、钟鼓楼等。

明清以来,佛寺建筑格局已成定式,一般在中轴线上由南向北依次分布着山门殿、天王殿、大雄宝殿、法堂、藏经楼、毗卢阁、观音殿。大雄宝殿是佛寺的主体建筑,东西两侧的配殿为钟楼与鼓楼,伽蓝殿与祖师堂、观音殿与药师殿相对应。大的寺院有五百罗汉堂、佛塔等建筑。中轴线东侧分布僧房、香积厨、斋堂、职事堂等,是寺内僧人的起居生活区。现在寺院对外开放后,生活区一般都后移,或在寺院后侧重建。中轴线西侧主要是禅堂、接待室等,是前来挂单僧人修行之所。现在也基本上对外开放,有的辟为文物陈列室、佛经流通处。

2.藏传佛教寺院的建置

藏传佛教寺院在中华人民共和国成立前不仅是佛教活动中心,也是封建统治中心,是重大宗教、政治活动的场所。藏传佛寺规模宏大、建筑宏伟、文物荟萃、金碧辉煌。藏传佛教寺院一般由札仓、拉康(佛寺)、囊欠(活佛公署)、印经院、藏经楼、灵塔殿、僧舍等组成。

札仓为经学院,是僧侣学习、修行的场所。各经学院都拥有佛殿、经堂、后殿、辩经场、活佛公署、大厨房、僧舍等,自成体系。藏传佛教的殿堂以大经堂为主要殿堂,有的可容纳数千名僧侣念经、举行法会等活动。其余还有金瓦殿、弥勒殿、文殊菩萨殿、护法神殿等。殿堂内挂满幢幡、围幔、经布,有的还有刺绣、堆绣、古代壁画等,把整个殿堂装点得富丽堂皇。殿堂的建筑风格以藏式为主,同时吸收汉式、印式建筑风格,使藏传佛教建筑更具特色。灵塔殿在藏传佛教建筑中也占相当的规模,特别是供奉历世达赖、班禅的灵塔,是以黄金、白银制成,上镶以各种珠宝,精美绝伦。藏经楼主要用于贮藏藏文六大藏经。

3.云南上座部佛教寺院的建置

云南上座部佛教寺庙主要由佛殿、藏经室、僧舍及佛塔等四部分组成。佛殿是佛寺的主要建筑,内部由佛座(上供奉释迦牟尼像)、经书台、僧座等三部分组成,是僧侣日常念经、从事各种佛事活动的场所。藏经室用于收藏寺内各种佛教经典。僧舍是僧侣学习和居住的场所。佛塔是云南上座部佛教最具特色的建筑,有缅式钟形佛塔、亭阁式佛塔、泰式金刚座佛塔、高基座佛塔、八角形密檐式佛塔等,千姿百态,是寺院规格高低的重要标志。

4.殿堂中的佛像设置

山门殿,又称三门殿,为寺院的大门。一般开三个门,象征佛教"三解脱门",即空门、无相门、无作门。殿内塑两大金刚力士像,手执金刚杵,守护寺门,

天王殿,也称弥勒殿,为寺门内第一重殿。殿正中供奉着弥勒佛像,东西两侧分塑四大天王像。弥勒佛像背后塑寺院守护神韦驮天。弥勒佛,名"阿逸多",是释迦牟尼的弟子,为未来佛。佛教一般将五代时浙江奉化的布袋和尚契此奉为弥勒佛的化身,在寺内天王殿正中供奉着笑容可掬、袒胸露脐的大肚弥勒佛坐像。

大雄宝殿,又称正殿、大殿,是寺内的主体建筑,高大雄伟,气势非凡。大殿正中供奉佛教至高无上的本尊释迦牟尼佛像,有供一尊、三尊、五尊等三种形式。

供奉一尊释迦牟尼佛像的,形状主要是结跏趺坐和立像这两种姿势,两侧立有迦叶、阿难两位弟子。有的寺院大殿内只供奉一尊毗卢佛,毗卢佛的莲座为千叶莲花,代表整个华藏世界。在净土宗寺院的大雄宝殿内,供奉的是阿弥陀佛立像,作接引众生状,又称接引佛。

大殿正中供奉三尊佛像的,称三身佛或三世佛。三身佛指释迦牟尼的三种不同佛身。正中的法身佛叫"毗卢遮那佛",表示佛法为绝对真理,就是佛本身;左侧报身佛名"卢舍那佛",指通过修习而证悟绝对真理,求得佛果之身;右侧应身佛,名"释迦牟尼佛",表示随缘教化各种众生的佛身。

三世佛有"横三世"和"竖三世"之分:前者以佛居空间划分,释迦牟尼佛居中,代表当今世界;药师佛居左,代表东方净琉璃世界;阿弥陀佛居右,代表西方极乐世界。后者以佛在时间划分,正中的释迦牟尼佛代表现在,左侧的燃灯佛代表过去,右侧的弥勒佛代表未来。

宋朝建造的佛寺大殿中常供奉着五尊佛像,称五方佛。正中是法身佛,名毗卢遮那佛。左侧第一位是南方宝生,表示福德;第二位是东方阿閦佛,表示觉性。右侧第一位是西方阿弥陀佛,表示智慧;第二位是北方不空成就佛,表示事业。

大雄宝殿的两侧多供奉十八罗汉。五代以前多供奉十六罗汉,宋元以后,又加上两个成为十八罗汉。大殿正中佛像的背后,塑造的是海岛观音像。观音两侧有善财童子和龙女。

观音殿又称大悲殿,主要供奉佛教中救苦救难的观音菩萨像。有一首两臂、结跏趺坐的圣观音像,一足盘膝、一足下垂的自在观音像,千手千眼观音像和四十八臂观音像,造型别致,生动有趣。

法堂,也称讲堂,是佛教寺院中宣讲佛法皈戒集会的地方,其建筑规模仅次于大雄宝殿。法堂也供奉一些佛像,但堂中设法座,也称"狮子座",供名僧大德宣讲佛法。座前有讲台、香案,两侧列置听法席。堂内钟鼓齐备,开讲时钟鼓齐鸣。

藏经楼,又称藏经阁,是佛寺中珍藏佛像经籍之所。一般安置在中轴线的最后一进,为两层。下层为千佛阁,正中供奉毗卢遮那佛,沿壁塑小佛龛供奉上千座小佛像。沿壁置立柜安置藏经。楼上主要是贮藏经书。

藏传佛教、云南上座部佛教所佛像供奉的与汉地佛教大致相同。但塑造风格上吸收本地区文化特点,各有特色。藏传佛教还吸收本教的一些神祇,普遍供奉度母、金刚、宗喀巴等神像,塑造风格、表现手法更加粗犷流畅。

佛教殿堂内除佛像之外,还有固定的庄严和供具。庄严有宝盖、幢、幡、欢门等,供具有香炉、花瓶、烛台、香水、杂花、烧香、饮食、燃灯等。

中国著名寺院有:白马寺,位于河南洛阳市东12公里,被誉为中国第一古刹,也被我国广大佛教弟子尊为祖庭和释源(佛教发源地);少林寺,位于河南登封县西北少室山北麓五乳峰下,北魏孝文帝于太和十九年(495 年)为印度僧人跋陀(佛陀)禅师而建,相传印度僧人菩提达摩曾来此凝修壁观,传授佛法,因而被奉为禅宗祖庭;布达拉宫,位于西藏拉萨市西北的玛布日山上,相传在公元 7 世纪吐蕃赞普松赞干布为迎娶文成公主而建,是宫堡和寺院合一的庞大建筑群,是我国藏族古建筑艺术的精华。

(二)佛塔

1. 佛塔的起源、发展

佛塔起源于印度,梵文为 stūpa,音译"窣堵波",意译为圆冢、方坟、灵庙等。"窣堵波"原义为"高显"或"坟"。最初佛塔是佛门弟子为藏置佛祖的舍利和遗物而建造的。印度最初的佛塔有支提式塔和舍利塔,后来印度佛教密宗兴起,又出现了金刚宝座式塔。

公元 1 世纪前后,塔也随着佛教的传入而传入中国。早期的中国佛寺建筑,沿袭印度式样,以塔为中心建寺。元代大多数寺院只建殿,不建塔,塔的宗教意义开始发生了变化。

2. 佛塔的类型和构造

塔的原始造型,初为方基、覆钵、尖顶,分别象征佛的方袍、佛钵和锡杖。后来逐渐演变为台基、栏楯、覆钵、平头(或称宝箧、祭坛)、竿、伞(也称相轮、露盘、刹)等部分组成。塔传入中国后,与中国原有的楼阁亭台等传统建筑相结合,功能不断增加,用材不断拓宽,类型不断丰富。我国塔的发展可划分为以木塔为主的东汉及南北朝时期,砖、石塔高度发展的唐、宋、辽、金时期,五彩缤纷、光彩夺目的明清琉璃宝塔。我国古塔按平面形状分,有四方形塔、六角形塔、八角形塔、十二角形塔、圆形塔等;按层数分,有单层塔和多层塔。多层塔中又有三层塔、五层塔、七层塔、九层塔等,以奇数层塔多而普遍,偶数层塔较少。据说这是因为佛教以奇数表示清静、上天或吉祥之意。按供奉对象分,有佛舍利塔、菩萨塔、阿罗汉塔、高僧墓塔等。按教派分,有汉语系佛塔、藏语系佛塔、巴利语系佛塔等。按艺术造型与结构形式分,有楼阁式塔、密檐式塔、亭阁式塔、花塔、覆钵式塔、金刚宝座式塔、过街塔及宝箧印经塔等。

我国佛塔的共同建筑构造有地宫、塔基、塔身和塔刹等四部分。地宫又称"龙宫"或"龙窟",宫内安放的主要是石函和陪葬器物。石函内有层层的函匣相套,内层即为安放舍利之处。塔基覆盖于地宫之上,早期的塔基较低矮,仅几十厘米;唐代时开始建高大的塔基,且明显分成基台和基座两部分;辽金时期的基座大都作须弥座式。而覆钵式塔(喇嘛塔)、金刚宝座式塔的塔基更是占了塔的很大比例。塔身是塔的主体,不同类型的塔,其塔身形式不同。塔刹位于塔的最高处,实际上是一个小塔,由刹座、刹身、刹顶等三部分组成,内用刹杆直贯串联。

中国著名佛塔有：开元寺塔，位于河北定县开元寺内，是我国现存最高的古代砖塔；佛宫寺释迦塔，俗称应县木塔，是我国现存最古、最高的木构阁楼式佛塔；妙应寺白塔，我国现存最高的喇嘛塔，在北京西城区阜成门内大街北，是由尼泊尔著名工匠阿尼哥主持，仿尼泊尔塔式建造的。

二、道教文化建筑

（一）道教宫观的由来

道教主张祀神修道，自东汉道教产生时起，就出现了相对集中的道教活动场所。早期道教活动场所多为山居修道者筑造的深山茅舍和洞穴，十分简陋，当时称"治"或"靖"。晋朝时，道教活动场所称为"庐"、"治"或"静"，南朝时称"馆"，北朝改"馆"为"观"。南北朝时，道教活动场所已具备相当规模，建筑布局也趋于定型。唐朝时，尊奉老子为宗祖，并以唐高祖、唐太宗、唐高宗、唐睿宗、唐玄宗等五帝画像陪祀老子，因而"观"又称"宫"。此后，道教活动场所称道宫、道观。

（二）道教宫观的建筑特色

道教宫观一般由神殿、膳堂、宿舍、园林等四部分组成。总体布局基本上采取中国传统的院落式，即以木构架为主要结构，以"间"为单位构成单座建筑，再以单座建筑组成庭院，进而以庭院为单元组成各种形式的建筑群。

现存道教宫观建筑多为明清时期所建。前有山门、华表、幡轩。山门以后正中部分是中庭，中庭是宫观建筑群的主体，分布在宫观的中轴线上，主要建三清殿、玉皇殿、灵官殿等三大殿堂。三大正殿两侧有配殿、祀奉一般道教诸神，或设十方、云水堂客、执事房。在中庭两侧，建有东道院、西道院，供奉一般诸神，并建斋堂、寮房等。

三清殿是宫观的主殿，正中供奉道教至高天尊三清像，即玉清境清微天元始天尊、上清境禹馀天灵宝天尊、太清境大赤天道德天尊（太上老君）。

玉皇殿主要供奉被道教尊为"诸天之主"的玉皇大帝。灵官殿内供奉道教守护神灵官塑像。

不少宫观建置于名山风景区，随山水布局，与秀美的自然景色融为一体，并建置楼、阁、亭、台，形成幽静的园林环境。除殿堂内供奉的神像外，宫观内还分布着壁画、联额、碑刻题辞、诗文、书画等艺术作品，使道教宫观既有宗教的庄严神圣，又有园林的清净幽雅，还有较高的文化水准和多彩的艺术形象，增强了宗教吸引力和文化艺术魅力。

著名道教宫观有：白云观，位于北京西便门外，有道教"全真第一丛林"之称；楼观台，被称为"天下第一福地"，位于陕西周至县东南20公里的秦岭山麓，相传为老子讲经之处。

三、伊斯兰教文化建筑

清真寺是我国对伊斯兰教寺院的称号。自 7 世纪中叶伊斯兰教传入中国后，清真寺也大量吸收了中国的东西。国外绝大多数伊斯兰教寺庙和我国沿海与新疆的某些清真寺，均采取阿拉伯式或中亚风格，大殿上均有圆顶建筑，有的还单独建有宣礼塔。中国内地大部分著名清真寺则不同，大多采纳以中国传统的殿宇式四合院为主的建筑样式。

清真寺中的礼拜殿是其主要建筑，是穆斯林作礼拜的场所，面积较大。伊斯兰教徒做礼拜时须面向圣地麦加，中国在麦加的东方，因此礼拜大殿一律坐西朝东。清真寺礼拜殿内不设偶像，伊斯兰教认为真主是独一无二的，能创造一切、主宰一切，真主是无形象、无方所的，因此不作偶像崇拜。清真寺内的装饰忌用动物图案，而多采用几何纹、植物纹。另外，寺内有许多用阿拉伯文字书写的伊斯兰教经文，有些在书写时进行了美化，具有图案装饰美化效果。

中国著名清真寺有：广州怀圣寺，位于广东广州市光塔路，相传始建于唐，是典型的阿拉伯伊斯兰教建筑风格；喀什艾提尕礼拜寺，位于今新疆喀什市中心的艾提尕广场，是阿拉伯式建筑；宁夏同心清真寺，位于今宁夏同心县旧城内，相传始建于明万历年间，又经清乾隆和光绪两度重修，是宁夏现存规模较大、历史较为悠久的清真寺。

四、基督教文化建筑

教堂为基督教的主要建筑，是教徒们举行宗教活动的场所，在其发展过程中形成了独具风格的建筑类型，如巴西利卡式、拉丁十字式、哥特式等，其中尤以哥特式影响时间最长。许多高耸的小尖顶，垂直的壁墩柱，桃形尖拱券构成哥特式建筑的特有面目；其高大的空间，加上呈现向上之势的塔顶、尖拱，体现出宗教超凡脱俗的精神，易使人产生腾空而起、飞向天国的神秘感。

我国著名基督教教堂有：北京西什库教堂（北堂），是一座典型的西欧哥特式建筑，系仿照巴黎圣母院的式样而设计；上海徐家汇天主教堂，建于清光绪三十二年（1906 年），为上海最大的天主教堂；哈尔滨南岗尼古拉教堂，俗称喇嘛寺，现存的建筑采用哥特式全木结构，其规模为哈尔滨市 17 座教堂之首，历史也最久。

五、礼制礼仪建筑

中国在几千年的封建社会时期，逐渐形成了一整套以儒家学说为中心的宗法礼制思想，与此相应地出现了不少礼制礼仪建筑，如坛庙、祠堂等，礼制礼仪建筑主要是用来祭祀天地鬼神、山川河岳、祖宗英烈、昔哲先贤等的场所，属于又一类宗教建筑旅游资源。

礼制礼仪建筑有以下几种类型：

（1）尊从《周礼·考工记》"左祖右社"之制，建于皇城前，作为帝王主持祭祀的"太庙"和"社稷坛"。

（2）尊从"郊祭"古制，建在都城近郊，多由帝王主持祭祀的天、地、日、月等坛以及分布在全国各地的，由帝王或帝王派出官吏主持祭祀的岳庙、镇庙、渎庙、海庙等。著名的有北京的天坛、地坛、日坛、月坛等。

（3）祭祀曾为中国各项事业作出过重大贡献的历史名人的庙、祠等。如孔庙、武侯祠、司马迁祠、张良庙、包公祠等。

（4）按社会地位与等级，为祭祀祖宗而建的祠堂（家庙）。

（5）民间祭祀的神庙，如城隍庙、龙王庙、关帝庙、妈祖庙等。

（6）祭祀传说时期的帝王庙，如伏羲庙、炎帝庙、黄帝庙、尧庙、舜庙、禹庙等。

中国著名礼制礼仪建筑有：北京太庙，是唯一的帝王祭祀祖先的宗庙，位于天安门东侧，与"左祖右社"的规定相符，建于明永乐年间，是明清皇室的祖庙；北京天坛，位于北京正阳门外，是明清两代冬至日祭天和正月上辛日行祈谷礼的地方；三原城隍庙，在陕西三原县城东渠街，建于明洪武八年（1375 年），是陕西最完整的一组明代建筑群，全部殿宇构造，有"殚土木之功，穷造形之巧"之称。

第三节　宗教活动旅游资源

一、宗教活动的旅游吸引功能

（1）宗教活动以直观、动态的形式展示宗教礼仪习俗，对旅游者具有强烈的吸引力。

与静态宗教建筑的参观游览相比，旅游者更希望参与动态的宗教活动。不仅使游客了解了宗教礼仪习俗，而且形式独特、体验深刻。

（2）宗教活动是宗教场所内的僧尼、神职人员或道众等的日常生活起居及其管理制度的直接反映，这也是构成宗教活动旅游吸引功能的因素之一。

宗教场所内常住的僧尼、神职人员、阿訇、道众等，他们所从事的职业是一类特殊的职业，他们的日常生活起居及其内部的管理制度也不是一般人所熟知的。正是由于未知而变成的好奇，对游人构成强烈的吸引力，而宗教活动则正好满足游客的这方面需求。

（3）宗教活动所营造的独特的神秘氛围，也是旅游者在其他地方所无法感受到的。

宗教活动通过特有的殿堂的布设、教徒的特定活动方式以及独特的音乐的伴奏，所营造出的神与人同在的那种神秘氛围，对旅游者具有独特的吸引力。

（4）宗教活动往往为游客提供参与的机会，来满足游客宗教式的情感需求，这是宗教活动的深层次的吸引因素。

二、主要佛教活动简介

佛寺中主要宗教活动有僧尼的日常行事、忏法和法会以及佛教节日活动等。

按传统规矩，僧人每日要做"五堂功课"、上"两遍殿"。一般早殿在凌晨（约四时），有两堂功课；晚殿约在下午三时开始，做三堂功课。

忏法是佛教徒自我修行的重要方法。忏法有忏悔罪过和修习止观两类。

寺院内重要的佛事活动有水陆法会、焰口施食、斋天和放生等。水陆法会全称是"法界圣凡水陆普度大斋胜会"，也称水陆道场。时间从几天到几十天不等，参加法事的僧人从几十人到几百人，规模盛大。主要活动有诵经设斋、礼佛拜忏、追荐亡灵等，隆重非凡。焰口施食也是一种佛事仪式，起源于唐朝密宗，宋时失传。元朝从藏传佛寺再次传人汉地佛寺。近代习惯在重大法会圆满之日举行。斋天起于唐代，主要内容是依《金光明经》供奉天神。这一活动历代持续天数不等，有十二天、二十天、二十四天、三十三天等。汉地佛教提倡放生，许多大寺修建有放生池，并选择时日，进行放生。此外，汉地佛寺举行的传戒法会、藏传佛教的活佛转世和传召法会、云南上座部佛教的的升和尚仪式、赕佛等，都是重要的佛事活动。

佛教最重要的节日是佛陀诞生、成道、涅槃纪念日。佛诞节（又叫浴佛节）是释迦牟尼的生日，中国一般是农历四月初八。蒙古族、藏族定在四月十五日。这天佛寺要进行大规模诵经活动，还要用各种名香泡水灌洗释迦牟尼的诞生像。传统上将农历二月初八定为佛出家日，腊月初八为佛成道日，农历二月十五为佛涅槃日，寺内举行纪念仪式，中国民间的腊八粥就是从成道节得名的。东南亚一些国家则把三大节日合在一起纪念，称为"维莎迦节"。中国西藏称"萨噶达瓦节"，在藏历四月十五日举行。

三、主要道教活动简介

十方丛林里，道众过着清静的修行生活。宫观内，每天五更"开清"（开静），洒扫庭院殿堂，整齐冠服后，道众便齐集七真殿拈香行礼，念诵早坛功课经。早课后，道众列队入斋堂用膳，念化斋咒。早餐后便各司殿堂，执事各行其事。晚上道众也要上殿坛做晚课。每月的初一、十五为斋日，早晚功课上要诵念《玉皇经》、《三官经》、《真武经》等。

道教节日主要是纪念道教神仙的诞辰,如农历正月初九为玉皇大帝圣诞、农历正月十五为上元节、正月十九为邱长春真人圣诞、农历二月十五日为太上老君圣诞,农历三月初三为王母娘娘圣诞等等。每逢节日,宫观内要举行隆重斋醮,大的节日举行庙会活动。

四、主要伊斯兰教活动简介

麦加朝圣是伊斯兰教一项重要的宗教礼仪活动。伊斯兰教规定,凡是身体健康、经济条件允许的穆斯林,不分男女,一生至少应到麦加朝圣一次。到过麦加的穆斯林名字前方才能加上"哈吉"的荣誉称号。

伊斯兰教的主要节日有开斋节、宰牲节和圣纪节等三大节日。伊斯兰教历十月一日为开斋节,九月为斋戒月。凡成年健康的穆斯林都应全月斋戒,即每日从拂晓前至日落,禁止饮食和房事等。斋月的最后一天以看到新月牙为准,若看到,第二天就可开斋;否则,还要继续斋戒,但一般最多只延续三天。开斋时,教徒们要热烈庆祝,并持续三到四天。第一天,教徒们沐浴盛装,从日出到正午举行集体礼拜仪式,听教长讲道。随后,大家走亲访友、登门祝贺,并炸油香、馓子等食品待客,互赠礼品,还要上坟悼念已故的亲人。宰牲节是教历十二月上旬,是教徒去麦加朝圣的日子,最后一天以宰杀牛羊骆驼来举行庆祝,除会礼宰牲外,庆祝活动多种多样。圣纪节是教历三月十二日。据说该日为穆罕默德诞生日和逝世日。庆祝活动一般在清真寺举行,诵读《古兰经》赞圣,讲述穆罕默德生平事迹和懿行等,有的还邀请亲朋聚餐纪念。

五、主要基督教活动简介

基督教的主要节日是圣诞节、复活节、耶稣升天节、圣灵降临节等。

圣诞节是12月25日。在12月24日子夜时分,教堂举行隆重的子夜弥撒,庆祝耶稣诞生和圣诞节的到来。在圣诞节的黎明和上午还要隆重举行两次弥撒,并演出耶稣诞生戏剧,演唱圣诗。复活节是仅次于圣诞节的重大节日,是基督教纪念耶稣复活的节日。罗马的一次教士会议定每年春分月圆后的第一个星期日为复活节,这一天将举行隆重的各种纪念活动。

第四节　宗教艺术旅游资源

一、宗教雕塑艺术

我国佛教雕塑佛像始于2世纪中叶以后,晋代有较大发展。根据所用材料的不同,将塑像分为石、木、玉雕像,铜、铁铸像,陶瓷像、泥塑像、金碟像、夹贮像等类型。佛教塑像名目繁多,分别有四大天王、弥勒菩萨、韦驮菩萨、释迦牟尼佛、三身佛、三世佛、观音菩萨、罗汉等塑像。

在众多的佛教塑像中,有的以高大著称,有的以精致闻名,有的以珍贵见长。如河北正定县隆兴寺内的铜铸观音像,通高约22米,是我国现存最早(971年铸)和最高者。观音像共42臂,除当胸合掌的两臂为铜质外,其他40臂为木制。北京十方普觉寺内有我国最大的铜铸释迦牟尼卧像,卧佛后的石砌须弥座上立有12位弟子的泥塑彩绘像,个个眉目低垂,表情沉重悲哀。这组塑像表现当年释迦牟尼涅槃前向弟子嘱咐后事的情景。福州市的西禅寺内有两尊玉佛,均为整块翡翠精刻而成,为我国两尊最大的玉佛,还有许多雕塑都为佛教艺术珍品。

道教宫观中的塑像也很多,诸如玉皇大帝、王母娘娘、道教三尊、三官、老子李耳、八仙、四大神将、张道陵、王重阳、丘处机等。道教宫观也有不少雕塑珍品。如山西晋城的玉皇庙内现有各类塑像三千余尊,是道教宫观中的佳作;辽宁鞍山无量观的三官殿内供奉的26尊神塑像,神态各异,形象生动,是道观塑像中的精品。此外,武当山金殿内的真武帝君坐像、真仙殿内的张三丰铜像,陕西楼观台的老子塑像,青城山天师洞内张太师塑像,北京白云观丘处机雕像等均较有名。

二、宗教壁画艺术

佛教壁画就其作用来讲有四个:一是供佛教徒供养敬奉,二是宣传佛教教义教规,三是装饰寺院殿堂,四是供人观看欣赏。

佛教壁画按其内容大概分为以下六类:一是尊像画,包括菩萨、罗汉以及护法部众等;二是佛教史迹画;三是佛教故事画,多是宣传释迦牟尼的故事;四是经变画,即将佛教经文图像化;五是反映传统故事的画;六是其他内容的画,包括供养人像、礼佛图、天官使乐图、建筑图案、装饰图案等。

道教宫观中也盛行壁画,用来装饰殿堂,除了八仙故事等人物图案外,一般还有八卦太极,四灵,暗八仙,动物中的鹤、鹿、龟及植物中的灵芝、仙草等图案。八卦太极图是道教的重要标志,象征自然界的天、地、雷、风、水、火、山、泽等八种现象。八卦中间的太极图,红色为阳,青色为阴,阴阳左右盘绕称之为太极。四灵是道教的守护神,即青龙、白虎、朱雀、玄武的合称,分别代表东、西、南、北等四个方位的神和青、白、红、黑等四种颜色。暗八仙指的是八仙手持之物,即:葫芦、扇子、拍板、宝剑、渔鼓、笛子、花篮、荷花,以代表八仙,即李铁拐、汉钟离、张果老、吕洞宾、曹国舅、韩湘子、蓝采和、何仙姑,暗示神仙和吉祥的到来。动植物图案中的鹤、鹿、龟,灵芝、仙草等都表示长寿和长生不老。位于山西芮城的永乐宫,保存有元代珍贵道教壁画 1000 平米,题材丰富,笔法流畅,形象生动传神。

三、佛教石窟寺艺术

(一)佛教石窟寺的类型

中国佛教石窟寺大约始于公元 3 世纪,公元 5～8 世纪是中国石窟发展的鼎盛期。中国历代的石窟寺可以分为以下几种类型:

(1)洞窟内立一座中心塔柱的塔庙窟。是提供给僧侣们绕塔作礼拜用的。

(2)用于讲经说法的佛殿窟。

(3)供给僧人生活起居和坐禅修行用的僧房窟。

(4)在有的塔庙窟和佛殿中雕塑了大型佛像,就形成了大像窟。

(5)在佛殿窟内设立中心佛坛,形成摹仿地面寺院殿堂作法的佛坛窟。

(6)专门为坐禅修行而开凿的小型禅窟(罗汉窟)。

(7)由小型禅窟组成的禅窟群。

(8)利用天然溶洞稍加修凿而成的石窟。

(二)中国佛教石窟寺的分布

中国石窟寺的制作,可以说是就地取材,因地制宜的。另外,石窟寺在不同的时代与不同的地区发展也是不平衡的,这样就形成了不同的时代艺术风格和不同地区的地方特色。根据中国石窟发展史上出现的这些明显的差异,把全国的石窟寺分成新疆地区、中原北方地区和南方地区这三个大的佛教石窟区。

(三)中国佛教四大石窟

敦煌莫高窟,位于甘肃省,俗称"千佛洞",是一处由建筑、绘画、雕塑所组成的博大精深的艺术殿堂,是我国也是世界上现存规模最大的佛教艺术宝库;云岗石窟,位于山西省大同市,以石雕造像气魄雄伟、内容丰富多彩而闻名诸石窟之首;龙门石窟,在河南洛阳市南 13 公里的伊河两岸,开凿于北魏太和十八年(494 年),其中以北魏、唐代作品最多;麦积山石窟,位于甘肃天水市东南约 30 公里的麦积山中,以泥塑造型清新秀丽、生活气息浓厚而闻名,泥塑一般上彩而不重彩,故有塑像馆之美誉。

四、宗教摩崖造像艺术

(一)佛教摩崖造像

严格地说也属于石窟寺中的一种,但因其造像方式的独特性,我们在这里单独罗列出来。所谓摩崖造像,是指利用崖面的自然走向而布局规划开凿成像。这是随着佛教的发展,为了把佛的形象造得更大而产生的。摩崖造像与石窟的区别主要在于前者没有与崖壁相联的窟顶与窟门。因此,为保护造像,特意修建多层的木构楼阁殿堂。在我国南方地区,摩崖造像则相对较多,如四川大足石刻、乐山大佛,浙江飞来峰造像和栖霞千佛岩等。

(二)道教摩崖造像

道教的摩崖造像艺术价值不及佛教。现存的摩崖造像不多,其中著名的有:鹤鸣山道教摩崖造像、西山观道教摩崖造像、老君岩等。其中老君岩在福建泉州市北郊清源山右峰,其造像高 5.1 米,厚 7.2 米,宽 7.3 米,是由一块天然岩石略施雕琢而成,充分表现了老人慈祥和蔼、健康愉快的神态;整个石像衣褶分明,线条柔而有力,具有宋刻手法和风格。

●实证分析:集宗教建筑、雕塑、壁画等于一体的五台山

五台山为中国四大佛教名山之一,位于山西五台县东北部,因共有五座山峰,且顶平如台,故名五台山。东汉时印度僧人在此建灵鹫寺,称其为文殊菩萨的道场。此后魏、齐、隋、唐及至明、清,屡经修建,现存台内佛寺 39 座、台外寺院 8 座,建筑雄伟壮观、雕刻精美,是我国最大、最多的佛寺建筑群。

显通寺即为原来的大孚灵鹫寺,经历代重修,现为五台山规模最大的寺院,面积 80000 平米,有殿堂四百余间,均为明清建筑。塔院寺位于显通寺南侧,寺内的主要建筑为一藏白塔,称为舍利塔,建于明永乐年间。塔高七十余米,基座高厚,塔形匀称,是五台山的标志性建筑。殊像寺是供奉文殊菩萨的主刹,寺内有文殊像,佛坛宽大,文殊驾驭于狮背,高约 9 米。罗睺寺,当地称为喇嘛庙,寺内建筑保存完好,寺前有一对唐代精雕的石狮,寺内正殿有一木制的活动莲台,可暗中操纵轮盘、牵动绳等,使莲瓣张开,佛像现出,此景名为"开花现佛"。菩萨顶传为文殊菩萨的居住处,故又称真容院、文殊寺,自蒙藏佛教进入五台山后,大喇嘛住此,遂成黄庙之首。佛光寺始建于北魏,重建于唐,寺内保存的唐代塑像、壁画、石幢、墓塔和汉白玉雕等均为唐代佛教艺术精华所在,佛光寺主体建筑东大殿是我国现存唐代木构建筑的代表作。南禅寺中的长寿大殿是我国现存最古老的唐代木构建筑。

复习思考题

1.宗教文化的旅游吸引功能表现在哪些方面?

2.中国的佛教分为哪三大系统? 举例说明各系统佛教寺院的建置。

3.举例说明道教宫观、清真寺及教堂的建筑特色、类型及特点。

4.礼制礼仪建筑可分为哪几种类型? 并举例说明。

5.中国佛教石窟寺有哪些不同类型?

6.宗教文化与旅游有何关系?

第九章 园林类旅游资源

学习引导

园林类资源是很重要的旅游资源类型。本章需要重点解决,分析园林构景艺术的发展历程;认识园林的不同类型;掌握园林构景艺术的原则及构景手法。首先,介绍中国园林构景艺术的发展过程;其次,讲授园林的基本类型;再次,分析园林的构景艺术。通过对园林类旅游资源的介绍,引导学生能够理解中国园林以及基本类型,掌握园林构景艺术的原则及构景手法。

教学目标

- 分析和理解中国园林发展历程与特点。
- 认识园林旅游资源的基本类型。
- 了解园林的主要景观建筑特点。
- 掌握园林构景艺术的原则及构景手法。

学习重点

中国园林发展历程与特点;园林的不同类型(按风格、功能和区域的分类);园林构景艺术(构景原则,构景手法,景观建筑)。

第一节　中国园林构景艺术的发展

园林,在中国古籍里根据不同的性质也称做园、囿、苑、园亭、庭园、园池、山池、池馆、别业、山庄等,英美各国则称为 Garden,Park,Landscape Garden。它们的性质、规模虽不完全一样,但都具有一个共同的特点,即在一定的地段范围内,利用并改造天然山水地貌或者人为地开辟山水地貌,结合植物的栽植和建筑的布置,从而构成一个供人们观赏、游憩、居住的环境。中国古典园林发展的历史悠久,大约从公元前11世纪的奴隶社会中期直到19世纪末叶封建社会解体为止,在三千余年的漫长的、不间断的过程中形成了世界上独树一帜的风景式园林体系——中国园林体系。

中国古典园林的全部发展历史分为四个时期。

一、园林的生成时期(前 11 世纪～公元 220 年)

生成期即中国古典园林从萌芽产生而逐渐成长的时期。这个时期的园林发展虽然尚处在比较幼稚的初级阶段,但却经历了奴隶社会末期和封建社会初期的一千二百年的漫长岁月,相当于殷、周、秦、汉这四个朝代。

最早见于史籍记载的园林形式是“囿”,园林里面的主要构筑物是“台”。最早的“囿”是蓄养禽兽的场所。“台”是用土堆筑而成的高台,它的用处是登高以观天象、通神明。所以中国古典园林起源于帝王狩猎的“囿”和通神的“台”,其本身即已包含风景式园林的物质因素。中国古典园林中首先出现的一个类型是皇家园林,而历史上最早的、有信史可证的皇家园林则是商的末代帝王殷纣王所建的“沙丘苑台”和周的开国帝王周文王所建的“灵囿”、“灵台”、“灵沼”。秦始皇灭诸侯,建立统一的封建大帝国。在首都咸阳修建上林苑,并“作长池,引渭水……筑土为蓬莱山”(《三秦记》),以供帝王游赏。武帝为了追求长生不老,按照方士所鼓吹的神仙之说在建章宫内开凿太液池,池中堆筑方丈、蓬莱、瀛洲三岛以摹拟东海的所谓神仙境界。这就是后来历代皇家园林的主要模式“一池三山”的滥觞。至此,造园已逐渐消失其神秘的色彩而主要以大自然景观为师法的对象,中国园林作为风景式园林的特点已经具备,不过尚处在比较原始、粗放的状态。

二、园林的转型时期(220～589 年)

这一时期为魏晋南北朝时期。由于长期的战争和社会动荡,消极悲观情绪导致及时行乐思想的流行,儒家独尊的正统思想受到冲击,礼教束缚遭到反抗,崇尚玄学、逃避现实、寄情山水成为社会风流,这对中国古典园林的发展产生了很大的推动力。这一时期的园林从单纯的模仿自然,发展到艺术的加工,形成了我国园林注重自然美的挖掘和景观构成艺术的传统特色,奠定了今后园林发展的主旋律,"竖画三寸,当千仞之高;横墨数尺,体百里之回"的山水画艺术浸润入园林营建之中。

私家园林在寄情山水的社会风尚中异军突起,是该时期园林发展的主脉。其规模虽无法与皇家园林比拟,但艺术造诣远盖其上,叠山理水、种植建筑的细致设计使园林表现出了源于自然又高于自然的意境。达官贵人的园林崇尚华丽,如西晋石崇的"金谷园"、北魏大官僚张伦的宅园等;而文人名士园林则表现出归隐山林、追求怡性畅情的倾向。

皇家园林虽然仍受传统制约,不能摆脱封建礼制和皇家气派的限制,但其狩猎、通神、求仙功能大减,游览观赏功能成为主导。园林建设开始逐渐接受私家园林造园艺术和美学思想的影响,开始艺术的升华进步。皇家园林多和都城规划相结合,形成了曹魏邺城铜雀园、后赵华林园等著名皇家园林。

思想活跃对宗教传播的推动,使寺观园林这一新的园林类型应运而生,奠定了中国古典园林三大类型并列发展的基础。

三、园林的全盛时期(589~960 年)

公元 6 世纪到 10 世纪初的隋唐王朝是我国封建社会统一大帝国的黄金时代。这是一个国富民强、功业彪炳的时代。文学艺术充满了风发爽朗的生机。在这样的政治、经济和文化背景下,园林的发展相应地进入一个全盛时期。隋代洛阳的西苑,唐代长安的华清宫、兴庆宫都是当时著名的皇家园林。华清宫利用骊山风景和温泉进行造园,骊山北坡为苑林区,内部的建筑布局和植物配置都按山麓、山腰、山谷、山顶的不同部位因地制宜地突出各自的景观特色。因此,华清宫的景物最为时人所称道:"柏叶青青栎叶红,高低相竞弄秋风,夜来风雨轻尘敛,绣出骊山岭上宫。"唐代的私家园林也很兴盛,首都长安城内的宅园"山池院"几乎遍布各坊里。皇室、贵戚的私园大都竞尚豪华,往往珠光宝气,美伦美奂,所谓"刻凤蟠螭凌柱邸,穿池凿石写蓬壶"(韦元旦《幸长乐公主山庄》)。而文人士大夫的则比较清沁雅致,如像南郊的杜曲、樊川一带的别业"水亭凉气多,闲榴晚来过,洞影见藤竹,泽香闻艾荷",很富于水池野居的情调。唐代已有文人参与造园的事例,著名的"辋川别业"即由王维亲自规划。唐长安还出现我国历史上的第一座公共游览性质的大型园林——曲江。

由此可知,全盛时期的皇家园林,"皇家气派"已完全形成。私家园林的艺术性有所升华。山水画、山水诗文、山水园林这三个艺术门类已有互相渗透的迹象,诗画的情趣开始形成。

四、园林的成熟时期(宋元明清)

从宋代到清代是中国古典园林成熟的时期。成熟意味着风景式园林体系的内容和形式已经完全定型,造园艺术和技术已经基本上达到了最高的水平,而且逐渐形成地方风格。这时期的园林保存下来的实物较多。比较集中而具有一定风格特点的地区:北方以北京为中心,江南以苏州、湖州、杭州、扬州为中心,岭南以珠江三角洲为中心。在匠师们的广泛实践基础上还刊行了多种专门性的造园理论著作,明末计成编著的《园冶》就是其中之一。

北宋都城东京(开封)就有艮岳、金明池、琼林苑、玉津园等皇家园林八九座。艮岳是由宋徽宗参与筹划兴建,是一座事先经过规划和设计,然后按图施工的大型人工山水园,在造园的艺术和技术方面都有许多创新和成就,为宋代园林的一项杰出的代表作(图9-1)。

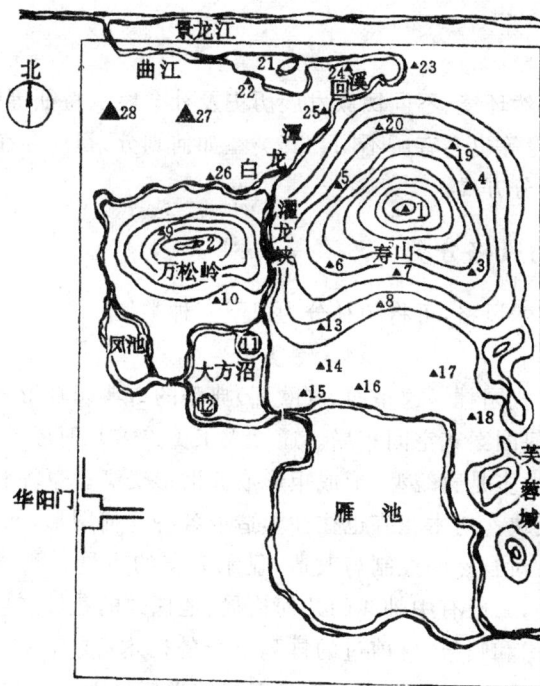

图9-1　艮岳平面设想图(引自《中国古典园林史》)

1 介亭　2 巢云亭　3 极目亭　4 萧森亭　5 麓云亭　6 半山亭　7 绛宵楼　8 龙吟堂
9 倚翠楼　10 巢凤堂　11 芦渚　12 梅渚　13 揽秀轩　14 尊绿华堂　15 承岚亭　16 昆云亭
17 书馆　18 八仙馆　19 凝观亭　20 山亭　21 蓬壶　22 老君洞　23 萧闲馆　24 漱玉轩
25 高阳酒肆　26 胜筠庵　27 药寮　28 西庄

明清园林中私家园林以江南地区宅园的水平为最高,数量也多。园林受到诗文绘画的直接影响也多一些,江南园林所达到的艺术境界也最能表现当代文人所追求的"诗情画意"。皇家园林是清代北方园林建设的主流。清代自康熙以后历朝皇帝都有园居的习惯,在北京附近风景优美的地方修建了许多行宫园林。到乾隆年间,北京西北郊一带除了少数的寺庙园林外,几乎成为皇家经营园林的特区。仅大型的行宫御苑就有五座之多:香山静宜园、玉泉山静明园、万寿山清漪园、圆明园、畅春园,号称"三山五园"。在其他地方还有承德避暑山庄、滦阳行宫、蓟县盘山行宫等,成为北方皇家园林的鼎盛时期。它们上承汉唐的传统,又大量吸取了江南园林的意趣和造园手法,结合北方的具体条件而加以融汇,可谓兼具南北之长,形成我国封建社会后期园林发展史上的高峰。

第二节　园林的类型

由于受不同自然环境、不同民族发展历史及社会经济特征等的影响,园林的风格、规模、结构、用途等也会有所不同。其类型如何划分,目前存在不同看法。以下介绍几种常见的划分方式。

一、按园林的风格分类

按照园林的艺术风格,可将园林分为以下三种类型:

(一)西方园林

亦称几何图案式园林。这是西方(欧洲)典型的古典园林形式。它讲究整齐一律、均衡对称的几何图案式空间布局。通过人工美追求几何形美,总体布局有强烈的对称轴线,道路大多是直线型,形成矩形或放射形交叉。草坪和花圃也被分割成各种几何形状的板块。树木花卉也往往塑造成各种几何图形,如球形、圆柱形。这种园林往往表现人对自然的控制与改造,显示人文的力量。西方园林以法国古典主义的花园为代表,一般有中轴线的几何格局、地毯式的花圃、笔直的林阴路、整齐的水渠、华丽的雕像和喷泉、修剪过的排列成行的树木(或有一定造型的绿雕)、壮丽的建筑物等,如法国的凡尔赛宫。这种格局的形成反映了当时上层社会的意识,适应其追求排场和举行盛大仪式、庆典等活动的需要。

我国也有这种风格的园林,但多为近代作品,如南京的中山公园。

(二)东方园林

亦称自然山水式园林。我国的古典园林基本属于这一类型。以中国的苏式园林和北方的皇家园林为代表。苏式园林顺应自然方式,有曲折的水、错落的山,并以迂回盘绕的曲径把点缀在园林中的淡雅朴素的建筑和景点联系起来。主景区常呈现为由围绕小湖的建筑、假山和林木,构成一个以环状路线联系起来的山水园。没有中轴线,园林构景要素互相穿插,不呈几何规则式排列。北方皇家园林是吸取苏式园林的长处以适应皇家的要求而设计的,在正门处常有宫殿布局,并保持一定的中轴线。

中国自然山水园林 6 世纪传入日本,18 世纪后半叶传入英国等欧洲国家。我国现存的这类著名园林很多,如拙政园、网狮园、颐和园、承德避暑山庄等。

(三)中西混合式园林

亦称混合式园林。指上述两种风格都有,表现比例相当的园林,如北京中山公园、广州烈士陵园等。另外中国式园林 18 世纪传人英国,逐步形成了带有折中主义的所谓英国式园林,也可称为中西混合式园林。

二、按园林的功能分类

按照营建的功能和目的,古典园林可分为以下七种类型:

(一)皇家园林

皇家园林,又名苑囿、宫苑,为皇家所有。是供帝王居住、活动和享受的地方。如北京的北海、中南海、景山、故宫里的御花园、乾隆花园和海淀至香山一带的圆明园、清漪园(颐和园)、静明园(玉泉山)、静宜园(香山)以及承德避暑山庄等。它们的主要特点是:规模宏伟浩大、富丽堂皇,园中有行宫,园中有园,建筑形式极为多样且功能齐全;另外,多选天然风景佳地,集天下能工巧匠,收天下之美景,穷极天下之乐趣,耗费巨资建成。

(二)宅园

又称府宅园林,是私家园林的一种。这主要是一些王公贵族、官吏富商建造来供自家居住享用的。分布于全国各地,数量可观,但以江南(太湖流域)为多,尤其苏州、扬州、无锡一带。如苏州的拙政园、留园、网狮园,扬州的个园、何园等。北方如北京的王府花园,山东曲阜孔府的后花园,北京明代画家米万钟所建的漫园、勺园、湛园等。它们的主要特点是:在环境气氛的创造和处理上,更注重对自然风光的赞赏;范围较小,且大多建于城市;由于天然造园环境受限制,并受园主经济物质条件影响,因而要成就意境特殊的山水景物园林,对造园者的艺术造诣和技巧要求相应更高。另外,宅园很注重构图,主题突出;建筑体量较小且大多淡雅;注重诗情画意。

(三)寺观园林

是指宗教园林,是寺观、祠堂等与园林相结合的产物。如北京碧云寺的水泉院、白云观、潭柘寺,承德殊象寺,扬州大明寺东院等。其主要特点是:多建在环境静穆、景色优美的自然山林处;布局多为轴线对称式建筑配置;林木以松柏等多年生树种为主,以突出肃穆、庄严的气氛。

(四)坛庙、祠馆园林

坛庙是封建社会祭天地和祖先的场所,在坛庙内也建有小型花园。如北京社稷坛(现改为中山公园)、天坛、地坛、日坛、月坛、孔庙等都有这种园林。成都的杜甫草堂(祠)和眉山苏祠(苏轼父子祠)本身就是把祠堂与园林融合在一起的祠堂园林。

(五)庭院园林

庭院园林是指衙署和王府之中在庭前空地或天井之内布置些假山、水池、花木之景,以美化庭院。如北京恭王府西路天香庭院中的翠竹、假山等。

(六)名山胜境园林

这是在一些名山胜境处,文人墨客相聚或众人游览观景之地的园林。如北京陶然亭、浙江兰亭、四川成都望江楼、云南昆明大观楼、山东济南趵突泉、安徽滁县醉翁亭等。

(七)大型湖山园林

这种园林是指古城内或风景区在长期发展过程中,陆续兴建的一些风景点,亭台楼阁、寺观、桥堤等景观,组合成了一个完整的大型园林。如杭州西湖、济南大明湖、苏州虎丘、广州白云山等,皆属于此。

三、按园林的区域分类

按园林所处的区域分类,可分为三种类型:

(一)北方园林

北方园林主要指北京及其附近的皇家和私人园林,即以皇家园林为主,规模宏大,雄伟豪放,可概括为"北方之雄"。这些园林风格多粗犷,人工建筑也偏于厚重。如北京以山水取胜的"三山"(香山、玉泉山、万寿山)。北方园林一般在北京、洛阳、开封等古都较为集中,尤以北京为代表。

(二)江南园林

"江南"是指长江下游太湖流域一带。江南自东晋、南北朝之后,经济发展很快,且江南游乐之风盛于中原,故有钱有势者以建园林或私宅为高雅,不出院门,可陶性于山水之野,所以争建园林。还有江南山青水秀,河道密布,湖塘众多,草木繁茂,为建园林提供了条件。故有"江南园林甲天下,苏州园林甲江南"之说。苏州园林不但数量多,而且园林艺术也达到了很高水平,因此有"园林城"之称。其中沧浪亭、狮子林、拙政园、留园号称"苏州四大名园"。江南园林与北方皇家园林相比,又有如下特征：一是规模有限，小巧玲珑，精细别致，布局巧妙，构景雅致；二是强调诗情画意和寓意美；三是多以山池为中心，以花草为衬托，环以建筑，重叠石堆山，尤其是名贵奇石。总之，江南园林，玲珑纤巧，清雅淡泊，轻盈秀丽，富有田园和真山真水之情趣，可概括为"南方之秀"。

(三)岭南园林

岭南地处亚热带，终年常绿，具有明显的南亚热带风光特点，造园条件十分优越。园林多为景观欣赏与避暑纳凉相结合，其布局往往以大池为中心，绕以楼阁，高树深池，阴翳生凉。花木种植颇广，从青竹幽兰到热带的榕树、木棉均有。它们与建筑小品相映衬，更显得园林色彩浓丽，绚烂精巧。如"粤中四大名园"的广州番禺县的余荫山房、东莞的可园、顺德的清晖园、佛山的梁园。由于岭南园林发展历史较晚，吸取了江南园林之"秀"，也师道于北方园林风格，近代又受西欧造园技法的影响，结构简洁、轻盈秀雅，室内造景、室外呼应，具有综合型园林的特征。

(四)少数民族园林

指我国一些少数民族的庭院、寺庙的园林。如西藏的罗布林卡以及新疆、宁夏一些伊斯兰教的清真寺的园林等，具有浓厚的民族色彩和宗教气氛。

第三节　园林构景艺术

一、园林的主要构景原则

(一)贵在自然

园林之美，贵在自然。园林的叠山理水应尽力做到"虽由人作，宛自天开"，这是建园的一条基本准则。"自然"二字，主要体现在两个方面：一是园林山水接近自然，充分体现自然山水之美，让人身处其中有回归自然的感觉；二是园林建筑要与自然环境相协调，二者应该是和谐的统一体。这就要求在造园中：第一，要遵循自然规律。尤其在选址上，应以因地制宜、因势利导、利用地势地貌为原则，自然布局，并利用生态环境来创造人工小气候。第二，园林建筑在材料的选择、运用上，应充分注重利用自然资源的特点；建筑的形式须灵活多变，巧于因借，或存民居之风格，或存古朴之情趣，一切以与环境意境协调为准。这样园内建筑可互为对景，园外佳景可借入园内，而建筑本身能与地形结合，越山跨水无所不宜，有的还可与山石岩洞结合成为自然与人工相融合的建筑。

总之，古典园林，贵在通过对自然山水的高度概括和提炼，通过选择适应需要的园林和满足功能要求的布局,使自然环境与人工艺术结合成一个有机的整体,实现"自然之理",并得"自然之趣"。

(二)重在曲折

古典园林一般都是封闭的,范围有限。要在这有限的面积内给人以无限空间的感觉,构景中讲究曲折变化就成为关键的一环。因为"曲折"可以避免景物一览无余,可以使相对距离延长,从而使空间感觉增大;"曲折"可以加深景物层次,可以分散游客,从而使气氛更显幽静。所以,注重曲折变化,是园林构景的重要原则。在具体运用上,主要体现在以下三个方面:

一是在建筑的设计、布局上,尽量避免对称,建筑常与山、池、花木共同组成园景,在局部园景中它还可成为构图的主题。山、池是园景骨干,欣赏山池风景的位置,则常在建筑物内,因此建筑既是观赏对象,又是风景观赏点。所以要有曲折变化,如曲廊、曲桥,可根据两侧风景灵活运用,使游客左右顾盼有景,信步其间使距离延长,意趣加深。园林中的道路,也宜曲不宜直,所谓"曲径通幽处"。小径多于主道,则景深而客散,使之有景可寻、有泉可听、有石可留,可以吟想其间。

二是在水体的处理上,注意岸、堤的曲折变化。池有大小主次之分,水面处理也有聚分不同。一般来说池水以聚为主,以分为辅。聚则水面辽阔,虽人工开凿也有情趣;分则似断似续,可构成曲折深邃的趣味。池面形状则应曲折变幻,以免呆板。由于园林面积限制,水面分割多不用堤,而用桥、廊、岛等方式。尤以桥、廊的分隔为妙,能使水面与空间仍然相互渗透,似分而又贯通,有时形如曲折的水湾,使人望之有深远之感,余味不尽。所以曲折表现在水体处理中同样重要。

三是在空间的分隔上,要注意到园林空间分隔则深,畅则浅;越分隔,就会感到越大、越有变化。因此在设计上常采用大园套小园、大湖包小湖的手法。如颐和园中的谐趣园,拙政园中的枇杷园、海棠坞等,除了以廊、墙等建筑物分隔空间外,还要穿插山石树木,以使空间变化灵活。布局时掩时敞时隔时分,只见片断,不呈全形,园外有画,咫尺千里,使园林深秀而富层次。通过分划空间的大小对比,使人感到景物层出不穷,这正是园林建筑技术的特色之一。

(三)精在特色

园林都是由山水、树木花草、建筑等要素所组成的,这些可称为园林的共性。但每个园林又必须具有自身的特色,才会有生命力。即园林必须要有个性。例如苏州的名园,网狮园以静观为主,拙政园以动观为主,沧浪亭以苍古取胜,留园以华瞻闻名,虽处同一地域,但各有特色,互不雷同,都以各自独特的风采来吸引游客。

园林中的建筑在形成并体现园林的特色上,具有重要意义,必须予以充分重视。如北方园林在建筑上多不用正脊屋顶,而用卷棚屋顶,以求轻巧和曲线轮廓;南方园林中的建筑,屋顶翼角采用嫩戗起翘,突出了屋顶曲线。还有一些建筑,作为园林中的点景建筑,更是与园林特色密不可分。

二、园林的主要构景手法

在园林中,因借自然,模仿自然,组织创造供人游览观赏的景色谓之构景。人工构景要根据园林的性质、规模,因地制宜,因时制宜。现从主景与配景、层次、借景、空间组织、前景、点景等方面加以说明。

(一)主景与配景

"牡丹虽好,还需绿叶扶持"。景无论大小均宜有主景配景之分。主景是重点,是核心,是空间构图中心,能体现园林的功能与主题,富有艺术上的感染力,是观赏视线集中的焦点。配景起着陪衬主景的作用,二者相得益彰又形成一艺术整体。如杭州花港观鱼公园中金鱼池及牡丹园为主景,周围配置大量的花木(如海棠、梅花、玉兰、樱花、紫薇等)以烘托主景。

突出主景的手法一般有:

1.主体升高

主景主体升高,相对地使视点降低,看主景要仰视,并可以蓝天、远山为背景,使主体的造型轮廓突出鲜明。

2.运用轴线和风景视线焦点

一条轴线的端点或几条轴线的交点常有较强的表现力。故常把主景布置在轴线的端点或几条轴线的交点上,如南京中山陵中山纪念堂。

3.动势向心

一般四周环抱的空间,如水面、广场、庭院等,其周围事物往往具有向心的动势,这些动势可集中到水面、广场、庭院中的焦点上,主景应布置在动势集中的焦点上。

4.空间构图的重点

在规则式园林中将主景布置在几何中心上,在自然式园林中将主景布置在构图的重心上,也能将主景突出。

(二)前景、中景、背景、全景

景色就距离远近、空间层次而言,有前景、中景、背景之分(也可称近景、中景、远景)。前景是视距范围较小的单独风景;中景是目视所及范围的景致;远景是辽阔空间伸向远处的景致,相应于一个较大范围的景色;全景是相应于一定区域范围的总景色。合理安排不同视点的近景、中景、远景,可以加深景观的层次感,使人获得深远的感受。如颐和园在尚未设置长廊时,万寿山上的佛香阁、排云殿等建筑群的布置有平淡松散的感觉。加上长廊后,以长廊为前景,万寿山为背景,将有关建筑群组织起来,佛香阁、排云殿等作为中景就更加突出。

(三)借景

在视力所及的范围内,有好的景色,宜组织到园林的观赏视线中来,作为借景。明计成论述道:"园林巧于因借,精在体宜,借者园虽别内外,得景则无拘远近,晴峦耸秀,绀宇凌空,极目所至,俗则屏之,嘉则收之。"

借景能扩大园林空间,增加变幻,丰富园林景色。借景因距离、视角、时间、地点等不同而有所不同。

(1)远借:借园林外的远处景物,如颐和园借玉泉山及西山、无锡寄畅园借锡山、苏州沧浪亭登见山楼可远借农村景色。

(2)邻借:亦称近借,如苏州沧浪亭,园内缺乏水面,而园外却有河浜,因此在沿水面河浜处设假山驳岸,上建复廊及面水轩。无封闭围墙,透过复廊上面的漏窗,使园内外景色融为一体,在不觉之间便将园外水面组织到园内。

(3)仰借:以借高处景物为主,如宝塔、山峰、大树,甚至白云飞鸟、明月繁星。如北京北海公园借景山、南京玄武湖公园借钟山,均属仰借。

(4)俯借:如登杭州六和塔展望钱塘江上景色,登西湖孤山观湖上游船及湖心亭、三潭印月等。

(5)因时而借、因地而借:朝借旭日、晚借夕阳,春借桃柳、夏借塘荷、秋借丹枫、冬借飞雪。

(四)对景与分景

(1)对景:凡位于园林轴线及风景视线端点的景为对景。对景又有飞对、互对之分。对景处理可对称严整,可自由活泼,根据条件而定。为了欣赏对景,宜选择最佳位置,安排亭、树、草地等能使游人休息逗留的场所作为欣赏对景的视点。

(2)分景:园林宜含蓄有致,忌一览无余。所谓"景愈藏,意境愈大;景越露,意境愈小"。分景能把园林划分成若干空间,能获得园中有园、景中有景、岛中有岛、湖中有湖的境界。使园景能虚虚实实、半虚半实,实中有虚、虚中有实,景色丰富、空间多变。分景因功能作用和艺术效果的不同,可分为障景和隔景。

①障景:又称抑景,在园林中凡是能抑制视线,引导空间转变方向的屏障景物均为障景。所谓欲扬先抑、欲露先藏,造成"山重水复疑无路,柳暗花明又一村"的效果。

②隔景:凡将园林分隔为不同空间、不同的景区的景物称为隔景。隔景能丰富园景,使各景区、景点各具特色并避免游人的相互干扰。如上海豫园的四个景区,都用龙墙相隔,墙上或开漏窗、或置砖雕,使各区间景色透过门廊漏窗,时隐时现;使水面有分有聚、有隔有通,造成了景观深远曲折的境界。

(五)框景、夹景、漏景、添景

(1)框景:利用门框、窗框,树干树枝所形成的框,山洞的洞口框等,有选择地摄取另一空间的景色,恰似一幅嵌于镜框中的图画。这种利用景框所观赏的景物称为框景。北京北海便有专视框景的"看画廊"的设置。

(2)夹景:为了突出优美景色,常将视线两侧的较贫乏的景观,利用树丛、树列、山石、建筑等加以隐蔽,形成了较封闭的狭长空间,突出空间端部的景物。这种左右两侧起隐蔽作用的前景称为夹景。夹景是运用透视线、轴线突出对景的手法之一,能起障丑显美的作用,增加景观的深远感。

(3)漏景:由框景发展而来,使景色若隐若现,比较含蓄而有"犹抱琵琶半遮面"的感觉。漏景不仅从漏窗取景,还可通过花墙、漏屏风、漏隔扇等取景,也可通过树干、疏林、飘拂的柳丝中取景。

(4)添景:有时求主景或对景有丰富的层次感,在缺乏前景的情况下可作添景处理。添景可通过建筑小品、树木绿化等来形成。

(六)点景

抓住园林中某一景观的特点及空间环境的景象,再结合文化艺术的要求,进行高度概括,点出景色的精华,点出景色的境界,使游人有更深的感受,谓之点景。点景的手法很多,如景色的命名、园林题咏、导游说明等均是。其中以园林题咏的方式为最多。园林题咏可用对联、匾额、中堂、石碑、石刻等形式表现出来。景点可以丰富观赏内容,增加诗情画意,给人以艺术的联想,并有宣传、教育、装饰、导游的作用。如昆明大观楼的180字长联、唐张继的《枫桥夜泊》诗,往往有画龙点睛之效。因此在园林布置中,应利用题咏等手法来点景,更好地为游人服务。

三、园林的主要景观建筑

(一)中国园林建筑类型

中国的造园艺术家常将诗情画意谱写在咫尺园林之中。园林建筑分布于这些立体的山水画卷中,它既要满足居住、休息、游览的需要,又要组成园景,创造富有变化的空间环境。所以园林建筑在造型上表现出多姿多彩的面貌,类型极为丰富,同时无论从选址、用料、功能、形式、结构及创造思想上,都具有独特的风格。现将中国园林建筑不同类型分别阐述如下:

1.厅、堂

厅、堂是园林中主体建筑,其体量较大,造型简洁精美,比其他建筑复杂华丽。《园冶》上说:"堂者,当也。谓当正向阳之屋,以取堂堂高显之义。"厅、堂因其内四界构造用料不同而区分,扁方料者曰厅,圆料者曰堂,俗称"扁厅圆堂"。

园林中,厅、堂是主人会客、议事的场所。一般布置于居室和园林的交界部位,既与生活起居部分有便捷的联系,又有极好的观景条件。厅、堂一般是坐南朝北。

厅、堂这种建筑类型就其构造装饰不同,可分为扁作厅、圆堂、贡式厅、卷棚、鸳鸳厅、花篮厅、满轩等。按其使用功能不同,又可分为茶厅、大厅、女厅、书厅和花厅等。

2. 楼、阁

楼、阁属高层建筑,体量一般较大,在园林中运用较广泛。一般为两层或两层以上,在型制上不易明确区分。在古代把一座建筑底层空着,上层做主要用途的建筑物叫阁。而楼则是一种"重屋"的建筑,上下全住人。阁一般都带有平座,这是二者的主要区别。在用途上,阁带有贮藏性,用来藏书、藏画等。楼多用于居住,后也用于贮藏,还有城楼瞭望的作用。

楼阁这种凌空高耸、造型隽秀的建筑形式运用到园林中,在造景上起到了很大作用。首先,楼阁常建于建筑群体的中轴线上,起着一种构图中心的作用;其次,也可独立设置于园林中的显要位置,成为园林中重要的景点。

3. 榭

《园冶》云:"榭者,借者,藉景而成者,或水边,或花畔,制亦随态。"可见,榭这种建筑是凭借周围景色而构成。今天,以临水而建的"水榭"居多。

榭在功能上,多以观景为主,兼可满足社交休息的需要。在现存传统园林实例中,可看到水榭的大致布局和形式一般是在水边筑平台,平台周边围以低矮栏杆,平台上建一单体建筑,四面开敞通透或做落地长窗,显得空透畅达;屋顶通常用卷棚歇山式样,檐角低平,显得玲珑轻巧,简洁大方。随着现代园林建筑形式的不断丰富和发展,榭在体量、布局、造型上都有很大变化,变得更为丰富多彩。

4. 轩、馆、斋、室

轩、馆、斋、室是园林中使用较多的建筑物,有的属厅堂类型,有的附属于厅堂作辅助用房。从布局方式及与环境的关系上来看,轩、馆、斋、室表现出很大灵活性,它们对组织园林空间、丰富园林景观起着重要的作用。

轩,一般高爽精致,并用轩梁架木桁,以承屋面。在传统园林中,常将轩建在地处高旷、环境幽静的地方,形式上常以一轩式建筑为主,周围环绕游廊与花墙。

馆,一般是休息会客场所。建筑尺度不大,入园后可便捷到达;往往又自成一局,形成清幽、安静的环境氛围。有时"馆"也成为北方皇家园林中帝王看戏听曲、宴饮休息之所。

斋,一般是指书屋性质的建筑物,是修身养性的地方,常处于静谧、封闭的小庭院内,与外界隔离,相对独立,形成完整统一的气氛。

室,在园林中多为辅助性用房,体量较小,有时也做趣味性处理,常和庭院相连,形成一个幽静舒适、富有诗意的小院落。

5. 舫

舫是一种类似船形的建筑,又名"不系舟",在园林中有供人游赏、饮宴及观景、点景之用。从总的艺术风格看,舫这种园林建筑形式,贵在似与不似之间,才能创造出园林建筑佳品。

6. 廊

廊是一种"虚"的建筑形式,两排列柱顶着一个不太厚实的屋顶,常一边通透,形成一种过渡空间;其列柱、横楣在游览中构成一系列取景框架,增加了景观层次,增强了园林趣味,使游人在步移景异中欣赏一组景观序列。同时,廊因其造型别致、曲折迂回、高低错落,本身也构成了园林景观。

廊在位置选择上,不拘地形地势,"随形而弯,依势而曲。或蟠山腰,或穷水际,通花渡壑,蜿蜒无尽……"(《园冶》)。廊的类型丰富,从其剖面结构来看,大致可分为双面空廊、单面空廊、复廊和双层廊等形式。按其平面来看,可分为直廊、曲廊和回廊等三种形式,按其与环境结合的位置划分,又可分为沿墙走廊、桥廊、水廊、爬山廊等。

7. 亭

亭不仅体量小巧,结构简单,造型别致,而且选址极为灵活,几乎处处可用。亭不仅有驻足休息、纳凉避雨的功能,更是重要的点景建筑,以其优美的造型与周围景物结合,构成优美的风景画面。

从亭的平面形式看,亭的类型有:

(1)正多边形亭:如正三角亭、正方形亭、正六角形亭等。

(2)长方形和近长方形亭:如长方形亭、圭角形亭、扁八角形亭等。

(3)圆形和近圆形亭:如伞亭、蘑菇亭等。

(4)组合式亭:如双方形亭、双圆形亭、双六角形亭、双三角形亭等。

(5)其他形式:如扇面亭、梅花亭、半亭等。

从亭的立面看,又有单檐、重檐和三重檐之分。

从亭的屋面形式看,有攒尖顶和歇山顶,偶尔也有盝顶、盆顶的形式。

8. 塔

塔原本不属于园林建筑的范畴,属寺庙建筑类型,但现代园林中,塔已被广泛地引入园林,并常作为构图中心出现。在一个园林中,塔往往作为主景出现,不但丰富了园林的轮廓线,也丰富了城市的轮廓线和生活内容。塔这种醒目而集中向上的园林建筑在一些原本十分优美的风景区内,作为点缀品而出现,使得环境愈加秀丽幽雅,富含文化气息。

(二)园林建筑小品

园林建筑小品是指园林中体量小巧、功能简明、造型别致、富有情趣、选址恰当的精美构筑物。它包括两个方面:一是园林的局部(如花架、园路、花坛等)和配件(如园门、园墙等),二是园林建筑的局部和配件(如景窗、景梯、栏杆等)。它内容丰富,在园林中起着点缀环境、活跃景色、烘托气氛、加深意境的作用。

园林建筑小品虽是点缀之物,但小而不贱、从而不卑,想把它营造好非得费一番苦心,而且要牢牢抓住环境特征。下面就园林建筑小品的大致归类,分别加以叙述。

1. 园门、景墙、景窗

园门设计常追求自然、活泼,多用曲线,象形的形体和一些折线的组合,如圆门、月门、梅花门、汉瓶门等。并衬以山石、竹木,创造一种宁静、雅致的氛围,更有仅一石点缀成门等。景墙、景窗有分隔空间、遮闭视线、引导游览、丰富层次、衬托景物、装饰美化的作用。景墙常用形式有云墙(波形墙)、梯形墙、平墙和漏明窗等,景窗的窗框有长形、方形、六角形、八角形、圆形、扇形以及其他多种不规则形。

2. 花架、花坛

花架可以说是用植物材料做顶的亭和廊。造型更灵活、富于变化,结构更为简洁和开敞通透,再配上绿色植物的攀绕和悬挂,绿蔓遮顶,花香漫溢,自有一番独特的趣味。花坛在现代园林中运用较多,是庭园组景中不可缺少的一种手段。花坛作点景较多,有时也可成组布景,成为景点中心。由于花坛形式多样,布置时自由灵活,成为园林中颇具魅力的装饰品。

3. 园林雕塑

园林雕塑主要指园林中具有观赏性的小品雕塑,其取材很广泛,不论人物、动物、植物,山石均可作为雕塑的内容。在园林中,其既是一种点缀品,又是一种供欣赏、玩味,富于寓意的艺术品。

4. 梯级、蹬道、园路铺地

梯级与蹬道在园林中都用于组织竖向交通,可打破水平构图的单调感,处理得好,可视为景点,增强园林趣味性。园路铺地的做法具有较典型的园林个性,可创造一种或自然亲切、或构图优美的氛围。传统园林中铺地常用方砖、青瓦、卵石、石板、石块以至砖瓦碎片等,现代园林多用混凝土或结合以上材料作不同形式处理,以达到朴素、雅致、清新自然的效果。

5. 园桥、汀步、水池

水是中国园林的一个重要组成部分,而如何组织水景,桥和汀步起了独特的作用。人行于上,宛若飘于水面,别有一番滋味。中国园林以理水见长,常通过土石、植物、建筑将水面围合、分割,水面处理自然、流畅,追求一种幽静、清雅的自然气氛。现代园林表现更丰富。特别是喷泉和雕塑小品在水池中的大量运用,以及水幕、壁泉、滴泉结合水池的处理,创造了许多新颖别致的例子。

6. 园凳、园桌

园凳、园桌造型一般轻巧美观、活泼多样、自然亲切、富有特色。并多与环境相协调,如树下园凳,粗犷古朴;矮柱生凳,自然流畅;仿树桩凳,朴实无华;仿蘑菇凳,野趣盎然,不胜枚举。

●实证分析一:颐和园

位于北京海淀区。金贞元元年(1153 年)完颜亮设为行宫。明朝由皇室改为好山园。清乾隆十五年(1749 年)改为清漪园。咸丰十年(1860 年)为英法联军所毁。光绪十四年(1888 年),慈禧太后挪用海军经费重建。始改名为颐和园。全园由万寿山、昆明湖组成,占地共 290 公顷。全园以万寿山为中心,分前山和后山两大景区。前山水面浩森,以长堤划分湖面,湖中设岛,景深而开阔。后山湖水曲折、山谷幽深。宫廷区位于东面靠近城市一端。园内建筑景观大多集中于万寿山南麓,佛香阁成为全园景色的构图中心。正中主轴线一组建筑即为大报恩延寿寺。位于昆明湖中的南湖岛与左右两面另两个小岛,又构成蓬莱三岛的传统模式。后山一带有"须弥灵境"、"万宝塔"等建筑遗址。后山后湖景区最有趣味的是沿河两边的苏州街。从苏州街往东,有霁青轩和谐趣园,谐趣园是仿无锡寄畅园而建。万寿山西端尚有清晏舫。

●实证分析二:凡尔赛宫

法国的凡尔赛宫占地极广,大约 600 公顷。是路易十四依照财政大臣福开的维贡园(Vauxle Vicomte)的样式而建成的。1661 年动工,历时 28 年建成。建筑面积 11 万平方米,园林面积 100 万平方米。包括"宫"和"苑"两部分。广大的苑林区在宫殿建筑西面,它有一条自宫殿中央往西延伸长达 3 公里的中轴线,两侧大片的树林把中轴线衬托成为一条极宽阔的林荫大道,自东而西一直消逝在无垠的天际。林荫大道上饰以雕塑、喷泉、草坪、花坛、柱廊等,两侧布列一些洞府、水景剧场、迷宫、小型别墅等。树林里还开辟出许多笔直交叉的小林荫路,它们的尽端都有对景,因此形成一系列的视景线。中央林荫大道上的水池、喷泉、台阶、保坎、雕像等建筑小品以及植坛、绿篱均严格按对称均齐的几何格式布置,是规整式园林的典范。它所显示的恢宏的气度和雍容华贵的景观也无前者能比拟。这座园林不仅是当时世界上规模最大的名园之一,也是法国绝对君权的象征。以凡尔赛为代表的造园风格被称做"勒诺特式"或"路易十四式",在 18 世纪时风靡全欧洲乃至世界各地。

复习思考题

1.园林有哪些常见的分类方式? 可分哪些基本类型?

2.在园林构景艺术中,应遵循哪些构景原则?

3. 何谓构景？举例说明园林的主要构景手法。

4. 试述中国园林的主要建筑类型。

5. 何为园林建筑小品？在园林中有何作用？并举例说明。

6. 园林类旅游资源有何旅游价值？

第十章 城镇类旅游资源

学习引导

城镇类旅游资源是极为重要的旅游资源类型。本章重点解决，了解特色小城镇及都市旅游资源；认识城镇旅游资源的基本知识以及中国七大古都旅游资源特点。首先，阐述历史文化名城的含义、分类和中国七大古都；其次，讲授特色城镇的概念、特点和分类；再次，介绍现代都市的特征、建筑、科教文化设施、经济活动设施与休闲娱乐设施。通过上述分析，引导学生能够理解城镇旅游资源的基本知识，并掌握中国古都旅游资源特点。

教学目标

- 分析和理解历史文化名城的含义、分类和中国七大古都。
- 认识特色城镇的概念、特点和分类。
- 了解特色小城镇及都市的旅游资源。
- 掌握城镇旅游资源的基本知识。

学习重点

历史文化名城的含义、分类和中国七大古都；特色小城镇的概念、特点和分类；现代都市风光特征、标志性建筑、科教文化设施、经济活动设施与休闲娱乐设施。

第一节　历史文化名城

一、历史文化名城的含义

顾名思义,历史文化名城是人类发展历史上所形成的,具有重要传统文化价值的,在军事、政治、经济、科学和文化艺术等方面具有独特地位、有不同程度影响力的各类城市。历史名城不仅对研究悠久的历史与文化、考察古代的建筑艺术、研究城市规模体系、剖析古人的民俗风情等有重要的珍贵的价值,对旅游业的意义也是非常显著的。

二、历史文化名城的类型

中国五千年的历史文明,迄今遗留下来的历史文化名城众多。国务院先后审批公布了国家级历史文化名城10座,各省市自治区还有大量省级历史文化名城。在旅游业界,一般根据历史文化名城的形成发展和功能特点,将其分为不同的类型。

(一)古都类

曾是帝王居住的城市,即封建王朝的都城。帝王行使特权统治和居住的宫殿、坛庙及园圃,甚至陵墓均集中于此。如我国著名的七大古都:北京、西安、洛阳、开封、安阳、南京、杭州。

(二)地区统治中心类

在我国漫长的历史中,无论是封建王朝的全国统一时期,还是分裂割据的年代,都有诸侯国君,各立郡国。自汉到明代,还有分封各地的藩王。这些诸侯国君、藩王所在地,一般都是地区统治的中心,后来大多成为各省的省会和地区所在的城市。前者如成都,历史上曾先后为三国蜀汉,十六国成汉,五代前蜀、后蜀都城,现为四川省会;后者如江陵,是楚国都郢所在地,现为荆州地区的中心城市。

(三)风景名胜类

这类城市或城郊有众多优美的景点,它们与城市建设发展紧密结合,优美的自然风景与丰富的人文景观相互交融,形成美丽的城市风光,如桂林、大理、苏州等。

(四)民族地方特色类

这类城市多分布在少数民族聚居的区域,具有明显的民族特色,它反映了我国悠久的传统和多民族的文化特征,如呼和浩特、喀什、日喀则等。

（五）近代革命史迹类

这类城市是中国近代许多重大革命事件的发生地，有许多反映中国人民革命斗争历程的文物和建筑，如延安、南昌、遵义等。

（六）海外交通、边防、手工业等特殊类

这类城市是我国古代科技、文化的标志和结晶，如泉州早在唐代就是我国的对外大港，宋元时代是全国著名的造船中心。

三、中国七大历史古都

古都是一类重要的历史文化名城。在数千年的历史上，有过许多都城。仅据6世纪初的《水经注》载，上起上古、下迄北魏，中国古都约有180处。自北魏到清亡，其间又经历了数代王朝的更替、列国的消长，又增加了许多古都。

在这些城市中，有规模宏伟、举世罕见的宫殿、寺观、坛庙建筑群，有被誉为世界奇迹的考古新发现，有规模浩大、独具风格的帝王陵寝，有世界园林史上绝无仅有的中国古典园林，有巧夺天工、闻名中外的石窟雕塑艺术宝库，有绚丽多姿的传统文化、手工艺品和风物特产。总之，在这些城市的地面和地下保存着大量光辉灿烂的历史古迹和革命文物。可以说它们是中国旅游资源的核心。

（一）北京

世界闻名的历史古都北京，经历了中华民族的历史沧桑，50万年前的"北京人"、1.8万年前的"山顶洞人"就在这里繁衍生息，并创造了远古文化，后来一直是兵家必争之地。从辽金开始，历元、明、清皆建都于此，长达660年；加上新中国亦定都于此，总计建都已七百多年，是中国最重要的最大的古都之一。北京城因处燕京要塞，自古就是北方的军事重镇和贸易中心、北方各民族权力争夺和生活交流地，故多民族特色隐含在各种旅游资源中；清朝的兴衰，更是给北京的旅游资源打下深深的烙印。总之，北京现存的旅游资源，是一部用特殊文字书写的中华民族史，记述着历史上最悲壮的篇章，闪烁着各民族的智慧，铭刻着兄弟民族相残的教训，还格外清晰地记述着近现代史上文明掩盖下的暴行和伟大民族的抗争。这些无比深厚的文化内涵是其他古都无法比拟的，是世界都城不可比拟的，是北京旅游资源的最重要特色。北京旅游资源内容之多、品位之高雄居榜首，如故宫、颐和园、天安门、十三陵、长城、天坛、碧云寺、雍和宫、周口店遗址等。建国以来，北京日新月异，昔日的帝都又融进了现代化城市的气息，街道宽阔，高楼林立，环境优美，是全国政治、文化、科技、交通中心。

（二）西安

西安古城闻名中外，世界上很难找到能与西安相匹敌的、如此博大精深的古都旅游区。110万年前的蓝田人和新石器时代的半坡、姜寨先人就在这里繁衍生息。

从西周到唐,先后有十九个政权建都在这里,历时一千一百多年,是我国早期建都历史最长的一个重要都城。中国封建社会形成期秦朝、全面发展期汉朝和鼎盛期唐朝皆都于此。因此,秦的威力、汉唐的繁荣和宏大赋予了全地区旅游资源恢宏的气势和丰富、深刻的历史内涵。西安及附近地区成为华夏文化的核心源地之一,时至今日,汉唐雄风仍随处可见。西安旅游资源极为丰富,种类齐全、品位高、知名度高,其中古陵墓、古遗址等文物古迹最为突出,如蓝田猿人遗址、半坡遗址、丰镐遗址、阿房宫遗址、汉长安遗址、唐长安遗址,唐建大雁塔、小雁塔,明建钟鼓楼、明城墙,秦始皇陵及汉、唐皇陵,西安碑林、陕西历史博物馆、秦兵马俑博物馆等。此外还有骊山国家级风景名胜区等。

(三)洛阳

洛阳在河南西部的伊洛盆地,北依邙山、黄河,南临洛河。远在六七千年前,洛阳已进入母系氏族社会,著名的仰韶文化即首先发现于洛阳西北的仰韶村。据20年的考古发现和史学研究,夏王朝后期四个帝王在此建都,史称"斟鄩";成汤灭夏立商后,都城屡迁,其中"西亳"被认为处于伊洛盆地;西周初年周公营建洛邑,始为周之陪都,公元前770年平王东迁开始了东周都城五百多年的历史;自此后,又有东汉、曹魏、西晋、北魏、隋、唐、后梁、后唐、后晋诸朝定都洛阳。唐代洛阳达到鼎盛,宋代洛阳已不是都城,但为当时的学术中心。由于文人云集,北宋洛阳的园林盛极一时。以后洛阳历经战乱,古迹多废毁,唯有龙门石窟和白马寺保存完好。后经多次修复,目前旅游资源仍相当丰富,著名的还有关林、周公庙、杜甫祠、二程墓、仰韶遗址等。洛阳唐三彩为著名传统特产。市花牡丹花素有"甲天下"之誉。

(四)开封

开封在河南省中部偏东平原上,陇海铁路横贯境内。公元前743年,郑庄公命郑邴在郑国东北边境,即今朱仙镇附近的古城村筑城,取"开拓封疆"之意命名,开封从此得名。北宋时,开封荣为国都,达到开封历史上的鼎盛时期,最盛时人口愈百万,是东亚一大都会,是世界最繁华的城市之一。宋人张择端的《清明上河图》生动描绘了当时开封的繁华景象。自战国到金共有七个王朝建都于此,故有"七朝古都"之称,其中作为统一王朝北宋的首都长达168年。黄河下游的洪水及中原的战乱,使这一古都的历史文物频遭厄运。除"铁塔"和少量遗址外,几乎均为后代重建。新中国成立后,重视文物的发掘和保护,目前市内名胜众多,如著名的铁塔、龙亭、相国寺、禹王台、镇河铁犀等。另外,汴绣、汴绸、草编、玉雕、年画等均为著名传统工艺品。

(五)南京

南京在江苏西南部,位于长江南岸,踞紫金山麓。宁镇山脉绵延东南,环抱市区,素有"虎踞龙盘"之称,历史悠久。远在六千多年前,在玄武湖畔出现了原始的村落。吴、东晋、南朝皆都于此,"金陵自古帝王州"之誉此时取得。宋、元、明、清时南京为地方的政治、经济中心而雄居东南一方,明初更以宏大的气势出现为全国的首都。加上太平天国和民国,先后共有 10 个朝代都于此,故有"十朝都会"之称,其中作为全国性政权首都的时间仅为明初 53 年(1368～1421)和民国 14 年。现代的南京发展成为江海、江河港口和外贸商港,科研教育中心和科技文化国际活动中心之一,兼具古今文明的园林化城市。市内旅游资源极为丰富,种类齐全,人文景观和自然景观交相辉映,旅游资源整体协调性好,四季风景变化无穷。著名的有雨花台烈士陵园、中山陵、明孝陵、栖霞寺、紫金山、秦淮河、莫愁湖、玄武湖等。

(六)安阳

安阳在豫北安阳河畔,京广铁路经此。其前身殷和邺是我国重要的古都所在地。早在三千多年以前商王盘庚迁都于殷,到周武王伐纣灭商,历时 273 年,传 8 代 12 王。周灭商后,定都镐京,殷都渐荒,成为一片废墟,故称殷墟,其遗址在安阳西北 2 公里的小屯村一带。安阳是中华古老文化的发祥地之一,又是七大古都中最早的古都,这些独特性体现在旅游资源中形成古都安阳的旅游资源。目前安阳境内名景点有距今 2.5 万年、被史学界称为"小南海文化"的小南海原始人洞穴,闻名的殷商帝都废墟,文峰塔以及并称"三袁"的袁寨、袁府和袁世凯墓。

(七)杭州

杭州为著名古都,世界闻名的旅游城市。在浙江省北部,钱塘江下游北岸,京杭大运河南端。南朝置钱塘郡,隋开皇九年(589 年)废钱塘郡置杭州,杭州名始于此。隋炀帝筑南北大运河,大大促进了杭州的发展。五代时,吴越国建都于此,历 5 代 70 余年。在此期间,城市建设有较快发展。南宋时杭州跃升为一朝首都,短短十几年发展成为南宋的政治、经济、文化中心,也是全国第一大城市。在七大古都中,杭州作为古都的时间最短,然而杭州却以其得天独厚的自然景色和无比深沉的民族历史文化内涵,在古都之中、在全国旅游资源行列中,甚至在世界旅游业中放射出夺目的光辉。旅游资源种类丰富、景点集中又富于变化,令人目不暇接,流连忘返,这正是杭州旅游资源最突出的特色。其主要景点有:西湖胜景、秋瑾墓、黄龙洞、岳飞庙、虎跑泉、保俶塔、钱塘江大桥等胜迹。杭州丝绸业发达,有"丝绸之府"之称,织锦为我国名锦之一。著名特产是茶叶,尤以龙井茶享誉海内外。

<h1 style="text-align:center">第二节　特色小城镇</h1>

一、概述

特色小城镇关键在于"特色",有特色才对游客有吸引力,才能被开发利用,才能实现经济效益,从而成为真正的旅游资源。中国地广人多,农村人口占绝大多数,因此作为城市和农村结合部的城镇就显得尤为重要。它不仅有城市的特质,更有乡村的烙印;不仅能领略到城市的气息,更能深切体验到古老中华民族的风土民情。中国国民经济自古以农业为主,辅以牧业、手工业,因此,在广袤的乡村遍布有很高旅游价值的小城镇。

二、特色小城镇的类型

(一)锦绣山河类

陕西华阴市的华山镇,因奇拔峻秀的西岳华山而闻名,成千上万的游人来此登山,热闹非凡。河北丰宁满族自治县坝上草原,是与首都北京相距最近的一处天然大草原,此处气候凉爽,水草丰美,方圆 600 平方公里,被称为"京北第一草原",1989 年在这里建成的"京北第一草原度假村"已开始接待游人。这座新颖的度假村,有按八旗体制编排的 50 个蒙古包和二百多个帐篷,以供游人住宿。旅游项目富有满、蒙民族风采,例如骑马、篝火和野餐等,还开展摔跤、赛马等活动。这里是中外游人饱览草原风光和满、蒙风俗民情的乐园。陕西眉县汤峪镇的地下热水资源丰富,于是建立了一批疗养院,来沐浴和治病的人络绎不绝。江南水乡风景秀美,具有"小桥、流水、人家"风韵的小镇比比皆是,有的已对游人开放,有的还处于半封闭状态,等待进一步开发。

(二)独特建筑类

最奇特的城镇街道布局:新疆维吾尔自治区特克斯县县城的八卦街,在我国城镇街道建设中是最为奇特的。1936 年,伊犁屯垦使邱宗浚趁特克斯与昭苏两地分设治局时,命伊犁地区行政长官李建堂绘图选址,建立特克斯县城镇。邱、李二人按《周易》中的八卦绘镇图。然后,各族人民按图施工,开始建设镇中心,以 1.334 公顷地为花园,继之拉线、打旗、定向、修路。以花园为中心的 8 条射线街路,各长1070 米。距花园 350 米,建二环路与 8 条射线街相连,并由此再增加 8 条射线街;又隔 350 米建三环路,最后隔 350 米,并在城镇周围建四环路。从花园的一环路到边缘的四环路均为 8 边形,其连接 32 条射线街,四通八达,交通非常便利。新中国成立后,又经改建修筑,平坦宽畅,房屋鳞次栉比,绿树成荫,果园遍布。这座独特的具有民族风格的城镇,本身就是我国所独有的一处名胜。

（三）园林生态类

"天下第一石榴园":号称"石榴王国"的西班牙,最大的石榴园也不过 200 公顷。而山东枣庄市峄城区的石榴园,东西长 15 公里,南北宽 2 公里,总面积为 30 平方公里,栽种四十多个品种的石榴树三十多万株,为世界之冠。素称"万亩石榴园",又被誉为"天下第一榴园"。1988 年,峄城举办了首届中国石榴节,国内外的游人络绎不绝。

最大的驼乡:内蒙古阿拉善盟,位于自治区西端,北与蒙古人民共和国毗邻,西南与甘肃、东南与宁夏接界,总面积近 27 万平方公里,现有骆驼总数达 16 万只,其中 3 万只为白骆驼。每年 7～10 月,水草肥美,六畜兴旺,一片丰收景象,是旅游观光的大好时节。游人可参加那达慕大会,也可骑骆驼旅游。这里的贺兰石工艺品、地毯及鹿茸、发菜、麻黄、苁蓉、锁阳等名贵药材素负盛名。

（四）文化艺术类

杂技之乡:河北吴桥县是中国著名的杂技之乡。吴桥杂技有两千多年的历史和广泛的群众基础。1930 年,吴桥艺术人孙富左创办了中国第一个大马戏团——中华国术马戏团。新中国建立初期,吴桥县有 30 个杂技团、30 个马戏团、472 个杂技组,共 3651 人。吴桥县 429 个自然村,村村有杂技艺人。"上至九十九,下至刚会走,吴桥耍玩艺儿,人人有一手"。目前,全国百分之九十以上的杂技团体都有吴桥籍的演员。在印度、缅甸、泰国、新加坡、日本、马来西亚、印度尼西亚、巴基斯坦、保加利亚、荷兰、摩洛哥等三十多个国家里,都有来自中国吴桥杂技之乡的艺人。

武术之乡:中国重要古老拳种之一的八极拳,是一种强体防身的传统武术。它以贴身短打为特征,据说最初由清一名道士授予河北沧州孟村县吴钟,以后流传各地。素有"文有太极安邦,武有八极定国"之美誉,使孟村这个武术之乡更加扬名中外。孟村拳种丰富,人才济济,尤以八极拳最富特色,它能以短制长,利于近战,击法巧妙,威逼敌手。自 1984 年以来,孟村推出八极拳专修旅游,主要学习八极拳的基本功和基本套路。已有日本、东南亚以及港澳地区成千上万名武术爱好者组团前来孟村参加这一专项旅游。

（五）传统工艺品类

世界风筝都:山东潍坊的传统工艺品——风筝,制作历史悠久,具有图案简练、笔法细致、色彩鲜艳、形态逼真的特点。从 1984 年起,每年 4 月 1 日举行潍坊国际风筝会;1986 年起,全国风筝邀请赛与国际风筝会同时举行。在会期内,参观国内外各种风筝,组织放飞表演,交流制作技艺。这种专项旅游活动,吸引了众多国内外风筝爱好者参加。

瓷都:江西景德镇在历史上为四大名镇之一,素以"瓷都"闻名国内外。早在战国时,制陶业就在这里蓬勃发展,至南朝时已有制瓷业,到唐代技艺渐趋纯熟。北宋真宗景德年间,这里烧制御器,以其精美而著称于世,以后便改名为景德镇。元代在这里治局,景德镇成为全国制瓷中心。明清两代仍为制瓷中心,鸦片战争后,处于衰落时期。新中国成立后重整旗鼓,至今已成为具有完整体系的陶瓷工业城。瓷器品质优良,造型美观典雅,花色品种繁多,备受国内外旅游者喜爱。

另外,还有陶都宜兴、竹器城益阳、藏毯之乡江孜等很多有特色的小城、小镇,都逐渐成为旅游者向往的地方。

(六)饮食文化类

塞外酒乡:内蒙古宁城县的一个小镇八里罕,是塞外著名的酒乡。这里有三眼名泉,发源于八里罕之西的龙潭。酒乡人化甘露为美酒的历史,可追溯到三国时代甚至更远。五代时,契丹在此建立辽的中京,酒乡的佳酿成为宫中"御客酒"。自金、元而至明、清,这里家家酿酒,十分兴旺。到民国时代,驼队从这里将美酒运往各地。新中国成立后,发展成为内蒙古最大的酿酒企业。"宁城老窖"等获 1984 年金杯奖,以后又有"头曲"、"特酿"、低度"宁城老窖"等闻名于世。"宁城老窖"被誉为"塞外茅台",闻名中外。

阿胶之乡:名贵的滋补中药阿胶,始产于济南市平阴县东阿镇,因而得名。东阿也因此闻名中外,被称为"阿胶之乡"。阿胶主料为山东驴皮,辅料有绍酒、豆油、冰糖等十余种,以当地富含矿物质的井水熬成。有滋阴、补虚、止血、润燥之效。特别是这里出产的"福"字牌阿胶,已有千余年历史,久已扬名海内外。1915 年曾在巴拿马国际博览会获奖,至今为我国名优产品之一。这里出产的参茸阿胶、山东阿胶膏、黄明胶、海龙胶、鹿角胶等,久负盛名,远销国内外,是许多旅游者乐于选购的佳品。

药市百泉镇:河南辉县百泉镇,地处百泉风景区。这里山水秀丽,楼阁亭台众多,历代碑刻琳琅满目,为河南最大的古建筑园林,素有"西湖缩影"、"中州明珠"之称。百泉镇每逢 4 月举办的药交会,历史悠久,由隋代一个古老的祭神庙会演变而来,从明代洪武八年起正式形成,延续至今,已历经六百余年。其重大作用是交流中草药物,届时各地药农药商云集,互通有无,成为南北交流、沟通信息的药材商贸盛会。享有"春暖花开到百泉,不到百泉药不全"的盛誉。

(七)历史文化遗迹

四大名镇:开封朱仙镇、湖北汉口镇、江西景德镇、广州佛山镇。这是中国历史上的"四大名镇"。时至今日,这些城镇已日渐发展成为较现代化的城市,但古镇风貌仍有部分保留,游人至此,仍可目睹古镇的建筑、风土人情等。四大名镇的旅游价值独特,对游客吸引力大,是很好的旅游资源。

山西的宰相村:山西运城地区闻喜县的裴柏村是历史上显赫的裴氏家族的故乡,称之为"宰相村"。裴家是久负盛名的一大家族,先祖始于秦始祖非子之后,自秦汉、历魏晋、到隋唐而极盛,五代以后,余荫犹存,家族丁旺文盛,德业文章久隆不衰,这在中外家族史中绝无仅有。据统计,先后出过宰相 59 人,大将军 59 人,中书侍郎 14 人,尚书 55 人,侍郎 44 人,常侍 11 人,御史 10 人,节度史、观察史、防御史 25 人,刺史 211 人,太守 77 人;封爵者公 89 人、侯 33 人、伯 11 人、子 18 人、男 13人;皇后 3 人、太子妃 4 人、王妃 2 人、驸马 21 人。真可谓"将相后妃,公侯一门","中国宰相村"由此而得名。目前宰相村已对游人开放,可供参观的文物古迹众多。

第三节　现代都市风光

一、现代都市风光特征与标志性建筑

(一)现代都市风光特征

关于都市风光特征,目前旅游界还没有形成统一定论,因为都市是个复杂的、动态的综合体。国家旅游局李海瑞先生曾指出:"都市旅游的魅力之一,在于许多的'世界之最'或'全国之最'都集中在这里:最大密度的人口,最高的摩天大楼,最大的城市广场,最古老和最现代的建筑,最有名的历史名人故居,最高水准的博物馆,最高品位的文化、艺术展览,最完备和最先进的会议、展销设施,最舒适的高档星级酒店,最佳的美食,最新款的时装,最丰富和最新颖的购物中心,最新的电影、电视和音乐、戏剧节目,最激动人心的娱乐、体育活动,最令人迷醉的夜生活,最便捷的交通和通讯……"

国外学者詹森·维伯克(Jansen. Verbeke,1988)还引入"闲暇产品"的概念指出:各类设施能够在城市中聚集;城市是一个活动的地方,各项供给功能齐全,特别是主要旅游吸引物都集中于此;城市是休闲之地,包括城市建筑环境的物质因素,以及由于社会、文化的特征赋予城市特定的鲜明形象。

但这一说法在某种程度上存在一定的争议,有一定的局限性。下面针对我国各大城市的实际旅游资源特性作如下几点概述。

(1)城市是历史悠久、文物荟萃、建筑密集、古迹众多的地方,人文景观丰富多彩,对旅游者有极大的诱惑力。在我国大都市中北京、西安最具有代表性。两者都是中国历史上的"七大古都"之一,且居于首要地位,文物古迹、古代建筑、历史名人等闻名中外,例如北京的长城、故宫、颐和园、圆明园遗址,西安的秦始皇陵、华清池、昭陵、乾陵等。

(2)城市旅游交通便利,设施齐全,旅游供给条件优越,可使游人往返自如,是旅游区内可进入性最好的场所。我国各大都市基本都位于交通要道上,是全国或者所在省市的政治、经济、文化、科技中心,航空、铁路、公路或者航海运输发达,方便游人进出,另外,出租车、旅游客车、大小公共汽车更为游人在市内的旅游活动提供了灵活快捷的服务。

(3)都市多规划布局,风景优美,加之市区的绿化,广场的布置,园林的开辟,现代建筑及游乐场、博物馆、展览馆、影剧院等各种文化娱乐设施,可使游人获得多种美感。如西安有"八水绕长安"之说;上海地处长江三角洲,背靠长江、面临太平洋;武汉处于长江和汉水的汇合处。这些都市的各种娱乐设施一应俱全,极大地丰富了旅游活动。

(4)城市物产丰富,商业发达,商贸活动频繁,可满足一些游人旅游与购物相结合的要求,尤其是那些名特产品更令游人喜爱,同时,城市的商务旅游条件得天独厚,如香港、上海等。

(5)都市是现代科技、知识、信息的集中地。都市往往集中了大量高等院校、科研单位、现代化的高新技术产业等,是现代科学技术的中心、信息源地,有利于游客开展相应的专题旅游活动,达到增加知识、开拓视野的旅游高层次目的。

(二)都市标志性建筑

都市的标志性建筑,是都市综合形象的代表,对都市的旅游业有极其重要的意义。国际上有名的大都市多数都有自己的在国际上闻名的标志性建筑。巴黎的埃菲尔铁塔、纽约的自由女神像、哥本哈根的美人鱼雕塑和"神牛"花岗岩石像、罗马的圣彼特大教堂、伦敦的铁桥、柏林的电视塔等都是世界著名的城市标志。中国城市近几年也兴起推出标志性建筑的浪潮。

天安门广场是北京市和全国的标志性建筑,位于市中心。广场东西宽五百多米,南北长八百多米,总面积44万平方米,是世界上最大的都市广场。天安门广场于1986年被评为北京十大风景名胜之首。

西安的"钟楼"是西安市的标志性建筑。因楼上昔日悬挂铜钟用以报时,故名。位于城内中心,明洪武十七年(1384年)创建。清乾隆五年(1740年)曾重修。钟楼庄严瑰丽,是座具有民族特色的古代宏伟建筑。

黄鹤楼是江城武汉的标志性建筑。位于武昌区长江边的蛇山之顶。据记载,古黄鹤楼始建于三国鼎立之时、赤壁之战后的黄武二年(223年)。该楼原建于武昌黄鹤矶头,被世人赞为"千古名胜,天下绝景"。自古以来,流传着许多有关黄鹤楼的动人故事和美丽传说,加上其壮观的景色,使黄鹤楼具有神奇浪漫的色彩,以致千古留名,文人墨客为之流连忘返。

郑州的"二七纪念塔"位于市中心。为纪念 1923 年 2 月 7 日京汉铁路工人大罢工和"二七"烈士,1951 年在此修建了"二七"广场,场内建塔一座。1971 年重建"二七"纪念塔。登塔远眺,可一览市区全貌。

上海的"东方明珠"电视塔、南京的长江大桥、拉萨的布达拉宫、澳门的大三巴牌坊等,也都是标志性建筑。

二、现代都市科教文化设施与经济活动设施

(一)都市的科教文化设施

1. 科研类

包括部、省级科研机构,大专院校科研机构,市属科研机构和群众科技机构。后者多表现为民间组织,例如"中国科技工作者协会杭州分会"。每年科协组织活动频繁、形式多样,仅 1993 年举办各项学术活动 426 次,2.1 万人参加;举办科普讲座 1093 次,组织科普展览 86 次;举办对外和对港澳台地区的国际学术交流会152 次,有 1624 人参加;接待外国科技团组 58 个 463 人。

2. 教育事业类

各大都市一般是全国或所在省或所在地区的文化中心,突出表现为高等院校数目众多。如北京有一百多所高等院校,上海有近八十所,武汉有近七十所,西安有五十多所。除了高等院校,还有民办大学、中学、中等职业技术学校更是数不胜数。

3. 文化事业类

文化类设施包括各种文化中心、艺术团、艺术馆、图书馆、书店、电影院、剧院、博物馆、体育场馆等。这类设施为都市广大群众提供高质量、高品位的文化学习环境,对提高都市人的文明程度至关重要,也是外来游客了解都市文化的一个比较重要的窗口。例如北京是全国的文化之都,拥有众多的博物馆、展览馆、公共图书馆、文化馆。其中北京图书馆是我国历史悠久、藏书最多的图书馆。新建的北京亚运村,是全国极重要的综合性的体育场所。上海的文化事业也取得突出成绩,随着上海经济和旅游事业的发展,各类文化设施正在不断增加,条件大大改善。

4. 新闻、出版、广播电视类

这类机构设施是各地、各国的宣传手段。在当今知识信息时代,这类设施是知识信息的传播、经济的正常运作、社会稳定发展的重要保证之一。同时,这类设施在旅游业中的作用是显而易见的,有的设施本身就具有旅游吸引功能,是很好的旅游资源。

以杭州为例,到 90 年代初,出版报刊就有 178 种,电视台近 10 个,广播电台十

多个。主要报刊杂志有《浙江日报》、《杭州日报》、《江南游周报》、《文化娱乐》、《科学 24 小时》、《西湖》、《风景名胜》,主要广播电台、电视台有"浙江人民广播电台"、"浙江经济广播电台"、"钱江电视台"、"西湖明珠电视台"等。

(二)经济活动设施

都市的经济活动设施丰富多样,随着都市经济、文化、旅游事业的发展,经济活动设施也趋向多功能化。其中经济性特征突出的设施有市场、商场,另外有部分展览馆也主要用于商贸活动,如北京的工业展览馆、西安南二环的工业展览馆等。还有些都市广场也可作为经济设施,如广州一年一度的"广交会"广场。下面主要举例说明市场、商场这两大类经济活动设施。

1.市场类

目前各都市的市场由以前的综合型逐渐转向专业型,如纺织品市场、电子产品市场、农贸市场、轻工业市场等。甚至更专业型的如丝绸市场、家电市场、蔬菜市场、茶叶市场等。当然,综合型市场和专业型市场各有所长、各有所短,互相补充。这些不同规模、不同等级的市场方便了游客购物,促进了贸易旅游。有时特色鲜明的市场本身也是旅游资源,如北京的王府井大街、武汉的汉正街、西安的康复路、上海的南京路等。

2.商场类

进入都市的游客看到的高楼大厦多半是商场,那里往往装扮得最漂亮、最豪华,流动人口最密集。随着经济和旅游事业的发展,商业网点建设日新月异,主要商业网点日益朝上档次、上规模、现代化的方向发展,各大都市已建成一大批具有时代气息的大中型商场。所谓时代信息,指大型商场以多功能的服务、现代化的设施、一流的商品和服务在市场中发挥举足轻重的作用,例如西安的唐城、民生、开元商厦,郑州的亚细亚,武汉的佳丽广场、武汉广场、中南商厦等。目前,各大都市的知名商场都以发展商业、旅游业为重点,零售为主,努力向多行业渗透,向市外延伸,向国内辐射,向国外开拓,逐步发展成为综合化、多元化、集团化、现代化和经济实力雄厚的大型综合商场,跻身国际市场。

三、现代都市休闲娱乐设施

休闲娱乐活动是旅游活动的延伸。在城市旅游业中,休闲娱乐活动是一个不可缺少的重要部分。80 年代末、90 年代初,国外游客对西安的印象是"白天看庙,晚上睡觉",这表明那时西安旅游业处于低级阶段,对旅游资源是浅层次的开发。90 年代中后期直到现在,各大都市较重视休闲娱乐设施的建设和完善。都市休闲娱乐设施甚至成为都市人生活质量的一个重要参照物,国内外的游客当然也希望在相对疲劳的旅途过后,到这些场合放松放松,既调节了身心,也了解了都市人生活的另一方面。

　　随着时代的进步和旅游活动的多样化,休闲娱乐设施日新月异、品种繁多。一般而言,主要指综合性文化娱乐场所和影剧院、舞厅、卡拉 OK 厅、歌厅等。若推广一下,则保龄球馆、台球馆、高尔夫球俱乐部等也可作为休闲娱乐设施。以杭州为例,杭州市文化中心位于杭州最繁华的地段,东起延安路、北抵平海路、南至仁和路、西临西湖。是目前国内综合性、多功能、现代化的文化娱乐设施之一。总体设计面积 4 万平方米,占地 8307 平方米,一期工程已建成并对外开放的有剧院、歌舞厅、娱乐厅、音乐厅、卡拉 OK 厅、录像厅及露天表演区、屋顶花园、魔宫及宾馆等。此外,文化中心还为国内外宾客提供住宿、餐饮服务、各地旅游、录像摄制、打字复印、广告制作、技术开发、化妆美容等一系列配套服务设施。由上可见现代意义上的休闲娱乐设施已不单纯是为休闲娱乐而设,而是集文化、旅游、经济于一体的多功能现代化并逐渐与国际接轨的综合设施。在宾馆业中,休闲娱乐设施也相当完备,如珠海市的"拱北宾馆"座落在拱北关口的侧面,主楼仿秦代阿房宫的古宫殿建筑,馆内设有游泳池、桑拿浴、健身室、桌球等康乐设施和游乐场。"珠海游乐场"位于香洲南面的香炉湾畔,游乐场设有 20 多个娱乐项目,入夜,各种灯光交相辉映,奇幻迷离。

复习思考题

　　1.历史文化名城的含义是什么? 你是如何理解的?

　　2.历史文化名城有哪些类型? 举例说明。

　　3.特色小城镇有哪些类型? 举例说明。

　　4.论述现代都市风光特征。

　　5.现代都市的科教文化设施有何旅游功能? 举例分析。

　　6.中国七大古都如何才能在发展经济的同时保持其资源特色?

第十一章 社会风情类旅游资源

学习引导

社会风情类资源是很重要旅游资源类型。本章需要重点解决的问题是，掌握社会风情类旅游资源的含义、类型、特点及旅游功能；熟悉中国少数民族的饮食习俗和特色民居。首先，分析社会风情类旅游资源的基本知识；其次，讲授饮食习俗和特色民居的影响因素和类型；再次，介绍婚丧习俗、节庆活动、传统服饰和民间工艺品。通过上述介绍，引导学生能够理解社会风情类旅游资源的基本知识，掌握其概念、类型、特点与功能。

教学目标

- 分析和理解社会风情类旅游资源的基本知识。
- 认识中国少数民族的饮食习俗和典型民居特色。
- 了解传统服饰、代表工艺品以及婚丧习俗、节庆活动。
- 掌握社会风情类旅游资源的概念、类型、特点与功能。

学习重点

社会风情类旅游资源的基本知识；中国少数民族的饮食习俗和典型民居特色；传统服饰和民间工艺品的种类和特征；婚丧习俗和节庆活动方式、种类和特点。

第一节　社会风情与旅游

一、社会风情的含义及类型

社会风情,泛指一个地区的民族在特定的自然、社会环境下,在生产、生活和社会活动中所表现的风俗习惯。上海辞书出版社 1990 年出版的《中国风俗辞典》对"风俗"的阐述是"人类在长期的社会生活中形成的关于生老病死、衣食住行乃至宗教信仰、巫卜禁忌等内容广泛、形式多样的行为规范"。风俗是地方风土习俗的总和。而对"习惯"一词的释义是"长时期相沿积久逐渐形成的惯制、社会生活方式、风尚习俗等的总称,是社会文化传承中约定俗成的习惯性现象"。各民族因生活环境、发展历史、社会经济、文化传统、宗教信仰的不同,形成了绚丽多姿、异彩纷呈的奇风异俗。

社会风情类旅游资源有以下几种类型:饮食习俗、服饰装束、婚姻生活、礼仪民俗、岁时节令、工艺特产品、居住民俗、游艺竞技、生产民俗、社会风尚等多种民情风俗旅游资源。本章主要介绍中华民族丰富多彩的社会风情。

二、社会风情的特点

由社会风情的含义和类型可以看出,社会风情种类杂、形式多,内容丰富多彩。主要有以下几个特点:

(一)民族性

由于各民族特殊的历史传统和风俗习惯不同,社会风情旅游资源具有鲜明的民族特色。世界拥有 60 亿人口,约 200 个国家和地区,约 2000 个民族。几乎每个民族都有其与众不同的风俗习惯。就拿饮食来说,法国菜、中国菜和土耳其菜堪称世界三大风味,而中国菜又有汉族的八大菜系(鲁、川、淮扬、粤、湘、闽、浙、徽)和丰富的少数民族特色饮食。

(二)地域性

由于各民族所处的地理环境的不同而形成迥异的带有浓郁的地方气息的民俗风情。如中国饮食习俗上汉族有"北人食面南食米",又因地区不同西南喜辣、西北爱酸、华北喜咸、东南沿海喜甜。少数民族服饰更是具有地方特色。一般来说,北方少数民族多穿宽袍长褂,如蒙古族蒙古袍、藏族藏袍。南方少数民族则裙裤长短皆有,如傣族的花筒裙、苗族妇女百褶裙等。

(三)丰富性

由社会风情的类型可以了解,它包含了饮食起居、服饰冠履、岁时节令、民间工艺、婚丧节庆、文学艺术、游艺竞技等等,习俗之多、内容之广,可谓是包罗万象。就中国民间工艺品来说,原料丰富,工艺精湛,种类齐全,有染织、刺绣、陶瓷、雕塑、金属、漆器、珍珠宝石、编织品、文化用品和其他工艺品等近十类。其造型、技艺和丰富的历史文化内涵对各国旅游者产生了极强的吸引力。

(四)历史性

社会风情在世界历史中占有重要的地位,中华民族具有 5000 年的悠久历史,其民俗风情更是源远流长。其产生、存在和发展变化,都与历史环境相联系。如中国少数民族布依、苗、瑶等民族传统手工艺品蜡染,早在两千多年前汉代即有雏形。而北方常见的走高跷,则早在春秋时就已出现。

(五)传承性和变异性

民俗风情历代相沿承袭,具有相对稳定性;每个民族都有其固定的风俗习惯,不是可以轻易改变的。但随着社会经济和政治条件的变化,其形式和内容,也会有新生与消亡的变化。

三、社会风情的旅游功能

(一)可以弘扬本民族文化艺术特点和民族性格,激励大家的乐趣,增强民族自豪感和自信心

社会风情旅游资源的主要吸引力来自于与旅游者所属民族的文化的差异性。这种差异是一个民族、一个地区有别于其他民族和地区的主要文化内容,构成了社会风情旅游资源的主要部分。了解民众生活、深入民风,可以使旅游者领略各民族绚丽多彩的文化活动和民情风俗,通晓各民族、各地区的历史、现状和风俗习惯,由此感知民族悠久文化和光辉历史,增强民族自豪感和自信心,珍视自己的文化传统,提高民族自强意识。

(二)可以满足旅游者猎奇心理和丰富知识的需要

各民族各地区别具风格的民间传统活动,尤其是一些重大节日,几乎是民间经济活动、宗教信仰、文化娱乐,社会交往和民族心理等多方面的民俗事象的集中反映,是综合性的文化现象。旅游者通过参与的方式不仅可以了解各民族独特的风俗习惯,开拓视野,丰富知识,而且可以得到新鲜有趣的生活感受,入乡随俗,为其所动,从而产生满足感和愉悦感。

(三)有利于增进民族团结和加强民族交流

处于不同文化背景中的两个民族,对于异族文化和人民都有强烈的认识和了解的欲望。旅游者在旅游过程中会明白,民族之间需要理解和宽容。民族的相互

了解、文化的交融,在旅游活动中得到升华,促进了民族间理解和交流。

第二节 饮食习俗和特色民居

一、饮食习俗

"民以食为天",足见饮食在人们日常生活中举足轻重的位置。而中国更是享有"美食大国"的称誉,这与中国上下五千年的文明史和悠久灿烂的农业文化息息相关。饮食习俗是饮食文化的重要组成部分,也是一宗宝贵的人文旅游资源。其旅游吸引功能主要体现在以下三方面:一是领略奇风异俗,二是满足口腹之欲,三是增加民族知识。

中国各民族饮食习俗的特点与分布受到自然地理环境和人文环境(社会经济条件)等因素的综合影响。自然地理环境包括地形、气候、水文、土壤和生物。社会经济条件包括农业生产布局、经济发展水平、民族特点、纪念与迷信、宗教信仰以及文化交流。体现在日常、节庆、信仰及礼仪食俗上,有着浓郁的民族特色和地方气息。

(一)日常饮食习俗

(1)东北地区。东北人民饮食习俗与当地气候和农副产品有密切关系,以面粉为主食,也喜欢吃粗粮,食油以豆油为主。有挖窖储存蔬菜和腌制酸菜咸菜的习惯。该区是一个以汉族为主体的多民族地区。居住在三江平原的赫哲族,早年以渔猎生活为主,主要吃新鲜的鱼、兽肉;近几十年来饮食结构发生了变化,从以肉类为主食转变为以粮食为主食。朝鲜族以大米和小米为主食,喜食狗肉,腌制的朝鲜泡菜酸辣中略有甜味,颇受人们喜爱。达斡尔族经常吃泡牛奶的热稷子饭,最看重的肉制品是"手扒肉"和猪肘子,常将它们作为宴会和节日珍品。满族人民喜爱的食品是用大黄米、豆面制作的饽饽,色泽金黄,粘而香,且便于携带。满族民间制作的莎琪玛、艾窝窝等甜食,已传人汉族地区,成为汉族人民所喜爱的甜食。

(2)西南地区。主要包括四川盆地、云贵高原和部分横断山区。本地区民族众多,除汉族外,还有藏、彝、苗、白、壮、傣、侗、水、羌、佤、布依、哈尼、傈僳、纳西、景颇、普米、德昂、基诺、仡佬等三十多个民族,是中国民族构成最复杂、少数民族数量最多的地区。因此是民俗文化最缤纷、丰富的地区。

西南地区许多民族以糯米为主食,如白族喜吃糯米饭加干麦粉发酵变甜的糖饭,傣族人民爱吃放入竹节中烧烤的糯米制成的香竹饭。西南地区温热的气候影响着人们的饮食习俗,侗、苗、彝、傣都有食酸的习惯。食不离酸最有代表性的是侗族,侗家人自称"侗不离酸"。侗族酸味食品种类繁多,有荤酸(猪肉、鸭肉和鱼虾)、素酸(辣椒、青菜、豆角、嫩笋、黄瓜、萝卜等)、煮酸、腌酸之分。西南地区少数民族大都擅长饮酒,如苗族的烤酒、甜酒、泡酒,傣族的甜米酒,佤族的水酒等。另外茶叶也是西南少数民族生活中不可或缺的饮料:哈尼族的酽茶、佤族的苦茶、白族的烤茶、侗族的油茶等等。此外傣、景颇、阿昌、傈僳、爱尼、佤族等少数民族每逢聚会、串门、聊天,都有互敬嚼烟的习俗。壮、傣、黎族的人民还有嚼槟榔片的习俗。

(3)西北地区。该地区是地广人稀的多民族地区,包括甘肃省中西部、陕西省、内蒙古自治区、宁夏回族自治区、新疆维吾尔自治区等省区。本区土地资源丰富、草场辽阔、经济发展相对滞后、民族众多,除汉族外,还有维、回、蒙、藏、哈萨克、东乡、保安、柯尔克孜、塔吉克、塔塔尔、乌兹别克、锡伯、达斡尔、裕固、俄罗斯、撒拉等近二十个兄弟民族,是仅次于西南地区的第二个多民族地区。

众多因素的综合作用形成了西北地区特有的饮食民俗:蒙古、哈萨克、塔吉克、柯尔克孜、塔塔尔等族牧民以牲畜肉类和奶制品为主食,米、面为副食,马奶酒为主要饮料。蒙古族人的饮食中奶制品很多,精美可口的奶制品是具有民族特色的特产名吃。最常见的有奶油、奶茶、奶皮子、奶豆腐、奶酒等。"手抓羊肉"是哈萨克族和柯尔克孜族的特色饮食。维吾尔族以面粉、大米为主食,肉食以羊肉为主,特色食品是馕(用面粉发酵后加佐料制成的圆状的饼),喜吃"抓饭",喜喝奶茶和红茶。

(4)东南地区。包括大陆部分和岛屿部分,大陆部分包括广东、广西、福建南部,岛屿包括台湾、海南岛和南海诸岛。该地区地理位置优越,经济基础较好,交通运输发达,对外联系便捷,是中国经济特区、沿海开放城市、经济开发地带最集中的地区,也是著名的侨乡。

客家人喜食大米、干饭、米粉,极少喝粥,以咸、肥、香为特点的"东江菜"是客家的特色菜肴。另外还有壮、瑶、仫佬、毛难、土家和高山族等少数民族。日常饮食以大米、玉米为主食。特色风味有:瑶族的"乌粽粑",是在包粽粑时,把少量的稻草灰掺入糯米中,糯米变成了灰黑色,称为"乌粽粑",吃起来味道很好。还有仫佬族的"水园"、"牛舌粑",土家族的"糖馓"。

(5)青藏高原地区。主要包括西藏自治区和青海省大部。是人口最稀少的地区。该地区民族单一,以藏族为主体,占人口的93.1%,因此饮食习俗中带有浓郁的藏族风情。

藏族饮食以青稞、小麦为主粮,日常主食农区是糌粑,牧区牧民以牛羊肉和奶制品为主。特色饮料是极具高原特色的青稞酒和酥油茶。酥油茶是藏族人民日常生活离不开的饮料,也是待客佳品。

(二)节庆饮食习俗

每个民族在一年之中都有一些自己的传统节日,而节日饮食是人们除欢度节日之外,最重视的一项内容。节日喜庆如不辅之以美味佳肴,便似乎失去了欢乐的气氛。节庆食俗的特点是历史性、全民性、传说性和多样性。

1.汉族节庆饮食习俗

春节:春节是中国人最重视的节日,俗称"过大年",在饮食习俗上南北有明显的区别。北方多吃饺子,一般在除夕夜食用,取"更岁交子"之意。而南方地区除夕和正月多吃元宵和年糕。元宵又叫"团子"、"圆子",取"全家团圆"之意。年糕多用糯米制成,取"年年高"的谐音,寓意万事如意年年高。此外有的地区把饺子与面条同煮,叫做"银线吊葫芦"或"金丝穿元宝"。

元宵节:"正月十五吃元宵"历史悠久,有的地方又称元宵为"汤团"、"汤圆"、"团子"、"圆子",取月圆人团圆之意。

端午节:农历五月初五端午节吃粽子,是中华民族一个颇具特色的食俗。人们普遍的说法是为了纪念历史上伟大的爱国诗人屈原。

中秋节:每年农历八月十五,是中国传统的中秋节,俗称八月节。中秋节吃月饼是中国人食俗的一大特点。中秋赏月吃月饼,花好月圆人团圆,寄托了人们的美好愿望。

重阳节:农历九月初九是民间的重阳节。古人以九为阳数,月、日都逢九,叫"重阳",俗称"重九"。自古以来,人们在这一天有登高、赏菊、饮酒、吃重阳糕的习俗。

2.少数民族节庆饮食节俗

朝鲜族:喜庆节日或招待客人,朝鲜族人喜吃冷面。取其纤细绵长,预兆多福、多寿,亦称长寿面。

维吾尔族:抓饭是维吾尔族节日或待客的主食,味道鲜美。吃时用右手大拇指、食指和中指在盘里捏起一撮送入口中。因是用手抓着吃,故称之为"抓饭"。

壮族:壮族人每逢春节、农历三月初三、清明节及壮族新年,家家户户都要做五色饭,且相互馈赠,以表祝福。五色饭即花糯米饭,不仅颜色好看(黑、红、黄、紫、白),而且质地柔软、味香可口,是一种色、香、味俱佳的风味食品。五色饭颜色为五,以示风调雨顺、五谷丰登。

(三)信仰食俗

中国古时是一个多神多教的国家,受宗教信仰的影响,形成了形形色色的信仰食俗。比如赫哲族信仰萨满教及崇敬祖先和崇拜神灵,萨满神为人治病不要报酬,但必须备酒、肉招待,以鱼肉、猪肉或狍鹿肉作为祭品。

信仰食俗还包括禁忌,它多源自宗教教规,还有一些起源于远古时代的图腾崇拜。《古兰经》明确规定教徒不准吃猪肉,所以信奉伊斯兰教的回、维吾尔、哈萨克、柯尔克孜、塔吉克、乌孜别克、塔塔尔、东乡、撒拉、保安等民族,日常生活中忌讳吃猪肉,不食自死的牲畜,禁食一切动物的血。

与一些民族因图腾崇拜而禁食相反,有些民族则形成因崇拜而食的信仰食俗。如侗族崇拜鱼,故每逢大事都离不开鱼。居住在湘西的侗族请客、送礼、办喜事、办丧事都要用鱼。居住在贵州省的侗族每年五月初五用粽子、干鱼祭祀屈原,七月十四用全鱼祭祖,除夕用酸醋鱼祭祖。

(四)礼仪食俗

中国是一个礼仪之邦,各族人民都有热情好客的传统美德,在长期发展过程中各族人民形成了具有本民族特色的礼仪食俗。

白食是蒙古族的敬客食品,是以奶为原料,添加白糖和果汁等调料制成。不仅味道鲜美,而且营养价值高。按照蒙古族的习惯,白色表示纯洁、吉祥、崇高,因此用白食待客是最高的礼遇。到牧民家做客,主人会请客人品尝奶皮子、奶酪、奶饼、奶茶等各种白食。此外,羊肉也是不可或缺的美食。柯尔克孜族人招待客人吃羊肉时,一般是请最高贵的客人吃羊尾,其次是吃羊胛骨,然后才是羊头。

中国大多数民族还有以酒待客的习俗。佤族素有"无酒不成礼"之说。来客时,主人总是用自己酿造的泡酒招待。其喝法颇为独特,主人将酒装入竹杯内,先喝一口,以表示酒干净,请客人放心喝,然后用右掌擦擦竹杯口,双手递给客人,表示杯口不脏,请随便喝。这时客人要伸出右手,手心向上去接酒杯,以示谢意。客人喝了一口后,也擦一下给别人喝,一人一口往下传,不得独饮。一杯喝完后,主人再装。傈僳族人喜用自己酿造的郎子酒招待客人。贵客到来,他们有一种"同心酒"的最高礼遇,即主人将酒盛满一大木碗,饮用时,主客双方各伸出一只手将木碗捧起,肩靠肩,脸贴脸,同时饮酒,以示主客心心相印。在彝族地区有"汉人贵在茶,彝人贵在酒"的说法。彝家人有酒便是宴,大家围坐一团,端着酒杯,依次轮流喝一杯酒,叫做饮转转酒。彝族妹子每逢过年过节要抱着一坛酒,插上几支麦杆,在家门口路边请过往行人吸酒,这种饮酒叫喝杆杆酒。人们说"甜不过彝家的杆杆酒,好不过彝家人的心"。

二、特色民居

作为一类旅游资源,传统民居的旅游吸引功能主要表现在它具有造型丰富的建筑艺术美、合理实惠的建筑实用美及与周围环境相得益彰的组景和谐美。它既是游客的观光对象,还可以作为旅途中的特色旅舍,对游人具有很强的吸引力。中国各族人民由于居住的自然环境、气候条件、生产方式及生产力水平不同,不同民族的居住习俗各具特色。游牧及狩猎民族多居帐篷或毡包,南方多竹林地区民族多住竹和木质结构的竹楼、木楼等干阑式住宅。

（一）茫茫草原上的蒙古包

蒙古包是草原上牧民为适应游牧生活的一种圆形流动住宅,在蒙古、哈萨克、柯尔克孜、塔吉克等民族中被广泛使用。其大小不等,一般直径4米,周高约2米,中高4～5米。它是由木栅栏和白毛毡所构成。圆形顶篷上开有直径约80厘米的天窗,用以透光、透气,遇雨、遇寒便盖起来。有门一扇,一般宽80厘米,高150厘米,为避西北风,常朝东开。点缀在辽阔坦荡高原之上的白色蒙古包与绿草、羊群、骏马、牧民、蓝天、白云相映成趣,构成一幅幅优美的草原风景画。

（二）"世界屋脊"上的帐篷

帐篷是西藏牧区最普遍、最古老的一种居住形式,古称"天幕"、"穹庐",具有可随时拆御、搬运的特点,以适应牧民逐水草而居的游牧方式。帐篷有冬帐篷、夏帐篷和冬房之分。

冬帐篷由牦牛毛编织而成,经暴雨不漏,受风雪不裂,形状多样,有长方形、正方形,也有三角形、多边形的。帐篷用数根立架或支柱撑起,室内空间高约1.6～2米,帐顶用牦牛绳在四周钉地桩牵牢。顶部留有天窗,以便通风、采光、出烟,雨天可遮盖。四周常用草皮或石块垒成矮墙,以御风防寒。这类帐篷多集中在背风、向阳、水草近便的山洼地带,供人畜过冬。夏帐篷是牧民夏季外出放牧时使用的一种轻便帐篷。由白布、藏布、帆布制成。四周饰有黑、蓝、褐色的边,其特点是构造简单、拆装运携方便。冬房为牧民定居房屋,由冬帐篷演变而来。为避风寒,在帐篷外垒草、土、石块作矮墙,并在顶部加盖树枝,填泥土筑成平顶屋。四周不通风,只靠顶部窄狭的采光口透气。

（三）依山傍水的侗家吊脚楼和鼓楼

侗族村寨一般处在群山环抱之中,那里树木参天、溪水长流,村寨中常见一种名为吊脚楼的传统民居。整个楼房的前半部是用木柱撑在斜坡上,铺以木石,再在上面建住房。楼房一般为两层,屋顶为双斜面。顶棚上层贮藏粮食、杂物,吊脚楼下堆放杂物或圈养牲畜。楼柱有时高达八九米,楼如悬空一般,异常雄伟。

侗族有按族按姓建造鼓楼的习惯,因此鼓楼成为侗族村寨的标志性建筑。它一般位于村寨中心,宝塔式,飞檐重阁,有几层到十几层不等,一般高10米。杉木结构,每座鼓楼的顶层内均悬有长形大鼓。鼓楼还是一村一寨或一族姓的政治、文化活动中心。"吹彻芦笙岁又终,鼓楼围坐话年半"是侗族村寨风情的生动写照。

（四）热带丛林中的傣家竹楼

在中国西南边陲的傣族居住的热带丛林之中,掩映着一座座傣族竹楼,红瓦绿树,相映成趣。傣族竹楼是一种干阑式建筑。除傣族外,中国南方的壮族、侗族、黎族、苗族等少数民族都有这种类型的住宅,但取材和式样各具特点。

傣族竹楼平面大致呈方形,采用 16～24 根木柱架起,连榫为架,高 2 米左右,此为下层,四周无墙,供堆放杂物和拴牛马。有木梯供登楼。上层用竹板片铺成楼板和墙壁,顶呈人字型,坡度较大,屋顶铺盖茅草或瓦片。近梯处有走廊露出并围以木栏,是晾衣、纳凉之处,亦是凭栏眺景之佳处。

(五)冬暖夏凉的黄土窑洞

黄土高原地区的人民创造了窑洞式民居,其历史可追溯到穴居时代。人们利用黄土干燥时立而不塌的特点,挖洞居住,既省工省料,又冬暖夏凉。现代窑洞依材料可分为砖窑、土窑、石窑,依建筑位置可分为傍山窑、平地窑和天井式窑洞。它节约能源和耕地,体现了浓郁的黄土气息。

(六)典雅宁静的四合院

作为北京典型民居代表的四合院,是构成中国许多建筑群的基本单元。它由 4 座房屋组成,北房为正房,前出廊后出厦,在北京的自然条件下,冬暖夏凉,是长辈居室;东、西厢房为晚辈居室;南房做客房、书房。4 座房子围成一个院落,是全家共同活动的空间。这种四合院环境幽静,家中长幼分明,每一对夫妻与未成年子女都有自己的独立空间,又有全家人交流感情的场所,非常符合中国人的家庭观念与生活习惯,所以很受欢迎。

(七)规模宏大的福建土楼

福建漳州地区的土楼建筑历史悠久,数量众多,规模宏大,风格奇异。土楼以生土夯筑的厚墙为骨架,形成多环相套的环形、回形院落结构。外墙高大厚实,不仅防震、防火、防盗、御敌,而且隔热保温,冬暖夏凉。各环沿外墙形成众多的分割房间,内侧为走廊,多层设置,功能分割,十分合理。土楼中心设祖堂,为公共聚会和节庆活动的场所。漳州著名的土楼共有八百多座。华安县二宜楼,为华安蒋氏祖屋,寓宜山宜水、宜家宜室、宜内宜外、宜兄宜弟、宜文宜武之意,至今保存完好,仍有三十多户二百余人居住。南靖县田螺坑土楼群,由一方、三圆、一椭圆共五座土楼组成,犹如五朵金花盛开于山地之间,层层土墙与层层梯田相呼应,构成一幅既壮观又和谐的人居佳境。

第三节　传统服饰和民间工艺品

一、传统服饰

广义的服饰不仅包括衣、裤、裙、鞋、袜等服装,而且包括头、手、颈、胸等人体部位所佩带的各种饰物。可以归为衣饰、头饰(首饰)、足饰、手饰几大类。这些饰物，都直接反映出某个民族、某个时代的民间风俗习惯。狭义的服饰仅指服装。因为衣服(上、下衣)是最基本的服饰习俗的中心。

在旅游活动中，民族服饰是民族文化中最易被人觉察、最具有魅力的组成部分之一，很多时候单凭服饰便可判断某人的民族身份，尤其是少数民族。泱泱中华有56个民族，因而民族服饰千姿百态、争奇斗艳。

(一)传统汉族服装

汉族是中国的主体民族，占全国总人口 93.3%。由于自然环境、经济条件、民族文化、社会生活、宗教信仰、历史发展、文化交流等因素影响，汉族服装具有一定的地域分布规律。

1.汉族妇女爱旗袍

提起旗袍，它是起源于 16 世纪中期满族人民的民族服饰，因当时是旗人穿着，故称"旗袍"。汉族妇女喜爱穿旗袍是因为旗袍造型与妇女体型相适合，线条简练，优美大方。旗袍以它浓郁的民族风格，体现了中华民族传统的服饰美。不仅成为中国女装的代表，也被公认为"东方传统女装"的象征。

2.奇异装束的"惠安女"

"封建头、解放脚，经济衫、浪费裤"。这首十二字谣，描绘的是生活在我国东南沿海福建惠安一带汉族"惠安女"的形象。惠安女身上总是离不开鲜艳的花头巾和闪亮的竹斗笠。下垂的"封建头"头巾，把整个脸部裹住，只露出一对圆圆的大眼睛，一个鼻子和一张嘴巴。"经济衫、浪费裤"指惠安女穿的上衣衫特别短，前后下摆尖尖的，窄窄的袖子刚过肘关节，镶着彩色花边。这种"短袖衫"既能显现出美丽的银裤链或塑料丝彩色裤带，又便于劳动，避免衣沿袖口接触水面或泥土污物。下身穿的宽脚长裤，裤脚又长又大，走起路来，像裙子似地不停飘动，便于折起裤脚劳动。惠安女一生不穿鞋子，因为她们从小生活在渔船上，生成一双天然大足，不是着一双木拖鞋，就是干脆打赤脚。所以称她们是"解放脚"。

3.舟山渔民穿笼裤

浙江舟山渔民喜欢上穿大襟布衫加背褡，下穿宽大的裤子，只要将裤脚一扎，海风一吹，就像两个大灯笼一样鼓起来，民间就把这种裤叫"笼裤"。笼裤不仅经济实用，穿着方便，而且也讲究美观，心灵手巧的汉族渔家姑娘，在笼裤衩口两旁，用彩线绣上图案或花纹，使笼裤更添美丽风采。

(二)少数民族服装

中国少数民族服饰，不仅为自然风光添色加彩，而且制作技术精湛的服饰工艺品深受异国他乡游人的喜爱。因此是一类重要的人文旅游资源。

1. 赫哲族的鱼皮衣

鱼皮衣是以渔猎为主的赫哲人过去的主要服装,是由重达数十公斤甚至数百公斤鱼的外皮制成的。据说鱼皮有轻便、保暖、不透水和耐磨的特性。鱼皮服装一般有鱼皮长衫、鱼皮套裤、鱼皮靰鞡、鱼皮手套、鱼皮裹腿、围裙等。

2. 藏族的藏袍

藏袍是藏族人民的主要服装,有明显的高原民族特色。长及脚面,袖子宽大且长,既无口袋,亦无纽扣。穿时只要在腰间束一根带子。日常用品诸如木碗、小糌粑袋等可放在胸前。

3. 傣族妇女的花筒裙

傣族妇女衣着以美观大方著称,虽上身衣服各地有所不同,但下身着花筒裙较为普遍。式样像水桶,长至脚背。此外,布朗族、佤族、景颇族妇女亦以穿筒裙为特色。

(三)其他装饰

1. 头饰,如帽子、钗簪、耳环等

中国许多少数民族有戴帽子的习俗,其形状各异、颜色不同,有的还含有特殊的意义。例如,回族中,一般中年以上男子都戴白色小帽,妇女戴白色或蓝色布帽;云南红河地区的彝族姑娘喜欢戴一种鸡冠式的绣花帽,据说它是吉祥、幸福的象征。此外,有些民族还有戴钗簪和耳环的。

2. 衣饰,如腰带、荷包、围裙、腰刀等

傣族女孩一诞生,父母就要忙着为她准备一条银腰带。布斯是蒙古族的腰带,它不仅是男子不可缺少的服饰,也是未婚女子的主要装饰。男子扎腰带必须把袍子尽量往上提,这样骑马更显潇洒;而姑娘们则要把袍子尽量向下拉展,更加衬托身躯苗条矫健。帮典,意为围裙,是藏族妇女所喜爱的装饰,它是羊毛织品,色彩鲜艳,编织精密。满族、汉族有带香包的习俗,蒙古族、保安族等有佩戴腰刀的习惯。

3. 足饰和手饰,有鞋、靴、手镯等

中国各民族传统的鞋风格不同,各具特色。如满族过去贵族妇女的"花盆鞋"是一种木底高跟鞋,鞋跟在底部的中间,高达 10 厘米。蒙古族男女爱穿的蒙古靴是一种用牛皮制成的软筒靴,上及膝盖,可防风防寒,保护小腿。靴尖上翘,既穿着舒适,也便于骑马时伸蹬。许多少数民族还有佩带手镯的习俗,汉族姑娘亦不例外。云南佤族妇女佩带宽手镯,它宽约 10 厘米,厚薄不等,多以银、铝或锑等金属制成。上面镂刻图案花纹,细腻朴实,具有浓郁的民族色彩。它也是青年馈赠情人的信物。

4. 文身

除了上述所说的几种佩带的装饰外,中国还有一些民族,如高山族、黎族、傣族、独龙族、怒族、布朗族、基诺族等过去还有文身的习惯。文身的部位和性别各民族有所不同。基诺族过去盛行男女都文身,男子一般在腿部、手臂等处,女子大多在小腿处。黎族男子一般在左右手的手臂内侧,妇女不仅文身,而且文面,除衣裙盖住的部分之外,全身裸露处都要文。

(四)各种各样的发式

发式不仅是人们追求美的一种表现形式,也是对自然环境的一种适应方式。此外,有时它还能表示婚姻状况,过去还是社会等级地位的一种象征,如满族贵族妇女的典型发式"两把头"。维吾尔和柯尔克孜族的少女未嫁时头上梳许多小辫子,以长发为美。傣族妇女一般是将头发做成发髻盘在头的一侧,并插上一把漂亮的月牙梳。广西龙州一带的壮族姑娘,头上有刘海者,表明还没有对象;把前额的刘海梳向右边,用发夹夹起来,而头上左边和后边仍留有刘海者,表明她们已经有了对象或结了婚但还没有生孩子;那些不留刘海,而把头发往后梳起来结成一个大髻的,则表明已成家并有了孩子。

二、民间工艺品

民间工艺品是旅游购物的主要对象,在旅游收入中举足轻重,因为它们所具有的民族特色和地方味道让旅游者爱不释手。而中国工艺美术品更是古老文化遗产的一个重要组成部分,是灿烂的中华文化艺术宝库中一颗光彩夺目的明珠。它们历史悠久、传统优良,而且种类繁多、工艺精湛,主要有染织、刺绣、陶瓷、雕塑、金属、漆器、珍珠宝石、编织工艺、文化用品等多种。

(一)染织

染织是染与织的合称。染即染色,织即织造、织花。中国染织工艺品著名的有蜡染和扎染、丝绸、缂丝、地毯等。中国是世界上最早发明丝织的国家。早在公元前3世纪,就以盛产丝织物而闻名于世,被誉为"丝国"。著名的丝绸有四川的蜀锦、苏州的宋锦、南京的玉锦和杭州的都锦。现代丝绸工艺以上海、杭州、苏州等地最为著名。缂丝是中国传统的丝织工艺品之一。最为著名的缂丝是苏州缂丝,主要有欣赏品(屏风、中堂、手卷、扇画等)和日用品(台毯、靠垫、腰带等)这两大类。

(二)刺绣、抽纱

刺绣,是"以针代笔,以线晕色"的艺术,是中国驰名世界的优秀民族传统工艺,被誉为"东方艺术明珠"。最具代表性的有四大名绣:苏绣、粤绣、湘绣、蜀绣。抽纱,亦称"花边",著名的有山东烟台抽纱、广东潮州抽纱和江苏常熟花边。

(三)陶、瓷

中国陶瓷生产历史悠久,早在6000～7000年前的新石器时代,中华民族的祖先就能烧制各种陶器皿。商代中期,原始瓷器问世。中国被誉为"瓷器之国",英文中瓷器与中国是同一个单词——China。陶器,是用粘土作原料,成形后经 800~1000 ℃高温烧成的器皿。坯体不透明,具有吸水性,叩之声音不清。著名的陶器有江苏宜兴的紫砂陶、钧陶、精陶,山东淄博釉陶器,广西桂林美术陶器及四川会理绿陶等。瓷器,是以经过精选或淘洗的瓷土为原料,经过 1200 ℃以上的高温焙烧而成的器皿。坯质半透明,基本不吸水,质地致密、坚实,叩之有金石声。艺术瓷具有极高的艺术和旅游纪念价值。著名产瓷地区有江西景德镇、湖南醴陵、福建德化(白瓷)、浙江龙泉(青瓷)、河南禹县(钧瓷)、广州(织金彩瓷)。

(四)雕塑工艺品

这是中国工艺美术品中品类最多的一类,属造型艺术,是雕、刻、塑这三种制作方法的总称。玉雕,亦叫"玉器"。中国是产玉的国家,玉雕从新石器时代起直至今天,已有四千多年历史。器型有件活(人物、花鸟、瓶、碗等)和小活(印章、烟嘴、戒指、别针等),著名的有北京玉器、扬州玉器和甘肃酒泉的夜光杯。石雕,在古代基本上从属于墓葬、宗教和建筑。作为使用和摆设的石雕工艺品有号称中国四大石雕的福州寿山石雕、浙江青田石雕、湖南浏阳菊花石雕和四川广元白花石刻。竹刻是以竹为原料雕刻成的各种艺术品,以江南盛产竹的湖南邵阳翻簧竹刻、浙江黄岩翻簧竹刻、上海嘉定竹刻和四川江安竹簧器等最为著名。泥塑,用泥作原料,在粘土中渗入少许棉花纤维,捣匀后捏成各种人物、动物的泥坯,经阴干后制成;若再上粉底,施以彩绘,则为彩塑。具代表性的有无锡惠山泥人和天津"泥人张"彩塑。冰雕是近年来北方兴起的以冰为原料进行雕刻的艺术品,尤以黑龙江哈尔滨冰雕最为吸引游客。冰雕作品大至天安门、宝塔、长城、轮船,小至人物、花鸟、鱼虫,题材广泛,制作精巧。

另外还有砖雕、木雕、贝雕、椰雕、核雕、煤精雕刻、微雕、面塑(面人)等多种风格、特色各异的雕塑工艺品。

(五)漆器

是中国的传统工艺品,是用天然生漆涂在各种器物质面,制成具有透明、发亮、防腐、耐酸碱等特点的各种物品。漆可分为天然漆和人造漆这两大类。中国漆器工艺制作地区广泛,有福州脱胎漆器、扬州漆器、贵州大方漆器、北京雕漆等。

(六)金属工艺品

是用金、银、铜、铁、锡等金属,分别采用掐、錾、点轴、烧制、镶嵌等技艺,制成各种富丽堂皇或清雅实用的工艺品。具代表性的有:铜器工艺品(北京景泰蓝、北京烧瓷和云南会泽斑铜等)、金银器工艺品(成都银丝制器和蒙古族银器)、锡器工艺品("锡都"云南个旧锡制品、福建锡雕)、铁器工艺品(安徽芜湖铁画、浙江龙泉钢剑、新疆英吉沙小刀和藏腰刀等)、纪念币等。

(七)编织工艺

有非常悠久的历史,西安半坡遗址就出土了六七千年前的各类编织品模型一百多种。编织品按原料可分为草编(如广东的水草编、湖南的龙须草编)、竹编(如浙江东阳"竹编之乡"的"香炉阁")、柳编(著名产地有河北固安、陕西榆林)、藤编(以广东南海沙贝、云南腾冲所产最为有名)、棕编(主要产地是四川新繁地区和福建长汀)、葵编(以广东新会最有名,有近 500 个品种)等六种。

(八)文化用品

浙江湖州湖笔、安徽黄山市徽墨、安徽泾县宣纸与广东肇庆端砚并誉为中国著名的"文房四宝",是很有价值的旅游纪念品。

(九)其他工艺品

料器是一种低熔点的玻璃工艺品,中国料器品种丰富,尤以北京、博山所产料器著名。中国盆景有五大流派:扬州盆景、苏派盆景、川派盆景、徽派盆景和岭南盆景,各有特色,别具风格。风筝,古称"鹞子",也叫纸鸢。最著名产地在山东潍坊,另外天津也是中国主要的出口风筝产地。扇子,既是消暑工具,又是民间工艺品。不仅扇面、扇骨材料各异,而且扇子的形状、特色更是精彩纷呈,有清雅的折扇、飘逸的鹅毛扇、镂刻精美的檀香扇等等。著名工艺扇有杭扇、苏扇、龚扇(四川自贡)、羽扇(湖州)。杭州绸伞为伞中佳品,伞面薄如蝉翼、透风耐晒,且色彩瑰丽、造型精巧、风格典雅。梳子,常见为木制,也有角、骨、竹、象牙等制成。不仅实用而且也可以作为装饰品。其中常州梳篦工艺精良,福州角梳色彩别致。

第四节 婚丧习俗和节庆活动

一、婚丧习俗

(一)恋爱习俗

婚恋在民族风情中独具魅力。爱情是人类的一个永恒主题,中国各民族千姿百态的婚恋方式吸引了游客的好奇心。各民族青年人都有自己独特的表达爱情的方式。有些民族用对歌、丢包、裹毛毯、住公房、射箭等方式求爱,有些民族则默默地借物传情。

广西都安一带的壮族,每当农历三月三举行歌圩时,家家把煮熟的鸡蛋、鸭蛋、鹅蛋染红,用绳子连成串。青年男女选择意中人,就用自己的红蛋去碰对方手中的红蛋;如果对方也有意,就会让其把蛋碰破,然后双双走到人少的地方谈情说爱。

草叶信是基诺族男女青年恋爱中约会的通信方式。一般是收工时,走在前面的情人在岔路口留下一种特殊的草、叶标志。这种奇特的"信物"可以告诉对方约会的时间和地点。

除此之外,还有瑶族的"埋蛋择婿"、"咬胳膊",壮族的"抛绣球"、"串寨",哈萨克族的"姑娘追"等等,形式多样有趣,极富浪漫情调。

(二)婚嫁习俗

中国古代婚姻礼仪讲究"六礼",即"纳彩"(说媒)、"问名"(合八字)、"纳吉"(正式提亲)、"纳征"(送彩礼、嫁妆)、"请期"(定娶亲吉日)、"亲迎"(娶亲)等。它们都是完整的婚姻礼仪中缺一不可的环节。现代的婚姻礼仪主要指"订亲"和"娶亲"两大礼中的一系列仪式。而最有特色和趣味性的就要算是千奇百怪的迎娶礼仪了。中国少数民族中存在着许多有趣的婚娶礼仪。有的"抢",有的"逃",有的"哭",有的"闹",有的还要动手动棒。

傣、彝、苗、侗、瑶、鄂温克、傈僳等民族都有"抢婚"的习俗。但"抢婚"已经不像最初产生时那样由于男方出不起彩礼钱而真刀真枪地械斗抢来新娘,随着社会历史的发展,它只是因循"传统"和使婚礼更加的热闹,实际上是男女双方自愿的结合。

土家人的"哭嫁"亦有声有色,一是哭期长,从婚前3个月就开始;二是陪哭,不仅是姑娘一个人哭,而是群体性的哭,陪哭对哭;三是哭的内容项目多,至少有二十多种,出嫁当晚是哭嫁的高潮。哭得越伤心,越表现出女儿依依不舍的离别心情和对长辈的尊敬和热爱。

哈尼族卡多人和仡佬族的婚娶礼仪中,对新郎是拳打或棒打,可怜的新郎只有招架之功,无还手之力。民间认为,打亲能打掉新婚夫妇的是非口角,使他们婚后恩爱相处,百年合好。

(三)丧葬习俗

《说文》曰:"死,澌也,人所离也","葬,臧也,人死在草中"。可见,有"死"便有"葬",也自然就有"丧葬礼仪"。不同民族由于社会形态、文化状况、生产力发展水平和地理环境等因素的综合作用,形成了千奇百怪的丧葬习俗。

(1)土葬(又叫墓葬):土葬习俗历史久远,但在传承过程中,又呈现多种多样的民俗形态。如蒙古族土葬不建坟丘,维吾尔祖先古高车人下葬后墓坑不封土。古代墓葬中,死者地位越高,经济条件越好,棺木和墓室越是考究。"事死如事生",帝王们的陵墓犹如一座座地下宫殿,认为这样才能保证灵魂不死。墓葬中还放入种种随葬品,极尽奢华。

(2)水葬:指把尸体投入水中。一般在此之前先用白布包裹尸体,然后投入江海,沿海地区也利用涨潮落潮将尸体冲带入海。旧时藏族对夭折的小孩和患疾病而死的贫民,多实行水葬,傣族和羌族中也有水葬的习俗。

(3)天葬:主要流行于部分藏族地区。其葬仪相对于同样实行此丧葬方式的少数门巴族、裕固族贵族来说最为完整。它有专门以此为职的天葬师。方法是人死后停尸数日,然后把尸体送到天葬坊,由天葬师肢解后,让鹫鹰吞食,以示灵魂升天。

(4)树葬:也称风葬,即将尸体入棺或用树皮包裹后置于树上。是一种很古老的葬俗类型。广西金秀大瑶山茶山的瑶族,旧时为死婴举行葬式即为树葬,婴尸用破絮、破衣、树皮包裹后放在竹篮内挂于树林中,认为这样可以使孩子的灵魂尽快投胎转世。时至今日,这种习俗已渐渐成为历史陈迹了。

(5)塔葬:这是佛门为高僧所施行的葬礼,又称"灵塔葬",是藏族最高贵的只有像达赖和班禅这样为数极少的大活佛死后才能实行的葬礼。将尸体脱水,再用各种药物、香料进行处理后,砌藏在塔中,以期永久保存,供人祭奉。这样的塔称为灵塔。

(6)悬棺葬:将装有死者的棺木放置在形势险峻的崖洞内。崖洞或为天然的,或为人工所凿。悬棺葬一般在水边山崖上,有让灵魂随水逝去之意。根据考古和文献记载,福建、浙江、台湾、广东、广西、云南、贵州、湖南、湖北、四川、陕西汉中、江西、安徽等十三个省区,都有悬棺葬。而福建武夷山是悬棺葬的发源地。

(7)火葬:这一习俗起源很早,可以追溯到原始社会时期,而且是先流行于少数民族的。中国实行过火葬的有羌、彝、白、怒、土、瑶、布朗、纳西、哈尼、拉祜等民族。但明清以来,只有羌、彝族和少数地区拉祜族、纳西族仍实行火葬,其他一些民族都改为土葬了。这一习俗在人口众多、耕地有限的中国,越来越显示其优越性,因此被日益广泛采用。

许多少数民族采取几种形式埋葬死者,称为"复合葬",如傣族实行土葬、天葬、水葬和火葬,藏族实行塔葬、火葬和天葬,拉祜族实行火葬和土葬,裕固族实行火葬、土葬和天葬,羌族实行火葬、土葬和水葬。

二、节庆活动

根据有关资料统计,中国 56 个民族从古到今约有节日一千七百多个,其中少数民族民间节日就有一千二百多个,汉族节日五百个左右。中国节日数量之大,在世界上首屈一指,这与中国悠久的文化历史和众多的民族成份有密切关系。除了传统的岁时节日外,还产生了许多适应现代生活需要、或是在某种历史背景下所形成的一些纪念日或社会公共活动日。在旅游活动中也是一道风景线。它在继承、宣扬民族文化,满足群众物质与精神需要,增强民族自信心和凝聚力,进行民族文化教育,繁荣民族地区经济等方面发挥着很大的作用。

(一)国家节庆活动

1.传统节日

指岁时节日,它们历史悠久、流传面广,具有极大的普及性、群众性甚至全民性特点,其中影响较大的至今仍广泛流传的主要节日,按时序先后分别是:

春节:俗称"年节",是中华民族最隆重的传统佳节。从腊月二十三小年节起就开始打扫房屋、置办年货、添新衣、贴春联等等"辞旧迎新"。春节是合家团圆的日子,在外漂流的游子,每逢春节都会不远千里赶回家吃团圆饭。除了新年的饺子或汤圆,春节的庆祝活动丰富多彩:燃爆竹、耍狮子、舞龙灯、扭秧歌、踩高跷、跑旱船等,为新春佳节增添了浓郁的喜庆气氛。

元宵节:正月十五元宵节是中国传统节日中的大节,这一节日的主要节俗活动是燃放花炮烟火,张灯、观灯、赏灯,故又称"灯节"。

清明节:是中国历法中的二十四节气之一,也是中国民间十分重视的节日。节期在公历每年4月5日左右。标志着春耕时节的到来。有禁火寒食、祭扫坟墓、踏青郊游、荡秋千、放风筝等一系列风俗活动。

端午节:节期在农历五月初五,是中国民间夏季最重要的传统节日。流传至今的最主要的节俗活动是吃粽子、赛龙舟。

中秋节:在中国人心目中,中秋是一个象征团圆的传统佳节。而中秋的传统习俗则是观月、赏月,吃月饼,向远方的亲人送去缕缕相思与祝福。

重阳节:每年农历九月初九重阳节的活动,随着岁月流逝,也由驱邪避灾演变成了一个登高、赏菊、宴饮和九月九日"老人节"尊老敬老爱老的节日。

2.现代节日

现代节日,指的是近现代才产生的节日。因为它们也是以年为周期,循环往复,且有各自特定的活动内容,因而具有了"节日"的形态。其中有代表性的是公历1月1日的"元旦"新年、3月8日的"国际妇女节"、5月1日的"国际劳动节"、6月1日的"国际儿童节"、7月1日的中国共产党诞生纪念日、8月1日的"建军节"、10月1日的"国庆节"等等。另外,还有3月12日的"植树节"、9月10日的"教师节"。除了上述节日外,许多源于外国的节日也被越来越多的中国人所接受,如12月25日的"圣诞节"、4月1日的"愚人节"、5月第二个星期日的"母亲节"和2月14日的"情人节"等等。

近年来,有不少经贸洽谈、商品展销、旅游观光等活动,也往往借助节日这种形式进行。诸如"旅游节"、"购物节"、"啤酒节"、"服装节"、"电影节"、"美食节"、"书法节"、"古文化艺术节"……它们是在当前发展经济、改革开放大潮冲击下,应运而生的一种文化现象。

(二)少数民族节日

中国少数民族丰富多彩的民族节日,是吸引游客观赏和参与的一项大有潜力的旅游资源,具有浓郁的民族风情特色。

(1)火把节:中国云南、四川两省的彝、白、佤、布朗、拉祜、纳西、阿昌等民族,都有欢度火把节的传统。一般是在农历六月二十四日前后举行。节日期间,村寨和田野的火把彻夜不熄。在节日高潮的夜晚,人们举着火把又唱又跳,闪动的火把不时组成各种绚丽多彩的图案,煞是壮观。

(2)泼水节:是傣族人民一个古老的传统节日。泼水节也就是傣历的新年,同汉族春节一样,是辞旧迎新的日子。一般在傣历六月中旬(即农历清明前后10天左右)举行。节日活动有赛龙舟、放高升、敲象脚鼓、丢包等。但更重要的还是人们相互间追逐洒水,被人泼的水越多,说明受到的祝福也越多。

(3)那达慕大会:"那达慕"在蒙古语中是娱乐、游戏的意思,而"那达慕"大会是蒙古族一年一度的传统盛会和节日,每年夏秋季节举行。"那达慕"的内容包括传统的射箭、赛马和摔跤比赛,还有拔河、歌舞表演及物资交流等传统项目。人们尽可领略草原风光和民俗风情。

(4)三月街:云南大理白族自治州的白族"三月街"(又称"观音节")是远近闻名的物资交流大会。农历每年三月十五日至二十一日在大理城北举行。节日期间,大理白族和附近各族人民云集于此,交流和选购各种商品。近年来,国内外客商也纷纷前往。

(5)"花儿会":"花儿"亦称"少年",是青海、甘肃、宁夏等省(区)民间的一种歌曲。曲调优美,时而豪放时而婉转。每年春播之后、秋收之前,都要举行大大小小的"花儿会"。"花儿会"分为"整花"和"散花"。"整花",形式较固定,大都叙事抒情;"散花"则较为活泼,多为触景生情,即兴创作。人们用这种形式表达对理想的追求和对幸福生活的热爱。

可以看出,节庆民俗有以下几个特点:①鲜明的农业文化特色;②浓厚的伦理观念和人情味;③节俗的内容与功能由单一性向复合性发展。

复习思考题

1.社会风情类旅游资源的含义及其旅游功能是什么?

2.饮食和居住习俗体现了怎样的特点?

3.服饰和民间工艺品的旅游价值如何?

4.旅游活动如何利用节庆做文章?

5.中国少数民族有哪些饮食习俗和典型民居特色?

6.我国传统服饰、代表工艺品以及婚丧习俗、节庆活动有何特点?

第十二章　文学艺术类旅游资源

学习引导

  文学艺术类资源是重要的旅游资源类型。本章要求，了解文学艺术旅游资源的特殊性；理解文学艺术的旅游功能；基本掌握开发文学艺术旅游资源的一般原则和形式。首先，分析文学艺术的旅游意义与特点；其次，讲授文学艺术旅游资源的不同形式；再次，介绍文学艺术旅游资源的开发利用。通过上述介绍，引导学生能够理解文学艺术旅游资源的基本知识，并掌握其开发原则和方式。

教学目标

- 分析和理解文学艺术类旅游资源的艺术形式。
- 认识各种文学艺术形式在旅游活动中的价值体观。
- 了解文学艺术旅游资源的特殊性。
- 基本掌握开发文学艺术旅游资源的一般原则和形式。

学习重点

  文学艺术的旅游意义（宣扬景物，旅游审美，提高导游素质）与特点（群众性、感染力、渗透性与灵活性）；文学艺术类旅游资源的艺术形式（游记、风景诗词、楹联、题刻、影视、戏曲、书法、绘画）；文学艺术旅游资源的开发利用（开发原则、开发形式）。

　　旅游是一种社会经济现象，而从其本质上说，则"是一种文明所形成的生活方式"，"是一种文化现象，一个系统，是人类物质文化生活和精神文化生活的一个最基本的组成部分"（沈祖祥）。由此可见，旅游活动是一种文化活动，确切地说，是一种文化交流活动。借助游客的旅游活动，不同地域的文化得以传播，进而相互交融、相互渗透。

　　文学艺术作为人类文化的一个重要组成部分，其多样化的形式，诸如游记散文、诗词、小说、楹联、神话传说以及戏剧、音乐、电影、绘画、书法等，不仅自古以来受到人们的喜爱，而且在旅游活动中，发挥着独有的功效，或提高景物的观赏价值，或增加趣味、启迪游兴，或直接成为观赏的对象，文学艺术已然成为一种重要的旅游资源。

第一节　文学艺术的旅游功能与特点

一、文学艺术的旅游功能

　　文学艺术是一种社会意识形态，是客观物质世界与心灵精神层面"心物交融"的结果。中国文学艺术自它诞生的那天起，就与旅游结下了不解之缘。旅游最让人贴近大自然，达到人与自然的完善和谐与统一；旅游也最能激荡起作家的情怀，促使他们以文学所特有的形式描摹自然山水之秀美，抒发羁旅游人之情思，其高远的审美意境和独特的艺术表现也使作家所到之处的旅游观赏价值倍增。"山水借文章以显，文章也凭山水以传"，南朝山水诗人谢灵运的这句话，十分形象同时也非常精辟地道出了文学与旅游的互为依托、相得益彰的关系。

　　文学艺术的旅游功能体现为以下三方面：

（一）文学艺术引致旅游资源的产生与开发

　　我们知道，天下名山大川、风景名胜，大都依赖其"先天"的优势，毫无疑问地成为旅游的热点。同时，我们也应看到不少普通平凡的景观，由于文学作品的描绘、渲染，同样也能"景以文名"、"景以文生"。

　　大凡读过《桃花源记》的人，在惊叹陶渊明的构思神奇之余，无不向往其中的恬淡、亲融、和睦的理想生活。于是湖南省桃源县巧借"桃源"二字，人工建造"桃花源"，尽现作品所描绘之情景，对《桃花源记》作了完美的诠释，理所当然地成为一处新的旅游胜地。尽管后来有学者著文论证，湘西近年开发的武陵源风景区才是真正的桃花源。无独有偶，苏东坡当年贬居黄州（今黄冈县）时，常在黄州的赤壁游憩,此地断崖临江,形势险要,引起诗人的兴致,写下千古杰作《赤壁赋》。黄州赤壁因此闻名遐迩,被人称为"湖北赤壁之冠"。清人汪煦有诗云:"不是当年两篇赋,为何赤壁在黄州。"原来真正的三国赤壁大战发生于湖北蒲圻县赤壁。人们只好将它叫做"武赤壁",与黄州的"文赤壁"相区别,可见苏轼的作品影响之大。

曹雪芹的《红楼梦》堪称世界文学宝库中的经典之作,其深刻久远的影响力渗透到旅游活动中,北京、上海相继建造"大观园",河北正定建起"荣宁街"。北京的恭王府甚至被人看做是《红楼梦》的创作蓝本,与大观园等同。姑且不作真假事实的论断,仅就以上景点旅游业的繁荣程度,便足以说明文学之于旅游的独特功效。

我国旅游界推出的大型旅游项目——三国游,就是以妇孺皆知的《三国演义》为创作灵感开发设计出来的,其中包括四川、湖北直到江苏、浙江数省,旅游景点多达数十个。《三国演义》不仅为我国人民所熟知,在海外也有较高的知名度,精明的日本企业家甚至从中总结出了经营之道。如此广泛深入的影响,使得三国游拥有良好的背景与坚实的基础,此项目的开发无疑是有益的、有效的。

因为某部文学名著或某种艺术形式而形成的盛大节日,以及由此所带来的文化交流、可观的旅游收益,是对文学与旅游关系的最好印证。诸如意大利的木偶节、潍坊的国际风筝节、维也纳的国际音乐节、美国的奥斯卡金像奖评选活动、法国戛纳电影节、德国柏林电影节、意大利威尼斯电影节、莫斯科电影节等。节日期间,游客如潮,城市的知名度扩大,旅游创汇甚为可观。

(二)文学艺术具有旅游审美的功能

旅游的美学本质是和谐,主要是一种人与自然的和谐,"旅游导向于主客体之间对立的统一,导向于'天人合一'以及人际关系的和睦亲善"[①]。旅游者最根本的出游动机,从总体上说,也是为了在和谐的审美关系中,得到人性的抚慰和心灵的小憩,感受回归大自然的舒畅。19世纪德国哲学家费尔巴哈就曾说到,只有回到大自然才是幸福的源泉。中国古代老庄的自然哲学、美学,同样主张人与宇宙精神的沟通,置身自然,领悟天地万物间的无限自由。

历代文人雅士较高的文化素质和较高的审美水平,使得他们的旅游活动往往伴随着强烈的审美渴求,并通过文学作品营造浓厚的艺术氛围,创造出或清丽淡雅、或雄浑博大、或幽深邈远的审美意境。其特有的审美情趣对后人的旅游观赏活动影响至深。一方面,可以启发游人的想象,催化游人的情感,增加游兴;另一方面,唤醒游人的审美习惯,充分体味"物我感应"之神奇。在这一过程中,实现了文学艺术审美功能向旅游审美功能的完美转换。换句话说,旅游的审美功能只有借助文学艺术的独特魅力,才得以充分的体现。

---

① 庄志民著.《旅游美学》,上海三联书店。

　　唐代文学家柳宗元《至小丘西小石潭记》中对于潭鱼有这样的描写："潭中鱼可百许头,皆若空游无所依。日光下澈,影布石上,怡然不动,俶尔远逝,往来翕忽,似与游者相乐。"鱼儿离不开水,偏偏作者在这里只关注潭中的鱼,其描写手法虚实互映,却不乏动人心灵之情趣。短短几句描写鲜明地体现出古代中国人的主观意识与客观自然的和谐统一、不分彼此,这也正是现今旅游者所神往并追求的"天人合一"的最高境界。作者高超的审美水平不仅赋予潭中游鱼以灵性,更把鱼乐与人乐、主观情志与客观环境融为一体。游人至此,鉴赏景观的同时体味文字的内在意蕴,既提高了鉴赏能力,又增加了观赏对象的审美情趣,二者相得益彰、互为升华,最终游人的美感得到加强,达到了旅游的审美目的。

　　(三)文学艺术修养成为导游人员的必备素质

　　导游在旅游活动中发挥着引导游览的作用。关于"引导"有两个层面的理解:其一,是指旅游线路的设计和时间的具体安排,科学性、技术性要求较高,需要将景点的观赏价值大小、景点量的多少,以及时间安排的合理化等方面作综合考虑,因为它直接关系到旅游者的实际收获。其二,是指导游有义务、有责任引导游客在游历过程中增长知识、丰富阅历,这是对从事导游业人员最基本的职业要求。要达到这一目的,必须加强导游人员的文学艺术修养。自古以来,历代文人学士遍访祖国名山大川,众多风景名胜不仅留下他们的足迹,也留下了一段段感人至深的名人趣事。这些故事因名人而流传,风景名胜也因此以名人故事和诗人咏赞而名扬四海,吸引天下如云的游客游览、观赏、感慨、兴怀。我国旅游这一独特的历史背景和浓重的文学色彩,要求导游人员能将游客视而不见、视而难见、见而不知、知而不透的奇闻趣事、历史佳话及其文化背景,结合文学语言,娓娓道来,让游客在观赏景物的同时,深入了解观赏客体以外的丰厚内容。这样,既增长了见识,又提高了旅游兴趣,还兼有驱除旅途劳顿之功效。比如在西安汉、唐皇宫遗址,呈现在游客面前的无非是那些残垣断壁,有位导游竟能信手拈来有关的典故、诗文、绘画,滔滔不绝讲述个把小时,其知识积累之丰富、表达之到位让人赞叹。由此可见,具备与景点有关的基本常识、知识、传说、轶闻趣事等,应该是导游所应具备的基本文化修养。

二、文学艺术旅游资源的特点

　　作为一种重要的旅游资源,文学艺术与其他旅游资源相比,有其自身的特点:

　　(一)文学艺术具有广泛的群众性和强烈的感染力

　　众所周知,我国第一部诗歌总集《诗经》,就是在广泛搜集民歌的基础上汇总而成的。之后,进入了文学创作的自觉时代,表现生活、反映时代成为文人肩负的重要使命,文学艺术形式也随之多样化,神话、传说、小说、游记、散文、戏曲、影视、音乐、舞蹈、绘画、书法、雕塑等争妍斗奇,共同演绎着生活的平凡琐事,诠释着人生的喜怒哀乐。

文学艺术内容上的接近生活,更能引起群众的心灵共鸣,使之更为人民群众所喜爱、所接受;文学艺术形式上的多姿多彩,满足了不同群众类别的欣赏口味。就戏剧而言,比如我国北方的京剧、豫剧、秦腔,南方的沪剧、川剧等都形成了各自的群众基础,特别是多种形式之间的相互转换,使文学艺术具有了长久不衰的艺术感染力,这是其他旅游资源所无法比拟的。

(二)文学艺术渗透在其他旅游资源之中

文学艺术作为人类的一笔巨大的精神财富,不仅可以独立存在,而且更能渗透于其他旅游资源之中,赋予各类旅游资源更多的人文色彩。这种渗透的方式有以下两种:

其一,可视性。即文学艺术内容以看得见、摸得着,具体直观的形式出现在其他旅游资源当中。例如楹联、匾额、书画、题刻等历来是我国建筑中的点睛之笔,其中的内容或以高度精辟的语言描摹名景名胜,或以工整对仗的词句表现爱憎好恶,有极高的艺术鉴赏价值。这类文学艺术大多取材于民间传说、神话故事、戏曲戏剧等,极富感染力,在导游中被认为是神来之笔,常常用来作为绝好的导游材料。

其二,可感性。指的是文学艺术以它长久以来潜移默化、深入人心的艺术魅力,激发起游人的旅游热望,并在实地游览过程中,情不自禁地将作品与实物两相对照,通过体味、体会,在比较中达到交融,在交融中获得审美感受的升华。这些文学艺术杰作由于看似"无形",因而免遭风月侵蚀,随着岁月的推进,就如同陈年佳酿,愈久弥醇、愈久弥香,显示出强大的生命力,这也是自然景观旅游资源所不具备的。

可以说,"文以景生,景以文名"这八个字是对文学艺术与其他旅游资源关系的精辟概括。

(三)文学艺术用于旅游的灵活性

一般地,我们提到旅游资源,大都指那些受时间、空间限制而固定存在的资源要素,比如山川河流、文物古迹、气候环境、风土人情等,都属于此类。这些旅游资源的利用都有一个共同的前提,那就是人们必须首先经过旅途的跋涉,然后才可以达到观赏、游览的目的。

相比较而言,文学艺术的利用则灵便得多。它不受时空限制,可根据需要随意移动,无论其本身是静态还是动态,无论其形式是电影、电视,还是书法、绘画,都可通过出版发行、巡回演出等方式,同时为不同地区的游客所共享。因此也才有了"卧游"之说。"卧游"相对"旅游"而言,它既无羁旅孤寂之忧,更无旅途劳顿之苦,只需调动平日积累的经验,在阅读、收看书本资料的同时,任凭思想驰骋、心绪飞荡,便可同样获得旅游之乐。"卧游"对于那些暂时没有出游条件的人来说,可以称得上是一次难得的旅游情感体验。

第二节　旅游文学艺术形式概观

文学艺术自其产生之日起，发展至今，其形式早已是百花齐放、异彩纷呈。从文学艺术与旅游的关系方面来考察，我们着重对游记、诗词、楹联、题刻、神话传说、影视戏曲、书法绘画加以讨论。

一、游记

《论语·先进第十一》记载："莫春者，春服既成，冠者五六人，童子六七人，浴乎沂，风乎舞雩，咏而归。"这是我国游记散文的最早发端，它真实记录了一次春游活动。游记作品于东晋南朝正式产生，历经唐、宋、明、清乃至现代，涌现出许多游记散文大家，其创作手法日臻纯熟。

自古至今的游记作品，如同一幅幅千姿百态、色彩缤纷的画卷，生动形象地描绘了祖国的锦绣河山，广阔而又深邃地揭示了大自然的美。山峦之险怪、江河之流畅、湖泊之娴雅、瀑布之壮观、冰川之峻峭、星空之神秘、草原之宏阔、森林之静穆、动物之灵性、民风之淳厚，林林总总，无不在作家的笔端争奇斗艳，尽显自然美。优秀的游记作品，诸如陆游的《入蜀记》、王勃的《滕王阁序》、欧阳修的《醉翁亭记》，不仅能让人直接感受到摄人魂魄的美，而且还会使旅游者在潜移默化中受到美的陶冶，提高旅游审美能力。至于那些富含哲理的游记散文，更能给人以莫大的人生启迪。孔子观水曰："逝者如斯夫！不舍昼夜！"（《论语·子罕》）并由此说出至高哲理的话来："知者乐水，仁者乐山；知者动，仁者静。"（《论语·雍也》）在这里，显然孔子是从水的各种物理状态中得到启示，将观水与探索人生的种种美德联系起来。

苏轼的《前赤壁赋》堪称游记散文之绝唱。"壬戌之秋，七月既望，苏子与客泛舟游于赤壁之下。清风徐来，水波不兴。举酒属客，诵明月之诗，歌窈窕之章。少焉，月出于东山之上，徘徊于斗牛之间。白露横江，水光接天。纵一苇之所如，凌万顷之茫然，浩浩乎如冯虚御风，而不知其所止；飘飘乎如遗世独立，羽化而登仙。"秋江秋月秋夜的美景欣赏，烘托了作者的怡然之乐。假若作家只单纯写"游"与"乐"，则为平庸之作，《前赤壁赋》的妙笔生花之处在于作者乐极之悲，感叹人生短暂之后的一番哲理般的议论："盖将自其变者而观之，则天地曾不能以一瞬；自其不变者而观之，则物与我皆无尽也。""惟江上之清风，与山间之明月……取之无禁，用之不竭。"回归自然，拥抱自然，积极旷达的人生态度给游人以至深的影响。《前赤壁赋》

的文学价值、旅游价值极高,文、武赤壁之分就是最好的印证。

再看王羲之的《兰亭集序》,在描写了"崇山峻岭,茂林修竹,又有清流激湍,映带左右。引以为流觞曲水,列坐其次。虽无丝竹管弦之盛,一觞一咏,亦足以畅叙幽情"的宴集盛况之后,也抒发了自己的人生情怀:"每览昔人兴感之由,若合一契,未尝不临文嗟悼,不能喻之于怀。固知一死生为虚诞,齐彭殇为妄作。后之视今,亦由今之视昔,悲夫!"作者对生生死死的自然规律发出无限慨叹。而范仲淹的《岳阳楼记》则以其高远的意境被千古传诵,作者在描摹岳阳楼名胜风景和文人骚客睹物兴怀的不同感受之后,转而探求古代仁人之襟怀,借以提出:"不以物喜,不以己悲。居庙堂之高,则忧其民;处江湖之远,则忧其君。是进亦忧,退亦忧。然则何时而乐耶?其必曰:'先天下之忧而忧,后天下之乐而乐'欤!噫!微斯人,吾谁与归!"其中"先天下之忧而忧,后天下之乐而乐"成为激励仁人志士忧国忧民、先国后己的千古座右铭。《古文观止》因此极力推崇道:"以圣贤忧国忧民心地,发而为文章,非先生其孰能之!"《岳阳楼记》称得上是一篇警世之作。

《徐霞客游记》的成就不只在于文学方面,它还是一部著名的历史、地理著作。其中详尽记录有作者所到之地的民俗风情、名胜物产和地理概貌,游人从中可尽情领略各地的风土人情,饱览祖国的壮美河山,在丰富阅历、增长知识的同时,获得艺术美的享受。

我们常说:文以景生,景以文名,景、文互传。这一点,在游记作品中得到了充分的体现。柳宗元《永州八记》的问世,使永州的西山、钴鉧潭、袁家渴、石城山等流芳百世;欧阳修的《醉翁亭记》使滁州琅琊山家喻户晓;苏轼的《赤壁赋》让黄州赤壁的名声远在蒲圻赤壁之上;陶渊明的《桃花源记》使得湖南的桃源县占尽天时地利之优势;王勃的《滕王阁序》让南昌的滕王阁身价百倍,而由同一个滕王在四川阆中造的滕王阁,却难以有人问津。凡此种种之阴差阳错,只有一点可以肯定,那就是,景区一经著名文人的撰文张扬,便会身价百倍。自然景观在这一过程中的价值转换,从另一个角度为旅游文化、人文旅游研究提供了新的思路。因涉及内容较广,非本章范围所能及,故暂且不作讨论。但无论如何,浩如烟海的我国游记作品之于发展现代旅游的"滋补"作用,值得潜心深入地研究。

二、风景诗词

风景诗词也叫旅游诗词,是指那些反映旅游景观和旅游生活的诗词。风景诗词由于语言简洁凝练,含蓄而有韵律,既能点出景物的精华,又能深化景物内涵。写景抒情,景情相融,耐人寻味,易被旅游者所传诵,因而影响深远,充分体现了"文以景生,景以文名"的哲理。

李白的《早发白帝城》绝句,对长江三峡美景作了生动地描绘:"朝辞白帝彩云间(写白帝城地势高入云霄及朝霞美景),千里江陵一日还(写江水湍急的险景),两岸猿声啼不住(写动植物景观),轻舟已过万重山(层峦叠嶂的壮观山景)。"在《黄鹤楼送孟浩然之广陵》一诗中,李白以"故人西辞黄鹤楼,烟花三月下扬州;孤帆远影碧空尽,唯见长江天际流"的佳句,不仅再现了那暮春时节,长江下游繁华之地的迷人景色,而且描绘了长江中游两湖地区平原广阔,水天相连、一望茫茫的景象。在《望天门山》中的"两岸青山相对出,孤帆一片日边来",又描写了长江下游天门山胜景及江面宽阔、白帆点点,一幅壮丽的山水画卷。当人们游览长江时,如能联系这些诗文,无疑会加深对长江中下游风光的领略。袁枚在《漓江行舟》中的"江到兴安水最清,青山簇簇水中生,分明看见青山顶,船在青山顶上行"。韩愈《送桂州严大夫》中的"江作青罗带,山如碧玉簪",对桂林山水作了生动形象、精辟的描绘。唐代孟浩然的《宿建德江》是诗人漫游吴越途经建德江所作,全诗四句:"移舟泊烟渚,日暮客愁新。野旷天低树,江清月近人。"描写了一幅泊舟暮宿江上的景色,勾勒出了空旷茫远、清丽幽柔的夜江图景,极富旅游审美功效。

苏轼《饮湖上初晴后雨》:"水光潋滟晴方好,山色空蒙雨亦奇。欲把西湖比西子,淡妆浓抹总相宜。"寥寥数语,即将西湖千变万化的美景写得淋漓尽致,而且把西湖比做古代越国美女西施,说它无论怎样打扮(天气变化)都是非常吸引人的。从此西湖名声更大,西子湖也因此得名。李白《望庐山瀑布》:"日照香炉生紫烟,遥看瀑布挂前川。飞流直下三千尺,疑是银河落九天。"以形象夸张而不失实的语言,生动地描绘了庐山瀑布的美景,使庐山瀑布名声大振。苏州市外的寒山寺,既无驰名的名胜古迹,也无优美奇特的风光,一个不大的寺庙却历经千年,多次修复,至今犹存。而且现在每年春节前后寒山寺的"撞钟旅游"热闹非凡,人潮如涌,应接不暇。之所以如此,皆因唐代诗人张继写下的那首情景交融、含蓄动人的《枫桥夜泊》一诗:"月落乌啼霜满天,江枫渔火对愁眠。姑苏城外寒山寺,夜半钟声到客船。"这首千古绝唱使寒山寺久盛不衰。

崔颢的《黄鹤楼》诗,范仲淹的《岳阳楼记》,王勃的《滕王阁序》,不仅写景出色,而且创造了典型的意境,其中"晴川历历汉阳树,芳草萋萋鹦鹉洲"、"先天下之忧而忧,后天下之乐而乐"、"落霞与孤鹜齐飞,秋水共长天一色"等句,可谓千古绝唱。因而文垂千古,景物流芳。黄鹤楼、岳阳楼、滕王阁也名声大震。

三、楹联、题刻

在中国的古建筑中,或者在一些风景名胜区,常见到楹联或题刻,而且往往置于显眼之处。这些楹联或题刻,不仅本身是一种具有很高观赏价值的艺术品,而且内容或精辟深邃,富于哲理,有箴世规人的作用;或语言凝练,画龙点睛,起到点题传神的作用,帮助游人理解景物。例如杭州岳飞墓前的楹联:

　　　　青山有幸埋忠骨;

　　　　白铁无辜铸佞臣。

是对民族英雄岳飞的赞颂和对残害岳飞的秦桧等人的仇恨。

　　岳飞墓前望柱对联:

　　　　正邪自古同冰炭;

　　　　毁誉于今判伪真。

告诉人们真理与谬误、良臣与奸臣总是相对立的,事实真相总会大白于天下。

　　北京潭柘寺弥勒佛殿楹联:

　　　　大肚能容,容天下难容之事;

　　　　开口便笑,笑世上可笑之人。

利用弥勒佛大肚、笑口形象,用诙谐风趣的手法给人以规劝,寓意深刻,让人在笑声
中领悟深刻的人生哲理。

　　四川凌云寺弥勒佛殿楹联:

　　　　笑古笑今,笑东笑西,笑南笑北,笑来笑去,笑自己原来无知无识;

　　　　观事观物,观天观地,观日观月,观上观下,观他人总是有高有低。

此联与上联有异曲同工之妙,劝诫人们要有"自知之明",读后令人深思。

　　济南大明湖的楹联:

　　　　四面荷花三面柳;

　　　　一城山色半城湖。

寥寥 14 个字,却描绘出大明湖"荷花含笑,翠柳如烟,山色如染,波光粼粼"的美好
山水景色。

　　昆明大观楼由孙髯翁撰写的号称"天下第一长联"的 180 字的楹联:

　　　　五百里滇池,奔来眼底。披襟岸帻,喜茫茫空阔无边!看:东骧神俊,西翥
灵仪,北走蜿蜒,南翔缟素。高人韵士,何妨选胜登临。趁蟹屿螺洲,梳裹就风
鬟雾鬓;更苹天苇地,点缀些翠羽丹霞。莫孤负四围香稻,万顷晴沙,九夏芙
蓉,三春杨柳;

　　　　数千年往事,注到心头。把酒凌虚,叹滚滚英雄谁在?想:汉习楼船,唐标
铁柱,宋挥玉斧,元跨革囊。伟烈丰功,费尽移山心力。尽珠帘画栋,卷不及暮
雨朝云;便断碣残碑,都付与苍烟落照。只赢得几杵疏钟,半江渔火,两行秋
雁,一枕清霜。

上联写的是滇池的地理风光,下联写的是云南的历史变迁。把景、文、史、情感融为
一体,见景思古,由景入情,情景交融,不愧为"海内长联第一佳作"。

　　山海关孟姜女庙之楹联:

　　　　海水朝朝朝朝朝朝朝落;

浮云长长长长长长长消。

此联用叠字形式,其构思巧妙,含意深刻,既写出海水及浮云的变化,又使人联想到孟姜女哭长城的悲壮故事。游人至此,无不流连忘返。

摩崖、题刻、碑石,在一些景区可起到重要的点缀作用。例如泰山上的纪泰山铭碑、无字碑、"虫二"(意为风月无边)石刻、"五岳独尊"石刻,陕西药王山石刻、褒斜道石门摩崖石刻,福建九日山风景区摩崖石刻、题刻等,在这些景区无不引起游人的兴趣。我国最早的原始碑文当属北京国子监的周文王时的"石鼓文",其次是李斯手书的"泰山秦刻石"。至于碑刻,则应以西安碑林最为突出。它是我国规模最大、年代最早的碑林,收藏有自汉迄清历代碑碣两千三百余方,为研究历史、书法和绘画提供了极珍贵的资料。泰山刻石保存了自秦、汉至明、清的碑碣,是中外罕见的书法艺术展览长廊。由于"五岳独尊"等石刻的存在,使登攀过程别有情趣。

四、神话传说

在许多旅游地,大都有与之相关的一些神话传说、名人轶事,虽然多无据可考,但却能把那些相关景点的"来历"描述得有声有色,增加了趣味性和风雅感,增强了人们的游兴。例如登临华山,自然会联想到"劈山救母"的神话故事;游杭州西湖,"许仙与白娘子"的爱情悲剧故事仿佛再现;到路南石林,看见"阿诗玛"的石峰造型,一个敢于与豪强斗争的撒尼姑娘的故事,也会引起游人的极大兴趣。又如骊山烽火台,相传周幽王烽火戏诸侯的故事就发生于此。周幽王为博得爱妃褒姒一笑,竟听佞臣虢石父献计,在烽火台燃起狼烟,擂起大鼓,使各路诸侯从四面八方赶来,但却无敌。诸侯们疲劳、狼狈、惊奇的形象,不禁使褒姒为之破颜一笑。幽王随即赐虢石父千金。谁知这一笑却埋下了幽王覆灭的种子。"一笑失天下"、"一笑值千金"的典故也从此而来。

五、影视、戏曲

电影、电视艺术是集绘画、音乐、建筑、舞蹈、视觉与听觉为一体的综合艺术。影视作品有着广泛的群众基础,对旅游资源的开发有着不容低估的作用。一部电影、电视剧捧红一位明星,这是司空见惯的事情,一个普通景观因影视作品而一跃成为旅游热点,也同样不足为奇,俯拾皆是。电影《阿诗玛》让云南石林享誉天下,电影《芙蓉镇》使湘西的无名小镇成为旅游热点,《三国演义》更是让其拍摄外景地发展为主题公园。值得一提的是,我国电影风光片《庐山恋》创下了一部故事片在一家电影院放映时间、场次、观众人次的世界之最,被列入吉尼斯世界记录。游览庐山,看《庐山恋》早已成为游客的必选菜单。更有神奇者,广西风雨桥和福建余庆桥,因其建筑造型酷似《廊桥遗梦》中的廊桥,在电影放映之际,竟也迎来了众多寻求爱情和浪漫的游客。

戏曲可以说是我国的独创,是我们的特产。它具有鲜明的民族特色、浓厚的生活气息,深受我国人民群众喜爱。戏曲之于旅游,主要起到补充与衬托的作用。传统精典戏曲曲目诸如《赵氏孤儿》、《汉宫秋》、《单刀会》、《西厢记》、《拷红》、《红楼梦》、《梁山泊》、《霸王别姬》、《打渔杀家》等,不仅国内群众耳熟能详,很多外国朋友也深爱这一艺术,并以身试"戏",陶醉其中。外国人演中国戏曲本身就构成了一道美丽的旅游风景线。

六、书法、绘画

书法是"以汉字为表现对象,以毛笔、宣纸、烟墨、砚台等"文房四宝"为表现工具,以流动的线条来传导人类情感思绪的艺术"[①]。在其演变发展过程中,逐渐形成了挺拔通达的篆文、圆润柔美的汉隶、遒劲俊整的楷书、清透流畅的行书、汪洋恣肆的草书。

汉字的独特造型为书法艺术的不断创新提供了驰骋空间,书法不仅表"意",而且表"情",以此展现出独特的风采。浙江仙居风景区内的天下第一大"佛"字,游人观之不由肃然起敬;安徽黄山岩壁上的"大好河山"四个字,遒劲有力,与奇美的黄山相映成辉。

不少书法作品同时还兼有历史文化价值,使旅游景区更具吸引力。在苏州虎丘景区,有"虎丘剑池"四个笔力苍劲的大字,据说曾是大唐颜真卿所题,只因"虎丘"二字经岁月侵蚀,后被刻石名家章仲玉摹勾重刻才重现光彩。因此也就有了"真剑池,假虎丘"之说。这一典故使旅游者的游兴大增,无一不在"虎丘剑池"摩崖石刻前驻足留念,表现出书法艺术强烈的感染力和旅游审美价值。

绘画艺术与书法艺术紧密相连,"书画同源,书画一理"指出了二者在境界上的同一追求。而绘画更以色彩的神奇变幻创造出"栩栩如生,呼之欲出的似真效果"。绘画之于描摹对象,形神兼备固然重要,但从旅游意义上讲,揭示自然、人文景观的文化内蕴,创造强烈的审美效应,则会吸引众多游人慕名前往游览。江南小镇周庄,"镇为泽国,四面环水"、"咫尺往来,皆须舟楫",风景秀丽,民风淳朴,几百年来人们过着安静、恬淡的生活,难得与外界接触。而旅美画家陈逸飞凭借着敏锐的眼光和对古朴的田园生活的热爱,以一幅油画《双桥》打破了古镇九百年的沉寂,双桥所在地周庄一夜成名,一个新的旅游景点诞生了。与此同时,《双桥》油画被印上了1985年"国际邮票节"的首日封,周庄从此走向了世界。

书法、绘画以其特有的方式为旅游景点增添了无穷的魅力。

---

① 庄志民著.《旅游美学》,上海三联书店。

总之,文学艺术旅游资源包括了风景诗词、游记、楹联、题刻、神话传说,以及戏剧、电影等。它们与旅游息息相关,有的具有很高的观赏价值、研究价值,直接成为旅游者观赏或从事研究的对象(如西安碑林、耀县药王山石刻等);有的通过生动、形象、凝练的语言,或把景物描绘得栩栩如生,或情景交融,或画龙点睛,使游人加深了对景物的理解和认识(如李白的《早发白帝城》、袁枚的《漓江行舟》、济南大明湖楹联等);有的通过名人轶事、名人名诗,使景物名声大震,起到了"景以文名"的宣传作用(例如张继的《枫桥夜泊》、崔颢的《黄鹤楼》、范仲淹的《岳阳楼记》、王勃的《滕王阁序》、苏轼的《饮湖上初晴雨后》、李白的《望庐山瀑布》等);有的则能点缀风景,增加趣味性,启迪游兴(如楹联、题刻、神话故事等);有的则是旅游生活中不可缺少的部分(如电影、戏剧等)。因此加强对文学艺术旅游资源的研究与开发,具有重要的意义。

第三节　文学艺术旅游资源的开发利用

如前两节所述,文学艺术对于旅游事业的推动作用是巨大的。合理开发文学艺术资源,充分利用文学艺术资源所提供的有利条件,是开展旅游活动,实现社会、经济双重效益的途径之一。

一、文学艺术旅游资源的开发原则

鉴于文学艺术旅游资源较之其他旅游资源的特殊性,在开发过程中,应遵循以下两方面原则:

其一,文学艺术作品应具备相当的文学艺术价值。文学艺术作品所体现的是一种人文精神,其本身首先应有一定的审美价值,其次才可能将这种文学审美价值转换为旅游审美价值。也就是说,只有当一部文学艺术作品被大多数人所认同,并加以欣赏、为之感动,它的艺术美才具有了普遍性,才有资格进入旅游活动中,进而为其他旅游资源增值。

其二,文学艺术作品应具备一定的历史文化价值。我们知道,文学艺术作品本质上属于人类文化的范畴,而旅游本身正是一种文化交流活动,文化精神是二者的契合点。一旦文学艺术作品拥有浓重的历史文化色彩,它的旅游价值也就会随之体现出来,并自然赋予相关旅游资源以历史文化价值,最终提高相关旅游资源的旅游价值。

二、文学艺术旅游资源开发形式

其一,作为新的旅游资源产生的母体加以开发。

关于这一点,在第一节中其实已经涉及,只不过讨论的角度不同而已。

在开发过程中,可以根据某部文学艺术作品进行创意,精心策划出高质量的、全新的旅游景观。如北京的"大观园",其社会效益和经济效益都获得了成功。需要注意的是,此类开发方式决定了投资规模的浩大,因此应经过充分论证,保证产品的质量,采用恰当的管理方式组织经营。

除此而外,还可因势利导,将名著名作所涉及的地点直接开发为新的旅游资源。这种方法简便易行,投入少,效益甚佳。《水浒传》导致梁山游热,《枫桥夜泊》导致寒山寺名扬海外等都属于这一类。

至于将著名作家的出生地、生活场所列为旅游景点,或依靠文学艺术形式形成吸引游客的节日,也是较好的思路。

其二,作为其他旅游资源的附属或宣传导游的依据来开发。由于文学艺术通常渗透在其他各种旅游资源之中,其灵活的表现形式、强烈的艺术感染力,不仅可以提高游人、导游的文学修养,更可提升其他旅游资源的旅游价值。因此,把文学艺术定位为其他旅游资源的补充物是比较合适的。例如名胜风景区内建筑物上的匾额、楹联,山岳之中的摩崖石刻,对于自然景观的美感有画龙点睛的作用。导游更可借用相关的名人名言、名篇名句,巧妙发挥、尽情渲染,以启迪游客旅游兴致,追求人与自然的完美统一。

这种开发方式要注意文学艺术的正确定位,始终置文学艺术于从属地位;同时在具体运用上,尽可能地做到潜移默化,润物细无声。

复习思考题

1.试谈你对文学艺术的旅游功能的理解。

2.简要叙述文学艺术旅游资源的特点。

3.文学艺术可以提升相关旅游资源的旅游价值,试举例说明。

4.简要论述文学艺术旅游资源的开发原则和开发形式。

5.简述文学艺术类旅游资源的艺术表达形式。

第十三章　旅游资源调查与评价

学习引导

　　旅游资源是旅游业赖于发展的基础,而旅游资源调查与评价是掌握和认知地域旅游业发展条件的重要环节。学习旅游资源调查与评价对于提升旅游者和旅游工作者的业务素质具有重要实践价值。本章是旅游资源开发的重要内容,主要讲述旅游资源的调查方法与旅游资源的评价方法,这些内容都是旅游资源开发,将来学习旅游规划技术的重要手段,故本章具有一定的技术性。

教学目标

- 了解旅游资源普查的目的、意义,普查程序。
- 理解旅游资源调查的原则和内容。
- 学会旅游资源调查的技术方法。
- 掌握旅游资源评价的技术方法。
- 理解并掌握旅游资源评价因子体系。

学习重点

　　旅游资源调查的内容和方法;旅游资源评价的内容和方法;旅游资源评价因子体系,包括评价权重体系,评价因子指标体系。

第一节　旅游资源调查的内容和方法

一、旅游资源调查的原则

旅游资源的调查既涉及科学技术问题，又牵扯文化艺术问题。调查者除了应具备必要的专业知识外，还应具有历史、文学、美学、经济学、社会学等多方面的文化素养。在调查过程中，应遵循四条原则：

(一)双重身份原则

进行旅游资源调查，调查者应当以旅游者和旅游开发者这两种身份出现。在调查过程中，要兼顾旅游者和旅游开发者的双重利益。一方面，旅游开发的目的是为旅游者提供理想的旅游场所，最大程度地满足旅游者的旅游需求。所以，旅游资源调查者应从旅游者角度考虑，根据旅游者的需要，去考察发现旅游资源。另一方面，旅游资源是否能够满足游客需求，是否能被旅游业所充分利用，并带来一定的经济效益、社会效益和生态效益，很大程度上取决于旅游开发者。因此，旅游资源调查者要从旅游开发者的角度出发，去查明资源开发的价值及可能性。

(二)真实可靠性原则

旅游资源调查者必须亲临现场进行考察、测量、拍照、录像、分析、记录，即便是那些经过收集整理而获得的旅游资源方面的文献、报告和图表等书面资料，也只能作为野外调查的参考，必须对现场进行核对，以确认资源的真实性、完整程度以及未来开发改造的可能性。因为随着时间的推移、环境的变化，原有的统计资料很可能出现偏差，所以对现有资料也要进行实地核对，以确保其真实可靠。

(三)创造性原则

进行旅游资源调查就是要寻找更多美的事物。调查者要善于发现美和创造美。一块巨石，在旁人眼中可能只是一块普通的大石头，而资源调查者却能从另一角度感受到它的美，根据其形状和特征，对其进行命名，使之成为一个景点。在调查过程中，调查者能够将散乱的景物景点系统化、人格化，这也是一个创造的过程。通过调查者的分析和归纳，使游客面对的将不再是杂乱无章的东西，而是完整有序、有美感甚至带有人情味的景物。

(四)筛选性原则

在调查过程中，要选择那些有利于旅游者和旅游区居民身心健康的、能够促进两个文明建设的资源内容和环境条件，要将历史文化艺术和宗教活动与封建迷信区别开来。对于历史遗留下来的一些恶习和愚昧、腐朽的东西要给予剔除,旅游地应是一个进行社会主义革命传统教育和良好道德教育的场所。

二、旅游资源调查的内容

(一)旅游资源调查的基本内容

1.旅游资源区的环境条件

根据旅游资源的开发要求,对与其相关的自然、社会、市场、环境等进行调查。

(1)自然环境调查。它包括调查区的地质(岩石、地层)、地貌、水文、气象气候、动植物等自然条件。

(2)社会环境调查。它包括该地的行政归属与区划、人口与居民、文化医疗卫生、安全保卫、历史文化以及位置、距离、交通、邮电通信、电力、供水、食宿等基础条件,最好附上相关的行政区划图和位置分布图。

(3)市场环境调查。调查旅游地和周围客源地的经济状况、相互联系的紧密程度、居民消费水平和出游率。依据旅游资源吸引力的大小,进行可能的客源分析,包括客源形成的范围和大致数量、对调查区客源产生的积极影响和不利因素。

(4)环境质量调查。它是指影响旅游资源的环境质量情况,包括工矿企业、科研医疗、人口压力、生活服务、仓储等设施所造成的大气、水体、土壤、动植物等的污染状况和治理程度;有无地震、洪涝、火山、地质等自然灾害,有无噪音、地方性传染病、放射性物质、易燃易爆物质等。

2.调查区旅游资源状况

它包括旅游资源的类型、数量、规模、结构、级别、成因等,与当地旅游资源有关的重大历史事件、社会风情、名人活动、文化作品的情况以及调查区的资源分布图、照片、录像等有关资料。对于重点旅游资源,应提供尽可能详细的资料,包括类型描述、特征数据、环境背景和开发现状等。

(二)旅游资源调查的重点内容

1.已知旅游景区及外围旅游资源的调查

此调查是为了充分挖掘已知旅游景区的潜力,例如发现新的旅游资源及可能进行深度开发的内容,为景区的深度开发提供新的科学依据。

加强已知旅游景区外围资源的调查,可以扩大已知旅游景区的范围,增加游客数量,延长游客停留时间,与原旅游区形成一个规模宏大、内涵丰富的新景区。

2.重点新景区的调查

对开发价值高的重点新景区的旅游资源调查,主要包括:

(1)具有特色的大型旅游景观。它是指具有鲜明地方特点,且可能存在较强吸引力的,类似湖南张家界、四川九寨沟、湖北神农架等景区的旅游景观。这些地方人迹罕至,有鲜为人知的独特地貌、水体、动植物等资源。

(2)具有特殊功能的旅游景观。在调查过程中除了观光型的旅游资源之外,还应注意具备其他功能的旅游资源。如登山、探险、求知、科学考察、狩猎、滑雪、漂流、宗教文化等,以适应旅游需求多样化的发展趋势。

(3)适合科学考察和专业学习的旅游景观。旅游业的发展势必会促成一支专业旅游和科学考察旅游队伍的形成。依据他们的需要,应当发掘一些具有科学考察和增加科学知识意义的旅游景观。如地质方面的标准剖面,重要的古生物化石点,典型的矿床、冰川,典型的奇特地貌,特殊的动植物和独特的气象气候,古人类活动遗迹遗址等。

(4)唯我独有的旅游资源。它是指稀缺性极强、少有的旅游资源。如青藏高原、大熊猫、我国独特的民族风情和民族文化。这些可能独一无二的旅游资源给游客以极大吸引力,满足其猎奇、求新、求异心理。

3.交通沿线和枢纽点的调查

旅游资源一经开发,交通可能成为影响游客流量的最大限制因素之一。靠近交通沿线和枢纽点的旅游资源,游客的可进入性强,只要具有一定特色就能吸引游客;若旅游资源特色鲜明,就很容易开发成热点新景区。而那些远离交通沿线和枢纽点的旅游资源,只有规模大、旅游价值高,游客才肯花费一定的精力和时间前往。同时,交通枢纽点往往是一些大城市,一方面保证了客源;另一方面,基础设施好,易形成旅游中心区。

三、旅游资源调查的方法

(一)现有资料收集

进行旅游资源调查前,首先应收集现有资料,并进行分析、评价、整理,有选择地使用,避免不必要的重复劳动和盲目的调查。这项工作是在室内进行的,主要包括两个方面:

(1)地理环境和经济状况方面的资料。它主要指地质、地貌、水文、气候、生物、生态环境以及社会经济等方面的报告、图表、图像和统计数据等。

(2)旅游资源方面的资料。它包括有关风景区的调查报告、规划、论文以及关于地质地貌、水域风光、生物景观、古迹与建筑、民风民俗、休闲求知设施等旅游资源的文字、照片、影像、录像等资料。

对于收集来的资料,要进行统计分析,对其权威性、准确性、精确性以及可利用程度进行综合分析、评价和比较。同时,通过对现有资料的研究,可以了解到某些旅游资源的成因,并依此对旅游资源的分布状况进行一些预测。

(二)现代科技手段法

现代科技手段的应用为旅游资源的调查带来了许多方便。在野外实地考察的时候,使用现代声像摄录设备,如照相机、摄像机等,可以将野外考察过程全面地记录下来,真实地显现出旅游地的原貌。这种记录手段不仅能将旅游景观静态描述出来,而且还能通过声音和图像,让人们领略到动态景观。

计算机在各个领域的广泛应用,使得旅游资源调查亦能够使用现代科技手段。利用计算机技术,可以录入实地调查所采集到的数字、文字、图表、影像等信息,并能迅速而便捷地对信息进行查询、分析、处理、调整和整理。

此外,还可以利用飞机和卫星所具有的航空、航天遥感手段,对旅游资源进行实地航空、航天遥感调查。这种手段往往是调查区已具有航空、航天遥感资料(航空像片、卫星像片,可在相关省区测绘部门购买)后,进行像片分析,从而对旅游资源进行调查。在调查未发掘的地下文物资源时,物理勘探方法也不失为一个好手段。

(三)野外实地调查法

只有进行实地调查,才能核实、补充各种资料,获得第一手资料,并得到一个全面系统的认识,才能为旅游资源开发提出正确的决策意见。野外实地调查是旅游资源调查最主要的方法,它可划分出一些具体实施方法。

1. 按调查范围划分

(1)旅游点调查。它是指对某个旅游点进行详细调查。它可以是在不同时间段内考察该旅游点,也可以是在该旅游点的不同位置设置观察点,以获得全面的信息。

(2)旅游路线调查。它是指沿着旅游者所走的路线对沿途各景点进行考察,发现各路线的特点并进行总结,开发出各具特色的旅游线路。

(3)旅游区调查。它是指对既定区域内的旅游资源进行调查,从而获得如旅游资源名称、地理位置(包括所属景区和行政隶属)、资源描述、资源所处的自然和人文环境背景、景区基本情况、旅游交通、旅游设施、旅游接待情况、城市依托条件等有关信息。

2. 按调查所采用的记录手段划分

(1)文字记录法。它是最简便的一种方法,就是将考察过程中的所见所闻用文字记录下来。这种方法简单易行,但不够准确,往往会带有记录人的主观意志。

(2)图表记录法。使用这种方法之前,要事先设计一张基础底图,在调查过程中,将所收集到的信息一一标注在底图上,从而准确记录下旅游可利用景点、景区及所缺少的信息。

(3)实地素描法。在考察中,用画笔、颜料等绘画材料描绘出实地考察的对象。

使用这种方法无需准备底图,但所需携带的工具太多,且调查人员必须具有一定的绘画技能。

(4)影视录摄法。对考察内容进行录像、摄影。

第二节　旅游资源普查系统

发展旅游业必须首先了解本国旅游业的国情,尤其是要了解作为旅游业供给基础的旅游资源的类型、结构、数量和质量特征、资源等级、地理赋存状况及保护、利用和发展现状等。旅游资源全面统计资料的缺乏,无疑会给旅游资源的保护、管理及合理利用和开发、投资、决策等工作带来困难。为此,许多致力于旅游业发展的国家都建立了国家旅游资源普查系统,开展对全国范围旅游资源的全面、系统的普查。

我国旅游资源普查工作从 20 世纪 80 年代末就开始准备,经过多方研究和讨论,于 1992 年颁发了《中国旅游资源普查规范(试行稿)》,建立了旅游资源普查的组织协调机构,并在一些地区先后组织了普查试点工作,随后在全国开展了旅游资源普查工作。

一、旅游资源普查的目的与意义

旅游资源普查的目的是查清全国旅游资源的基本情况,为保护和合理开发利用提供必要的科学依据。旅游资源普查就是一项摸家底的工作,其关键是了解一国旅游资源的丰富程度、优势、劣势,将其作为国家与地方确定旅游资源总体开发方向、进行区域旅游业规划的参考和依据,也为国家制定旅游业发展方向、区域价格类型、冷热线政策、投资税收方面的倾斜政策提供科学依据。

旅游资源普查的意义在于:

(1)旅游资源普查为旅游决策的制定提供依据。通过旅游资源普查可以掌握旅游资源的历史背景和现实状况,为旅游部门进行资源开发规划、项目组合及制定价格策略和促销策略提供重要参考。

(2)通过旅游资源普查可以全面掌握旅游资源的开发、保护和利用的状况,并推动旅游资源的保护和管理工作。

(3)通过旅游资源普查,建立一套旅游资源的技术档案资料或数据库,可以改变旅游资源管理的混乱状况,使旅游资源管理有序化、科学化,为使用现代科技手段进行旅游资源管理奠定基础。

(4)通过旅游资源普查,可以推动旅游资源的研究工作进一步深入开展。通过旅游资源普查得到的文字、图件、图表等成果是开展旅游研究的珍贵资料。同时,旅游研究的深化也必将进一步推动旅游资源普查工作深入广泛地开展。

二、旅游资源普查的程序

我国旅游资源普查工作以县级行政单位为普查单元,以旅游景区、景点为普查对象,以旅游资源基本类型为调查内容,着重调查填写"旅游资源基本类型调查表"及其相应的"普查小区信息采集表"、"普查区资料汇总表",并记录"普查日志"。

旅游资源普查具体程序分四个阶段:

(一)准备阶段

(1)成立普查组。在接受普查任务后,由旅游局组建业务性的临时指导机构,设组长、副组长和成员若干。要求普查组成员分别具有与旅游资源有关的专业素养,并具有完成全部普查任务的实际能力,避免单一专业人员的组队,注意各方面理论研究人员与从事实践工作人员的参与。

(2)制订普查计划。根据普查任务要求,确定普查区域、普查对象和普查方式,并制订普查工作计划书,包括任务,要求,人员配备,工作部署、进度控制,所需设备、器材和经费等,并提出预期成果。

(3)收集和整理资料。收集一切与调查区有关的资料,主要包括本区和邻区的旅游资源,自然、社会和经济背景环境等方面的文献资料、影像资料以及地图资料,并对所收集到的资料进行系统分析、处理、整理、登录,作为下一步野外工作的参考。同时,要准备好调查区大比例尺的地形图,作为野外调查时的填图底图。

(二)野外调查,采集数据和资料阶段

野外实地调查的目的,是为了验证前人的资料,进一步补充新的资料,通过对各种基本旅游资源类型进行测量、登录、校核、验证,获得一个正确、全面、系统的认识。野外调查一般可分为普查和重点详查。

(1)普查。在调查开始时,要对旅游区进行全面普查,以对旅游资源有一个初步全面的了解,掌握旅游资源的种类、数量、分布等。它可以为一个地区旅游开发提供资料依据,也为景区划分、旅游线路设计、人文构景等打下基础。

普查一般采用路线考察方式进行,即利用大比例尺地形图并参考有关航空像片、卫星像片资料,沿事先确定的路线进行考察记录、填表登记和填图。路线的选择应尽量做到覆盖面大,避免遗漏某些内容,可以尽量利用有关部门现有资料或组织熟悉当地情况的各届人士召开座谈会。

(2)重点详查。重点考察拟开发旅游景区、重要旅游景区或筛选出的有开发价值的旅游小区,弄清资源区的历史、现状、特色、优势、劣势、相关因素等,同时也需

对调查区的经济、社会、环境背景进行调查分析,以确定该区旅游业发展的方向和重点项目,提出规划建议。

详查时须组织多学科力量进行实地详细勘察或访问调查,并注意数据收集和对重点问题和地段进行专题研究与鉴定。考察结果多绘在 1∶5000 或 1∶10000 大比例尺地形图上,还要拍摄一些照片、录像。

(三)文件编辑,形成成果阶段

对收集的资料和野外考察记录进行系统的整理总结,以旅游景区为旅游资源普查汇总的最小地域单元,完成普查文件,形成普查成果。即正式填好"基本类型调查表"、"普查小区信息采集表"、"普查区资料汇总表",绘制旅游资源分布图,整理普查日志,编写旅游资源普查报告,编辑录像资料,制作数据软盘,对野外图片资料进行归类整理并撰写说明等。如果发现疏漏和含糊不清之处,还要进行野外补点。

(四)普查资料的管理和更新

通过旅游资源普查收集到的各类数据、文字、图表等第一手资料,在整理形成成果后,必须及时存档。由于全国各地旅游资源的分布情况、数量和质量特征,尤其是旅游资源的区域开发条件(交通条件、设施条件)都在不断发生变化,因此普查资料还必须及时更新、补充,以正确反映现实情况的发展变化。对普查资料运用计算机技术进行管理,有利于资料存贮、检索、更新和分析处理的快速、便捷,并为在条件成熟时建立全国或区域旅游资源信息系统奠定基础。

三、旅游资源调查资料的分类

(一)旅游资源调查资料分类的意义和目的

经过旅游资源调查取得了关于旅游资源状况的全面、具体、详尽的资料,这些资料繁多而杂乱,并不能系统地反映旅游资源的特点,因此还必须对旅游资料进行整理。旅游资源资料整理的主要任务是对调查资料进行分类。旅游资源调查资料的分类就是按资料所反映的内容,根据资料性质和其他特征的异同,分门别类地系统组织资料的方法。用分类的方法能将资料进行区分和集中,从而有系统地揭示资料的最本质属性,反映各种资料在内容上的相互联系。旅游资源调查资料分类最大的优点在于使旅游资源调查资料系统化,便于资料的检索和分析。

旅游资源资料分类的目的是:揭示资料的内容、性质、形式、体裁等,针对不同使用需要提供不同资料;把具有共同特征的资料聚集在一起,把特征相异的资料区分开来,能更清楚地反映旅游资源特色和状况;能根据各类资料之间的关系组成一个科学有序的资料系统,进行统计资料管理。

(二)旅游资源调查资料分类的方法

1.选择分类标准

旅游资源调查资料的分类工作是从选择分类标准开始的。

实践中,对调查资料分类常选用的分类标准有:

(1)采用旅游资源的分类体系作为调查资料的分类标准。旅游资源的分类已在第二章详细论述,此处不再重复。

(2)从旅游开发角度出发,将旅游资源资料作如下划分:

基础资料:开发或决策所需最基本的资料,如地理区位、历史背景沿革、交通、土地使用现状、资源个体空间分布、资源等级、可开发程度等资料。

参考资料:与开发有关或必须事先知道与了解的项目,如地形、地质、生物、社会经济结构、社会文化背景等资料。

补充资料:实用性或技术性强、起补充作用的资料,如水文资料,土壤、气象资料,资源变化、基础设施变更等资料。

(3)按资料形式,将旅游资源统计资料作如下划分:

文字资料:如普查日志、历史文献、研究报告、论文等。

图片资料:如航空像片、卫星像片、彩色照片、微缩胶片、幻灯片等。

图件资料:如旅游资源分布图、交通图、行政区划图等。

统计图表:如各种报表、资料普查表等。

音像资料:包括录音带、录像带、电视片、电影片、VCD 光盘及其他声像资料。

机读资料:包括计算机的各种磁盘、光盘等。

(4)按统计资料来源分为来自实地调查的第一手资料和来自报刊文献等的第二手资料。

(5)按统计资料的时间分为历史资料和现实资料。

(6)按对统计资料的加工程度作如下划分:

原始资料:实地调查旅游资源的原始资料及普查日志等。

已处理资料:在原始资料基础上进行整理、统计、分析的摘要、综述、汇总表或调查报告等。

成果资料:在原始资料和已处理资料基础上进行分析,并提出建议、设想的规划书、决策文件、研究论文等。

2.归类

分类标准和体系确立后,就可以对资料进行实际归类。进行归类时,首先对各个资料进行分析,确定资料的本质属性或主题内容,归于适当的类。对于综合性旅游景区的统计资料更要认真分析鉴别,将其中各个景点、景物分别归入适当的类中。对于跨两个或多个基本类型的旅游资源,例如某河段既开展漂流又有优美风景,这时要根据其他条件和开发前景等,参考专家意见和本地区旅游规划来确定该河段的特色,从而归入相应的类。

3.填写普查文件

旅游资源的资料在归类整理后,还要给以分类编号,然后填写普查文件,如"基本类型调查表"、"普查小区信息采集表"、"普查区资料汇总表"等,既可一目了然地显示旅游资源总体情况,又可以迅速、方便地查找旅游资源的详细资料。

第三节 旅游资源评价的内容和方法

一、旅游资源评价的内容

所谓旅游资源评价,就是从合理开发利用和保护旅游资源及取得最大的社会经济效益的角度出发,运用某种方法,对一定区域内旅游资源本身的价值及其外部开发条件等进行综合评判和鉴定的过程。旅游资源评价是在旅游资源调查的基础上所进行的更深入的研究工作。

旅游资源评价是科学地开发和利用旅游资源的前提。通过对一定区域内旅游资源的评价,可以对旅游资源的品位、特质、开发条件等有一全面而客观的认识,从而明确该旅游资源在同类旅游资源或在所处区域中的地位,确定不同旅游资源的开发序位,为制定旅游开发规划等提供科学的判断标准或理论依据。

旅游资源评价是一项极其复杂而重要的工作。这主要是由于旅游资源涉及范围非常广泛,结构十分复杂,种类及性质又千差万别,很难有一个统一的评价标准。而且,不同民族、不同职业、不同文化背景、不同阶层的评价者往往有着不同的审美观。因此,应从哪些方面对旅游资源进行评价、如何进行评价,目前尚无统一标准和体系。本书将旅游资源的评价内容归纳为以下两个方面。

（一）旅游资源价值评价

旅游资源价值评价是对旅游资源自身品质和丰优程度的评价,它主要包括七项指标。

1.美学观赏性

美学观赏性主要指旅游资源能提供给旅游者美感的种类及强度。它是自然景观和人文景观完美结合所构成的空间综合体,既体现了自然美,又蕴涵着人文美。旅游的基本形式是观光,观光是旅游者鉴赏美的活动,特别美的事物使旅游者能赏心悦目、陶冶性情,具有很高的观赏价值。旅游资源的美是多种多样的。自然美是通过山体、河流、湖泊、草原、森林、日光、月影、云雾、雨雪等构景要素的总体特征来体现的。人文美主要包括艺术美和社会美,它是通过寺庙、陵墓、殿堂、亭台楼阁、石窟造像、摩崖石刻、民俗风情等来体现的。具体来说,旅游景观的美包括形态美、形式美、色彩美、韵律美、嗅味美、动态美、意境美等。凡是吸引力较大的旅游资源,首先必须具有较高的美学观赏性,如桂林山水、长江三峡、壶口瀑布、敦煌莫高窟、西南少数民族风情等无不给人以美的享受。

2.历史文化性

即旅游资源所包含的历史文化内涵。它一方面是指旅游资源是否与重大历史事件、历史人物有关,及其遗存文物古迹的数量与质量;另一方面是指旅游资源是否具有或体现了某种文化特征、是否与某种文化活动有密切关系,或者是否有与之直接相关的文学艺术作品、神话传说等因素。前者如西安秦兵马俑、北京故宫、曲阜孔庙、南京雨花台,后者如因"枫桥夜泊"而闻名的寒山寺、佛教四大名山等。一般而言,旅游资源类型越多、产生年代越久远、规模越宏大、保存越完好,越是珍贵稀有;越是出自名家或与名人相关,其历史地位越高、文化价值越大。许多风景胜地往往有许多匾额、题铭、楹联、景记、诗画、碑刻等,这些既是观光游览的内容,同时又是宝贵的历史艺术珍品。

3.科学性

它反映旅游资源的科学意义。其主要是指旅游资源的某种研究功能,在自然科学、社会科学和教学科研方面具有什么样的特点,能为科学工作者、探索者和追求者提供什么样的研究场所。这些场所通常是自然保护区、特殊的自然环境区域、博物馆、纪念地等。例如,陕西太白山自然保护区自然条件复杂独特,至今仍保留着千姿百态的第四纪冰川遗迹,被誉为第四纪冰川地貌的"天然博物馆";同时它还是大熊猫、金丝猴、羚牛等珍稀动物的天然乐园,且植物的垂直分异规律表现得最为明显,是多种学科进行考察研究和教学实习的重要基地。周口店北京猿人遗址是世界上发现直立人化石、用火遗迹和历史遗存最丰富的古人类文化遗址,对研究古人类史有重要的科学价值。而各类博物馆、纪念地(堂、馆)对培养参与者科学兴趣、扩大视野、增长知识,进行思想道德教育等具有重要意义。

4.奇特性

即旅游资源的特色、个性,也就是"与众不同"、"唯我独有"、"人有我优"、"人优我特"的特征。具体而言,它一方面是指旅游资源相对于非旅游资源的差异程度,表现为特异性;另一方面是指旅游景点唯我所有,有别于其他或不与其他重复,表现为新奇性。旅游资源的奇特性越是突出,其旅游吸引力也就越大,从而具有较高的旅游价值。举凡能够产生奇特感的客体景观,或因其稀少难遇,或因其特色显著,或因其互相配合构成出乎预料之情景,从而具有较高的旅游价值。享有"震旦国中第一奇山"之美誉的黄山,因兼具奇松、怪石、云海、温泉等"四绝"而名扬四海;而"甲天下"的桂林山水亦因其奇秀,使桂林这个内地较偏远的中等城市成为闻名中外的旅游热点城市。

5.规模与组合状况

旅游资源的规模是指景观对象数量的多少、体量及占地面积的大小等等。旅游资源的组合状况,一是指自然旅游资源与人文旅游资源的结合与补充情况,二是指各要素的组合及协调性,三是指景观的集聚程度。只有在一定区域内,旅游资源密度较大,类型丰富、搭配协调,形成了一定规模的旅游资源才具有较高的旅游价值。杭州西湖当属这方面的典范:论自然风景要素,它有山、湖、泉、树木、花草;论人文风景要素,它有寺、庙、园林、建筑、历史人物。而且,自然景观与人文景观相得益彰,宛如天造地设。桂林山水亦是此中范例,其风景精华"四绝"、"八胜"、"十六景区"地域集中,又有清如玉带的漓江环绕,组成浑然一体的景区,泛舟顺江而下便可饱览主要景致,如同一幅幅画卷展现在游人眼前,让人目不暇接,心旷神怡。

6.旅游功能

旅游资源的旅游功能是指旅游资源能够满足某种旅游活动需求的作用。比如,美学观赏性强的旅游资源可用以开展观光旅游,文化、科学价值高的旅游资源宜于开展修学旅游、探险旅游等。一项旅游资源若兼有两种或两种以上的旅游功能,能够吸引多个游客群,宜于进行多种旅游活动,那么其价值就较大。例如黑龙江的五大连池,不仅可以观光,而且因其湖内泉水具有医疗保健功能,从而成为闻名全国的度假疗养地;还有著名的旅游胜地北戴河,具备了观光、休闲娱乐、疗养度假等多种功能,每年都吸引大量的中外旅游者光顾。

7.旅游环境容量

旅游环境容量是指在一定时间条件下、一定旅游资源的空间范围内的旅游活动能力,也就是在不致严重影响旅游资源特性、质量及旅游者体验的前提下,旅游资源的特质和空间规模所能连续维持的最高旅游利用水平,又称为旅游承载力或饱和度。它主要受旅游资源的自然特性、旅游功能、旅游活动方式及旅游者偏好等多种因素的影响,涉及旅游者心理需求、旅游资源保护、生态平衡、旅游社会经济效益等多方面的问题。在一定时间、旅游资源一定范围内,并非是接待的旅游者越多越好。超过了合理的旅游环境容量,最终只会得不偿失。当然,在充分满足上述前提的条件下,旅游环境容量大者,旅游资源价值就高。

(二)旅游资源开发条件评价

旅游开发是旅游资源评价的最终目的,是一项涉及社会、经济、文化、环境等各部门、多领域的系统工程。旅游资源自身条件固然非常重要,但旅游资源开发仍要受许多外部客观条件的影响和制约,因此必须对6项客观因素进行评价。

1. 区位条件

旅游资源的区位条件主要是指旅游资源所在区域的地理位置、交通条件以及旅游资源与其所在区域内的其他旅游资源、周边区域旅游资源的关系等。世界上许多旅游景点、景区因其特殊地理位置而令其吸引力大增,如位于经度和时间起点的英国格林威治天文台,成了世界旅游热点。旅游资源所在地的地理位置及其交通条件决定着游客的可进入性。如果旅游资源地处偏僻、交通不便,可进入性较差,那么旅游资源即使是一流的,也难以成为热点旅游地。例如四川兴文,也是一处岩溶风光胜境,有些景观甚至为桂林所不及,但由于可进入性很差,因而旅游吸引力不大。一处旅游资源与其所在区域其他旅游资源、周边地区旅游资源的关系,一般为互补关系或替代关系。为前者关系时,旅游资源之间可以互映互衬,产生集聚效应,能够更多地吸引旅游者;为后者关系时,它们之间会相互竞争、相互取代,引起游客分流。另外,一处旅游资源周围若有名山、名湖、名河、名泉、名岛、名城、名道等,不但有利于旅游资源的联片成规模开发,而且后者会对该旅游资源起到带动作用,产生规模效应。

2. 客源条件

客源应包括本区与外地两个方面。一定数量的客源是维持旅游经济活动的必要条件,游客数量与旅游经济效益是直接相关的。再好的旅游资源,若没有一定量最低限度的游客来支持,旅游资源开发也就不会产生良好的效益。旅游资源的客源条件可以从两方面进行分析。其一是在空间方面,分析旅游资源所能吸引的客源范围、最大辐射半径、吸引客源层次及特点。具体包括:主要客源地有哪些、与主要客源地的距离及交通条件、主要客源地的人口特征及其社会经济文化状况。其二是在时间方面,分析客源季节变化可能形成的旅游淡旺季。这与旅游资源所在地的气候特征有一定关系。旅游资源的类型、等级不同,其客源市场指向亦不同。根据旅游资源价值和意义大小,客源市场有国际性、全国性、区域性之分,评价时应实事求是地指出。评价客源条件需与旅游资源的价值、区位条件等因素结合起来综合考虑。

3. 自然环境

即旅游资源所在地的地质地貌、气象气候、水文、土壤、植被等要素所构成的自然环境。它对旅游资源的质量、时间节律和开发有着直接影响。植被、水文、气象等本身是旅游资源不可分割的一部分,直接关系到旅游资源的品质。旅游资源所处的外部环境必须清洁雅静,令人赏心悦目。没有良好的环境,旅游资源价值再大,也会阻碍旅游者的到来。有名的自然风景区都是植被保存良好、山清水秀,资源与环境有机地融成一体。宜人的气候是旅游的必要条件,并起着导向作用。水既是孕育景观的活跃因子,又为景区设施和旅游者生活所必需,而且水质如何,关系到游客的健康。大气环境和土壤元素构成中是否含有害物质,亦将影响游客健康,进而影响旅游开发。另外,对旅游资源所在地地质地貌的分析亦很重要。如地质地貌环境是否很脆弱,地震、滑坡、泥石流、洪水、水土流失等自然灾害发生的可能性大小等等,都与旅游者的人身安全息息相关,直接影响到旅游者数量、旅游开发及其效益。

4.经济环境

经济环境即旅游资源所在地的经济状况。其主要是指投资、劳动力、物产和物资供应及基础设施等条件。资金是旅游资源开发的必要条件,特别在经济尚不发达、资金比较匮乏的区域,评价投资条件更为重要。资金来源是否充裕、财力是否雄厚,直接关系到旅游开发的深度、广度、进度以及开发的可能性。我国东部地区旅游开发能快速发展,经济较为发达是重要因素。劳动力条件是指能够满足旅游开发所必需的人力资源数量及质量,包括脑力劳动和体力劳动两种人力资源。使用当地劳动力,既可以节省资金,又由于当地人熟悉本地情况,故利于工作,利于提高当地人办旅游的积极性。能否提供或吸引来高素质的旅游人才,对旅游资源开发及旅游业发展有着十分重大的意义。物产和物资供应条件是指旅游资源开发、旅游经济活动正常运行所需的建筑材料、设备、食品、原材料、地方特产的供给情况,它直接关系到旅游开发的成本与效益。当地若有充足的物产和物资供应,那么不仅可使旅游业因较低成本而带来较高的经济效益,还可使旅游服务、旅游购物等具有地方特色。基础设施条件指水、电、交通、邮政、通信等公共设施系统的完善程度、先进程度。如果这些设施不够完善或比较落后,则直接影响到旅游资源的可进入性和旅游服务质量,对旅游资源开发、旅游经济效益极为不利。

5.社会文化条件

社会文化条件主要是指旅游资源所在地的政治局势、政策法令、社会治安、政府及当地居民对旅游业的态度、卫生保健状况、地方开放程度以及风俗习惯等。社会治安差的地方,即使有品位很高的旅游资源,旅游者也不愿前往。如果政府领导重视,政策倾斜于旅游业,那么人们办旅游的积极性就高,多方面的资金就会投向旅游业,从而使旅游经济效益更为显著。卫生保健状况较好的旅游地更能吸引旅游者的到来。如果当地的文化传统比较开放,人民热情好客,对旅游业有正确的认识,能使旅游者有宾至如归之感,就会对旅游资源开发及旅游业发展有积极的促进作用。

6.经济、社会、环境效益

经济效益指旅游资源开发利用可能带来的经济收入,社会效益指旅游资源开发利用对人们智力开发、知识增长、眼界开阔、思想教育、科技文化交流、友好往来等方面的作用,环境效益是指旅游资源开发和利用对环境的影响作用。旅游业是经济型产业,必须进行投入产出分析。对旅游资源开发的经济效益进行评估,不仅估算投资量、投资回收期等直接的经济指标,而且还应评估因关联带动作用由乘数效应所带来的综合经济效益。旅游开发的社会效益包括正负两个方面。正面效益如开阔视野,增长知识,增强爱国主义与国际主义精神,打破地区封闭、保守落后的思想,利于同各国各地人民建立友好关系等。但是负面效应也会出现,影响到旅游地的社会风尚、伦理道德等。比如吸毒、赌博、色情、资产阶级贪图享乐的生活方式等丑恶现象亦会随着旅游地门户开放纷纷涌现,甚至泛滥成灾。因此,应对可能带来的社会效益进行分析,杜绝一切与我国社会主义精神文明背道而驰的旅游项目。旅游开发会带来城市绿化、环境美化、交通顺畅、自然保护区建立、珍稀动植物得到保护等积极影响。但旅游业也会给环境带来不良影响。如景区超负荷接待导致资源破坏,生态环境恶化。因此,对旅游资源开发的环境效益进行评价也十分必要。如果旅游资源开发与环境保护存在较大矛盾,则应以保护环境为重。经济效益、社会效益、环境效益是相互关联、互相影响的,评价时应综合分析、权衡利弊,以得出科学的结论。

二、旅游资源评价方法

旅游资源评价工作在国外始于三十年前,在我国也有近二十年的历史。初期多采用凭直觉判断、以定性描述表达的经验法。当前的评价方法具有指标数量化、评价模型化、标准评定公众化等三大特点,更加全面科学。

(一)定性评价方法

定性评价是通过人们的感性认识,对旅游资源作出定性的评价或分级,一般无具体数量指标。

1.黄辉实的"六字七标准"评价法

黄辉实提出从资源本身和资源所处环境两个方面对旅游资源进行评价。对旅游资源本身的评价采用以下六字标准:

美:旅游资源给人的美感;

古:有悠久的历史;

名:具有名声或与名人有关的事物;

特:特有的、别处没有的或少见的稀缺资源;

奇:给人新奇之感;

用:有应用价值。

对旅游资源所处环境采用季节性、环境污染状况、与其他旅游资源之间的联系性、可进入性、基础结构、社会经济环境、客源市场等七项标准进行评价。另外,他还认为旅游资源开发的成本虽是属于开发问题,但在评价旅游资源时,对单位成本、机会成本、影子成本、社会定向成本等也要有大致的估计。

2. 卢云亭的"三三六"评价法

即"三大价值"、"三大效益"、"六大开发条件"评价体系。

"三大价值"指旅游资源的历史文化价值、艺术观赏价值、科学考察价值；

"三大效益"指旅游资源开发之后的经济效益、社会效益、环境效益；

"六大开发条件"指旅游资源所在地的地理位置和交通条件、景象地域组合条件、旅游环境容量、旅游客源市场、投资能力、施工难易程度等六个方面。

3. "吸引力"、"开发条件"、"效益"等三项评价方案

吸引力评价包括观赏价值(美、独特、新奇程度等)、文化价值、科学价值、观赏内容、环境评价、季节要素、特殊价值(土特产品等)和环境容量等 8 个子项目。

开发条件评价包括地区经济条件、可进入性、依托城市、通信条件、地方积极性和已有服务设施情况等 6 个子项目。

效益评价包括投资与收入、客源预测和社会效益。

4. 一般体验性评价

常用方式是旅游者在问卷上回答有关旅游资源(地)的优劣顺序，或由各方面专家讨论评价，或统计旅游资源(地)在旅游书籍、常见报刊上出现的频率，从而确定一国或地区最优秀的旅游资源(地)，其结果表明旅游资源(地)的整体质量和知名度。我国曾评选的"中国十大名胜"、"中国旅游胜地四十佳"就是运用该方法得出的。但是该方法不能用于评价一般的或尚未开发的旅游资源(地)，仅限于少数知名度较高的旅游资源(地)的评价。

5. 美感质量评价

这是一种专业性的旅游资源美学价值的评价。通常是在深入分析旅游者或专家体验的基础上，建立规范化的评价模型，评价结果多具有可比性的定性尺度或数量指标。其中对自然旅游资源的视觉美评价技术较成熟，目前公认的主要有专家学派(代表人物是 R. B. H. Liton)、心理物理学派(代表人物是 T. C. Daniel 和 G. J. Buhyoff 等)、经验学派(亦称现象学派，代表人物是 Lowenthal)、认知学派(亦称心理学派，代表人物是 S. kaplan、Gimblett、T. Brown 等)。俞孔坚、保继刚等对其作过介绍和总结，国内一些学者也曾尝试过该方法。这里仅介绍专家学派。

专家学派认为凡是符合形式美原则的风景就具有较高的风景质量，对风景的分析基于其线条、形体、色彩和质地，强调多样性、奇特性、协调性等形式美原则在风景质量分级中的主要作用。其评价工作均由少数训练有素的专业人员来完成，评价方法突出地表现为一系列的分类分级过程。例如，美国林务局风景管理系统对自然风景质量的评价方法为：

(1)划分风景类型。根据地形、植被、水体等特点，按自然地理区域划分出风景

类型大类,然后根据区域风景的多样程度划分出亚型。亚型是风景质量评价的基本单元,各风景类型的质量评价结果向上归类。

(2)评价亚型风景质量。根据山石地形、植被类型及水体形态的多样性,将风景质量划分为了 3 个等级,即 A 级——特异风景,B 级——一般风景,C 级——低劣风景。

(二)定量评价方法

定量评价法是通过统计、分析、计算,用具体的数量来表示旅游资源及其环境等级的方法。数量化是现代科技发展的趋势,定量评价较之定性评价,结果更直观、更准确。

1. 技术性的单因子评价

技术性的单因子评价是评价者在进行旅游资源评价时,针对旅游资源的旅游功能,集中考虑某些起决定作用的关键因素,并对这些因素进行适宜性评价或优劣评判。这种评价的基本特点是运用了大量的技术性指标,它一般只限于自然旅游资源评价,对于开展专项旅游,如登山、滑雪、海水浴等尤为适用。目前比较成熟的有旅游湖泊评价(王家峻,1988)、海滩评价(Georgulas,1970)、海水浴场评价(日本东急设计咨询公司)、康乐气候分析(刘继韩,1988)、溶洞的评价(陈诗才,1993)、滑雪旅游资源的评价(美国)、地形适宜性评价(日本洛克计划研究所,1980)等。在此仅对海水浴场评价和滑雪旅游资源评价作一介绍,分别如表 13-1 和表 13-2。

表 13-1　海水浴场评价标准(日本)

序号	资源项目	符合要求的条件	附注
1	海滨宽度	30～60m	实际总利用宽度 50～100m 左右
2	海底倾斜	1/10～1/60	倾斜度愈低愈好
3	海滩倾斜	1/10～1/50	倾斜度愈低愈好
4	流速	游泳对流速要求在 0.2～0.3m/s,极限流速 0.5m/s	无离岸流之类局部性海流
5	波高	0.6m 以下	符合游泳要求的波为 0.3m 以下
6	水温	23℃以上	不超过 30℃,但愈近 30℃愈好
7	气温	23℃以上	——
8	风速	5m/s 以下	
9	水质	透明度 0.3m 以上,COD2μg/g 以下,大肠菌数 1000MPN/100mL 以下,油膜肉眼难以辨明	

续表

序号	资源项目	符合要求的条件	附注
10	地质粒径	没有泥和岩石	愈细愈好
11	有害生物	不能辨认程度	——
12	藻类	在游泳区域中不接触身体	——
13	危险物	无	——
14	浮游物	无	——

资料来源:保继刚,楚义芳.旅游地理学(修订版).北京:高等教育出版社,1999

表 13-2　滑雪旅游资源的技术性评估　(美国)

决定因素	评估标准与计分			
雪季长度	6 个月(6)	5 个月(5)	4 个月(4)	3 个月(2)
积雪深度	>1.22m(6)	0.92～1.22m(4)	0.61～0.92m(2)	0.305m 以下(1)
干雪	3/4 季节时间(4)	1/2 季节时间(3)	1/4 季节时间(2)	0 季节时间(1)
海拔	>762.5m(6)	457.5～762m(4)	152.5～457.5m(2)	15.75～152.5m(1)
坡度	很好(4)	好(3)	一般(2)	差(1)
温度	>10 ℃(3)	−17.8～6.7 ℃(2)	<−17.8 ℃(1)	
风力	轻微(4)	偶尔变动(3)	偶尔偏高(2)	易变(1)

注:分等,A=29～33,B=21～28,C=8～20。
　　坡度,最理想的坡度须兼具下列三等坡度:
　　　　1)初等坡度(10%～20%)占全区的 15%～25%;
　　　　2)中等坡度(20%～35%)占全区的 25%～40%;
　　　　3)高等坡度(35%～65%)占全区的 30%～40%。
资料来源:保继刚,楚义芳.旅游地理学(修订版).北京:高等教育出版社,1999

2.综合性的多因子定量评价

该评价方法是在考虑多因子的基础上运用一些数学方法,对旅游资源进行综合评价。这类评价方法也非常多,如层次分析法(A. L. Saaty,保继刚)、指数表示法(弗朗哥·佛·费拉里奥,楚义芳)、综合评分法(魏小安,路紫)、模糊数学评价法(杨汉奎)、价值工程法(罗成德)、综合价值评价模型法(李功阳,丁文魁)、旅游地综合评估模型等。层次分析法将在下节详述,以下选择介绍几种方法。

(1)指数表示法

其步骤分为三步:

第一步,对旅游资源开发利用现状、吸引能力及外部区域环境进行定量分析;

第二步,调查分析旅游需求,主要包括旅游需求量、旅游者人口构成、旅游者逗

留时间、旅游花费趋向、旅游需求结构及节律性;

第三步,总评价的拟定,建立表达旅游资源特质、旅游需求与旅游资源之间关系的若干量化模型。公式为:

$$E=\sum_{i=1}^{n}F_{i}M_{i}V_{i}$$ (13—1)

式中:E 为旅游资源评价指数;

　　F$_i$ 为第 i 项旅游资源在全体旅游资源中的权重;

　　M$_i$ 为第 i 项旅游资源的特质和规模指数;

　　V$_i$ 为旅游者对 i 项旅游资源的需求指数;

　　n 为旅游资源总数。

南非弗朗哥·佛·费拉里奥在评价时,将需求指数形式与旅游者可利用程度(即供给)结合起来,把旅游点的潜在吸引力程度称做旅游资源潜力指数。公式为:

$$I=\frac{A+B}{2}$$ (13—2)

式中:I 为旅游资源潜力指数;

　　A 为旅游需求值;

　　B 为旅游可得性值(即旅游供给)。

I 可表示一个旅游点的实际可利用程度,充分代表它所具有的旅游吸引力。其中 B 的量化是根据人们的一般感受、观察和经验,选择季节性、可进入性、准许性、重要性、脆弱性和普及性等六个反映旅游资源基本特性的标准,邀请专家学者对其判断评分,通过比较以数字形式决定六个标准的相对贡献值,并按好、中、差的等级排出其序位。

(2)综合评分法

博采众家之长,计算灵活简便是它的特点,不足之处是主观性较强。魏小安是运用此方法较早的学者之一。他把评价对象分解成六个评价项目:旅游资源构成要素种类,各要素单项评价,要素组成情况,可能容纳的游客量,人文资源的比较,开发难易程度。给各项目评分时按两种方法进行:第一种是等分制评分法,即将各项目视做同等重要,每一项目所占分数比重均为$\frac{1}{6}$。每一项目又分解为若干因素,根据这些要素对该项目的满足程度,按 100、80、60、40、20 等五个等级打分,然后将六个项目的得分加总。总分或平均分越高,旅游资源价值越大。公式为:

$$F\sum_{i}=\sum_{p=1}^{p}PF_{i}\quad 或\quad F_{i}=\sum_{p=1}^{p}F_{pi}/P$$ (13—3)

式中:F$\sum$为各项目得分总和;

　　F 为各项目总平均分;

　　F$_P$ 为每项目得分数;

P 为被评价的项目数；

i 为被评价的游览地数目。

另一种方法是差分制评分法，即根据各评价项目的相对重要性给出不同权重。评分时将各评价项目初始得分进行加权处理，求得各项目最终得分，加总后即得到各游览地总分。总分越高，旅游资源价值越大。公式为：

$$F\sum_i = \sum_{p=1}^{p} X_P F_{pi} \tag{13-4}$$

式中：X_p 为各项目权重；

其他符号同前。

路紫也曾提出过类似方法。不同之处是路紫首先将旅游资源分为风景天气气候景观、风景地质地貌景观、风景水域景观、风景动植物景观、革命纪念地和革命建筑景观、历史名胜古迹景观等 7 个聚类，然后又细分为 68 个二级类。经分析依据统计原理提出与上述聚类组成形式相应的评价模型：

$$Z = \sum_{i=1}^{7} a_i \tag{13-5}$$

$$a_i = \frac{\sum_{i=1}^{k_i} b_{ij}}{k_i}$$

$$Z = \frac{\sum_{i=1}^{k_1} b_{1j}}{k_1} + \frac{\sum_{i=1}^{k_2} b_{2j}}{k_2} + \cdots + \frac{\sum_{i=1}^{k_7} b_{7j}}{k_7}$$

式中：a_i 为第 i 聚类景观类型量数，取值范围 $0\sim10$，$i=1,2,3,\cdots7$；

b_{ij} 为第 i 聚类景观类型中第 j 项景观要素的量数，取值范围 $0\sim10$；

k_i 为第 i 聚类景观类型中景观要素的个数。

(3)旅游地综合评估模型

旅游地综合评估的理论基础是旅游者的消费决策和行为规律，其评估模型就是基于消费者决策模型——菲什拜因－罗森伯格模型建立的，公式为：

$$E = \sum_{i=1}^{n} Q_i P_i \tag{13-6}$$

式中：E 为旅游地综合评估结果值；

Q_i 为第 i 个评价因子权重；

P_i 为第 i 个评价因子的评估值；

n 为评价因子数目。

各评价因子评估值的求取，亦可采用相同形式的模型。对应于旅游地综合评估，通常还有一个定名量表，即可将定量的结果转化为确定的定性结论，使决策者能方便地利用评价结果。

迄今为止，世界上许多国家对旅游地进行综合评估时，大多采用此模型。只是由于不同国家的社会经济发展水平不同,故对于旅游地的综合评估有不同的侧重点。发达国家因旅游开发的投资能力强、交通便捷,所以一般侧重于对旅游资源的综合性评价,有时将旅游资源与设施状况加在一起进行旅游地的吸引力评价;而发展中国家则主要对旅游地的旅游资源,旅游地的区域条件、区位特性进行综合评价。

总之,运用此模型时,只要取得评价因子权重值和评估的方法适当,其结果往往具有很高的应用价值。

第四节　旅游资源评价因子体系的建立

旅游资源评价内容确定以后,就可制定旅游资源的评价因子体系。在这里主要介绍综合评价法中的资源评价因子权重体系和资源评价因子指标体系。

一、旅游资源评价因子权重体系

(一)选择评价因子的原则

对诸多旅游资源进行评价,不管是采用哪一种数学模型,都涉及旅游资源的比较和重要性排序问题,所以,评价模型中评价因子的选择必须遵照一定的标准和原则。

1.层次性和系统性

评价因子应具有一定的层次性,即有评价的大类、类和层之分,且大类、类和层相互之间应具有一定的包容关系。同时,每一层次都要能构成系统,即反映出评价的系统性。

2.代表性和重要性

遴选出的评价因子应具有代表性和重要性,不能也不可能面面俱到,选择最能代表资源特色和资源地特征的影响因子作为评价因子。

3.非兼容性

对于同一层次的各评价因子来说,虽其重要性可能不同,但相互之间应是一种并列平行关系,不应具有兼容性或包容性,也不能含有替代关系。

4.区分判别性

同一层次的各评价因子间应具有区分判别性,即不能出现模糊不清、不易区分的模糊因子,并有可能给出一定的评价值。

旅游资源评价因子体系如图 13-1 所示,其就是反映上述原则的一个范例。需要说明的是,对不同类型的旅游资源评价时,选择评价因子会有很大不同。图示指标体系适应于评价观赏型旅游资源。

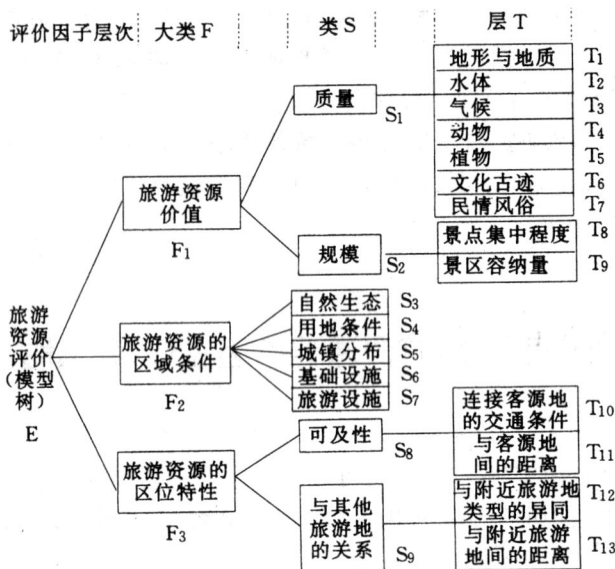

图 13-1　旅游资源评价因子体系

资料来源:保继刚,楚义芳.旅游地理学(修订版).北京:高等教育出版社,1999.引用时有改动。

(二)旅游资源评价权重体系的建立(层次分析法)

层次分析法最早是由美国运筹学家 A. Z Saaty 提出的。它运用模糊数学和灰色系统理论,将人们的主观判断给予科学的数理表达和处理。实际上它是将各种复杂问题根据专业要求分解成若干层次,在比原问题简单得多的层次上逐步分析,将人们的主观判断变成数量形式表达,是一种综合整理人们主观判断的客观评价方法。

在旅游资源综合评价中,给定评价因子恰当的权重非常重要,因其直接影响到评价结果,它实际上是对旅游资源进行量化评价必须满足的一个条件。综合评价法中的评价因子权重的确定,即可利用层次分析法。这种分析方法首先对所研究问题的各种影响因子进行归类和层次划分,确定出属于不同层次和不同组织水平的各因子之间的相互关系,在总目标即最高层的基础上划分出大类;大类基础上划分出类;类的基础上再划分出层等(如图 14-1),不同层次间的因子即构成了多目标决策树。然后,再对决策树中的总目标及子目标(大类、类、层等)分别建立反映影响因子之间关系的判断矩阵。

对于一个总目标 E,各影响因子 $P_i(i=1,\cdots n)$ 的重要性分别为权重 $Q_i(Q>0$, $Q=10$ 或 1),则

$$E=\sum_{i=1}^{n}Q_iP_i \tag{13-7}$$

式中:E 即旅游资源综合评价值;

Q_i 为第 i 个评价因子的权重;

P_i 为第 i 个评价因子的评价值；

n 为评价因子数目。

在给定评价因子的大类、类和层的权重时，都可以分别用上述数学模型来进行计算。而各评价因子权重具体值的获得，常采用特尔菲法即专家咨询法。可请地理、建筑、园林、经济、旅游管理等行业专家（专家规模以 20～50 人为宜），直接征询各评价因子的权重值，然后采用所有专家的平均意见为评价因子权重值。若要求更为准确，亦可采用多轮征求意见的方法。如楚义芳模型评价因子权重值结果为：旅游资源价值权重为 7.024，其中质量权重为 5.762、规模权重为 1.262；区域环境条件权重为 1.481，其中自然生态 0.681、用地条件 0.159、城镇分布 0.164、基础设施 0.229、旅游设施 0.243；区位特性权重为 1.495，其中可及性 1.273，与其他旅游地的关系 0.222。而评价因子层的权重值如表 13-3 和表 13-4 所示。

表 13-3　旅游资源价值评价因子权重

评价因子	代号	观赏型旅游资源分类				
		海岸型	河流与湖泊型	山岳型	平原型	文化古迹旅游地
质量	S_1			5.762 (10.00)		
地形与地质	T_1	1.203 (2.087)	1.194 (2.073)	2.267 (3.935)	0.330 (0.660)	—
水体	T_2	1.616 (2.084)	1.725 (2.994)	0.495 (0.859)	0.710 (1.232)	—
气候	T_3	1.167 (2.205)	0.801 (1.391)	0.546 (0.948)	0.551 (0.957)	—
动物	T_4	0.258 (0.449)	0.261 (0.452)	0.385 (0.668)	0.273 (0.473)	—
植物	T_5	0.370 (0.642)	0.430 (0.700)	0.631 (1.095)	0.593 (1.029)	—
文化古迹	T_6	0.665 (1.154)	0.838 (1.445)	0.871 (1.512)	1.844 (3.201)	5.041 (8.750)
民情风俗	T_7	0.483 (0.839)	0.539 (0.953)	0.566 (0.938)	1.410 (2.448)	0.720 (1.250)
规模	S_2			1.262 10.00)		
景点集中度	T_8			1.001 (7.930)		
景区容纳量	T_9	0.2161 (2.070)				

资料来源：楚义芳.旅游的空间组织研究（博士学位论文）.天津：南开大学，1989

表 13-4　区位特性评价因子权重

评价因子	代码	权 重 值
可及性	S_8	1.273 （10.00）
连接客源地的交通条件	T_{10}	1.069 （8.398）
与客源地间的距离	T_{11}	1.069 （8.398）

评价因子	代码	权 重 值
与其他旅游地的关系	S₉	0.222 2 (10.00)
与附近旅游地类型的异同	T₁₂	0.178 (8.010)
与附近旅游地间的距离	T₁₃	0.044 (1.990)

资料来源:楚义芳.旅游的空间组织研究(博士学位论文).天津:南开大学,1989

二、旅游资源评价因子指标体系

旅游资源评价因子权重体系确定之后,另一项基础性的工作就是对基本评价因子进行评分,即确定基本评价因子的指标分。其因子指标分以 10 分为宜(满分)。这是一项重要的基本工作,且技术性和经验性很强。对基本评价因子指标分的评定,必须遵照一个统一的评价标准,以便建立一个评价因子指标体系。评价因子指标分的评定方法,亦可采用特尔菲法来进行。分数的评定,可由专家直接对基本评价因子打分。也可采用间接打分,即不要求专家评定出评价因子的分值,而要求其就各评价因子的相对重要性进行比较,给出定性的结论;然后将其结果量化,运用数学方法处理后获各评价因子的分值。表 14-5 是楚义芳对武陵源与衡山旅游评价因子评定分值的评价结果。

表 13-5　武陵源和衡山旅游资源评价

基本评价因子	因子权重(总和取 10)	因子评分(满分取 10)	
		武陵源	衡山
旅游资源价值			
地形与地质	2.267	10.0	5.0
水体	0.495	10.0	5.0
湿气候	0.546	10.0	10.0
动物	0.385	7.50	2.5
植物	0.631	10.0	5.0
文化古迹	0.871	2.50	7.5
民情风俗	0.566	5.0	0.0
景点集中程度	1.001	10.0	10.0
景区容纳量	0.261	10.0	5.0
区域条件			
自然生态	0.681	10.0	5.0
用地条件	0.159	7.50	5.0
城镇分布	0.164	7.0	7.5
基础设施	0.229	5.0	7.5
旅游设施	0.248	5.0	7.5
区位特性			
交通条件	1.069	6.0	7.5
与客源地距离	0.204	3.5	7.5
与附近旅游地类型的异同	0.178	10.0	
与附近旅游地之间的距离	0.044	2.501	

续表

基本评价因子	因子权重（总和取 10）	因子评分（满分取 10）	
		武陵源	衡山
评价结果	武陵源	衡山	
旅游资源	59.92	41.24	
区域条件	11.54	9.02	
区位特性	9.01	9.55	
总评价值	80.47	59.81	

资料来源：楚义芳.旅游的空间组织研究（博士学位论文）.天津：南开大学,1989

基本评价因子指标值的确定，常按其重要性或意义划分模糊等级，然后给定每一级的分数，从而确定基本评价因子的指标值。

（一）评价因子指标体系的建立步骤

1.对评价因子进行指标分级

根据评价因子度量的含义及影响旅游资源开发的程度，把每个评价因子指标作模糊等级划分，如优、良、中、差、劣，极高、高、较高、一般、低，极美、很美、较美、美、不美等级别，每一等级都有具体的描述。

2.对评价因子指标进行量化

用 E 表示评价因子指标，用连续的实数区间[0,10]来表示因子指标分值的变化范围。最高级别极美（或极高）E=10；最低级别不美（或劣）E=0；区间中的实数对应着一定级别的因子指标值，实数越大，因子指标级别值越高。因子指标级别值的划分见表 13-6。

表 13-6　因子指标级别值

量化值	优	良	中	差	劣
区间值	[10,8)	[8,6)	[6,4)	[4,2)	[2,0)
区间代表值	9	7	5	3	1

资料来源：闫顺.亚洲大陆地理中心旅游资源与开发.乌鲁木齐：新疆美术摄影出版社,1994

3.计算评价分值

对每项评价后，即可进行综合评价分数的计算。综合评价分值满分常取 100分。指标分值与其权重相乘后加总即评价分。模型评价分计算公式为：

$$F\Sigma_i = \sum_{p=1}^{p} X_p F_{pi} \tag{13-8}$$

（二）评价因子指标分值的具体确定

除了楚义芳模型外，还有按景观价值特征、资源环境氛围和资源开发条件评价旅游资源的模式，以下按此模式讨论。

1.景观价值特征评价分的确定

景观价值特征为旅游资源评价内容中最重要的一项。景观价值特征包含的内容很多,主要有要素种类、优美度、景观特殊程度、景观的规模、景观的历史文化价值,景观是如何组合的等。表 13-7 详细说明了某景观价值特征评价的具体内容。

表 13-7　景观价值特征评价分

参　数	权重(%)	评　分　等　级				
		10～8	8～6	6～4	4～2	2～0
要素种类	10	非常全	比较全	比较多	还多	不全
优美度	25	非常美	很美	比较美	一般	不美
特殊度	15	罕见	少见	较少	较普遍	很普遍
规模度	15	宏伟	很大	较大	较小	很小
历史文化价值	25	极高	很高	较高	一般	不高
景象组合	10	极佳	很好	较好	一般	不好

资料来源:陈安泽等.旅游地学概论.北京:北京大学出版社,1991

2.环境氛围评价分的确定

景观的环境氛围评价(表 13-8)也是旅游资源评价内容中重要的一项,具体包括旅游资源的环境容量、绿化覆盖率、安全稳定性、舒适性、卫生健康标准等。

表 13-8　环境氛围评价分

参　数	权重(%)	记　分　等　级				
		10～8	8～6	6～4	4～2	2～0
环境容量	40	很大	大	较大	较小	很小
绿化覆盖率	20	很高 >90%	高 >75%	较高 >50%	较低 <30%	很低 <10%
安全稳定性	10	很好	好	较好	较差	很差
舒适性	20	极佳	优良	中等	较差	很差
卫生健康标准	10	极优	很高	很好	较差	很差

资料来源:引自陈安泽等.旅游地学概论.北京:北京大学出版社,1991

3.开发条件评价分的确定

开发条件包括该资源所处的具体市场区位,资源地产业经济基础、交通条件、基础设施情况,以及该资源地景点之间的离散程度等。表 13-9 为某景观的开发条件评价分。

表 13-9　开发条件评价分

参　数	权重(%)	记　　分　　等　　级				
		10～8	8～6	6～4	4～2	2～0
市场区位	20	极优	优良	中等	较差	很差
产业经济基础	10	雄厚强大	好	中等	较差	很差
可进入交通条件	20	枢纽齐全快速,近便	直快干线经过交通方便	支线经过单一,中转	靠近支线不方便,慢	交通线无法进入
距基地距离	15	＜20km	20～60km	60～100km	100～200km	＞210km
基础设施条件	15	优良、齐全充沛	配套良好	中等	不配套较差	很差缺乏
景点离散程度	20	＜2km	2～10km	10～50km	50～100km	＞100km

资料来源:陈安泽等.旅游地学概论.北京:北京大学出版社,1991

　　上述三项评价后,即可进行综合评价分数的计算。权重参数如表 13-10。

表 13-10　权重参数表

评　价　大　类	权　重(%)
景观价值特征　F	40～50
环境氛围　E	20
开发利用条件　C	30～40
合　　计	100

资料来源:陈安泽等.旅游地学概论.北京:北京大学出版社,1991

　　由此表可知:景观价值特征 F 的权重占 4.5,环境氛围 E 的权重占 2.0,开发利用条件 C 的权重占 3.5,三者总分之和为 10。将其代入模型评价公式:

$$F\Sigma_i = \sum_{p=1}^{p} X_p F_{pi} \tag{13-9}$$

得出综合评价总分数的计算公式为:

$$F\Sigma_i = 4.5F + 2E + 3.5C \tag{13-10}$$

经过计算,风景地综合评价得分最多者,开发价值最大。

第五节　《国标》中的旅游资源评价

　　《国标》即国家质量监督检验检疫总局于 2003 年 2 月 24 日发布、同年 5 月 1 日实施的中华人民共和国国家标准(GB/T 18972—2003)《旅游资源分类、调查与评价》(Classification, investigation and evaluation of tourism resources)的简称。该标准对旅游资源评价提出了一些具体的方法。《国标》所提出的旅游资源单体(object of tourism resources),是指可作为独立观赏或利用的旅游资源基本类型的单独个体,包括"独立型旅游资源单体"和由同一类型的独立单体结合在一起的"集合型旅游资源单体"。

一、评价体系

　　该标准依据"旅游资源共有因子综合评价系统"赋分。设"评价项目"和"评价因子"这两个档次。评价项目为"资源要素价值"、"资源影响力"、"附加值"。其中:"资源要素价值"项目中含"观赏游憩使用价值"、"历史文化科学艺术价值"、"珍稀奇特程度"、"规模、丰度与几率"、"完整性"等 5 项评价因子。"资源影响力"项目中含"知名度和影响力"、"适游期或使用范围"等 2 项评价因子。"附加值"含"环境保护与环境安全"1 项评价因子。

二、计分方法

(一)基本分值

1.评价项目和评价因子

　　评价项目和评价因子用量值表示,资源要素价值和资源影响力总分值为 100 分,其中:

　　"资源要素价值"为 85 分,分配如下:"观赏游憩使用价值"为 30 分、"历史科学文化艺术价值"为 25 分、"珍稀或奇特程度"为 15 分、"规模、丰度与几率"为 10 分、"完整性"为 5 分。

　　"资源影响力"为 15 分,其中"知名度和影响力"为 10 分、"适游期或使用范围"为 5 分。

2.附加值

　　附加值中有"环境保护与环境安全",分正分和负分两种。

3. 评价因子档次

每一评价因子分为 4 个档次,其因子分值相应分为 4 档。旅游资源评价赋分标准见表 13-11。

表 13-11 《国标》中旅游资源评价赋分标准

评价项目	评价因子	评价依据	赋值
资源（要素分价）值	观赏游憩使用价值（30 分）	全部或其中一项具有极高的观赏价值、游憩价值、使用价值。	30～22
		全部或其中一项具有很高的观赏价值、游憩价值、使用价值。	21～13
		全部或其中一项具有较高的观赏价值、游憩价值、使用价值。	12～6
		全部或其中一项具有一般观赏价值、游憩价值、使用价值。	5～1
	历史文化科学艺术价值（25 分）	同时或其中一项具有世界意义的历史价值、文化价值、科学价值、艺术价值。	25～20
		同时或其中一项具有全国意义的历史价值、文化价值、科学价值、艺术价值。	19～13
		同时或其中一项具有省级意义的历史价值、文化价值、科学价值、艺术价值。	12～6
		历史价值、或文化价值、或科学价值,或艺术价值具有地区意义。	5～1
	珍稀奇特程度（15 分）	有大量珍稀物种,或景观异常奇特,或此类现象在其他地区罕见。	15～13
		有较多珍稀物种,或景观奇特,或此类现象在其他地区很少见。	12～9
		有少量珍稀物种,或景观突出,或此类现象在其他地区少见。	8～4
		有个别珍稀物种,或景观比较突出,或此类现象在其他地区较少见。	3～1
	规模、丰度与几率（10 分）	独立型旅游资源单体规模、体量巨大,集合型旅游资源单体结构完美、疏密度优良,自然景象和人文活动周期性发生或频率极高。	10～8
		独立型旅游资源单体规模、体量较大,集合型旅游资源单体结构很和谐、疏密度良好,自然景象和人文活动周期性发生或频率很高。	7～5
		独立型旅游资源单体规模、体量中等,集合型旅游资源单体结构和谐、疏密度较好,自然景象和人文活动周期性发生或频率较高。	4～3
		独立型旅游资源单体规模、体量较小,集合型旅游资源单体结构较和谐、疏密度一般,自然景象和人文活动周期性发生或频率较小。	2～1
	完整性（5 分）	形态与结构保持完整。	5～4
		形态与结构有少量变化,但不明显。	3
		形态与结构有明显变化。	2
		形态与结构有重大变化。	1

评价项目	评价因子	评价依据	赋值
资源影响力（15分）	知名度和影响力（10分）	在世界范围内知名，或构成世界承认的名牌。	10～8
		在全国范围内知名，或构成全国性的名牌。	7～5
		在本省范围内知名，或构成省内的名牌。	4～3
		在本地区范围内知名，或构成本地区名牌。	2～1
	适游期或使用范围（5分）	适宜游览的日期每年超过 300 天，或适宜于所有游客使用和参与。	5～4
		适宜游览的日期每年超过 250 天，或适宜于 80％左右游客使用和参与。	3
		适宜游览的日期每年超过 150 天，或适宜于 60％左右游客使用和参与。	2
		适宜游览的日期每年超过 100 天，或适宜于 40％左右游客使用和参与。	1
附加值	环境保护与环境安全	已受到严重污染，或存在严重安全隐患。	−5
		已受到中度污染，或存在明显安全隐患。	−4
		已受到轻度污染，或存在一定安全隐患。	−3
		已有工程保护措施，环境安全得到保证。	3

(二)计分与等级划分

1.计分

根据对旅游资源单体的评价，得出该单体旅游资源共有综合因子评价赋分值。

2.旅游资源评价等级指标

依据旅游资源单体评价总分，将其分为五级，从高级到低级为：

五级旅游资源，得分值域≥90 分。

四级旅游资源，得分值域≥75～89 分。

三级旅游资源，得分值域≥60～74 分。

二级旅游资源，得分值域≥45～59 分。

一级旅游资源，得分值域≥30～44 分。

此外还有：未获等级旅游资源，得分≤29 分。其中：五级旅游资源被称为"特品级旅游资源"；五级、四级、三级旅游资源被通称为"优良级旅游资源"；二级、一级旅游资源被通称为"普通级旅游资源"。

●实证分析：西班牙国家旅游资源普查系统

从 1961 年开始，西班牙就开展了全国旅游资源普查，目的是为了建立全方位的旅游资源信息系统，并为西班牙旅游业发展提供科学而详细的背景资料。

旅游资源总共分为 3 个一级类型、7 个二级类型和 44 个三级类型。其具有以下特点:①符合通常的旅游资源属性分类。其中 3 个一级类型即自然景观、建筑(人文)景观和传统习俗,二级类型中的自然风貌、风俗、文学历史等,三级类型中的山色、石景、草原、瀑布、湖泊、温泉、洞穴、教堂、古堡、居民、民间艺术等都为常见类型。②有明显西班牙地方特色。分类重视突出西班牙民族文化的人文景观与活动,如教堂、古堡、狩猎、捕鱼、酿酒、烹调、民间节庆等。

普查内容与方法有条文明确规定:第一章涉及旅游资源普查范围、旅游资源分类及调查项目与方法;第二章涉及旅游的环境因素,调查项目包括交通基础设施、城市规划、资源保护、旅游销售、旅游需求等;第三章涉及旅游资源利用,包括调查基本旅游路线,对已有旅游景点和景区、景线进行分析和评价,提出资源开发总目标及基本规划;第四章涉及制订旅游资源具体开发计划,包括计划的实施方法、工作步骤、投资监督等。

普查成果是一份旅游资源普查表。普查表共有 21 项,除了资源区位地理情况、资源描述、服务网点情况、资源保护等内容外,还有以下几点颇有特色:①对资源按照景点本身的价值、开发利用程度、保护级别等进行分类评价。②普查表中有景点隶属关系(所有权)、必要的修复、潜在客源、游客类型、交通设施、景点之间的关系等。共同决定景点的重要程度,确定该景点是否需要开发与何时开发,这几条必须填写清楚。③普查表图文并茂。

复习思考题

1. 简述旅游资源调查的内容和方法。
2. 为什么要进行旅游资源普查?怎样进行旅游资源普查?请结合实际阐述。
3. 什么是旅游资源评价?有何意义?
4. 旅游资源价值评价包括哪些内容?
5. 旅游资源开发评价包括哪些内容?
6. 试对你所熟悉的某一旅游资源进行评价。
7. 进行旅游资源评价主要有哪些方法?
8. 试述利用层次分析法评价旅游资源的步骤。

第十四章　旅游资源开发原理

学习导引

旅游资源开发原理是旅游资源被科学利用的重要理论基础,涉及到开发原则、内涵和理念问题。学习旅游资源开发原理,对于提升旅游从业人员和科研工作者的业务素质具有重要实践意义。本章是旅游资源开发最重要的理论内容,主要讲述旅游资源开发的原则、内涵和理念。这些内容对于掌握旅游规划理论来说很重要,学习、理解和掌握本章内容对学生将来从事旅游规划设计等具有重要实践价值。

教学目标

- 学习并理解旅游资源开发的基本概念和应遵循的基本原则。
- 理解旅游资源开发的方式和应遵循的基本原则。
- 懂得旅游资源开发的内容和基本理念。
- 掌握旅游资源开发的基本理论。
- 了解旅游资源开发的基本过程。

学习重点

旅游资源开发的内涵和原则;旅游资源开发的基本理论;旅游资源开发内容;旅游资源开发的基本理念;旅游资源开发的基本过程。

"开发"一词最早来源于《汉书·孙宝传》："时帝舅红阳侯立使客因南郡太守李尚占垦草田数百顷,颇有民所假少府陂泽,略皆开发,上书愿以入县官。"之后,一些著作中"开发"的意思与此相同。例如:《金史·张开传》："论淇门、安阳、黎阳皆作堰塞水,河运不通,乞开发水道,不报。"瞿秋白的《饿乡纪程》之第九部分:"地力的开发,还存着莫大的富源。"茅盾的《子夜》之第三部分:"我们汪先生就是竭力主张实现民主政治,真心要开发中国的工业。"

本章将主要讨论旅游资源开发内涵及其开发原理。

第一节　旅游资源开发的原则

一、旅游资源开发的概念

(一)概念内涵

什么是旅游资源开发呢?

旅游资源是旅游业赖以发展的物质基础。同其他资源一样,旅游资源只有通过开发利用,才能成为旅游产品,发挥其经济、社会和环境效益。随着旅游业的发展,旅游者的需求选择多样化、个性化趋势日益明显,只有不断地对现有旅游资源进行深层次开发或开发新的旅游资源,才能不断满足旅游者的需要,确保旅游业持续健康发展。特别是在旅游业竞争日趋激烈的今天,如何发挥旅游资源的多种功能,开发出富有区域特色的旅游资源,满足旅游者的不同需求,已成为区域旅游业发展,在激烈的市场竞争中立于不败之地的关键问题。

狭义的旅游资源开发概念是指单纯的旅游资源利用的技术。广义的旅游资源开发概念是指,在旅游资源调查和评价的基础上,以市场需求为导向,以发展旅游业为目的,有组织有计划地对旅游资源加以利用,发挥、改善和提高旅游资源对旅游者吸引力的综合性技术经济工程。本书主要讨论后者。这一概念包括以下4层涵义:

1.以资源调查和评价为基础

发展旅游业,就需要了解作为旅游业以之生存的旅游资源类型、结构、数量和质量特征、资源等级和地理赋存状况,以及旅游资源保护、利用和发展现状等,从而确定旅游资源总体开发方向。如果缺乏全面的旅游资源统计资料,对资源状况不甚了解,也就无法进行旅游资源开发工作。因此,旅游资源开发的基础是基本的资源调查和评价。

2.以市场需求为导向

在市场经济体制下,旅游资源开发不再是"有什么干什么"的自然开发模式,而是需要认真研究旅游市场,根据市场需求状况,开发利用那些市场需求大、能够畅销的旅游产品,科学处理好资源与产品、资源与市场的关系。以市场需求为导向,就需要一方面充分把握旅游者需求,为旅游者提供满意产品;另一方面,使旅游资源成为真正的旅游吸引物,增强和提高旅游资源的市场竞争力。

3. 开发的目的是发展旅游业

旅游业具有诸多功能,如赚取外汇、回笼货币、扩大就业、调整产业结构、富民强省(区、市、县等)、拉动内需、提升文化和提高软实力等。在促进地方经济、社会、文化、环境发展等方面功效明显,因而使旅游业备受关注和青睐。世界绝大多数国家和地区都对发展地区旅游业表现出了浓厚兴趣。我国政府对发展旅游业也同样极为重视,将旅游业作为战略性的支柱产业来发展。我国绝大部分省区也都把旅游业确定为优先发展的重点产业或支柱产业。科学合理地开发利用旅游资源,挖掘和提高旅游吸引力,其主要目的就是为旅游业服务。

4. 是一项综合性系统工程

旅游资源开发内容不仅涉及到对旅游资源本身的开发,而且还要对交通、城市基础设施和服务接待等设施进行规划建设,甚至还会涉及到管理机构的建立,经营体制,人力资源开发等内容。这就要求旅游资源开发紧密适应旅游业的发展,科学发展、协调发展。就开发效益而言,不能只考虑旅游经济效益的大小,而应同时分析论证开发所带来的社会效益和环境效益,三大效益要综合考虑,同时兼顾(并要切实关注旅游的就业效益),才能实现旅游资源的可持续利用。

(二)旅游资源开发与旅游规划、旅游策划之间的关系

旅游资源开发、旅游规划、旅游策划是三个极其相近的词,非常容易混淆。目前学术界和产业界并没有就这一问题做出统一认识,人们在学术研究和实践开发的交流中常产生误解,迫切需要统一认识、规范概念体系。在此有必要讨论三者的异同。

《辞海》中对"规划"的解释是:亦为"规画",谋划、筹划之意。例如:《宋史·张泊(jì)传》:"泊捷给善持论,多为準(zhǔn)规画,準心伏,乃兄事之,极口谈泊于上。"续范亭的《参观造纸厂农场》诗:"通衢四达汽路长,规划市场集商贾。"

策划,亦作"策画"。《辞海》中的解释为谋划、计谋。《后汉书·隗嚣传》:"夫智者覩危思变,贤者泥而不滓,是以功名终申,策画复得。"唐代元稹的《奉和权相公行次临阙驿》:"将军遥策画,师氏密吁谟。"宋代司马光的《乞去新法之病民伤国者疏》:"人之常情,谁不爱富贵而畏刑祸,于是搢绅大夫望风承流,竞献策画,务为奇巧,舍是取非,兴害除利。名为爱民,其实病民;名为益国,其实伤国。"清代魏源的

《再上陆制府论下河水利书》："前此种种策画，皆题目过大，旷日无成，均可束之高阁。"宋庆龄的《为新中国而奋斗·两个"十月"》："那时候，孙中山也正在向往着、策划着中国的自由。"

从三个词汇在以上各出处内的含义来看，开发、规划、策划的意思非常相近，它们都是为某件事情或事物的未来发展提供思路、建议。然而，旅游资源开发、旅游规划、旅游策划都有其独自的概念诠释，尽管它们并没有得到完全的认同，但也得到了多数学界和业界人士的认可。

旅游资源开发是指以旅游资源为基础，以旅游资源的利用和保护为核心，把旅游资源变为旅游产品的技术创意过程，其重点是寻求旅游可资利用的特色和亮点，难点是开发后的旅游产品如何适应旅游市场的需求，即开发后的旅游产品的市场"卖点"。它表示围绕旅游资源的发展思路和手段。

旅游规划是根据旅游业的历史、现状和市场要素的变化所制定的目标体系，以及为实现目标体系在特定的发展条件下对旅游发展的要素所做的安排（《旅游规划通则》，2003）。它表示比较全面、近中远期的发展计划。

旅游策划是通过创意去整合、连接各种资源和相关因素，再通过对各细分目标市场需求的调查研究，为市场推出所需要的产品组合，并对其付诸实施的可行性进行系统论证的过程（杨振之，2005）。它表示前瞻性的谋略、思路。

为便于读者理解三者之间的关系及异同，我们用"策划—开发—规划关系模型"来解释。从图14—1可知，模型由底部旅游规划"下梯型"、上部旅游策划"上梯型"和中部旅游资源开发"葵花型"共同组成。

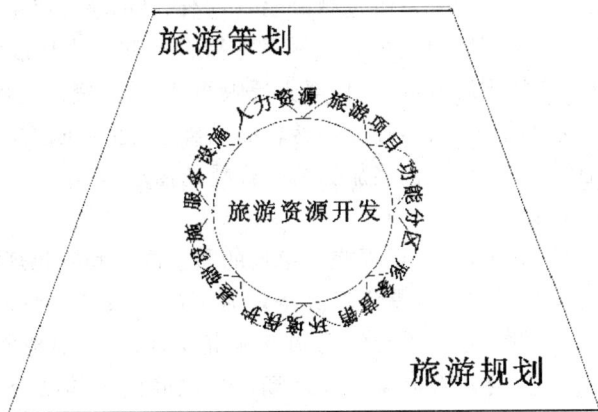

图14-1　旅游"策划—开发—规划"关系模型图

从各组成部分的位置关系看，旅游资源开发位于中间且面积较小，它表明旅游资源开发是旅游策划与旅游规划的核心；旅游策划位于模型的顶端，更具有前瞻性和导向性,它以旅游资源开发为基础,要站得更高,看得更远;旅游规划居于底部,通过全面、系统的规划,把旅游资源作为基础,把市场需求作为导向,更具有全面性、系统性和规范性,且已出台有旅游规划国家标准。

从它们包含的内容来看,尽管基本都包括旅游资源、旅游产品、基础设施、服务设施、人力资源、营销手段等,但旅游资源开发的视角偏重于旅游资源;而旅游策划与旅游规划则是以旅游资源开发为中心而展开,然而给予其他内容的份额较高。旅游策划在旅游资源开发的基础上更注重谋略,更注重创新,更注重因势利导;旅游规划则是更全面、更系统、更权威的计划,注重规范、注重技术。

二、旅游资源开发的原则

旅游资源开发的原则是指旅游资源开发过程中所遵循的指导思想和行为准则。由于开发范围、开发规模、开发重点、资源特色、客源结构以及社会经济背景等条件的不同,各地的旅游资源开发不能按照统一的模式进行。因此,旅游资源的开发只有遵循一定的原则,才能保证开发目标的实现,使经济效益、社会效益和环境效益同步提高,实现开发效益最大化。

(一)开发特色性原则

特色是旅游之魂,而旅游资源的特色是发展特色旅游的基础,是构成旅游吸引力的关键因素。开发特色性原则要求在开发过程中不仅要保护好旅游资源的特色,而且要充分揭示、挖掘、发展旅游资源独有的、异质性资源的特色,即所谓"人无我有,人有我优,人优我特"。在旅游资源开发中,切忌模仿、抄袭,没有特色新意,没有个性化特征。旅游资源开发特色越鲜明,旅游产品的核心吸引力就越强。

特色性原则要求在开发建设中必须尽量保持自然和历史形成的原始风貌;尽量开发利用具有特色的旅游资源项目;努力反映当地文化,突出民族特色和地方特色。此外,特色性并不是单一性,在突出特色的基础上,还应围绕重点项目,不断增添新项目,丰富旅游活动内容,满足旅游者多样化的需求。

(二)市场导向性原则

所谓市场导向性原则,就是根据旅游市场的需求内容和变化规律,确定旅游资源开发的主题、规模和层次。这是市场经济体制下的一条基本原则。市场导向性原则要求旅游资源开发一定要进行市场调查和市场研究,准确把握市场需求和变化规律,结合资源特色,寻求资源条件与市场需求之间的最佳结合点,确定开发主题、规模和层次。例如,我国旅游经 30 多年的发展,特别是进入 21 世纪后,游览观光型旅游逐渐朝观光和休闲度假体验等结合的多样化转向;依托景观和设施转为依托环境、情景和意境;关注自然景观、产品特色转向关注自然、人文、文化内涵;展示、观光项目转向休闲、参与互动、体验项目;景区数量增长型发展转向质量增长型发展；多点长线、走马观花式旅游转向单点短线、深度体验式旅游等。针对客源市场需求变化，旅游资源开发应因势利导，以市场为导向进行。

市场导向原则要求根据旅游者需求来开发旅游资源，但是并不意味着凡是旅游者需求的都可以进行开发。例如，国家法律所不允许的，对旅游者会有危险或有害于旅游者身心健康的旅游项目，就应该受到限制或禁止开发；再如，那些属于国家绝对保护的资源也应该适度限制开发。

（三）资源保护性原则

旅游资源是大自然的造化、人类历史的遗存和现代人文艺术的结晶。旅游资源具有较强脆弱性，不但会受到自然因素的破坏，而且在被利用过程中也会遭到人文因素的破坏。绝大部分旅游资源又不具有再生性，一旦毁掉了就难以复原。所以，旅游资源保护在旅游开发中极其重要。主要包括两个方面，一是资源本身的保护。限制资源的损耗，延缓衰减的自然过程；将人为损坏降低到最低点，杜绝破坏性的开发和开发中的破坏；二是旅游环境的保护，就是要求旅游资源的开发既要和自然环境相适应，有利于环境保护和生态平衡，控制污染；同时又要与社会环境相适应，遵守旅游目的地的政策法规和发展规划，不危及当地居民的文化道德和社会生活，开发旅游资源要为当地提供就业机会，加快基础设施的建设，促进文化交流，使旅游资源开发成为富民工程，能得到当地政府和居民的支持。

（四）发展综合性原则

发展综合性原则包含两方面的含义：

1. 旅游资源开发是一个多子系统的系统开发过程

不同类型的旅游资源只有通过综合开发，才能使吸引力各异的旅游资源结合成一个吸引群，使旅游者能从多方面发现其价值，从而提高旅游资源的品位，增加旅游吸引力，提升在旅游市场中的知名度。

2. 做到经济效益、社会效益、环境效益和文化效益的协调统一

旅游资源开发是一项经济活动，首先要遵循经济效益原则。不能试图在短期内把境内所有的资源全部进行开发，要有贮备旅游资源的理念。在进行旅游开发投入－产出分析的基础上，对旅游资源开发能带来的经济、社会、文化和环境效益进行认真论证之后，科学地确定旅游资源开发的时序，先易后难，先重点再一般，确保开发活动能带来效益。同时，旅游资源开发必须注重社会文化影响，切实遵守旅游目的地的政策法规，切不可危及当地居民的文化与伦理、社会道德和生产生活，最终实现经济－环境－社会－文化的综合发展。

第二节　旅游资源开发的内涵

一、旅游资源开发的内容

旅游资源开发具有综合性和系统性特点，除了对各类旅游资源进行调查评价、选择和布局外，还包括基础设施、服务设施、管理机构、人力资源和投入产出分析等内容。旅游资源开发涉及的内容随着开发区域面积的大小变化会有所不同。一般来说，面积越大内容越概括，面积越小内容越详细。但不管面积如何变化，开发的重点和核心都集中在资源开发的总体思路、旅游产品和旅游项目方面。

结合旅游资源开发综合性的特点和要求，一般的旅游资源开发区的主要开发内容可概括为七个方面。

(一)旅游资源调查与评价

根据前节所述旅游资源评价的方法和步骤，首先对开发区域的旅游资源进行调查和分类；然后，再对其所有旅游资源进行科学评价。评价既要有定性分析，也要有定量分析，能为旅游产品设计和旅游项目遴选提供基础资料。

(二)开发思路、空间结构等的确定

确定开发的总体思路是资源开发中非常重要的任务，需要明确主体的旅游资源、开发的主要旅游产品、主要发展战略和开发建设目标等。

空间结构即在分析资源特色的基础上，对开发区进行功能分区，每个功能区应有不同的功能特点，并注意空间结构的功能协调和平衡。

除此之外，还需对发展战略、发展时序、建设目标等作进一步的说明。

(三)开发设计旅游产品、旅游项目与景点

这是开发最重要的内容。旅游开发所形成的旅游产品，是旅游业发展最核心的旅游吸引物，其成败决定着旅游地吸引力的大小。首先，要根据旅游资源特点和旅游市场需求变化，确定主体旅游产品。在规划旅游产品谱系的基础上，确定1—2个主打的旅游产品。其次，根据定位的旅游产品，再遴选开发需要建设的旅游项目。项目往往是能单独计算出投资的旅游工程，也包括旅游软项目等。一定要特别重视旅游重点项目的开发设计。然后，有针对性地对景点进行开发设计，如营造景观、提炼主题、人工造景、协调环境、烘托中心、兴建建筑等，让景点的特色能突出地表现出来。

（四）旅游市场分析评价与营销

在资源开发区旅游市场调查的基础上，需要进行旅游市场定位分析，确定核心、基础和潜在的旅游客源目标市场。如资源开发区尚未进行任何开发，没有形成已有的旅游目的地市场，可采用类比方法，运用相同或相近景区的市场资料进行类比分析，为资源开发区提供市场定位参考资料。分析中必须定性分析和定量分析相结合，使客源市场定位客观、准确。

市场营销是景区建设重要内容，根据财力、人力、物力提出具有可行性的市场营销综合方案。必要时还需进行 CIS 设计，即确定资源开发区的营销理念、视觉识别和行为系统；设计资源开发区的旅游形象和宣传口号等。

（五）设计和完善旅游基础设施

旅游基础设施是旅游者在旅游地停留期间必须依赖和利用的设施。包括宾馆住宿设施、娱乐设施、餐饮场所、商店、银行、医院、机场、车站、码头、停车场、通讯、供水、供电等。旅游基础设施涉及到旅游的吃、住、行、游、购、娱等方面。这些基础设施的设计和改善有助于提高旅游服务质量，从而增加旅游资源的吸引力。反之，如果这些设施不完整或安排得不合理，将会大大影响景区的品位和质量，降低旅游者对整个旅游区的心理感受。

（六）规划旅游交通

旅游活动是以旅游者位移到达旅游目的地为前提的，因此，合理安排旅游者从居住地到目的地的往返通道，以及在旅游地内部的交通网络是旅游资源开发中的重要内容之一。现代旅游交通必须适应旅游者多方面的需要。便利、快捷、安全、舒适是现代旅游者对旅游交通的基本要求。在进行旅游交通规划时要充分考虑这些要求。旅游交通安排不仅包括旅游交通设施的建设、旅游交通工具的选择，还包括各种交通营运计划的设计和安排。

如香港迪士尼乐园，从 1999 年开始建设的香港迪士尼乐园于 2005 年正式开放。为方便游人前往这个童话王国，开发者专门开通了迪士尼地铁专线。整个迪士尼专线包括欣澳站和迪士尼站，乘客可以由香港任何一个地铁站前往欣澳站，然后再前往迪士尼。

（七）人力资源开发和管理体制筹划

旅游人力资源的质量是影响旅游业健康发展的重要因素。旅游资源要转化成旅游产品并最终实现旅游经济效益，必须有人力资源作为保障。旅游资源开发的顺利实施，在很大程度上也有赖于旅游人才的供给，而未来旅游业的竞争更是高层次的旅游人才竞争。

人力资源开发包括：从业人员需求预测，专业技术类人员、公关营销类人员、服务人员的选择等，从业人员的招聘、选拔、安置、培训等方面的工作。在旅游资源开发过程中,只有重视和强调人力资源的开发,拥有稳定、高质量的旅游从业人员,才能够有效提高旅游资源的吸引力和竞争力,推动区域旅游业的发展。

资源开发区的管理体制是景区运营的重要手段。一般可采用成立管委会、委托经营、拍卖经营权、股份制、经营权和所有权(管理权)分离等方式。具体采用何种类型,需根据当地经济发展、资源性质、人力、政府和社区居民等具体情况确定。

具体的旅游资源开发方案,可能因地域情况的不同而有所变化。在具体工作中可根据规划委托方的要求,科学确定开发方案大纲。现以一个旅游区为例,参照2003年5月1日实施的中华人民共和国国家标准《旅游规划通则》(GB/T18971—2003),说明旅游区资源开发的具体内容。(1)对旅游区的旅游资源进行调查和科学评价;(2)确定旅游区的性质,提出开发期内的发展目标、发展战略等发展思路;(3)确定开发的旅游产品;提出重点旅游项目、景点的策划;(4)对旅游区进行功能分区;规定旅游区用地范围;确定土地利用方向;(5)旅游区的对外交通系统的布局和主要交通设施的规模、位置;旅游区内部的主要道路系统;(6)旅游区旅游服务设施、附属设施、基础设施和管理设施的总体布局;(7)旅游区的景观系统和绿地系统的总体布局;(8)旅游区的防灾系统和安全系统的总体布局;(9)研究并确定旅游区资源的等级、位置,划定保护区范围,提出保护措施;(10)确定旅游区的环境保护目标和环境卫生系统布局,提出防止和治理污染的措施;(11)提出旅游区近期建设计划,确定近期优先开发目标和建设项目;(12)提出实施资源开发的步骤、措施和方法,以及规划、建设、管理运营中的意见。

以上这些内容在旅游资源开发的过程中基本都要具体实施。

二、旅游资源开发的方式

根据旅游资源的性质和开发目的,旅游资源开发可包括新建、利用、修复、改造和挖掘提高5种开发方式。

(一)新建

即凭借当地的旅游资源特点,建立新的旅游景区、景点或主题公园,建设一些必要的旅游服务基础设施,以增加区域旅游吸引力,满足旅游需求,推动地方旅游业发展。这种方式重在创新,贵在特色,必须创造出"人无我有、人有我优、人优我特"的具有鲜明个性和独特风格的景物。

(二)利用

指利用原有的未被认识到的旅游资源,通过整合、组织和再开发,使之成为旅游吸引物的一种开发方式。随着社会的进步和人类生活水平的提高,人们的旅游需求及消费行为特征也呈现多样化趋势。所以,根据消费者需求的新变化,开发利用那些以前未被认识到的旅游吸引物,使其成为新的旅游景点。如工业旅游、科技旅游地开展,可使西安的卫星测控中心,陕西阎良的飞机制造公司成为新的旅游消费热点。

(三)修复

由于自然或历史的原因而被损毁,但又具有很高的艺术、历史文化或科学研究价值的旅游资源,经对其进行整修、修复或重建,使之重新成为可供旅游者参观游览的景点。

(四)改造

投入一定数量的人力、物力和财力,对现有的、但利用率不高的旅游景观、旅游设施或非旅游设施进行局部或全部改造,使其符合旅游市场需求,成为受旅游者欢迎的旅游吸引物的一种开发方式。

(五)挖掘提高

对已被开发但又不适应旅游业发展需要的旅游吸引物,需要深入挖掘资源特点,增加一些旅游设施和提供新的服务,提高其整体质量,产生出新的旅游吸引力的一种开发方式。

以上5种开发方式并无严格的明显界限,难以截然分开,通常是结合现状与需求,根据具体的旅游资源状况,确定具体的开发方式及其组合。

第三节　旅游资源开发的理念

一、旅游资源开发的理论基础

旅游资源开发是一个多学科知识交互运用的创新过程,涉及面非常广泛,但是具体的旅游资源开发实践活动是建立在一定的理论基础之上的,并以理论为指导。旅游资源开发的主要基础理论有区位论、地域分异规律、经济学与市场学、旅游者行为、景观生态学、系统论和可持续发展理论等。

(一)区位论

区位论是关于人类活动的空间分布及其空间组织优化的理论,主要探索人类活动的一般空间法则。区位论包含两层涵义,一层是人类的空间选择;另一层是空间内人类活动的有机组合。前者是区位主体已知,根据区位主体本身固有的特征,来分析适合该区位主体的可能空间,然后从中优选出最佳区位;后者正好相反,大的区位空间已知,依据空间的地理特征、经济和社会状况等因素,来研究区位主体的最佳组合方式和空间形态。然而无论哪层涵义都说明区位论研究的实质是生产的最佳布局问题,即如何通过科学合理的布局使得生产能以较少的投入获得较大的收益。代表性理论有:杜能的农业区位论、韦伯的工业区位论、克里斯勒的中心地理论、威尔逊的空间作用理论等。

旅游资源开发是空间上的活动,必然具有空间分布和空间组织优化问题,因此,需要进行区位因子的分析和区位理论的指导。

首先,依据旅游区位因素,确定旅游资源开发的序位,包括开发时间先后时序、开发建设规模和功能体系。

对于旅游资源价值高、区位条件优、区域经济背景好,这是旅游开发的最优地区,应该优先开发、全方位开发。开发时充分利用旅游资源,充分发挥区位优势,协调好旅游业同其他产业的关系,调整区域内不合理的经济结构。

其次,区位理论要求在开发旅游资源和进行旅游业布局时发挥集聚效应。这既有利于发挥资源的整体优势,增强吸引力;又能够提高资源和设施的利用效率,带来更大的经济效益。一些旅游点虽然资源的价值较高,但由于体量小,所占面积少,游时短,难以形成较强的吸引力,因此需要同周围其他旅游地和旅游点联合,共同开发,以形成整体优势,增强吸引力,同时也降低了开发成本。然而,集聚也会带来污染集中、交通拥挤,以及水电供给不足、地价上涨等问题。

最后,根据区位理论进行旅游服务设施的选址工作。每一种旅游设施的服务性质不同,其位置选择的目标和方法也不同,所涉及的因素也不同。因此,在运用区位论进行旅游设施的选址工作时,亦要考虑到旅游市场、旅游者行为等理论。

(二)地域分异规律

地域分异也叫区域分异,即地区差异性。地域分异规律是指地理环境各组成部分及整个景观在地表按一定的层次发生分化,并按确定的方向发生有规律分布的现象。地域分异规律广泛存在于自然地理现象和人文地理现象之中,旅游资源也不例外。旅游资源存在着明显的地域分异规律,从南到北,从东到西,从低到高,无论是自然旅游资源,还是人文旅游资源都存在着地域差异。主要表现在以下几个方面:

1. 纬度地带性

由于太阳辐射能按纬度分布不均,地球上不同的纬度地带会产生气候分区,形成不同的地文景观、水域风光、生物景观和天象与气候景观。同时受其影响,民居民俗、遗址遗迹、人文活动等也呈现出相应的纬度地带性分异。

2. 经度地带性

由于地球自西向东自转,以及海陆分布的不均衡,地表不同经度地带的降雨量和蒸发量产生极大区别,形成不同经度地带的各种自然和人文景观。

3. 垂直地带性

这一规律使地球上同一地域随海拔高度的不同引起地貌和生物变化,从而使旅游资源随着海拔高度的不同,呈现出不同的垂直地带性。

4. 不规则地带性

地球表面一些大的地形地貌单元,如高原、平原、山地、盆地、丘陵、岛屿、湖泊等,会影响单元区域内旅游资源的分布,出现不规则地带性分异。

旅游资源的地域分异规律导致了不同旅游地区之间的差异性,正是在这种区域差异性的影响下,才使旅游者产生了空间移动行为。可以说,地域分异规律是产生旅游的基本因素之一。因此,在旅游资源开发过程中必须遵循地域分异规律。

首先,旅游资源开发要寻求差异,突出本地特色,发挥本地优势,做到"人无我有,人有我优,人优我特",切忌照搬、模仿、抄袭。其次,应用地域分异规律进行旅游资源区划,寻求具有相对一致性的旅游资源区域。根据不同性质、不同特色的旅游资源区域确定相应不同的开发方向、开发主题、开发方式、开发规模和管理对策。最后,确定不同的资源地的旅游市场形象、旅游促销策略、旅游产品定位和旅游开发模式等。

如美国的科罗拉多大峡谷空中悬廊,就是科学利用地域分异规律的成功案例。科罗拉多大峡谷是一个举世闻名的自然奇观,位于美国西部亚利桑那州西北部的凯巴布高原上,原高沟深,粗犷震撼。大峡谷全长 446km,平均宽度 16km,最大深度 1740m,平均谷深 1600m,总面积 2724km² 。由于科罗拉多河穿流其中,故又名科罗拉多大峡谷,它被联合国教科文组织确定为受保护的天然遗产之一。

为更好地突显峡谷的震撼力,投资方 2007 年 3 月 20 日建成悬空透明玻璃观景廊桥并对外开放,耗资约 3000 万美元。这座令人叹为观止的悬空廊桥建造在大峡谷南缘老鹰崖距谷底 1200m 的高空,为 U 字形,最远处距岩壁 21m。廊桥宽约 3m,底板为透明玻璃材质,游客可以行走其上,俯瞰大峡谷和科罗拉多河景观,号称"21 世纪世界奇观"。桥面由约 7cm 厚的强化玻璃制造,两边由约 1.5m 高的玻璃幕墙封闭起来。桥上层的玻璃部分可以更换,游客不会因为玻璃墙刮花而影响观赏效果。有趣的是,为了保持桥面透明,踏上步道的游客都得穿上特制的鞋子,以免刮花玻璃廊桥面。凌空走一遭后,还可把这双有编号的鞋子带回去当纪念品。

(三)经济学与市场学理论

经济学是研究国民经济各方面问题的学科的总称。包括政治经济学、部门经济学、会计学、统计学等。已有近百年研究历史的旅游经济学,其研究内容主要集中在经济现象、经济关系和经济发展规律等方面。具体内容主要包括旅游的活动性质、特征;旅游产品、需求与供给、市场与价格;旅游消费;旅游收入与分配;旅游经济效益、投入产出、经济结构等。上世纪 70 年代起,国外学者研究了旅游经济的关联带动作用,其直接、间接和就业 3 项乘数研究结论,使旅游的乘数效应成为研究热点。80 年代以后,旅游国际分工、经济比较、产业分布理论的提出,对旅游开发具有较大的参考意义。

旅游经济学理论认为,旅游资源开发,旅游产品的生产、消费、运行的特点,除有经济活动运行的共同规律外,还具有其本身的运行、消费特点与规律。旅游资源开发是一项经济活动,在其开发过程中,一方面要关注其关联带动作用,即乘数效应,注重旅游"行、住、吃、游、娱、购"6 要素的综合布局;另一方面要加强旅游开发的投入产出分析,使旅游投入最小化,而旅游效益最大化,把旅游资源开发变为最经济的开发行为。同时,从生态经济角度讲,旅游开发还要把旅游开发的社会效益、环境效益放在非常重要的位置。

市场学是研究企业市场营销活动规律的一个经济管理学科分支。通常认为,市场学理论的核心是"4P",即产品(Product)、价格(Price)、营销渠道(Place)和促销(Promotion)。其指导企业研究目标市场、市场经营组合、产品组合、市场预测、促销方式、分销渠道、服务形式、市场竞争等。

旅游市场学是在上述理论基础上产生和发展的,其根据旅游产品的特征:服务的无形性、不可移动性、异地消费性、消费的季节性、脆弱性等,研究目标市场定位、产品定位、市场形象设计、客流交通、现实及潜在旅游需求、旅游线路、市场趋势、产品垄断性及替代性等。其中,旅游市场定位,旅游产品的功能定位,市场形象设计、旅游促销手段等理论,对于旅游资源开发具有重要的意义。所谓的"以资源为基础,以市场为导向,以产品为核心,以项目为支撑"的旅游开发认识,即强调了市场在资源开发中的重要作用。旅游市场学面向应用领域,把旅游者、旅游目的地和旅游企业及管理者紧密地联系在一起,寻求 3 者的平衡和协调关系,是旅游资源开发不可或缺的理论基础。对于区域旅游业发展战略制定,旅游项目规划设计,基础设施和旅游服务设施的布局建设等都具有重要价值。

(四)旅游者行为理论

自从美国社会心理学家马斯洛(A. H. Maslow,1954)提出著名的人类"需要的层次论"(生理需要、安全需要、爱的需要、受尊重需要和自我实现需要)之后,国外有很多学者把其应用于旅游研究,如旅游与生活的心理学区别,旅游的文化差异引起的心理反映,旅游现象的心理学阐释等。旅游活动是一种心理行为的外在表现,从心理学家度认识,旅游本质上是一种精神需求。

旅游者行为是从旅游者的心理需求出发,研究旅游者的旅游需求、欲望、动机、选择、文化向往、偏好、旅游认知、旅游满意度、旅游决策、空间位移等内在心理企盼和外在行为;以及由游客构成的旅游流的类型、结构、流向、流速、特征及其动态规律等。研究主要包括了两个方面:旅游者的内在心理和外在表现形式——旅游行为。目前较为成熟的研究成果主要集中在旅游需求变化、不同旅游者的选择偏好、大、中、小尺度的旅游空间行为模式等。

旅游者行为对旅游资源开发中的旅游市场定位、旅游产品定位、旅游项目规划设计、旅游开发方向等,均具有直接和间接的指导、参考意义。

如陕西安康南宫山旅游区磨难谷旅游项目,就是把游客心理感受和外在行为体验紧密结合在一起的旅游项目。

早期传统的旅游项目,比较注目于清净与观光,然而受现代思潮影响的年轻人,却更喜爱快节奏的游乐与刺激。与观光游不同的是刺激性的游乐旅游有更多的参与,不仅能带来更多的愉悦,而且常常伴随着挑战自我。不可否认,新潮新异和令人心跳的游乐旅游,将是国内旅游今后发展的不可或缺的重要组成部分。而具有文化主题特色的参与性项目更能获得游客的认同感。

南宫山位于陕西省安康市岚皋县东部,距县城 33km,现有总面积 9641.75hm²,主峰金顶海拔 2267.40m,属大巴山北坡的支脉——化龙山的余脉。山脉呈近于东西向延伸,南陡北缓,似一条东西向腾飞的"巨龙",蔚为壮观。主梁因有三峰高耸峙立,陡峭险峻,形似笔架,俗称"笔架山";据史载,北宋靖康年间(1126—1127),朝廷及达官显贵在此建行宫,名曰"南宫",遂有"南宫山"之称。南宫山是道佛合一的圣地。南宫山植被完好、森林密布、满目苍翠、多珍禽异草。该景点范围:位于二郎坪至金顶的中线道路两旁。

从二郎坪通往金顶的中线由于路途几乎全是台阶,两侧景观相对较为单调,加之路陡坡大,似楼梯的水泥路甚为艰辛,以致游客抱怨较多,成为景区一条需要进一步进行深度开发的难题。

在此路两旁修建以"磨难"为主题的磨难体验活动,让游客在此景区既感受到人生的艰辛和刺激,同时体会到其中的乐趣。具体可开展走梅花桩、蹲走、荡绳等项目,让游客在娱乐体验中抵达金顶。按照戒贪、戒嗔和戒痴为主题,设计不同的主题文化区及旅游设施和活动项目,形成南宫山宗教教义体验场所。

几个典型景点:

伏心阶:在步道第 200 台阶处,打造一段长约 15m、高度约为 40cm 的台阶,游人有两条路可以选择,一是带着自己的随身物品从高台阶上山,二是走较好走的台阶。此项目旨在让游人体验自己的选择是需要付出代价的,并不是事事都能如愿以偿,以此制伏烦恼,降伏其心。《成唯识论》中说:"欲者,于所乐境,希望为性,勤依为业。"可以给坚持走完高台阶的游人颁发一个荣誉证书,被誉为:"南宫山游最有毅力的人"。

过忍嗔恚:在第 716 阶处的西侧,地面较宽并无过多植被。规划在此处建设过忍嗔恚项目。它由光滑的 9 根竹木干并排组成,树干直径约为 15cm,每两根树干之间宽度从东向西逐渐变宽,从 20cm 逐渐过渡到 45cm,以适应不同体型的游客穿过。

在竹木干与游人步道之间设置石质解说牌:"无嗔是要求人们保持心情的平和,保持内心的平静。对于现实生活中不如意的事,要能够忍受,不以愤怒和仇恨感情影响自己的情绪。愤怒和仇恨是引起社会动荡的因素,也会影响自己内心的平静和心灵的安宁,从而影响自己对佛教最高精神境界的追求。"(资料来源:西安陕师大旅游规划设计研究院,《南宫山旅游景区开发规划》,2008)。

(五)景观生态学理论

景观生态学是生态学与地理学交叉融合而产生的一个新学科,它于上世纪 60 年代中后期在欧洲大陆迅速发展,80 年代被北美学者接受。景观生态学研究的主要内容是,有一系列生态环境组成的、数平方千米广阔地域内的异质土地单元之间的空间结构与功能相互作用以及生态镶嵌随时间的变化(王仰麟,1998)。

景观生态学将景观空间结构分为斑、廊、基 3 种基本单元。

1. 斑块(Patch)

指空间的点或块结构,代表与周围环境不同的、相对均质的、具有活化空间结构的性质。如景点和周围环境构成的旅游斑块。

2. 廊道(Corridor)

一般是指和两侧相邻地带不同的一种特殊带状要素类型,其能分割或连通空间单元。旅游地域内的廊道类型主要是指交通廊道,如旅游地与客源地之间的区外廊道;旅游地内部之间的通道系统形成的区内廊道;景区点内旅游线路构成的斑内廊道等。

3. 基质(Matrix)

指斑块镶嵌内的背景结构:生态系统或土地利用类型。可为面状,亦可为点状随机分布的宏观背景。如旅游地背景环境类型以及人文环境特征等。

景观生态学的景观结构、景观功能、时间等原理,以及景观生态设计的异质性原则、整体优化原则、多样性原则、综合效益原则、个性与特殊性保护原则等,对于旅游资源开发中的生态环境保护、景观多样性的设计、效益的综合考虑、资源特色的保存、生态型旅游区的建设、保存物种的种质库的规划设计等,均具有使用价值和参考意义,其主要表现在以下三个方面:

(1)开发的新思路

景观结构、景观异质性等思路可以为旅游资源开发所用,应努力使开发对象有一个运行良好的生态系统,提高自我调节能力。

(2)环境保护

景观生态学具体研究旅游与环境的关系,如游人的践踏对植物的影响、动物迁移的通道与障碍影响等。

（3）生态容量及规划标准

生态容量的具体研究提出了旅游规划的部分标准，如人均占有的基本空间等。规划的标准研究还有待于继续努力，而景观生态学将是它的基本理论之一。

（六）系统理论

系统论认为，系统是由相互联系的各个部分和要素组成的具有一定结构、关系和功能的有机整体。系统论的基本思想是：

要把研究或处理的对象看成一个有一定层次、顺序的系统，从整体上考虑问题；特别注重各子系统、要素之间的有机联系，以及系统与外部环境之间的相互联系和相互制约关系。

通常认为，旅游资源系统包括两个子系统，即自然旅游资源子系统和人文旅游资源子系统。各旅游资源子系统又由低一级的子系统或要素组成。旅游业，旅游客源，资源地自然、社会经济状况等是旅游资源系统的环境因素子系统。

系统理论不仅为旅游资源的开发提供了认识论基础，即应从系统论的观点来看待旅游资源，旅游资源是一个系统，应遵循系统本身的各种性质和功能来进行旅游开发；同时又为旅游资源的开发提供了方法论基础，即用系统论的方法来开发旅游资源。因此，在系统论的指导下，旅游资源开发要做到：

1. 合理配置资源，产生最大综合效益

旅游资源开发必须要全盘考虑，在综合分析旅游资源价值、规模、功能、空间布局、开发难易程度、资源地可进入性、客源市场以及开发效益等多种因素的基础上，合理规划布局各种要素，科学配置行、住、吃、游、娱、购等 6 大要素，使有限的旅游资源产生最大的综合效益。

2. 旅游相关行业、部门有机结合，相互配合

旅游资源是旅游业发展的基础，但仅有旅游资源是难以满足现代旅游者需求的，必须使旅游资源开发与旅游服务设施以及相关行业、部门相互配合、协调发展，使资源开发同旅游者的需求紧密结合，做到系统内部各要素之间相互融合、支持，系统内部与外部环境保持协调一致，能使区域旅游业全面、健康发展。

（七）可持续发展理论

可持续发展理论是在 20 世纪 70 年代末 80 年代初，人们对经济发展和环境保护关系深刻认识的基础上而提出的理论。如今已成为世界上处理环境和发展问题的一个重要指导思想。可持续发展是指既能满足当代人的需求，又不对后代人满足其自身需求的能力产生威胁的观念。其实质就是在经济发展过程中要兼顾局部利益和整体利益，眼前利益和长远利益，使环境与经济得以持续协调发展，使资源得到可持续利用。关于可持续旅游发展的内容，在"Globle'90"国际大会以及 1992

年可持续旅游发展世界会议提出了目标。即，增进人们对旅游所产生的环境影响与经济影响的理解，加强人们的生态意识；促进旅游的公平发展；改善旅游接待地区的生活质量；向旅游者提供高质量的旅游服务；保护未来旅游开发赖以存在的质量环境。

旅游业发展依赖于旅游环境，旅游环境自身也可以成为极具吸引力的旅游资源。因此，旅游资源开发要以可持续发展理论为指导思想。

首先，旅游资源开发要处理好开发与保护的关系。即以保护作为开发的前提，在保护的基础上适度开发，在保护中开发，在开发中保护，避免"先破坏后保护"、"先污染后治理"的错误做法。为了保护旅游资源的原生态，可建立不同级别的保护分区，如核心区、缓冲区和过渡区加以保护。

其次，旅游资源开发应分期实施。为了实现旅游资源的永续利用，要求旅游开发不能"全面开花"，而应分期分批展开，逐步开发新资源，设计新项目，保持旅游资源的永久吸引力。在旅游资源开发的初期，资源利用多采取粗放式开发，盲目要求数量型的增长和外延型的扩张，同时也缺乏深入调查的研究和全面的科学论证，致使一些知名的、高级别的旅游资源遭到严重破坏。

最后，发展生态旅游，促进旅游资源合理开发利用。生态旅游是指对环境和旅游地文化影响较小，有助于创造就业机会，促进保存野生动植物的多样性，对生态和文化有着特别感受的带有责任感的旅游。生态旅游的目标就是保护旅游地的自然环境，保持旅游地的生命力和多样性，改善旅游地居民的生活质量。这些正是可持续发展理论所倡导的，可以说，可持续发展理论在旅游资源开发过程中最主要的体现就是发展生态旅游。

(八)人类学和社会学理论

人类学是从人类社会的不同方面和角度来研究人类的社会、经济、文化活动的科学。从国内外现有的各种研究成果来看，旅游人类学的研究主要是从旅游地的居民和游客之间人际关系的角度来研究旅游地的文化现象和演变，以及这种文化现象对旅游地社会的影响。它为旅游资源开发提供了扩展的思路，即旅游资源开发中不能仅仅局限于物质环境的开发，还应关注旅游者这个活动主体。在开发时要充分考虑、协调旅游者、旅游地居民、地方政府、旅游开发商以及利益相关者的相互关系和权益。

社会学是通过人们的社会行为和社会关系，从社会系统的整体角度来研究社会的结构与功能以及社会现象发生、发展规律的一门综合性社会科学。在社会学中，人们不是作为个体，而是作为一个社会组织、群体或机构的成员存在。其研究对象包括与历史、政治、经济、社会结构、人口变动、民族、城市、乡村、社区、婚姻、家庭与性、信仰与宗教、现代化等领域。在旅游资源开发规划中要运用社会学理论，从关心旅游地社会和谐与社会进步入手,对旅游地社会环境、社会特性、社会现象、社会问题和群体行为等加以关注。

二、旅游资源开发的特色理念

旅游资源开发与其他类型的产品开发有许多共同之处,就是要以现有资源为基础,以市场为导向,考虑产品的供需关系,分析产品开发的投入与产出比等,但不同类型的产品开发又有其各自的特点,旅游资源开发要突出 5 个方面的特色。

(一)地域性特色

受地理分布规律制约,旅游资源自身可呈现出地域差异性和地方特色。如我国的北方和南方,由于地理环境的差异,形成截然不同的自然景观和人文特色。不同的地理环境呈现不同的地域景观和特色。如北方山水浑厚,建筑物大气,人性粗犷、豪爽;南方山水秀丽,建筑物玲珑,人性细腻、灵秀。旅游资源开发是以特定区域的旅游资源为基础进行的,这些资源基本不可移动。这就决定了旅游者只有经过空间位移之后,才能消费到旅游开发所形成的产品。因此,旅游资源开发中要正确认识资源的特点,因地制宜,突出资源的地域特色和差异性,才能形成优势,从而增强旅游资源的吸引力,提高旅游产品的竞争力。

(二)多样性特色

由于国籍、民族、年龄、性别、职业和受教育程度的不同,使旅游者的需求千差万别,导致对旅游吸引物的偏好也各有所爱、五花八门,而旅游资源本身也呈现出多类型、多样化的特点。旅游资源构成于地质地貌、气象气候、陆地、海洋、土壤、动植物、农业、工业、民族、宗教、建筑、文学艺术、科研教育、社会风情等自然、人文要素,类型多样、异质异味,甚至可以说,只要有旅游意识,自然、社会的方方面面都可可能成为旅游资源。如森林公园、观光农业、工业旅游就是分别从林业、农业和工业中转化延展而来,为旅游产业增加了新的产品。为适应旅游需求多样化特点,旅游资源开发就需要能够体现出旅游产品多样化的特色。如观光旅游、休闲度假旅游以及各种专题性旅游等。一地旅游产品的种类、项目、内容越多,旅游吸引力就越强,旅游市场面也就越宽,旅游市场生命力也就越强。

(三)综合性特色

旅游资源开发的综合性主要表现在两个方面:第一是旅游资源本身具有综合性。旅游资源包括自然资源和人文资源两大类,各类又可细分为诸多亚类。各自然和人文要素间相互依存,相互作用,形成一个系统的整体。一个地区的旅游资源相互间作用越和谐,生命力越强,开发和利用的价值越大。第二是旅游资源开发涉及到许多行业和部门,如旅游、国土资源、计划发展、环境、林业、城市规划、建筑、园林、文物、宗教、交通、管理、银行等行业和部门,资源开发一方面需要这些行业部门统一合作,共同推动旅游业发展;另一方面开发需要有旅游学、地理学、城市规划学、建筑学、经济学、美学、历史学、园林学、民俗学等方面专家的参与,发挥不同学科专家的所长,做到优势互补。协调好不同行业、部门相互间的关系,是能否有效开发旅游资源的关键。因此,旅游资源开发的项目组织、总体规划编制、项目实施等,也体现出综合性特点。旅游资源开发一方面要慎重安排自然要素、人文要素和整体环境的和谐,充分协调好各要素之间的关系,防止任何环节出现的破坏;另一方面,加强旅游资源开发工作的组织和领导,调动一切积极因素,认真做好资源开发的论证、组织、协调、管理等工作也非常重要。

(四)可持续特色

对一般产品的购买行为表现为物质流动和所有权转移,伴随着消费者的使用,产品的价值会不断下降。而旅游产品不同于一般的物质产品,旅游者购买的只是产品的暂时使用权,所有权并不发生转移。在正常情况下,旅游产品也不会因为旅游者的消费而降低它的价值,甚至会通过口头宣传,扩大它的知名度,从而使产品升值。然而,旅游资源或是自然界的造化,或是人类历史的遗存,或是现代人的精心设计,在数量上是有限的。它的永续性有时也会因为环境或人为因素而受到影响。因此,旅游资源开发必须处理好保护与开发的关系,禁止破坏性的开发和开发中的破坏,积极发展生态旅游,防止环境污染,控制旅游者容量,加强景区管理和对游客的教育,以保证旅游资源的可持续利用。

(五)文化性特色

旅游资源开发是一个技术性、经济性行为实施的过程,更是一个文化传播与交流的过程。从旅游者角度而言,旅游需求主要追求精神性的享受,或者一次社会经历,或者一次体验,且这种精神需求随着社会的发展和生活水平的提高而发生变化。旅游本身是一定文化背景下的产物,是文化驱使的结果。旅游者千里迢迢前往旅游目的地,从某种角度看可认为是购买文化、消费文化、享受文化的过程。从管理者角度而言,旅游资源开发就要尽量适应和满足旅游者的这种精神文化享受需求。旅游资源开发中一定要深入挖掘当地的旅游资源特色,突出旅游资源的文化内涵,使旅游产品既是一个经济产品;又是一个文化产品,能让旅游者不虚此行,得到满意的精神享受。

旅游资源作为旅游吸引物,其魅力也来自于它的文化性。自然旅游资源是大自然的造化,但是当它由普通资源转化为旅游产品,成为人们观赏或游乐的对象时,就添上了文化的色彩,成为"人化的自然"。人文旅游资源作为各个时期人类活动的产物,则完全属于文化范畴。因此,旅游资源开发可以看作是一种文化活动。在资源开发中注重挖掘地域资源的文化特色,对旅游业发展具有极其重要的意义。

●实证分析:西安仿古迎宾入城式

西安城墙为明代建筑,原是一座古代军事防御体系,始建于公元 582 年,为隋、唐皇城遗址,公元 1370 年扩建并沿用至今。整个建筑高大宏伟、气势恢弘,是研究古代建筑工程、建筑艺术的重要依据,是古都西安的标志性建筑。根据旅游业发展的需要,西安市于 1983 年 4 月 1 日开始了环城建设工程,并取得举世瞩目的重大成就,已形成城墙环峙、城河周绕、亭台楼榭点缀、绿化林带围簇的立体景观。

西安城墙每年接待数以千万计的海内外游客。旅游者登上城墙后,一边为气势磅礴的城墙感慨不已。一边为单调乏味的“游墙”活动而感到遗憾。的确,在旅游产业化的今天,仅凭文物场馆这些“静止”的东西,旅游业的可持续发展便成了无源之水。因此,如何在保持文物固有的特色前提下,开发新的旅游资源,使静的文物旅游活动起来,增加人们的积极参与性,是西安旅游开发的重要课题。

西安环城建设委员会的工作人员本着保护与开发相结合的原则,参照古礼中的宾礼和盛唐时期的仪规并融入古代民间礼仪,策划出西安旅游精品——仿古迎宾入城式,使游客由单纯的选择性看景上升到应接不暇的全身心投入。仿古迎宾入城式,再现了千年古都喜迎嘉宾独特而又浓重的礼遇,使遥远的客人与遥远的时代在古城相逢,使贵宾们亲身领略到中华文化的风采。游客置身其中,面对精彩纷呈、韵味淳厚、景致变化无穷的表演,如同进入神话境界,那种身心的愉悦感,使历史与现实在这里交融,顿生无尽的思绪。无论是节目的编排,灯光的调配,还是音乐的设计,都达到了较高的水平。仿古迎宾入城式是各部门通力协作和辛勤劳动的成果。集观赏性、趣味性、参与性于一身的仿古迎宾入城式在进入市场后不久,就被誉为“中华迎宾第一式”。已成功接待了许多国家政要,并被列为西安旅游的重要内容之一。伊朗伊斯法罕市市长于 1996 年参加迎宾入城仪式后感慨道:“以城墙做布景,以古战场为舞台,使人如同进入神话境界,这是西安所特有的,搬不走的,别处也无法效仿的。”;在 1998 年的全国旅游工作会议上,专家们这样评价道:仿古迎宾入城式在旅游资源与市场的结合上找到了最佳契合点,填补了国内文物旅游的空白点,它的产生、发展和不断创新,使西安这个历史文化名城的旅游更加名副其实,打出了西安旅游的知名品牌。

景贵创新,如果没有一定的新意,老是以一幅不变的面孔面对游客,时间久了,游客必然会厌烦。自 1989 年 9 月以来,西安环城建委已先后为国内外重要宾客举办过不同规格的仿古入城式数百场。每次的形式与内容都不尽相同。与此同时,环城建委的管理者还打算将“中华迎宾第一式”的仿古迎宾入城式,逐渐对普通老百姓开放,使该产品由贵宾化转为平民化,以期让更多的参与者享受到中国悠久的历史和灿烂的文化。

该旅游产品的创新之处在于:一是有效地利用、挖掘了现有的旅游资源——西安古城墙,使这一产品得到升华或更新换代;二是紧紧抓住了旅游者追求精神享受的旅游活动本质,使物化的古城墙和精神化的贵宾入城式紧密地结合了起来;三是把单调的静态看城墙和动态的、参与式的"享受城墙"紧密结合了起来,动静结合使西安古城墙的文化内涵得到了深入挖掘。该产品一经推出就深受游客欢迎,其最主要的原因皆出于此。

资料来源:选自赵宗彦.西安晚报,2003,引用时有所改动.

复习思考题

1. 如何理解旅游资源开发这一概念?
2. 旅游资源开发应遵循哪些原则?
3. 试分析旅游资源开发包括哪些主要内容。
4. 旅游资源开发主要有哪些开发方式?
5. 旅游资源开发主要的基础理论有哪些?
6. 旅游资源开发应突出哪些特色?
7. 为什么说差异性和特色性是旅游资源开发的核心?

第十五章　旅游资源开发模式与程序

学习导引

旅游资源开发是旅游资源被科学利用的手段,涉及到旅游资源开发的基础分析、定位分析、开发模式和开发程序问题。学习旅游资源开发模式与程序,对于提升旅游从业人员和科研工作者的业务素质具有重要实践意义。本章是旅游资源开发最重要的技术内容,主要讲述旅游资源开发的基础分析方法、模式、程序等技术方法。这些内容对于掌握旅游开发来说至关重要,学习、理解和掌握本章的技术技能内容,对学生将来就业有较好帮助。

教学目标

● 学习并理解旅游资源开发的基础分析方法。

● 学会旅游资源开发中的定位分析方法。

● 了解并掌握各类旅游资源的不同开发模式与特点。

● 掌握旅游资源开发的基本程序及不同阶段开发工作的主要内容。

● 了解认识对旅游资源开发的发展变化趋势。

学习重点

旅游资源开发的基础分析方法;旅游资源开发的定位分析方法;旅游资源的不同开发模式;旅游资源开发的程序与过程,包括确定开发项目;可行性研究;总体规划;具体项目规划设计;项目实施与监控。

旅游资源只有通过行之有效的开发才能发挥其旅游效用,从而为区域经济、社会和环境各方面带来效益。一般来说旅游资源开发应首先分析开发的基础条件,从而明确旅游资源的特色、目标市场以及旅游资源未来的开发潜力;其次是根据旅游资源的特色分析适合的旅游资源开发模式,开发模式可从资源类型、投资主体、区域特征来进行划分;最后对旅游资源进行合理有序的开发,一般包括确定开发项目、可行性研究、旅游策划、总体规划、项目规划设计、实施与监控几个阶段。

第一节　旅游资源开发的基础分析

一、开发的条件

旅游资源开发准备条件一般是指在旅游资源开发之前分析旅游资源自身及其外部条件的过程。充分的准备条件分析能够为旅游资源开发提供科学的依据。一般来说旅游资源开发的准备条件分析往往包括资源条件、自然条件、市场条件、经济条件和社会条件五个方面。

(一)资源条件

资源条件分析主要指旅游资源赋存的分析,包括旅游资源的性质、价值、等级、系统性、完整性、特色和结构层次等。旅游资源赋存决定了旅游资源的吸引力和旅游活动的行为层次,是旅游资源开发的基础条件。

(二)自然条件

自然条件主要包括旅游资源地的区位条件、地形、水资源、植被、气候气象、自然环境等方面。旅游资源地是否靠近中心城市、交通干线和人口稠密区,决定了它的可进入性和门槛的容量。优越的地形条件可以减少开发的工程量,降低开发难度,节省投资。适宜的气候气象条件、良好的植被覆盖、景象万千的自然环境本身就能构成旅游吸引力,为旅游地增加旅游价值。

(三)市场条件

主要包括旅游客源地的社会经济条件、人口状况、闲暇时间、出游率等,旅游资源开发的目的是满足旅游者需求,所以市场条件对旅游资源开发起着非常重要的作用,不同发展时期客源市场对旅游产品的需求不同,所以对旅游资源开发后所提供产品的要求也有很大差异,只有当旅游市场对某类旅游资源产生了需求,开发这类资源才具有可行性。

(四)经济条件

经济条件主要是指资源开发的经济条件,好的经济条件能够为资源开发提供良好的基础,而经济条件的不足不仅不会使旅游资源的潜力完全发挥,而且会因为基础条件的不足如可进入性的限制,使开发后的经济效益受到影响。所以经济条件分析是旅游资源开发的保障因素。

(五)社会条件

包括旅游资源地的经济背景、法制环境、社会保障、管理水平、文化事业和其他社会因素等。区域经济是否发达直接影响到投资力度、开发规模和发展方向。旅游地的法律、法规、支持旅游业的力度等,为旅游开发的有序性、合法性和开发成效提供了保证。旅游地的社区居民、社会团体对发展旅游的态度,也会影响到旅游资源开发工作的实施成效。

二、旅游资源开发与旅游产品开发

旅游资源和旅游产品的开发是旅游产业最重要的组成部分。旅游业发展必须以旅游资源为基础和载体,离开了旅游资源,旅游业就无从谈起。但仅拥有旅游资源,并不意味着旅游业就能快速健康发展。旅游资源只是发展旅游业的基础条件,只有经过合理的规划、开发,旅游资源才能转变为旅游产品,并被旅游者认可。旅游资源开发就是指依托区域旅游资源,通过适当的方式和手法,把旅游资源改造为能够满足旅游市场需求,使旅游活动得以实现的技术、经济、文化系统工程。旅游资源开发是一个分析市场需求趋势,研究资源内涵,挖掘资源潜力,最终使其能够满足旅游市场需求的过程。旅游资源开发包括三方面的内容,一是分析市场需求趋势;二是研究目的地资源的特征和内涵;三是寻求展示资源特征和内涵的方式。

同旅游资源相比,旅游产品的内涵和外延更为丰富。从旅游者的角度认识,旅游产品是旅游者在旅游活动过程中的经历和感受体验的总和;从旅游业的角度认识,旅游产品是旅游供给商为旅游者提供的行、住、吃、游、购、娱等整个旅游活动过程中所需要的有形产品和无形服务的总和。旅游产品开发是根据目标市场需求,对旅游资源、旅游服务设施和旅游人力资源进行规划、设计、策划的组合与整合。旅游产品开发包括两方面的内容,一是对旅游地的规划和开发;二是对旅游线路的设计和组合。显然,旅游产品开发涵盖了:旅游资源转变为旅游产品的开发(有景点产品,如华山的"鹞子翻身";景区产品;事件产品,如唐王选妃;节会产品;风俗文化产品,如仿唐婚礼等);旅游线路开发,即把旅游景区点、旅游目的地、旅游城市、旅游交通、旅游住宿餐饮、旅游购物品等联结为旅游线路的产品开发。旅游线路开发也可细分为:旅游景区点产品开发;旅游交通的产品开发;旅游住宿设施的产品开发;旅游餐饮设施的产品开发;旅游娱乐设施的产品开发;旅游购物品产品开发等。

从旅游资源开发的结果来看,经过开发后旅游资源一般都是以景区(点)的形式出现的,故旅游资源开发是旅游产品的一项最重要的因素。而从旅游业发展来看,没有景区(点)作为载体,任何旅游产品都将无法形成,所以旅游资源开发又是旅游产品开发的必备条件。由此可见,旅游资源开发和旅游产品开发也是一种相辅相成的辩证关系。旅游资源开发是旅游业发展的核心,其侧重在于主体旅游吸引物的产品开发;旅游产品开发是旅游业发展的关键,其侧重在于,从旅游发生的"行、住、吃、游、购、娱"等方面出发,构建的旅游线路开发。如进一步讨论旅游开发,则其除包含旅游资源开发、旅游产品开发之外,还包括旅游市场开发、旅游人力资源开发、旅游形象定位、旅游管理体制改革等。

三、产品定位和市场定位

定位理论产生的一个基本背景条件是产品广告的信息"爆炸"。类似产品的出现和名牌产品被仿造,使得要突出和区分某一个产品的特点和优点越来越难。随着旅游业的发展,旅游资源开发的领域和地区越来越多,即旅游产品越来越丰富,故可供旅游者选择的旅游产品范围越来越广,内容越来越多。旅游景区景点经营单位不但会受到同行业竞争的挑战,而且还要面对其他类似的娱乐活动的竞争。因此,如何进行旅游产品定位和旅游市场定位,以便吸引更多的旅游者,扩大旅游资源的市场占有率,已成为旅游资源开发过程中日益突出的问题。

(一)旅游资源开发的产品定位

旅游资源开发的产品定位,是指旅游资源转化为旅游产品的产品功能选择,即将旅游资源经开发建成为观光型,或休闲度假型,还是专题型旅游产品的功能定位选择。把旅游资源开发建成为旅游产品可有多种选择,按照强调差异性,突出特色性的开发原则,可成为观光型的,也可成为休闲度假型的,亦可成为参与型、节会性、修学性、娱乐性、体验型等专题型旅游产品,可供选择的模式很多。旅游产品定位决定着旅游资源开发的方向和重点。

影响旅游资源开发产品定位的因素主要有:未来的旅游市场需求,旅游资源的本身特色,周边产品的市场竞争力,区域经济发展水平等4个方面。旅游资源开发的产品定位,也要根据这4个方面来确定。

1. 根据未来旅游市场需求确定

旅游市场需求是一个不断发展变化的动态过程,它随着客源地市场的经济发展水平,客源地居民的生活水平,国家或地区的价值观、文化倾向等的改变而变化。如我国的旅游市场需求,自从1978年改革开放以来到目前的21世纪初期,30多年来,由于我国GDP的快速增长,居民可自由支配收入的增加以及休闲节假日的增多,就已经发生了从初期的、基本的、走马看花式的观光型旅游,向目前的休闲型、度假型、享受型、个性偏好型旅游的转变;从单一的观光、吃苦型旅游向休闲度假、参与游乐、享受型旅游转变;从"花钱买罪受"旅游向"花钱买享受"旅游转变;从趋同式的单一偏好旅游向个性化明显的个性偏好旅游转变;从国内旅游向出境旅游转变等,我国旅游市场需求正经历着一个旅游需求转型升级期。旅游资源开发的产品定位就要努力适应这种旅游市场需求的变化。一方面要认真调查、分析、研究旅游市场需求;另一方面在调查分析的基础上,根据旅游资源的特点来最终确定旅游产品的定位。

2. 根据旅游资源自身特色定位

旅游资源开发产品定位的一个重要决定因素就是旅游资源的基本构成及其特色。不同的旅游资源地适宜开展的旅游活动也会有所差异。对于独特、迤逦的自然风光或奇异、深邃的人文资源,即使经过跋山涉水、历尽艰险后才能获得美的感受,旅游者也会心满意足。观光型旅游产品就是要满足旅游者对风光、美景的需求以及对求知、探幽、怀古、猎奇、体验等的需求;相比之下,度假型旅游者对风景的要求不是很高,他们更在乎度假地是否拥有便捷的交通,宜人的环境,舒适的设施和良好的服务;专题型旅游产品主要指修学、会议、奖励、节会、徒步、登山探险、自驾车、攀岩、科考等具有专门意义的旅游产品。偏好专题旅游者重视原始体验,喜欢对体能、人体极限和环境进行挑战,因此,对特色明显的自然生态和原质文化环境的渴望是他们的第一需求。旅游资源开发的产品定位应立足于自身的资源特色,分析该地的旅游资源在何种地域空间内具有垄断性、独特性和地方优势,特别是那些具有垄断性或竞争优势的旅游资源,在旅游产品定位时,应重点彰显其特色,突出优势。如果一地的旅游资源种类较多,则应重点以其主体旅游资源作为形象代表。

旅游资源的特色是资源自身的存在形态,它的特色并非一定会得到市场的认可。因此在确定旅游资源特色时,既要注重专家们从供给角度以资源为导向的评价结果,又要重视客源市场旅游者对旅游资源的体验性市场导向评价。只有将资源导向和市场导向结合起来,才能对旅游产品进行准确定位。如"购物天堂"香港在面对东南亚旅游者时,重点推介其与东南亚在文化和种族上有联系的产品;而对西方旅游者,则主要推介其是东西方文化交融之地,并推出与之对应的旅游产品。

3. 根据周边产品的市场竞争力定位

旅游资源开发还要考虑周边区域内旅游产品的分布及其竞争力状况,其对旅游资源开发的产品定位会产生重大影响,它甚至会使旅游资源地放弃原有的主要特色而重新定位。如果几个相邻的旅游资源地之间存在互补的关系,那么一地旅游客源的增加,就会导致另外几地客源的相应增加。如果几个旅游资源地之间是非互补的竞争关系,那么竞争力强的资源地客源的增加,就会导致另外几地客源的减少。因此,在进行旅游资源开发的产品定位时,一定要认真分析周边地区旅游产品的空间布局以及所开发产品的竞争力情况,要尽量使几地的产品间形成一种互补关系,避免形成同类产品的竞争关系,即避免旅游产品的重复建设。产品的互补关系可带来资源地的"双赢",但竞争关系会分流客源。如果周边地区虽有同类旅游产品,但待开发旅游产品属垄断型旅游资源,或旅游资源的品位、等级比周边地区的要高,即待开发产品的市场竞争力要强,则仍按原资源地的资源特色进行产品定位。如待开发旅游产品的资源品位明显低于周边产品,则应从自己原有特色的外延考虑,重新进行产品定位,以避免旅游产品的重复建设。如山东省的邹城,因其是孟子的故乡,最初推出"三孟"旅游产品,却难以得到旅游者的青睐。原因就在于距邹城23km之外就是孔子的故乡曲阜,那里有被评为世界文化遗产的"三孔"旅游产品。孔子作为儒家学派的创始人,其历史地位无人可比。后来邹城重新进行产品定位,在峄山和孟母上做文章,才逐步打开市场局面。

4. 根据区域经济发展水平定位

区域经济发展水平和旅游资源开发程度有着非常紧密的联系,一般来说,经济发展水平高,由于资金、人才、观念、社会环境等方面的原因,旅游资源开发程度就高;经济发展水平低,旅游资源开发程度一般相应就低,这主要是由于资金的瓶颈制约。对于经济相对发达地区,由于旅游资源开发资金较为充足,可更多考虑市场前瞻性强、规模大、资金需求量大的旅游精品项目;对于经济相对欠发达地区,旅游资源开发一方面可积极吸引区外或境外资金,加大开发力度、开发资金需求量大的旅游精品项目;而另一方面更为重要的是开发资金需求量相对小的、市场空白的、产品具有垄断性的旅游产品项目,如不可替代性旅游产品、绝无仅有的旅游绝品项目。像世界自然、文化遗产类旅游资源开发项目等。我国是一个多山地的国家,从东到西地形呈三级台阶式分布,展示了气象万千、丰富多彩的资源景观类型,而中西部地区特别是西部地区更为突出,这就为开发无替代性自然旅游产品提供了最好的平台,经济欠发达的西部地区旅游资源开发应更多地从这一方面考虑。同时,我国是世界著名的文明古国,博大精深、深邃的东方文化对海内外旅游者具有极大的吸引力,而中西部地区又是我国历史文化最重要的发祥地,垄断性的人文旅游资源极为丰富,这也为开发无替代性的人文旅游产品提供了非常好的平台。所以,西部旅游资源开发的产品定位就应贯彻最大市场吸引力的旅游绝品项目。

旅游资源开发的产品定位并不是仅考虑一个定位模式,而往往需要把几个方面联系起来综合研究;同时,一个旅游资源地的旅游产品也不是仅定位于一个旅游功能,而一般是定位于几个旅游功能,其中有一个是最突出的功能,只有这样才能扩大市场吸引力,增加客源地、客源层旅游者数量,提高旅游目的地的竞争力。

(二)旅游资源开发的市场定位

旅游市场是指旅游产品交换过程中所反映的各种经济关系的总和。它不局限于旅游产品交换的场所,而要涉及到旅游产品交换中供求之间各种关系,即旅游市场包含有买方、卖方和产品交换场所以及与之相关联的各种交换关系。此处讨论的市场定位中的市场,仅指买方市场中的客源市场,即具有现实或潜在旅游需求的消费群体市场。成功的旅游资源开发只有通过良好的市场销售才能实现其经济价值。旅游者的消费需求多种多样,千变万化,任何一个旅游地都没有足够的实力去面向整个旅游市场,满足所有旅游者群体的不同需求。因此,旅游资源地需要进行正确的市场定位,即开发主要针对某一类或某几类旅游消费群体,或客源地市场的旅游产品。当然,也不排除规模大、资源品位高、种类齐全的特大型旅游区,定位于全方位旅游市场的选择。

旅游资源开发的市场定位,就是指确定旅游资源开发的客源地目标市场群,对客源市场进行细分,以便进行针对性营销,并开发出适应目标市场需求的旅游产品。它是旅游资源开发的重要保证。

通常将客源市场划分为一级市场、二级市场和三级市场。其划分依据主要是:

客源地与接待地之间的距离、交通条件和交通费用;客源地的社会经济发展水平、人均 GDP 总值、人均 GDP、可自由支配收入和居民的出游率等;客源地与接待地历史、现实的政治、经济、文化、民族、宗教等联系以及交流状况;旅游接待地旅游资源与产品对客源地居民的旅游吸引力大小等。

一级市场也称核心市场,一般为区位条件好、经济发展水平高、与接待地现实和历史的经济及文化联系及交流密切、被资源地旅游资源和产品强烈吸引的地区。一级市场是接待地旅游业发展的基础和市场开发的首要目标。

二级市场是发展市场,是应根据旅游产品成熟状况,不断进行市场开拓的旅游市场。

三级市场在资源地所占的市场份额较小,又称为"机会市场"或"边缘市场",是资源地旅游产品发展到一定水平后,在中、远期可大力开发的市场。

如深圳华侨城在进行市场定位时,充分考虑到了深圳与香港毗邻,交通便利,客源基础雄厚(香港人口 600 万,每年旅港游客 600 万,深圳常住人口 120 万,流动人口 200 万),人均收入高等优势,将一级市场确定为香港居民、来港旅游者、深圳居民和深圳流动人口。根据他们的需求,先后建立了"锦绣中华"、"中华民俗村"和"世界之窗"三个景区,并取得了巨大成功。

除了将旅游市场定位为一级、二级、三级市场之外,还可以依据地理变量、人口统计变量、心理变量或行为变量等对旅游市场进行细分。市场划分越细,定位越准确。

1. 影响旅游资源开发市场定位的因素

所开发产品的功能特点：通常，观光型产品市场适应面宽，但其为基础性产品，类似产品最多；休闲度假型产品适应于中、高收入，享受型旅游阶层，对低收入阶层吸引力不太大；专题型产品市场适应面较窄，但市场针对性较强，对专题偏好型旅游者吸引力较大；综合性产品市场面最宽，但产品针对性不强，往往受竞争对手影响较大。

资源地的地理区位特点：据研究，我国80％的城市居民，出游半径一般局限在距城市500km范围内（吴必虎，1999）。良好的区位可吸引来大量的客源，即使产品的品位不是最好，也可带来较好的市场效果。所以，一般旅游资源开发的市场定位常把资源地周边200－500km范围内的客源地，特别是城市作为资源地的目标市场。对于产品级别高，但区位不好，交通可达性较差的产品，市场吸引力会相应减少，所以一定要在产品的稀缺性、特色性上下功夫，以弥补区位的不佳。

潮流产品：即现在或将来可能受市场欢迎的产品，此类产品往往很受喜欢猎奇、冒险、不爱从众的中、青年人特别是青年人的青睐。

客源群体的旅游偏好：旅游者的旅游偏好往往受职业、受教育程度、文化背景、经济收入、性别、年龄、家庭、朋友等因素的影响，市场定位需要考虑游客的旅游偏好，从其旅游偏好需求来确定市场定位。

2. 旅游资源开发市场定位的方法

（1）市场调查法。就是在资源所在地市场或周边的旅游市场进行深入、细致的旅游市场调查，主要内容包括：游客构成（年龄、性别、职业、家庭、人数等）、出游次数、旅游偏好、散客或团队、社会阶层、旅游花费、停留时间、出游月份等。在此基础上，再进行科学、定量的市场分析，以确定资源地客源定位。此法适用于所有类别的资源开发市场定位。

（2）类比分析法。通常，同类别的旅游资源及其旅游产品，其市场吸引力具有可比性，特别是地理区位相当，旅游产品相近似的资源地。所以，市场定位可以到周边相近旅游资源地获取旅游市场资料，根据同类资源的市场吸引力状况，来进一步确定资源开发地的旅游市场定位。类比法主要是在新开发旅游地，数据资料不全或难以获取的情况下运用的，对旅游市场定位有一定的参考价值，如果预先已掌握了大量的资料和数据，那就不必用此方法。此法主要适用于专题性较强的旅游产品的市场定位。

（3）地理区位法。对于一般的旅游资源，在研究旅游市场定位时，可选择以资源地为中心，向外辐射100－500km的范围作为一级、二级目标市场，此法虽过于简单，但对于交通不便，资源吸引力有限的旅游资源开发地具有一定的意义。如资源的品位较高，就不能简单地用这种方法，而要采用市场调查法等。

　　(4)市场分析法。就是规划设计人员根据历史、现实和将来的旅游市场需求，在科学地分析研究市场趋势的基础上，从资源的特色以及将开发的旅游产品为核心，恰当地确定资源开发市场定位的方法。此法要求设计人员具有较强的业务素质，能深入地了解旅游市场，并能预测市场需求。

　　(5)特尔菲法。旅游市场定位的准确与否，决定了资源地将来的市场促销效果。特尔菲法最先由美国兰德公司(RAND Corporation)在 20 世纪 50 年代初创立，该方法是在历史资料或数据不够充分，或者当模型中需要相当程度的主观判断时，采用问卷方式对选定的一组专家进行意见征询，经过反复几轮的征询，使专家意见趋于一致，从而得到对未来的预测结果。通常，专家人数以 20－50 人为宜，专家意见以不受影响前提下给出，可采用 1－2 轮征询，亦可 3－4 轮征询，次数越多，效果越好。旅游资源开发市场定位采用此法效果较好，但往往受条件制约，即本领域的专家人数限制，且花费时间、经费较多。

　　总之，旅游产品定位和旅游市场定位是旅游资源开发工作中最为重要的内容之一，且两者有着非常密切的关系。旅游产品定位(即产品功能选择)决定着旅游市场定位;而旅游市场需求的发展趋势又反过来成为旅游产品定位的选择基础，市场导向模式即包含着这一层涵义。

第二节　旅游资源开发模式

　　同类且具有相同特征的旅游资源开发的思路和理念往往具有很大相似性，而这种思路和理念便是旅游资源开发模式。虽然，旅游资源的种类纷繁复杂，同时随着区位、自然环境、社会环境等条件的变化，同类资源也存在很大的差异性，但其开发思路和理念却具有相同性特点，即旅游资源的开发模式具有很强的普适性。

　　由于旅游资源性质、价值、区位条件、规模、结构以及区域经济发达程度、文化背景、法律法规、社会制度、技术条件等方面因素的不同，旅游资源开发的深度和广度不一，使得旅游资源开发的模式也趋于多元化。根据影响因素和不同的划分标准，旅游资源开发的模式可归纳为不同的类别。

一、按资源类型划分的旅游资源开发模式

(一)自然类旅游资源开发模式:原生态少扰动模式

　　自然类旅游资源是指由地质、地貌、水体、气象气候和生物等自然地理要素所构成的，具有观赏、文化和科学价值，能吸引人们前往进行旅游活动的自然景物和

环境。自然类旅游资源以其特有的天然风貌和纯朴本色,对旅游者特别是来自城市的旅游者产生强烈的吸引力,可供旅游者进行游览、度假、休憩、避暑、避寒、疗养、学习、漂流、划船、垂钓、狩猎、冲浪、滑雪、登山、探险、野营、考察等旅游和娱乐活动。有些自然类旅游资源不经过开发,原汁原味就可吸引旅游者开展旅游活动,但通常要经过人类的开发建设,才能具有较强的吸引力,方便旅游者进行旅游活动。开发建设的主要内容是交通线路布设,协调配套的旅游设施,包括多种基础设施和旅游专用设施等。但是在建设的同时,又要力求保持自然景观的原始风貌,减少人为因素的干扰和建设中的破坏。

自然类旅游资源一般具有观光游览、休闲体验、度假享乐、康体健身、参与性游乐、科学考察以及各种专题性等旅游功能。其中,观光为基本性功能,除此之外,像地质地貌类资源具有康体健身、登山探险、运动休闲、科考教育等功能;水体类资源具有康体健身、漂流(潜水)探险、参与性游乐等功能;气象气候与生物类资源具有休闲体验、度假享乐、科考教育等功能。

自然类旅游资源的开发模式可采用原生态少扰动模式。具体可有,森林公园模式、自然保护区模式、旅游区模式、风景名胜区模式、国家公园模式、水利风景区模式、地质公园模式、植物园模式等。

自然类旅游资源的开发一般要突出资源的本色特点,在保障旅游者可进入以及环境保护设施要求的前提下,尽量减少和避免人为的干扰性建设以及资源地的城市化倾向,源于自然,体现自然,保护自然。而对于自然、人文相互交融的旅游资源,由于人类对大自然的长期作用,往往在资源地打上了深深的人文印迹,这类资源开发应在突出自然美的基础上,深入挖掘其文化内涵,做到情景相融,意境无穷,自然美和人文美交相辉映,相得益彰。

(二)文物古迹类旅游资源开发模式:尊重历史、展现文化开发模式

我国是世界历史文明古国,文物古迹类旅游资源极为丰富。这类旅游资源是我国发展旅游业的优势所在,从某种程度来说代表了我国中华文明古国在世界上的旅游形象,其开发价值极大。文物古迹类旅游资源是人类文化的瑰宝,具有观光游览、考古寻迹、修学教育、学习考察、访古探幽、文化娱乐等多种旅游功能。既可供游人参观瞻仰,又可进行考古研究和历史教育,同时还可以深入挖掘其历史文化内涵,开展形式多样的、参与性强的文化娱乐活动。如作坊文物复制,故陶器制作、古乐器演奏等。文物古迹类旅游资源一般都和历史文化名城相伴而生,并以历史文化名城作为依托。因此,开发文物类旅游资源,主要着眼点在于历史文物古迹的整理、修缮、保护,并向游人说明和展示其历史价值之所在。此外,历史文化性旅游资源的开发还要与城市的总体发展规划结合起来,使历史文化名城既要满足现代社会的需要,又要保持其历史性和文化性。

文物古迹类旅游资源开发模式可采用尊重历史、展现文化开发模式。具体可有,遗址公园模式、博物馆模式、绿地廊道模式、大棚保护展现模式、文化演艺模式、考古互动模式、文化园区模式等。

文物类旅游资源的魅力在于其历史性、民族性、文化性和科学艺术性,其开发也应从展现资源的历史价值、科学价值、艺术价值、民族文化价值、美学价值、稀缺性价值等方面入手,重点反映和展示资源所代表的历史时期的政治、经济、文化、社会、文学艺术等发展水平及其历史意义,着力打造特色鲜明、主题突出的文物类旅游产品。文物古迹类旅游资源是在漫长的历史中逐渐形成的,具有不可再生性。一旦受到破坏,将永远消失,因而在开发中一定坚持保护第一,可持续利用第一,在开发中保护,在保护中开发的原则。

(三)社会风情类旅游资源开发模式:参与互动、风情展现模式

异国风情,他乡风俗习惯也可以成为吸引旅游者的重要因素。我国的 56 个民族是社会风情类旅游资源最广泛的基础。该类旅游资源主要是以人为载体的,通过人类群体的生产劳动、日常生活、婚丧嫁娶以及人际交往关系等方式而表现出来。所以,参与性是其第一大旅游功能。同时,动态性强是其一大特点,往往具有表演性、活动性和精神指向性,体现当地独特的、陌生的、差异性极强的民风民俗和文化特征。此外,该类旅游资源还具有传播文化,促进交流与合作的作用。所以,社会风情类旅游资源具有观光游览、愉悦体验、文化交流、参与性游乐等旅游功能。

社会风情类旅游资源与其他旅游资源地开发方式不同,对其开发利用更强调参与性、动态性和体验性,要尽可能地使旅游者参与到旅游地的社会活动和民俗仪式中去,让他们对当地的社会风情、民族习惯有一个切身的体验。可采用参与互动、风情展现模式。具体可有,民俗乐园模式、风情小镇模式、民俗村落模式、文化大院模式、主题公园模式、文化演艺模式、文化园区模式、文化互动模式等,通过举办各种富有当地特色的旅游活动来吸引旅游者。

需要指出的是,对这类旅游资源的开发一定要保持当地风情的原汁原味,不能单纯为了商用目的而改变或同化了当地民风民情的特色。如某一个小城镇为了开发其非常具有特色的地方民歌,而专门修建了一座卡拉 OK 舞厅,让游客整齐地坐在表演厅座椅上,台上演员在卡拉 OK 光碟的伴奏下,演唱当地民歌,台下游客昏昏欲睡。开发者本意是为了改变演出条件,但此种情形在城市里已司空见惯,毫无差异性,因而极不受欢迎。这样的开发思路失败的原因就是,改变和失去了民歌在田野山间对唱的地方特色。

(四)宗教文化类旅游资源开发模式:虔诚氛围营造、宗教文化展示模式

宗教文化是人类精神财富的一个重要组成部分,其深厚的哲学理念,虔诚的精神导向,强烈的信徒吸引,深邃的文化艺术性,使它成为一种非常重要的人文旅游

资源。一方面,宗教文化含有浓重的精神文化色彩,文化艺术性极强;另一方面,宗教文化具有较广阔的客源市场,不但对广大信徒有强烈的吸引力,而且也较受喜欢猎奇的非宗教信仰者的欢迎。同时,宗教活动具有浓厚的氛围,神秘的表演性和广泛的参与性,且节庆日多,易于开展各种专题旅游活动。

宗教文化类旅游资源具有观光游览、朝拜祭祀、猎奇探秘、参与性游乐等旅游功能。

宗教文化类旅游资源往往由宗教组织来进行开发,开发者深谙宗教特色和其内涵。但从旅游角度讲,开发时要突出其参与性、动态表演性和神秘性,并构建强烈的宗教氛围。重点展示宗教的活动特点,艺术特色,建筑物特征以及空间布局,开发设计时要留足可进行宗教活动的空间场所。

宗教旅游资源开发模式可采用虔诚氛围营造、宗教文化展示模式。具体可有,宗教场所(道观、寺院、寺庙、教堂等)保护展现模式、宗教活动展现模式、宗教参与互动模式、宗教旅游区模式、宗教文化园区模式等。开发的关键是吸引来信徒、增加游客数量,并处理好信徒和游客的数量结构关系。

(五)现代人工吸引物开发模式:特色化参与互动模式

改革开放以来,我国经济得到了持续快速的发展,交通条件的改善,各种基础设施的不断完善,使得可用于开发旅游的各种现代人工吸引物大量涌现,成为一种新的旅游资源。这些资源主要可分为观光型和游乐型两大类。前者如上海东方明珠电视塔,以及北京、上海、深圳等地由整个城市新建筑群构成的现代都市风貌;后者如深圳世界之窗,苏州乐园等主题公园。建造人工吸引物对于那些旅游资源缺乏,但又较好地具备开展旅游的外部条件(如经济发达、交通便利、人口密集、客源丰富)的地区,是旅游资源开发一种最好的思路。它有利于增加旅游内容,延长游客停留时间,丰富当地居民的业余文化生活。

现代人工吸引物一般具有参与性娱乐、欣赏演出、观光游览、休闲游乐等旅游功能。

建造人工吸引物投资大,周期长,且要求客源条件良好,并要求能和周围的环境、已有建筑物相互协调,是一种难度较大的旅游资源开发模式。在地点选择、性质与格调确定、产品定位、市场定位、规模体量、整体设计等方面都要进行认真细致的调研,并要特色突出,个性鲜明,在某一方面具有垄断性。建设人工吸引物要注意客源条件、大众化、娱乐性和参与性。

现代人工吸引物的开发模式可采用特色化互动模式。具体可有,主题公园模式(括游乐园,如迪士尼乐园等)、城市公园模式、娱乐场模式、仿古街区模式、文化园区模式、文化旅游区模式等。

二、按投资主体划分的旅游资源开发模式

(一)政府主导型资源开发模式

对跨区域旅游资源开发和旅游区域内一些基础设施的建设,政府起着决定性作用。作为投资者的政府可分为中央政府和地方政府。其中中央政府投资主要集中于宏观意义上的,投资规模大、回收期长、风险大、跨区域、涉及多方利益的大型公益性开发项目上,如跨区域交通道路建设,能源基地、大型环保项目、码头、机场的修建。这些基础设施是旅游业赖于生存和发展所必须具有的基本条件,而其他投资主体又无力承担建设,只能由中央政府投资建设。地方政府的投资主要是地方的一些基础设施项目,如区域内除中央投资的交通道路建设,标志性的、最初开发的、带动性强的、影响力大的大型旅游开发项目建设,主干旅游道路建设,大型水、电、能源、环保工程以及机场、码头的建设等。

该模式的特点是政府运用掌握的开发规划审批权力,对旅游资源开发进行宏观管理;开发资金的投入主要依赖中央、地方财政,但对一些公共设施的投入引入相关的市场机制;对具体的旅游开发项目不作具体干预,主要通过开发规划和行政审批来调控。该模式适用于旅游资源待开发区域以及经济欠发达地区的旅游开发。

(二)企业主导型资源开发模式

企业主导型资源开发模式,是指地方政府将管辖范围内的旅游资源开发及经营权采用出让的方式,吸引投资商进行开发经营,政府只在行业宏观层面对规划、政策法规、宏观市场促销等方面,对投资、开发商进行管理的模式。按照投资企业的不同,可划分为不同的投资、开发类型:国有企业型,集体企业型和非国有企业以及混合经济型(国有、集体、非国有企业中的几个企业共同投资开发,按照股份制组成开发经营董事会)等。主要针对的是不同类型的景区景点类的旅游资源开发项目。旅游景区点类项目的管理相对简单,经济效益明显,投入产出比值较高,投资回收期相对较短。近些年来,由于国内企业实力的不断壮大和投资领域的放宽扩大,出现了由几家企业联合,共同向某个旅游项目投资。按照现代企业制度管理的趋势,随着政府职能的转变,在未来旅游业发展中,企业投资开发经营旅游景区点将会成为我国旅游资源开发最主要的形式。

这种模式的特点是政府从宏观层面上管理市场、审批开发规划、制定法规和旅游发展战略等,不直接进行投资,而对于旅游资源开发项目引入市场机制,引导企业来开发建设、经营旅游项目,是按照市场经济的法则来发展旅游业。该模式为我国鼓励和优先支持的旅游资源开发模式,适用于所有不同类型的旅游资源开发区域。

(三)民间投资型资源开发模式

民间投资型资源开发模式,是指一般的民营企业或个人主要投资于中、小型的旅游资源开发项目,或旅游区内开办的一些餐饮、住宿、购物项目,如风味饭馆、乡村旅店、农家乐项目等。这一类投资主体往往较注重投资的短期效益,追求投资回报率。他们或是以独资企业的方式,或是个体投资的方式,或是个体几人集资的方式,承揽、建设旅游开发项目。

民间投资虽然只是单体或几个旅游项目的资金投入,但对于关联性很强的旅游业来说,却有着非常重要的意义。按照"谁投资,谁受益;谁投资,谁管理"的发展旅游业原则,民间资本投资旅游的积极性正在不断提高。民间投资可以起到拾遗补缺的作用,为快速发展的旅游开发热潮注入了一定的活力,为旅游者提供了便利的旅游消费条件,是地方旅游业发展不可缺少的部分。

该模式的特点是投资规模一般不是很大,涉猎的投资范围较宽,对于一些投资少,见效快的旅游开发项目较能吸引这一类投资者。此模式适用于旅游业发展较为成熟,且取得了较好经济效益的旅游资源开发区域;或旅游业正在起步的旅游资源的待开发区域。

(四)外商投资型资源开发模式

外商在旅游业的投资范围目前主要集中于宾馆、饭店、旅行社和汽车出租行业。投资方式以合资方式为主。为了进一步扩大旅游行业利用外资的能力,引导外商投资转向旅游基础设施以及旅游资源开发建设等方面的投资,将是中国旅游业吸引外商投资的重要发展方向,投资方式将更为灵活多样。如通过 BOT(Build Operate Transfer,意为"建设—经营—转让")方式,进行某个旅游资源地的开发建设,一般先由政府将该项目的投资权赋予某外商投资主体,让其独自投资开发建设,在项目建成后,允许该投资主体独立经营,以便让该投资主体在规定时期内收回投资并获得利润。在经营年限期满后,投资主体将把该旅游项目的经营权移交给当地政府。

这种资源开发模式的特点是投资规模可能很大,外商将带来先进的管理理念和管理模式,对地方旅游业发展可能起到一种示范带动作用。该模式适合于经济欠发达地区的旅游资源开发,或资源开发需要资金量很大,当地不可能进行开发的旅游项目。

以上几种模式并不是完全独立的,随着旅游资源开发投资管理体制的进一步完善,四种模式可能会相互结合交叉,完成旅游资源开发项目。以政府为主导,以企业和外商为投资主体,民间和个人投资为投资补充,共同进行旅游资源开发将成为我国旅游业发展的主体形式。

三、按发展阶段划分的旅游资源开发模式

按照资源开发发展阶段划分，可将旅游资源开发划分为资源导向型、市场导向型、形象导向型和综合导向型四种开发模式。

(一)资源导向型开发模式

资源导向型开发模式是旅游资源开发的初级阶段，这个阶段的旅游资源开发主要是从资源自身出发，通过详细普查本地旅游资源，进行分类、评估和分析研究，以此为依据，有什么资源便开发什么，根据资源本色进行旅游开发的模式。

资源导向型开发模式的优点是实施相对简单，不需要投入大量资金。而其缺点是难以满足不断变化的市场需求，开发出的产品市场需求可适应基本的观光旅游或其他旅游需求。

(二)市场导向型开发模式

市场导向型开发模式是根据旅游市场需求来进行旅游开发导向的模式。该模式是对市场需求的重要性得到认识后形成的开发模式。旅游资源开发首先要进行旅游市场调查和市场预测；在准确掌握旅游市场需求和变化规律后，根据市场需求，结合旅游资源特色，确定开发的主题、规模和层次，来进行旅游资源开发的一种理性的开发模式。

市场导向型开发模式的优点是了解市场需求，开发出的旅游产品能够很好地迎合市场需求，从而可适应旅游市场的需要，具有很强的生命力。而其缺点是随着不断变化的市场需求，总要不断更新产品，导致旅游投入相对较多。

(三)形象导向型开发模式

形象导向模式是利用旅游地所形成的旅游形象来吸引旅游者的开发模式。该模式是对旅游资源开发有了整体认识后形成的，在这个阶段，旅游资源的开发具有了更长远的开发思路，开发理念开始向资源地整体氛围营造、旅游地的主题形象以及旅游地的品牌塑造转移。

形象导向型开发模式需要找准资源地的文化形象和特色，从品牌的角度不断塑造旅游地的市场形象。其优点是能够长远考虑，对于资源的可持续发展具有很大意义。缺点为开发费用较高，开发周期相对较长。

(四)综合导向型开发模式

综合导向型旅游资源开发模式是旅游资源开发发展到一定水平以后的结果，主要是指旅游资源的开发模式是综合考虑资源自身的特色、市场条件、资源地形象以及区域联合开发的多个因素后，整合各种要素后所形成的旅游开发理念。

综合导向型开发模式的优点是综合了资源导向、市场导向和形象导向三种开发模式的优点，具有旅游资源可持续开发的一种开发模式。

四、按地域划分的旅游资源开发模式

按照地域分布,可将我国旅游资源开发模式划分为东部地区——精品开发模式;中部地区——特品开发模式;西部地区——极品开发模式三种。

(一)东部地区——精品开发模式

我国东部地区的社会经济发展水平高,对外交往联系密切,市场范围广阔,高素质人才集中,已形成了环渤海、长江三角洲和珠江三角洲3个旅游发达区,具有发展旅游业的综合优势。

东部地区旅游资源开发,应着眼于努力提升旅游产品层次和提高旅游资源开发水平,在原来旅游资源开发的基础上,着重突出构建旅游产品的精品项目,使低层次资源开发完全转变为高层次资源开发,为旅游者提供全面的、高质量的旅游产品和服务。在继续开发建设好观光游览旅游产品的同时,重点开发建设休闲度假旅游产品,根据国际国内旅游市场需求,不断满足不同类别旅游群体的的旅游产品需求。具体就是:东部地区旅游资源向深度开发,旅游业向内涵效益型转变,推出以观光旅游为基础,具有娱乐性、参与性兼地方特色的专项旅游和休闲度假类旅游项目,提高游客的回游率,延长停留时间,增加购物比重,扩大旅游收入。其中深圳欢乐谷就是一个成功的案例。欢乐谷,位于深圳华侨城杜鹃山,是继锦绣中华、中国民俗文化村、世界之窗后兴建的国内新一代大型旅游主题公园,充分运用了现代休闲理念和高新娱乐科技手段,注重满足人们参与、体验的新型诱游需求,营造出自然、清新、活泼、惊奇、热烈、刺激的休闲旅游氛围,带给人们充满阳光气息和动感魅力的欢乐之旅,增进体智、启迪心灵的时尚体验。

(二)中部地区——特品开发模式

从地理位置看,我国中部地区位于从沿海向大陆内部经济梯级发展的中间过渡地带,有着承东启西、延承旅游业发展、转送旅游客流的区位条件。在旅游资源开发时,中部地区应根据自身所处的区位,紧密地联东启西,把东部的旅游业发达优势和西部的旅游资源优势结合在一起,建立起自身旅游的独特优势。

中部地区旅游资源开发,一方面要根据旅游设施的相对落后的现状,继续努力加强基础设施建设,改善旅游发展条件;另一方面要面对和东部旅游产品竞争的相对劣势,大幅度提高旅游资源开发和利用的水平,努力打造旅游"特色"产品,开发出能够体现地方特色,展现当地风采的旅游产品,在继续开发观光旅游产品的同时,重点开发建设特色旅游产品,即发展专题旅游,能够和东、西部旅游产品形成优势互补,以吸引从东部入境的海外旅游者和东部客源市场游客。

(三)西部地区——极品开发模式

我国西部地区地域辽阔,是中国地形最复杂、类型最多样的旅游景观区域,自然、人文、社会风情旅游资源极为丰富，正处在资源开发、待开发的旅游业发展期，资源优势突出。但由于经济发展水平低，旅游观念、意识相对较为落后，很多旅游资源正处于尚待开发状态；发展旅游业存在两大制约条件，一是生态环境脆弱，二是基础设施落后，旅游资源地可进入性较差。所以，西部地区发展旅游业的首要任务就是加快基础设施、服务设施和生态环境的建设，特别是旅游交通的开发建设。

西部地区的旅游资源不但数量多，而且种类丰富。很多旅游资源在全国具有唯一性和垄断性。西部地区旅游资源开发，就要充分利用这一重要优势，在大力发展旅游基础设施建设的同时，全力打造旅游资源开发的"极品"工程。一方面继续努力开发观光旅游产品，另一方面重点开发旅游极品产品项目，即开发具有不可替代性的专项旅游，面对和东、中部地区旅游产品的竞争劣势，能够以旅游产品的独有性和不可替代性来吸引境外及国内旅游者。如丝绸之路旅游产品，陕西历史文化旅游产品，云南风光及少数民族风情旅游产品等。西部的沙漠风光、草原风光和高原风光等旅游产品，就非常具有市场竞争力。

五、按资源、区位和经济条件综合划分的开发模式

根据旅游资源、区位和经济条件等三方面因素，可将旅游资源开发模式划分为全方位开发模式、重点开发模式、特色开发模式、参与性开发模式和稀有性开发模式五种（表15－1）。

表 15－1　旅游资源开发模式

模式	资源价值	区位条件	经济条件	主要措施
一	＋＋＋	＋＋＋	＋＋＋	全方位开发
二	＋＋＋	＋＋	＋	重点开发
三	＋＋＋	＋	＋	特色开发
四	＋	＋＋＋	＋＋＋	参与娱乐性开发
五	＋＋	＋＋	＋＋	稀有性开发

注：＋＋＋ 表示高，＋＋ 表示一般，＋ 表示差.

（一）价值高，区位优，经济条件好：全方位开发模式

这类旅游资源地，资源自身价值高，地理区位优越，且拥有良好的发展旅游业的经济社会条件，资源、区位、经济发展水平优势明显，可以进行旅游资源的全方位开发。这种模式要重视充分有效地利用各项旅游资源，开展丰富多彩的各种旅游活动，完善旅游活动行为所需的各类层次结构，从行、吃、住、游、娱、购等6个方面，满足旅游者的需求，特别要重视开发购物场所和娱乐设施，提供专项服务，提高旅游服务档次，增加旅游收入中弹性收入部分的比例。

(二)价值高,区位一般,经济条件差:重点开发模式

这类旅游资源地资源很丰富,且价值高,对游客的吸引力强,但地理区位一般,当地的经济发展水平较差,就可采用重点开发模式。由于地方经济条件的限制,往往缺乏发展旅游业所必需的开发资金,因此,这类旅游地的开发要积极争取国家或上级政府的扶持资金;或转让资源开发权,多方争取区外、境外资源开发资金,有选择地、有重点地开发一些受市场欢迎的旅游资源项目。同时,还要进一步改善交通条件,提升旅游目的地的可进入性,并加强旅游服务配套设施的建设,提高旅游服务质量,使地方旅游业得到快速发展。

(三)价值高,区位、经济条件差:特色开发模式

这类旅游资源地资源价值高,加之常年"深处深闺人未知",往往带有很强的神秘色彩,对旅游者有很强的吸引力,但由于地理位置偏僻,交通条件差,旅游者的可进入性差;加之地方经济落后,导致旅游资源开发成本加大,此时就可以采用特色开发模式。这类旅游资源大多处于未开发或初步开发状态。旅游资源开发的关键在于改善进出交通条件,故将改善区域交通条件作为突破口,同时,有选择地开发一些高品位的、有特色的旅游资源,开展一些市场针对性强的特种旅游活动,并逐步配备相应的服务接待设施,进而培育和改善旅游业发展的环境和条件。

(四)价值低,区位好,经济条件好:参与游乐性开发模式

这类资源地区位条件和区域经济发展水平较好,具有发展旅游业的社会经济基础,但缺少高品位的旅游资源,资源开发时就要充分利用区位优势和经济优势去弥补资源贫乏的劣势,选择适应市场需求的项目,采用参与游乐性开发模式。开发在注重利用现有资源的基础上,应开发建设参与性较强的主题公园类等人工旅游景区点。如游乐园、娱乐天堂、欢乐谷等。同时,还应看到当地经济发展水平高,居民消费能力强,旅游资源开发要注意完善旅游活动所需的各种设施,满足旅游者各种不同层次的需要。

(五)价值、区位、经济条件都一般:稀有性开发模式

这类资源地,既无明显优势,也无严重不足,资源价值、地理区位、当地经济发展水平都属于中间状态,就可以采用稀有性开发模式。资源开发时,要注意对旅游资源进行分级评价,重点开发周边市场所缺少,且可能受游客欢迎的旅游资源开发项目,创造区域内的拳头旅游产品;还要进一步改善区位交通条件,提高旅游服务质量,赢得市场赞誉;加强对外宣传和促销,逐步树立鲜明的旅游形象。

六、旅游资源开发模式的发展变化趋势

随着社会的进步,旅游业发展的技术不断提高,人民收入也在增加,闲暇时间逐步增多,所有这些因素都促使旅游业在国内外都得到了快速的发展,而这些新的

旅游环境同时也在不断冲击着传统的旅游资源开发模式,使得传统模式显得难以协调。旅游者对旅游产品的需求更加多样化、个性化,使得传统开发模式下形成的产品很难适应市场的需求。开发方式上传统的低层次开发使得市场竞争不断增大,同质性旅游产品竞争剧烈,使得传统开发模式的方法不断改进。大众旅游的到来,传统的以经济目标为第一位的开发模式使得很多旅游资源遭到了严重破坏,尤其是相对脆弱的生态旅游资源。在这种机遇与挑战并存的新形势下,旅游资源开发模式必然呈现出新的发展趋势。

(一)开发理念上:宏观系统思维为基础,发挥资源比较优势

传统的旅游资源开发模式往往局限于个别景区景点或区域的开发,缺乏宏观的系统理念,往往造成旅游产品雷同,客源市场恶性竞争的状况。随着旅游业的发展,未来旅游资源的开发将在系统考虑大区域环境的基础上,依赖于旅游资源在区域间的比较优势驱动(包括自然差异、人文差异、经济差异和开发差异所构成的比较优势的不同),走新型合作伙伴道路。当然这种合作形式,允许在保证个体自身利益实现的前提下,存在一定程度的竞争,但这种竞争不应影响相互之间的合作。这需要个体重新认识自己现实或潜在的竞争对手,寻找与自己竞争对手合作的领域,建立多样化的竞争与合作关系,并按照竞争对手与合作伙伴统一体的新观念,确定旅游资源开发方向、旅游资源开发投资额、旅游点空间布局、旅游资源保护以及发展旅游业的各项措施。这在宏观上有助于减少重复建设,优化资源配置,减少同质性产品恶性竞争,并能调动各方相互合作的积极性,实现开发共赢。

(二)开发方式上:科学化与信息化并举

旅游资源开发是一项长期的复杂的系统工程,未来的旅游资源开发模式将依靠客观的资源分析、准确的市场定位、科学的决策、详细的规划,这一切都是建立在科学的咨询和决策技术、开发者和经营者科学素养及完备的信息收集的基础上。随着社会经济的发展,科学化和信息化技术将在信息收集、数据整理、设计手段以及设计人员之间的交流沟通过程中得到广泛利用,成为旅游资源开发模式的最主要的手段,采用资源-市场-信息-科技-产品-产业这种适应性强的开发模式,将成为未来旅游资源开发的理想模式。

(三)开发目标上:多元目标统筹协调

在游客消费需求日趋个性化、多样化的现代,较之传统单一的旅游资源开发目标,当今的旅游资源开发更加注重多元目标的协调。第一个目标为经济效益、社会效益和生态效益协调发展。旅游资源的开发不仅是旅游目的地获取经济收入,更重要的是要为旅游资源地解决大量的就业,提高居民的生活质量,让人们认识到环境保护的意义,促进资源地的社会和生态全面和谐发展。所以未来旅游资源开发模式要以产生社会、环境、经济三大效益为首要目标。第二个目标为持续创新。包含两方面的内容：首先，从产品的角度而言，旅游资源开发将使旅游资源从"一次性创新开发"向"持续性创新开发"转变，从"个别产品创新开发"向"系列产品持续创新开发"转变。其次，指人才创新。人才是未来经济的制高点。因此，在旅游资源开发过程中，要以人为本，高效率地使用和激励人才，充分发挥人才的创新性。第三个目标为品牌形象深入大众。随着旅游业的不断发展，旅游者出游对旅游产品的品牌忠诚度在逐步提高，而拥有市场优势的旅游品牌是发展品牌忠诚度的基础。如泰山之雄伟，华山之险峻，衡山之烟云，庐山之瀑，雁荡山之巧石，峨眉山之秀丽等，这些品牌形象都已经深入大众旅游者心中。凡是有这方面旅游需求的游客必将选择这些品牌产品，如偏好探险爬山的游客更愿意选择华山为旅游目的地。因此，当一个旅游品牌与旅游者的沟通达到大众层面时，它在旅游者心目中形象是极其鲜明的，甚至可以引起旅游者的崇拜，那么其市场影响力和竞争力就非常强大。所以开发者在策划和开发旅游资源时，要牢牢抓住树立和维持景区景点品牌形象深入大众这个目标。对现有景区景点进行再创造开发时，要在把握景区原有文脉的基础上，突出特色，强化形象；对新开发的景区要找准基调，树立新颖形象，吸引游客目光，使之迅速打开市场。

第三节　旅游资源开发程序

不同的旅游资源开发，由于其目标市场定位、旅游产品定位和游客的旅游方式不同，因此具体的开发过程也有所差异，各有侧重。但总的来说，旅游资源开发都要按照一定的程序来进行。旅游资源开发一般可按 5 个步骤（图 15-1）来实施开发。

```
                    ┌──────────────┐
                    │ 确 定 开 发 项 目 │◄┄┄┄┄┄┄┄┄┄┐
                    └──────┬───────┘          ┆
                           │                  ┆
            ┌──────────────▼───────────────┐  ┆
            │   开 发 项 目 的 可 行 性 分 析   │  ┆
            └──┬────┬────┬────┬────┬───────┘  ┆
               │    │    │    │    │          ┆
          ┌────┐┌────┐┌────┐┌────┐┌────┐      ┆
          │资  ││资  ││客  ││环  ││投  │      ┆
          │源  ││源  ││源  ││境  ││资  │      ┆
          │调  ││地  ││市  ││影  ││与  │      ┆
          │查  ││社  ││场  ││响  ││效  │      ┆
          │与  ││会  ││分  ││分  ││益  │      ┆
          │评  ││经  ││析  ││析  ││预  │      ┆
          │价  ││济  ││    ││    ││测  │      ┆
          │    ││环  ││    ││    ││    │      ┆
          │    ││境  ││    ││    ││    │      ┆
          │    ││分  ││    ││    ││    │      ┆
          │    ││析  ││    ││    ││    │      ┆
          └────┘└────┘└────┘└────┘└────┘      ┆
               └─────────────────────────────┘
```

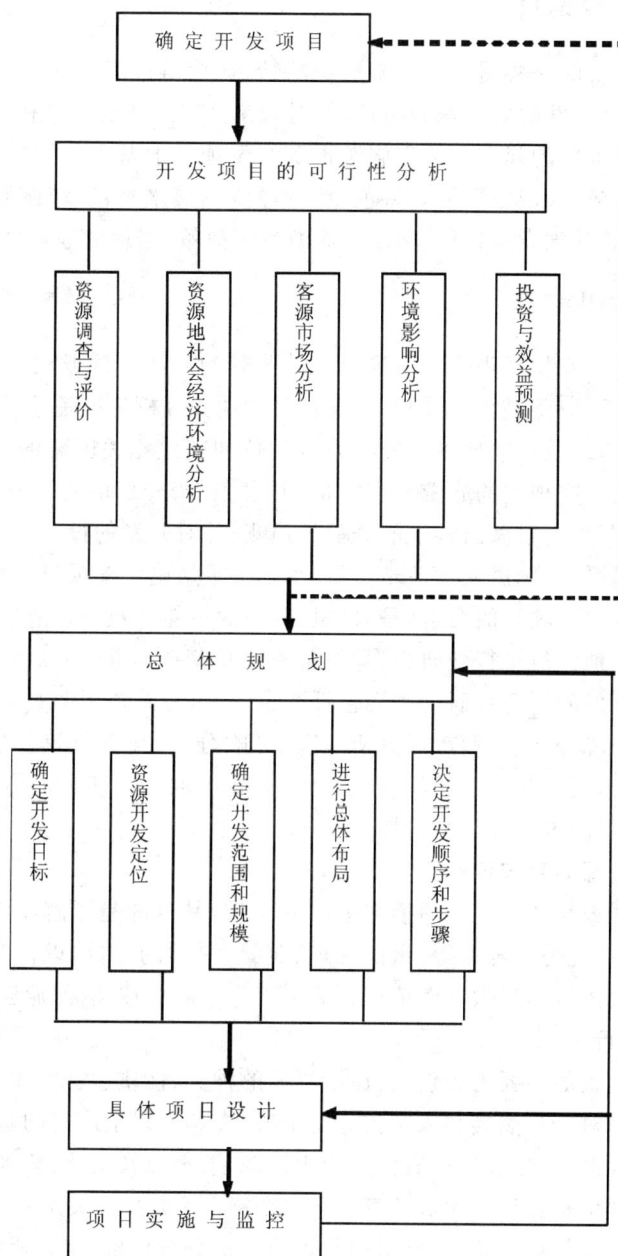

图 15-1　旅游资源开发流程图

一、确定开发项目

确定开发项目就是根据当地旅游资源的特色、旅游市场需求特点和区域经济发展水平,选定要开发的旅游资源项目,并对未来开发工作有一个初步的构想。这是旅游资源开发工作的起点。选定旅游资源开发项目的基本依据是:国内外旅游市场需求发展趋势;区域旅游资源特色;地方经济发展水平;区域旅游业发展的主体形象;旅游地的基础设施条件;国家的旅游发展政策;当地的地域文化特色等。

二、可行性研究

进行可行性研究就是要论证项目中所涉及到的旅游资源或旅游项目,是否具有开发前景,是否具有开发建设的必要性和可能性。分析论证是建立在广泛、深入地实地勘察调查,以及科学地旅游资源分析评价和其他相关因素的客观测评基础之上的。不仅要研究现实的旅游资源质量、开发条件、开发的必要性、建设的可能性;而且还要对开发前景做出科学的分析与预测;并对开发的投入产出进行经济学分析。如果项目可行,则进入下一步工作,否则将重新确定新项目。可行性研究的结论直接影响到一个项目的命运,是对项目开发的可能性及开发前景成败的预测。因此,认真、细致地进行可行性研究,是旅游资源开发必不可少的重要环节。

旅游资源开发的可行性研究主要包括 5 个方面:旅游资源调查与评价、旅游资源地社会经济环境分析、客源市场分析、环境影响分析,投资及效益预测等。由此可见,这是一件涉及面相当广泛的研究工作,需要汲取综合多方面专家的意见,以保证研究的客观性、准确性与科学性。

(一)旅游资源调查与评价

旅游资源调查与评价是一项摸清家底的工作,其目的是了解旅游资源的丰富程度、质量、数量、优势与劣势等,做出客观、定量、科学的评价,以便为该地区旅游业发展和旅游总体规划提供参考依据。此项工作一般可按国标《旅游资源调查、分类与评价》来进行。

旅游资源调查的主要内容包括:旅游资源的种类、性质、数量、体量、特色、结构与空间分布等。对于自然类和人文类旅游资源,在调查以上内容的基础上,前者还应解释其成因及演变;后者还应查清其历史渊源、演替以及文化、艺术特征等。

旅游资源评价是在调查摸底的基础上,对旅游资源及有关条件进行深入的剖析和研究。具体是指运用定性、定量两种评价办法分析评价:旅游资源的要素价值(观赏游憩,历史文化,科学艺术,珍稀奇特度,规模丰度与几率,完整性等);资源影响力(知名度和影响力,适游期或适用范围)和环境保护与环境安全等。评定其旅游价值、功能、空间组合特征及旅游容量。旅游资源评价的结果对旅游资源开发利用的方向和旅游地建设与发展将产生直接影响,是判断项目可行与否的重要依据。

(二)旅游资源地社会经济环境分析

旅游资源开发不可能孤立于当地的社会经济环境条件之外,必然要与周围环境发生联系,一方面区域的社会经济发展水平和外部环境的优劣,反映了进行资源开发的能力、实力和条件;另一方面当地的社会经济环境则反映了对资源开发提供的保障情况。当地社会经济发展水平是旅游资源开发的宏观条件。没有一定的社会经济基础,旅游资源开发工作很难顺利进行。所以,在一个旅游资源开发项目正式启动之前,必须对资源所在地的社会经济环境进行科学的分析。

资源所在地的社会环境分析主要包括以下几个方面:当地居民旅游观念,对旅游开发的态度,当地政府对旅游开发的支持力度,有关旅游的法规政策,发展旅游业可能带来的文化、社会影响,就业影响,旅游资源地容量,生态环境容量,旅游者心理容量以及开展旅游活动的外部大环境等。

旅游资源开发是一种经济行为,要求资源所在地必须有一定的经济基础。资源所在地的经济条件分析包括对当地经济现状(如 GDP,人均 GDP,人均可自由支配收入,物价指数,购买力,交通,通讯,水电设施等)和潜力分析,对资源开发的经济支持、保障能力的评价,以及对经济影响的评价和控制分析等。

(三)客源市场分析

旅游资源开发成功与否主要是看开发后目的地能否吸引一定数量的游客。因此,旅游资源开发可行性研究最关键的问题之一是对客源市场的分析。客源市场分析首先要求调查研究客源地的地理位置、与目的地的距离以及区域特征;客源地的社会与经济发展状况;每年居民的出游率、出游人数和人均消费;主要出游目的动机;风俗习惯、宗教信仰、民族特征和爱好;公众对旅游活动的态度和参与兴趣;客流量的季节性变化;旅游者的人口统计学特征,如年龄、性别、职业、受教育程度等。这部分内容往往是通过实地调查才能获得的资料,这项工作既耗时又费钱,但却非常重要。其次研究市场制约因素,如旅游产品空间竞争力,市场竞争态势等。最后预测客源市场的游客数量、人均消费、消费总值等。

(四)环境影响分析

旅游资源开发必然会对资源地的周围环境带来两个方面的影响,一为资源开发项目的实施要修建旅游交通设施(如道路、营运车辆、索道甚至观光电梯等),游乐设施,游憩设施,餐饮、住宿、购物设施,给水、排水设施,环保设施,通讯设施等物化建筑物和构筑物,会对资源地环境产生不可避免的开发性影响;二为项目开发建成后旅游者群体性进入旅游区,其旅游活动也会对目的地的环境产生影响。这两种影响从开发角度讲应减少到最少程度,但这种影响是不可避免的。所以,就要分析和评估这种影响的类别、大小、程度、范围以及可弥补的措施等。如果对环境的影响太大，或可能造成不可挽救损失的项目，则应从可行性方面提出质疑，停止项目开发，或另选方案。一般对环境影响进行分析要从定性、定量方面提出明确意见。

(五)投资和效益预测

充足的资金投入是旅游资源开发的重要保证。吸引资金投入的主要因素是资源开发后的可观的效益特别是经济效益。旅游投资消耗多、风险大，资金筹措往往比较困难，通常是可行性研究看好的资源开发项目更容易获得足够的投资。

投资总额的估算一般要根据资源开发具体项目，如交通、游乐设施、基础设施、环保设施等具体项目的核算，分类计算出投资额，再汇总出投资总额。这项估算一定要准确核算当地的原材料价格以及建设费用，使估算出的数据具有可信度。

进行投资效益评估时，要利用从客源市场分析预测中获得的年游客预测人次规模、人次消费金额，年人均消费水平等资料，根据预算投资额，资金流动周期，从中核算出旅游收入总额、投资回收期限、投资回收率和赢利水平等。

获取更多的经济收益是旅游资源开发的主要目的之一，因此投资回收率高、投资期限短的开发项目常被视为可行性较好的项目。但也有一些项目的建设不完全是为了获得经济效益，而是为了取得经济、社会、环境等多方面的综合效益或为了实现某种特殊目的。因此，在可行性研究中，应首先明确项目建设的目的。目标不同，评价标准也会有所差异。经济效益虽然是旅游资源开发项目可行性论证的重要标准，但不是唯一标准。效益分析既指经济效益分析，又指社会效益、环境效益分析，主要包括增加就业机会，促进基础设施建设和文物、环境保护工作、生态环境建设，促进国家或区域间的文化、科技和信息交流等。只有具有明显的经济、社会和环境效益的旅游资源开发项目才是可行的、具有开发前景的。

以上5个方面是一个有机的整体，相互联系，相互渗透，是综合判断旅游资源开发项目是否可行的标准。5个方面的分析研究构成了可行性研究报告的总体框架结构，最终形成可行性研究报告文本，并需要附设相应的图件。

三、总体规划

所谓总体规划，就是在资源调查与评价的基础上，根据市场需求，为实现发展目标而进行的项目计划设计过程与实践过程，是从总体上指导开发建设工作的计划和蓝图。旅游总体规划是对于可行性研究得到肯定的旅游资源开发项目，在正式建设之前所要经历的一个计划设计过程。其目的是为了增强资源开发工作的计划性、科学性，避免随意性和盲目性。制定总体规划，主要包括5方面的工作。

(一)确定发展目标

目标是指某项决策、规划、工作、研究等的发展努力方向和要达到的目的。旅游资源开发的目标可分为：区域的经济发展目标、环境建设目标、社会发展目标、遗产保护目标、基础设施建设目标等。不同的开发项目，往往具有不同的目标，或几种目标兼而有之，各有侧重。在制定总体规划时可将不同的目标进行排序，划分为第一、第二、第三……目标，各个目标逐一落实，最终使每个目标都能够得以实现。但必须有一个总体目标，且要求量化。如在某一时段内，资源开发区接待的游客人次总数，旅游总收入，开发建设程度，规划区的知名度等。另外，从时序方面可把开发目标划分为：总体战略目标和阶段目标（如近期、中期和远期），用来调控旅游资源开发进程，以便在开发中不断找出差距并加以修正，使开发工作能顺利进行。

（二）旅游资源开发定位

定位实际上是一种理念的表达，是管理者管理、发展目标的策划和确认，是消费者理念的感知和凝固。从市场营销学的角度讲，旅游开发定位是旅游资源开发者为适应旅游者行为，而设计确定的旅游资源开发方案及市场营销组合。进行定位的目的是将组织的营销策略与竞争者能区分开来，实质是制定一种比竞争者能更好地为目标市场服务的营销策略。

旅游资源开发定位包括以下 4 个方面：

1. 形象定位

即在旅游者心目中树立起一个鲜明的、特有的形象，以满足旅游者的某种需求和偏好。在旅游资源开发初期，旅游资源的形象主要是旅游者心目中的基础形象，故目标市场的选择和市场定位是形成形象的主要因素；开发后期则依靠旅游资源的价值、声誉、市场份额及受游客青睐的程度等。

2. 功能定位

即旅游资源适应于开展的旅游活动的总体功能。旅游活动行为由低级到高级分为：基本层次、提高层次和专门层次（图 15-2）。基本层次是游览观光。客源市场需求面最为宽大。一般而言，旅游地若缺乏观光基础，便谈不上旅游。游乐和购物旅游是旅游活动的提高层次，客源市场需求面次之。专门层次的旅游活动包括多种多样的特种旅游，如休闲度假、疗养康体、科学考察、宗教朝拜、登山探险、商务等旅游活动。市场面相对较窄，但非常专一。从旅游需求角度讲，基本、提高和专门三种层次的旅游需求构成了一种金字塔结构。由于旅游资源的性质、类别、价值不同以及客源市场的消费水平、偏好各异，因此，不同旅游地的旅游行为层次各有侧重，这一点就体现在旅游资源开发的功能定位，即旅游产品定位上。

专门层次——
(市场面专一)

休闲、度假、疗养、会议、宗教朝拜、考察、商务等专业活动

提高层次——
(市场面次之)

游 乐、购 物

基本层次——
(市场面较宽)

游 览 观 光

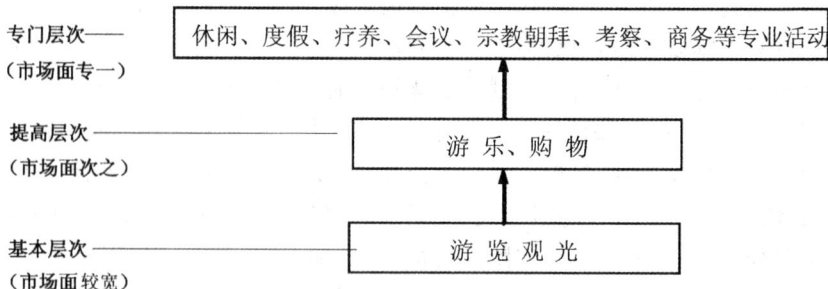

图 15-2　旅游活动类型的层次

3. 市场定位

即确定目标市场。旅游区的目标市场一般分为 3 层:境外市场、全国市场和地方市场。境外市场指的是外国旅游者、华侨和港澳台同胞所构成的旅游市场。这些旅游者经济基础好、消费水平高,因此对景区和旅游服务的要求也比较高。以此为目标市场的旅游资源开发项目,要坚持以高标准进行开发建设,并尽量和国际旅游产品水平接轨。全国市场是指除本区之外的其他国内旅游者构成的市场。这些旅游者的消费水平比国际旅游者低,但和目的地的距离相对较远,仍然要求有高质量的产品和配套的服务。因此,以全国市场为目标市场的旅游资源在开发建设时,要遵循高质量、优服务的建设原则。地方市场是指由本地区居民构成的客源市场,这些旅游者以休闲、游憩为主要目的,对设施和服务的配套性要求相对不高,追求的是旅游区的安逸、清静或娱乐性。对于多数旅游区来说,目标市场的三层结构经常是相互重叠的,所以在进行旅游资源开发市场定位时,要兼顾 3 种客源市场,但也不能面面俱到,要重点考虑有一种主要目标市场。

4. 模式定位

根据不同的标准,旅游资源开发可分为多种模式。如何确定合适的开发模式,在本章第 2 节已有详细阐述,此处不再赘述。

(三)确定规划区范围、规模和性质

确定旅游资源开发规划区的范围和规模,就是决定旅游区的空间尺度。任何景点或景区都必须有一定的范围界限,这既是开发的要求,又是保护的范围界定。只有明确了范围之后,才能进行具体的、全面的开发、管理和保护。范围界定和开发规模确定,要从有利于开发和保护的角度出发,注意保持景观的完整性、连续性和开展旅游活动便利性,而不应受到行政区划的限制。自然类规划区常以山脊线、山顶、沟谷边界线、河流、道路、资源地轮廓线等,来作为边界划分标志。人文类旅游区常把人文资源的客观分布范围作为划分规划区范围;规划区的规模常受到旅游资源分布体量的制约;规划区的性质主要根据旅游资源的性质、旅游产品的定位

来确定。

(四)进行项目总体布局

总体布局是总体规划的关键一步,主要是确定各种规划要素的分布位置以及功能区的布局等。不仅是对景点、景物的定位;而且包括交通线路的规划和服务设施的安排布设;同时,还要设计规划区的旅游线路,并为未来的旅游区扩展计划留有余地。几个方面相互平衡和协调,形成一个统一、完善的布局。总体布局要遵循综合协调、集中紧凑,方便于游客,利于环境保护的原则进行。

(五)决定开发顺序和步骤

由于人力、物力、财力的限制,旅游资源开发项目一般不能同时全面进行开发,而应有选择、有重点、有时序地分期建设。在保证重点项目开发的基础上,不断增添新项目、新产品;以旅游资源开发为核心,并逐步建立、健全行、住、食、游、购、娱等旅游服务和配套设施,逐渐形成完善的旅游服务配套体系。

以上5个方面构成了总体规划的主要内容,最终形成总体规划方案。总体规划方案可参照国标《旅游规划通则》来进行编制,并可根据具体情况作出相应的调整。有些重大、重点规划项目,可面向社会公开招标,形成两套以上的总体规划方案,最终择优选取一种,或以较优方案为主,吸取其它方案的优点,综合成一个更完美的方案。这种项目往往需要有充足的资金支持。

四、具体项目规划设计

总体规划只是从总体上对旅游资源开发项目进行宏观规划,不可能对具体项目进行微观设计。具体项目规划设计即所谓的旅游详细规划和旅游修建性规划等。与总体规划相比,具体项目规划设计更加复杂,更加精细,任务也更加繁重。

从设计对象上看,具体项目规划设计可分为景点景物设计和旅游设施,如饭店、餐饮设施,娱乐设施,交通设施,环保设施等的规划设计。具体项目规划设计的内容包括每个具体项目的选址、建设规模、等级、式样、完成期限以及所需的投资额等。具体项目设计主要是指建筑和土木工程的设计以及一些旅游活动项目的策划设计,设计要满足功能需求及美学需求,要建立经济价值观与艺术价值观的平衡,将规律性与变化性合理组合,使环境充满生气且各个具体项目相互和谐,确保管理科学,游客方便,技术可行,经济合算。

五、项目实施与监控

有了总体规划和具体项目的规划设计方案之后,旅游资源开发工作就可以实施建设。在建设过程中,需要解决的是筹资融资和部门分工的问题。筹资融资的方式多种多样,可以有政府融资,集体融资,私企融资,国际融资以及多种融资混合的融资方式。融资形式可以有自筹资金、银行贷款和证券融资(股票、债券)等。为了保证开发项目的顺利进行,必须成立一个专门的组织机构,负责整个项目的领导、指挥、协调和监管,以保证各管理部门能合理分工,劳动力资源能有效配置。

旅游项目实施过程中应随时对开发的工程质量、经济支出进行统计监管,将统计结果与预定目标和财政预算进行比较,找出偏差及其原因,从而调整实施方案或预定目标,形成旅游资源开发过程的动态均衡。

上述内容是旅游项目常用的一般开发程序。如果从具体旅游项目的实施步骤来总结,则可分为5个步骤:步骤1—项目遴选(项目建议书;可行性研究报告;概念规划等)。步骤2—项目规划(包括总体规划,详细规划等)。步骤3—项目认定(需要前列步骤的文本文件,在发展改革委员会、旅游管理部门等认证立项;运作主体可以是开发公司)。步骤4—项目筹资(政府;集体;企业;个体;捐款等;运作主体可以是开发公司)。步骤5—项目实施(项目开发建设;招募培训员工等;运作主体可以是开发公司)。实际实施时,并不是都要全部执行上述内容,需要根据具体项目的重要程度对这5个步骤有所合并和取舍。

● 实证分析:深圳东部华侨城的旅游定位分析

深圳东部华侨城位于中国深圳大梅沙,占地近 $9km^2$,是由华侨城集团斥资35亿元精心打造的世界级度假旅游目的地,被国家环境保护部和国家旅游局联合授予首个"国家生态旅游示范区"。东部华侨城集两个主题公园、三座旅游小镇、四家度假酒店、两座36洞山地球场、大华兴寺和天麓地产等项目于一体。主要包括:大侠谷探险乐园、茶溪谷度假公园、茵特拉根小镇、海菲德小镇、茶翁古镇、大华兴寺、茵特拉根酒店、茵特拉根瀑布酒店、茵特拉根房车酒店、大华兴寺菩提宾舍、云海谷高尔夫会员球场和公众球场、天麓地产等,体现人与自然的和谐共处。东部华侨城还精心打造了《天禅》、《天机》、《天音》等多台文化演艺项目,每年的春夏秋冬,还会分别推出"山地采茶节"、"山海放歌节"、"国际茶艺节"、"山地祈福节"等主题活动,为广大游客带来无限精彩。

东部华侨城认真履行中央企业社会责任,规划营造了一个全方位自然体验的生态之旅,同时以寓教于乐的方式向游客推广环保知识,启发游客热爱、保护大自然的意识,实现了生态、经济、社会效益的和谐统一。东部华侨城自开业以来,先后赢得由社会各界有影响力的组织授予的20多项荣誉,各项指标均创全国旅游景区之先河。

文化生态旅游的定位,使华侨城走上了宽阔的发展大道。其成功源于其策划水平高,功能定位水平高,市场定位水平高,建设质量高,经营管理水平高,服务质量高。

准确的客源市场定位,是经过深入研究客源市场及其区位条件后才确定的。华侨城位居全国改革开放前沿的深圳,毗邻香港、澳门,背靠经济发达的珠江三角洲,优越的区位条件为华侨城的发展创造了无与伦比的地理区位优势,带来了丰富的客源。

科学的旅游产品定位,使华侨城日新月异。其将生态性、可持续性和区域性与旅游需求的休闲性、娱乐性有机地结合起来,紧紧抓住这一主题不放,并在各个景区形成了明确的宗旨、鲜明的主题和内容。

生动活泼的文化演艺活动很好地聚集了旅游人气。在旅游活动项目上安排了富有民族特色的歌舞表演,或模拟各族人民日常生活的场景、节日庆典、婚庆喜宴等活动,演员边讲边演示,让游客参与欢乐。

在表现形式上,华侨城人坚持表现积极、健康、向上的题材,反对丑陋、荒诞、愚昧、恐怖的内容,深刻发掘和准确把握了中国民族文化的底蕴,以朴实、原始和天然的美吸引着中外游客。在建设质量上,华侨城人树立精品意识,决心走精品之路。针对游客的心理需求,从总体布局到每一座建筑、雕塑、庭院、小径,以至指路牌、路灯柱、小商亭、休息椅、电话亭、垃圾箱、洗手间和花草树木,无不精心设计,精雕细琢。

在经营管理上,华侨城更是以世界一流为目标,积极探索中国旅游景区管理的新路子。除借鉴国外先进管理经验之外,华侨城积极进取,不断创新。华侨城坚持每年开展优质服务活动,确定不同的主题,通过有针对性的一系列措施,树立了企业的良好形象,旅游活动项目不断地推陈出新,使自身的特色更加鲜明,使景区保持旺盛的活力和长盛不衰的魅力。华侨城以其浓厚的文化内涵、优美的环境、先进的管理和优质的服务,赢得了中外宾客的赞赏,得到了社会各界的公认。

华侨城人成功的秘诀有很多,但其中很重要的因素是,准确的旅游市场定位和常变常新的旅游产品定位。巨大的旅游客源市场是华侨城成功的重要保障,而产品紧跟旅游市场需求潮流是其成功的吸引力效益所致。产品定位方面,华侨城人在抓好观光旅游、娱乐旅游、特种旅游和休闲度假旅游等4大旅游活动类型的基础上,不断开发与市场需求吻合的全新旅游产品,紧紧抓住旅游与文化,旅游与节庆,旅游与科技,旅游与媒体结合的创新,为旅游者提供更加丰富,更具有吸引力,更多姿多彩的新体验旅游产品。深圳华侨城的成功,为国内旅游资源开发特别是旅游资源匮乏区域旅游业的发展提供了可供借鉴的经验。

资料来源:http://www.octeast.com/holidayPlan/aboutus.shtml.

复习思考题

1.进行旅游资源开发应具备哪些条件?

2.根据旅游资源的类型,旅游资源开发可分为哪几种模式?

3.针对区位条件、资源价值和区域经济背景的不同,旅游资源开发应分别采取哪些措施?

4.试述旅游资源开发的程序。

5.简述旅游资源开发可行性研究的主要内容。

6.旅游资源开发总体规划包括哪些主体内容?

7.简述旅游资源丰富,且等级较高的经济不发达地区,如何进行旅游资源开发。

第十六章　旅游环境管理

学习导引

旅游环境管理是协调人们的旅游需求与环境承载能力的管理活动,对于促进旅游可持续发展具有重要意义。学习旅游环境管理对于环境保护有着不可忽视的作用。本章主要讲述旅游环境的基础知识以及旅游环境的评价体系和测算方法,引导学生理解如何避免在开发过程中对旅游环境造成的破坏,熟练掌握建构方法和测量技巧。

教学目标

- 理解旅游环境的概念,分析和旅游与环境的关系。
- 掌握旅游环境的特性以及旅游环境的基础理论。
- 理解旅游环境质量的评价意义并了解其具体评价的技术路线。
- 认识和了解旅游承载力的基本原理和测量的指标体系建构以及测算方法。
- 认识和了解不同旅游区旅游环境承载力的重点。

学习重点

旅游与环境的关系;旅游环境的概念和特性;旅游环境质量评价的技术路线;旅游承载力的基本理论;旅游环境承载力测量的指标体系和测算方法。

旅游业的快速发展对国民经济、社会发展做出了巨大的贡献,与此伴生的则是旅游业发展中环境恶化。旅游市场秩序混乱、旅游开发无序发展等问题越来越突出。只有重视旅游环境管理,才能协调旅游区发展与环境保护之间的关系,使旅游区实现可持续发展。

第一节 旅游环境概述

一、旅游环境的概念

1. 环境

从环境科学角度出发,环境是以人类为中心的并与之有关的周围事物或外部世界,即人类生存、繁衍所必需的、相适应的周围状况,及其中可以直接或间接影响人类生活和发展的、各种客观存在的自然因素和有关的社会因素的综合体。环境是人类生存发展的基础,同时又是人类开发利用的对象。《中华人民共和国环境保护法》中规定的环境是指"影响人类生存和发展的各种天然的和经过人工改造的自然因素的总体,包括大气、水、海洋、土地、矿藏、森林、草原、野生生物、自然遗迹、人文遗迹、自然保护区、风景名胜区、城市和乡村等"。显而易见,这个定义中的环境概念既包含了自然因素,也包括了部分社会因素。

2. 旅游环境

旅游环境的概念尚没有一个统一的定义,下面列举一些经典的旅游环境概念:第一个是陈安泽、卢云亭提出的"所谓旅游环境应当是旅游活动得以存在和进行的外部条件的总和,它包括社会政治环境、自然生态环境、旅游气氛环境和旅游资源本身"。第二个是陈传康提出的"旅游环境是由山(风景地貌和地貌构景)、水(水景和水文取景)、林木(绿化和园林生态)、建筑(与环境意境协调或加强环境意境的单体建筑和建筑群)以及天气变化、人文特色等和谐地组合起来的场所。第三个是刘振礼提出的"所谓旅游环境,就范围而言包括旅游目的地和旅游依托地,而更重要的是旅游目的地;就内容而言包括与旅游活动相关的自然与社会两方面因素,而更重要的是旅游资源状况。"综上内容概括,旅游环境主要是指影响旅游产生和发展变化的各种自然因素和社会因素的综合体。主要是指旅游目的地环境,是以游客为中心贯穿旅游活动全过程的各种环境的总和。

二、旅游与环境的关系

1. 旅游与环境

（1）旅游与环境之间相互影响

旅游与环境之间有内在的统一性，两者发展的关系是内在紧密联系、相互支撑的。旅游的发展要以环境作为依托，旅游资源存在于环境之中。良好的环境是顺利发展旅游的前提条件，环境也是旅游景区的品质的一部分。另一方面，旅游的发展在一定程度上保护了环境。在很多经济落后地区，人们对自然资源的开发往往破坏环境，导致环境日趋恶化并且难以管理。旅游的发展会带动经济发展、为当地人创造更多的发展机遇。这样，旅游的发展就缓解了环境的压力，同时增加了人们对于保护环境的意识。

（2）旅游与环境之间彼此矛盾

两者在实际发展中也有一定的矛盾性。一方面表现为环境对旅游活动的制约。旅游环境由于自身存在脆弱性、自身的承载量，制约着旅游规模的扩大和相关活动的展开。另一方面，旅游业的发展对环境有负面作用。旅游的大规模建设必然会对环境破坏和污染，加之管理不善，旅游的发展便会变成以牺牲环境为代价。旅游业开展的过程中，产生的废弃物也会对自然环境造成污染。旅游活动对旅游接待地的人文社会环境也会造成不良影响。如历史文化遗存中容易风化破损的壁画等容易被游客呼吸的二氧化碳气体腐蚀。

总之旅游和环境之间有着密不可分的关系。它们之间通过旅游活动这一过程不断进行着物质、能量和信息的交换，如图16－1所示。

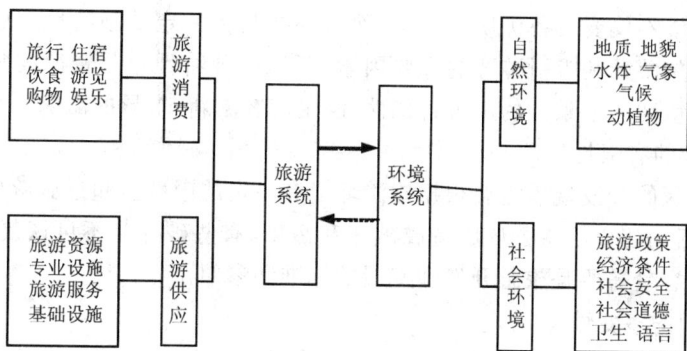

图16-1　旅游－环境系统关系

资料来源：刘华琳. 山西省旅游环境质量评价及优化对策研究[D]. 辽宁师范大学，2008.

2. 旅游环境与旅游资源

旅游环境与旅游资源是有所区别又紧密联系的。旅游环境的范围非常广泛，但是并非所有的旅游环境都具有开展旅游活动的功能与价值。只有那些对游客有吸引力,具有旅游开发价值,并产生经济效益、社会效益和环境效益的部分才能称之为旅游资源。在很多情况下旅游资源与旅游环境是一致的,独特的旅游环境本身就是得天独厚的旅游资源,这尤其体现在自然旅游和生态旅游中。所以旅游资源是旅游环境的有机组成部分,旅游资源依托于旅游环境而存在和发展。优越的旅游环境可以更好地促进旅游资源发挥其效益。因此旅游资源和旅游环境可以比喻为"红花"和"绿叶"的关系。二者互相依存,都是旅游业发展的重要基础和保障。旅游资源是旅游业发展的基础,旅游环境是旅游业发展的背景和客观条件。

三、旅游环境的特性

1. 质量的优质性

旅游环境质量要比人们普遍惯常居住地的生活环境质量高,这是由旅游活动的本质决定的。旅游活动作为一种追求愉悦的活动,旅游环境的质量必然需要配合旅游活动的发展。所以,旅游环境应该是空气新鲜、水体洁净、卫生良好、服务周到、秩序井然的,是使人感到轻松、舒适、自由、愉快的。

2. 内容的广泛性

旅游环境涉及的内容十分广泛,贯穿旅游活动的全过程,包括游客所接触到的各种环境因素。旅游环境可以粗略地分为自然旅游环境和人文旅游环境。自然环境包括大气、水、植物、地质地貌等要素和各要素组成的生态环境。人文环境包括各种旅游设施、旅游政策法规、社会文化等。

3. 环境的独特性

旅游环境不仅要具备优质的质量,而且还要具备一定的独特性。旅游环境的独特性也是旅游景区吸引游客的重要因素,环境的独特性也是资源的独特性。独特的旅游环境增加了景区的不可替代性,满足游客求新、求异的需求。

4. 容量的有限性

旅游景区的开发规模需要根据旅游环境有一定的限度。超过旅游环境容量的限度,旅游活动就会给旅游环境造成破坏和污染,有些破坏是不可恢复的。所以,旅游环境的容量需要是旅游开发和发展的标准和参照。

5. 时间的多变性

旅游环境在时间上是多变的,有一定的季节性。旅游环境作为自然环境的一部分,随着自然条件的变化,会明显地发生环境各因素的变化。另外,旅游设施、旅游政策法规、社会文化等文化环境也会随着时代、阶段的变化而发生变化。

四、旅游环境的理论基础

1. 可持续发展理论

从自然科学的角度,可持续发展理论是探讨人类经济、社会活动对自然环境合理的或最优的调控,使自然环境和人类的经济、社会活动沿着合理的或协调的方向演变,最终走向可持续发展。旅游业可持续发展的本质是满足当代旅游者和当地居民各种需要的同时,保持和增进未来的发展机会,使旅游业的发展与自然、社会、经济融为一体,协调和平衡彼此之间的关系,实现经济、社会和环境发展目标的和谐统一。实施旅游业可持续发展战略,不仅能增进人们对发展旅游业带来的经济效益、社会效益和环境效益的理解,促进旅游业的公平发展,改善旅游地居民的生活质量,而且有助于保护旅游业赖以生存的环境质量,为旅游者提供高质量的旅游体验。旅游业可持续发展突出"发展"与"可持续"两大目标,在其共同作用下构成了旅游业可持续发展的二维空间。

2. 系统科学理论

系统科学理论认为,系统是由具有特定功能、相互间具有有机联系的许多要素构成的一个整体,它总是与环境发生物质、能量、信息的交流。在交流中,系统要能适应环境的变化。同时,系统内部存在若干子系统,各子系统之间相互联系、相互作用、相互制约、相互促进。系统科学理论强调管理方式的整体性、动态性、开放性、综合性以及与环境的适应性,注重对系统的构成要素、各要素之间的相互关联和相互作用的性质及程度、信息交换与控制结构的分析和评价,通过统筹考虑和各方协调,实现系统整体效果最优。旅游活动是一个包括供给和需求的旅游系统,可进一步分为旅游客源市场系统、旅游目的地系统、出行系统和支持系统四个子系统。旅游客源市场系统是由现实和潜在的具有实际旅游消费能力的旅游者构成,它促使一个地方成为客源地。在旅游客源市场系统、旅游目的地系统和出行系统外围,还存在一个由政策、制度、环境、人才、社区等因素组成的支持系统,为整个旅游系统的有效运行提供支撑和保障。在这一子系统中,政府和旅游地管理者处于十分重要的位置。

3. 社会交换理论

社会交换理论认为人类的相互交往和社会联合是一种相互的交换过程,强调对人和人心理动机的研究,批判只从宏观的社会制度和社会结构或抽象的社会角色上去研究社会的做法;在方法论上,倡导个人的社会学研究是其研究的根本原则。旅游是一种特殊的社会交换形式,旅游者在旅游目的地的旅行过程就是一次社会交换过程。此过程中游客希望能够用尽量小的经济付出获得一次尽可能完美的旅游体验和经历,目的地则希望通过提供令游客满意的旅游产品和服务,尽可能多地获得经济利益和良性发展。

4. 旅游环境承载力理论

旅游环境承载力的研究首先是对旅游环境系统的研究。旅游环境系统是一个由自然系统与人造系统相结合的动态、复合系统。它随着系统各要素，包括自然、经济与社会环境的变化、各要素之间联系的变化以及要素与环境间联系的变化而变化。这里，旅游环境系统包括自然环境子系统、经济环境子系统和社会环境子系统。在取得旅游环境承载力（TECC）内部的各要素、各环节之间的综合平衡与协调发展的同时，还必须通过调控旅游环境承载量（TECQ）来维持旅游需求与供给的动态平衡。通过这些做法进一步解决旅游地经济效益、社会效益和环境效益之间的协调发展关系。在具体实施过程中，应以整体性原则为指导，加强信息反馈，实施旅游环境承载力的优化控制与管理（图 16—2）。

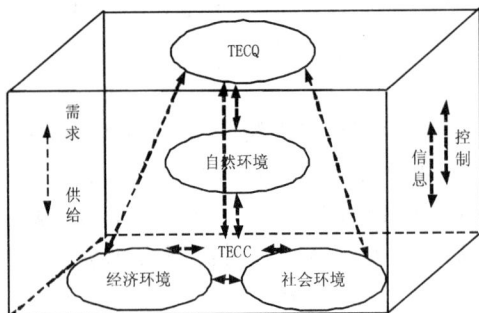

图 16-2 旅游环境承载力的系统分析

资料来源：翁刚民. 旅游环境承载力动态测评及管理研究[D]. 天津大学，2006.

旅游环境承载力涉及要素众多，影响因素复杂，包含自然、经济、社会诸多方面内容。需要进行以系统科学理论为指导的各层次、各方面的综合研究，特别是进行多学科、多领域的交叉研究。所以，要使旅游环境系统不发生剧烈变化或不超过波动范围，必须实施整体性、动态性、综合性的旅游环境承载力调控管理措施。确保旅游环境的压力控制在旅游环境系统自我调节和及时维护的良性范围内。

第二节 旅游环境质量评价

旅游环境质量对于旅游产业的发展非常重要，旅游环境质量的评价是支撑旅游产业发展的重要参照和指标。旅游环境质量与旅游发展的关系有两方面：一是环境质量支持并约束着旅游发展，旅游环境质量的优劣制约旅游开发和发展，也影响着游客旅游体验的质量;二是旅游的发展改变着环境质量。旅游开发经营的合理性和旅游活动的有序性,是维护好旅游环境质量的重要原则。旅游环境质量的评价要在对旅游地与旅游环境要素调查的基础上,以旅游开发经营和旅游活动要求为标准,进行质量优劣程度的深入剖析和研究。

一、旅游环境质量评价

旅游环境质量评价就是根据旅游开发经营和旅游活动的需要,按特定的原则和标准,运用相应的数理方法,对人们的旅游发展需要与环境系统状态之间存在的客观关系进行的评定。具体包括对旅游地环境系统状态的价值进行的科学说明、评定和预测。通过环境质量评价,可以准确地反映出环境质量,为环境规划和管理,进行区域环境污染的综合治理,提供可靠的科学依据。旅游环境质量评价的目的在于调整人们在旅游领域的行为,促使旅游环境质量朝着更加有利于人们旅游发展需要的方向变化。

从环境科学和旅游科学的形成及发展的角度看,旅游环境质量评价的对象应该是环境质量与人们旅游发展需要之间的关系,或是环境质量对人们旅游活动及发展需要的满足程度,即环境质量的价值。旅游环境质量评价是人们的一个认识过程。在此过程中,作为环境质量评价的主体——人类社会,不仅应该认识到自己的旅游需求和环境质量现状对需求的满足程度,还应对满足自己旅游需求(或未来的旅游需求)理想环境质量形成某种概念。在环境质量评价的进程中,不仅要确知客观存在的旅游环境质量,而且要判断这种环境质量对旅游需求来说存在什么问题。旅游地的旅游环境质量评价是旅游地开发建设的前提,它会对旅游地的主题、开发利用方向、规模及布局产生影响,同时也是旅游经营管理的重要基础。

二、旅游环境质量评价的技术路线

通过对旅游环境的认识、划定旅游环境质量评价的范围、参考前人的工作,可以确定旅游环境质量评价指标体系。通过专家咨询和旅游者调查、利用层次分析法确定评价指标的权重和评价指标的隶属度,运用模糊综合评价法对各级指标进行综合评价(图16－3)。

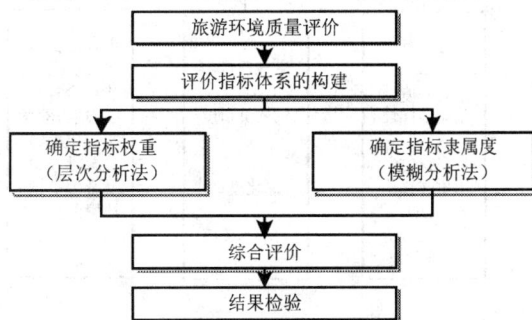

图 16-3 旅游环境质量评价的技术路线

三、旅游环境质量的指标体系

1. 计量指标体系的原则

指标的选择和指标体系的构建在旅游环境质量评价中非常重要,它直接关系到评价结果的合理性、科学性、客观性和准确性。它决定着评价结果能否为评价地区的决策部门提供有效、可操作的依据。在指标体系的选择上须遵循以下原则:

(1)全面系统原则:构建评价指标时应尽量全面、完整地选择各级各类指标,科学系统地设计指标层次,以便使指标体系能全面反映评价地区的旅游环境特点,保证评价结果的客观性、合理性、科学性。

(2)典型可行原则:影响一个地区旅游发展的环境因素是复杂多变的,但指标选取并非越多越好。选取指标时要做到选取的指标具有典型性和代表性,以保证评价的科学性。

2. 评价指标体系的构成

对旅游区旅游环境质量的评价,应根据旅游区性质和研究目的选取指标要素。构建旅游环境质量评价的指标体系,并建立其综合评价模型。

关于旅游环境评价指标体系的构建,列举如下:一般意义上,旅游环境质量评价的指标体系应包括旅游资源环境、自然生态环境、社会经济环境、旅游设施环境、旅游信息环境五个部分,从宏观到微观分为三个指标层:目标层(F)、准则层(B)、因子层(C),如图 16-4。

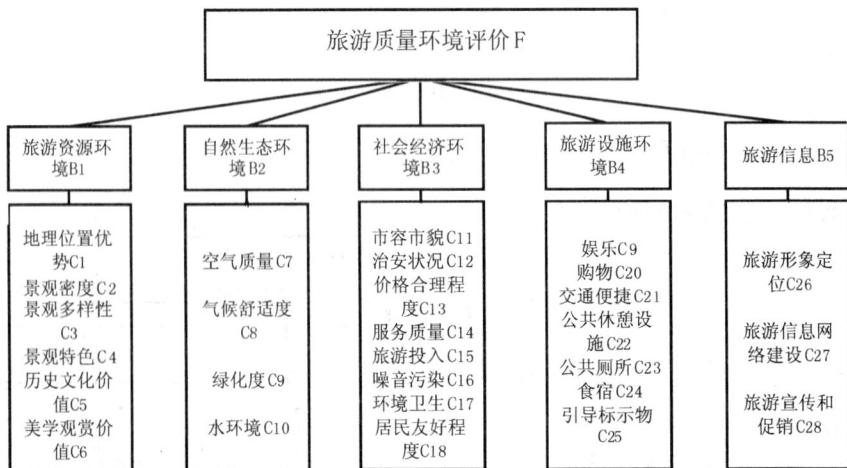

图 16-4 旅游环境质量评价指标体系

资料来源:刘华琳.山西省旅游环境质量评价及优化对策研究[D].辽宁师范大学,2008.

四、旅游环境质量的评价方法

1. 旅游环境质量评价方法的分类

(1)专家评估法。该方法利用评价对象领域中专家的知识、经验,结合环境影响因素分析的结果,由专家对各评价因素的权重值做出判断。

(2)统计分析法。该方法根据数据统计分析结果对各评价因素的权重值做出判断。用这种方法对评价因素做出权重判定,必须注意严格按照统计分析规范,保证信度和效度。

(3)因子分析法。此法是从全部的原始变量中将相关信息集中起来,通过探讨矩阵的内部结构,将变量综合成少数因子,从而求得评价因素的权值。这种方法应用的关键,在于获得有效的实际调查资料。

(4)层次分析法。此种方法对复杂决策问题的本质、影响因素及其内在关系进行深入分析,利用较少的定量信息使决策的思维过程数学化。为多目标、多准则或无结构特性的复杂决策问题提供简便的决策方法。

(5)模糊综合评价法。该方法给事物或对象一个评价分数,根据分数的高低,排列出被评价对象或事物的优劣次序。

2. 确定指标权重的方法

指标权重在旅游环境质量评价前完成,是进行综合评价的一个重要环节。确定指标权重的方法有专家评估、统计分析法、指标值法、因子分析法、模糊权函数法、层次分析法等,最常使用的是层次分析法。

层次分析法(Analytic Hierarchy Process 简称 AHP)是一种定性与定量相结合的方法,常常应用于多指标评价体系中各评价指标权重的确定。它是由美国运筹学家 T. L. Saaty 于 20 世纪 70 年代提出的,其基本原理就是把所要研究的复杂问题看作一个大系统,通过对大系统多个因素的分析,划分出各因素间相互联系的有序层次;专家对每一层次的各因素进行客观的判断,建立数学模型,计算每一层次全部因素的相对重要性权值,并加以排序。步骤如下:

(1)明确问题,即弄清问题的范围,所包含的因素、各元素之间的关系等,以便尽量掌握充分的信息。

(2)建立层次结构模型,将问题所含的要素进行分组,把每一组作为一个层次,按照最高层(目标层)、准则层(决策层)以及因子层(指标层)的形式排列起来。

(3)构建判断矩阵,这个步骤是 AHP 决策分析的一个关键步骤。判断矩阵表示针对上一层次而言,评定与该层次有关的各个元素的相对重要性,设计形式如表 16—1。

表 16-1　层次分析法元素重要性对比表

A	B_1	B_2	---	B_n
B_1	b_{11}	b_{12}	---	b_{1j}
B_2	b_{21}	b_{22}	---	b_{2j}
$\vdots$	$\vdots$	$\vdots$	$\vdots$	$\vdots$
B_i	B_{i1}	B_{i2}	---	B_{ij}

其中,b_{ij} 表示对于 A 而言,元素 B_i 对 B_j 的相对重要性的判断值。B_{ij} 一般取 1, 3,5,7,9 等 5 个等级标度,其意义为:1 表示 B_i 与 B_j 同等重要;3 表示 B_i 较 B_j 重要一点;5 表示 B_i 较 B_j 重要得多;表示 B_i 较 B_j 更重要;9 表示 B_i 较 B_j 极端重要。而 2,4,6,8 表示相邻判断的中值,当 5 个等级不够用时,可以使用这几个数来补充。

(4)层次单排序。层次单排序的目的是对上一层次中的一个元素而言,确定本层次与之有关系的各个元素重要性次序的权重值。

层次单排序的任务可以归结为计算判断矩阵的特征根和特征向量问题,即对于判断矩阵 B,计算满足

$$BW = \lambda_{max} W \tag{16-1}$$

的特征根和特征向量。在式(16-1)中,λ_{max} 为 B 的最大特征根,W 为对应于 λ_{max} 的正规化特征向量,W 的分量 W_i 就是对应元素排序的权重值。

(5)一次性检验。为了检验判断矩阵的一致性,需要计算它的一致性指标:

$$CI = \frac{\lambda_{max} - n}{n-1} \tag{16-2}$$

在公式(16-2)中,当 CI=0 时,判断矩阵具有完全一致性;反之,CI 愈大,矩阵的一致性就愈差。

3. 确定指标隶属度

指标隶属度的获取是指标评价的关键。根据性质可将指标隶属度划分为两大类,一类是可通过监测值获得具体数据的指标,采用数学公式法确定其隶属度;一类是不可通过监测值获得的指标,通过模糊统计法获得其隶属度。

模糊统计法是通过构造等级模糊子集把反映被评事物的模糊指标进行量化,从而确定隶属度,其基本步骤:

(1)建立模糊对象因素集。因素集是以影响评价对象的各种因素为元素所组成的一个普通集合,即 $U = \{u_1, u_2, \cdots, u_n\}$,其中,各元素 $U_i(i=1,2,\cdots,n)$ 代表各影响因素。

(2)建立模糊对象评价集。评价集是评价者对评价对象做出的各种评价结果所组成的集合,即 $U = \{v_1, v_2, \cdots, v_m\}$,其中 $V_i(i=1,2,\cdots,m)$ 可以是语言形式,也

可为数量性的。

（3）构造因素集中各因素到评价集的隶属函数。隶属函数表示 U 中任一函数 U_i 属于模糊集合 V 的隶属程度，此函数界于 0—1 之间。

（4）建立多因素模糊评价的模糊矩阵　对于给定对象因素集中各因素的实测值 u_i（$i=1,2,\cdots,n$），带入因素集到模糊集的隶属函数，得到多因素评价矩阵（见16—3），

$$R=(r_{ij})_{n \times m}=\begin{bmatrix}R_1\\\cdots\\R_m\end{bmatrix}=\begin{bmatrix}r_{11}\cdots r_{1m}\\\cdots\cdots\cdots\\r_{n1}\cdots r_{nm}\end{bmatrix}_{n \times m} \qquad (16-3)$$

式中 $0\angle r_{ij}\angle1,1\angle i\angle n,1\angle j\angle m$，$r_{ij}$ 表示因素 i 属于评价结果 j 的隶属程度。

（5）建立权重集。为了反映各因素的重要程度，对各个因素赋予一个相应权数 ai 由各权数组成的集合 $A=\{a_1,a_2,\cdots,a_i\}$，称为因素权重集。这里，各权数 a_i（$i=1,2,\cdots,n$）应满足归一性和非负性条件。

（6）建立模糊综合评价模型。求出 A 及 R 后，则模糊综合评价模型可以表示为：$B=A \cdot R$。则 $B=\{b_1,b_2,\cdots,b_m\}$，它是 V 上的一个模糊子集。根据模糊算子的不同组合可构成不同的评判模型。

4．综合评价

首先，我们将 $\{b_1,b_2,\cdots,b_m\}$ 归一化，即

$$b'_i=b_i/\sum_{j=1}^{m}b_j \qquad (16-4)$$

式中 b_i 表示结果矩阵的第 i 个元素，b'_i 是相应的归一化值，归一化结果矩阵

$$B'=[b'_i,b'_2,\cdots,b'_m] \qquad (16-5)$$

评价结果指标的处理主要有三种方法，即最大隶属度法、加权平均法和模糊分步法。

（1）最大隶属度法　最大隶属度法是模糊综合评价中最常用的一种方法。即，归一化结果矩阵当中的 m 个元素依次与评语集 V 当中的 m 个评语相对应，在归一化结果矩阵的 m 个元素当中，哪个元素的数值最大，评价对象的评价结果就是评语集当中的哪一级。最大隶属度原则对子因素和主因素都适用。

若 $b_k=max(b_1,b_2,\cdots,b_m)$，则可判定对此事物的评价 V_k。但是，如果 b_k 的分量中，有两个或两个以上的分量时，则此种方法失效。

（2）加权平均法　若主评价集 $V=\{v_1,v_2,\cdots,v_m\}$ 中各元素均可量化时，将 b_j 看成 v_j 的权重，用 $f(v_j)$ 表示 v_j 的量化值，则

$$v=\sum_{j=1}^{m}b_j f(v_j) \qquad (16-6)$$

就是对此事物综合评价的结果。但是，如果 V 中各元素不是均能量化时，则此种方法失效。

(3)模糊分析法。即把 $B_1 = \{b_1, b_2, \cdots, b_m\}$ 作为对此事物综合评价的结果。这种结果具体反映了此事物对于各评价等级隶属度的分布状况,使人们对此事物的等级有一个全面的了解。据此,人们便于做出某种决定或处理。

第三节 旅游环境承载力

旅游环境承载力是指在一定时空条件下,不对旅游自然环境、社会环境和经济环境产生不利影响时旅游区所能承受的旅游活动的规模和强度。在某一旅游地环境的现存状态和结构组合不发生对当代人(包括旅游者和当地居民)及未来人有害变化(如环境美学价值的损减、生态系统的破坏、环境污染、舒适度减弱等等)的前提下,在一定时期内旅游地(景点或景区)所能承受的旅游活动强度(图16-5)。

旅游环境承载力是指导旅游开发和保护的重要依据。包括两个重要部分:第一,生物物理部分,主要是自然资源,指在对自然资源进一步开发或对自然生态系统施加压力后所能承受的阈值和忍耐程度。第二,行为部分,反映游客游览质量好坏的程度。

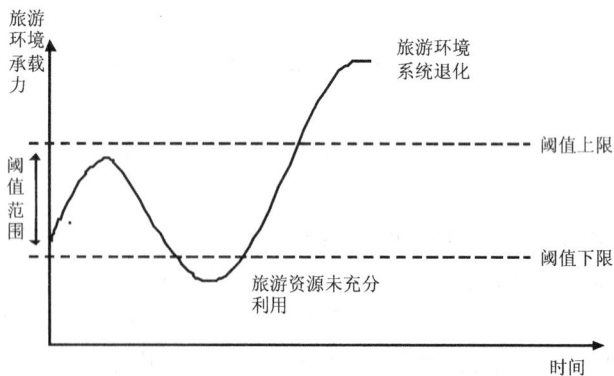

图16-5 旅游环境承载力概念分析图

资料来源:翁刚民. 旅游环境承载力动态测评及管理研究[D]. 天津大学,2006.

一、旅游环境承载力测量的基本原理

1. 木桶原理

木桶原理是指一个水桶的容量是由水桶边沿最短的一块木板所决定的,常用来测量静态的旅游环境承载力。它的一般意义在于:对任何一个系统而言,其系统的承载力由系统的各要素中承载力最小的一个要素所决定。旅游环境承载力是一个复杂的有机体系,它涉及到旅游环境的方方面面,包含着许多要素。其环境承载力则由承载力最小的要素所决定。其公式为:

$$E = min(E_1, E_2, E_3, E_4, E_5, \cdots\cdots, E_n)$$ (16—7)

式中:E_1, E_2, E_3, E_4, E_5, $\cdots\cdots$, E_n 为不同限制因子的容量,E_n 为最终的容量。

因此从"木桶原理"出发,提高旅游环境承载力的基本途径就是使水桶边沿整齐,使环境系统的各要素的承载力趋于一致。

2. 综合原理

旅游环境承载力是旅游区的各个方面、各个因素和各个环节,在进行协调和综合平衡基础上形成的综合承载力。综合承载力不是各个要素共同作用下形成的现实承载力,而是在各景区、各种承载力以及自然环境纳污力的基础上,进行总体平衡后的综合环境承载力。

由于各种分承载力对旅游环境容量的最终值的贡献程度不同,即每超出各分承载力的一个单位所引起的消极后果不同,在具体测量中通常对各分承载力的贡献大小用不同的权重来表示,旅游环境承载力最终由各分承载力加权平均。计算公式如下:

$$E = \sum E_i \times X_i$$ (16—8)

式中:E_i 为分环境承载力值;X_i 为各分旅游环境承载力对应的权重。

这种综合原理还表现为旅游环境承载力与市场预测游客量的综合和平衡。

3. 弹性原理

旅游环境承载力可因人类对环境的改造而发生变化,改变区域内土地利用方式,提高区域的纳污能力以及空间上的布局都能引起区域内的环境承载力的变化,造成环境承载力的不同。如在区域内建造水库可以提高水资源的环境承载力;采用合理的空间布局可以减少游客对环境的负面影响,从而增加旅游承载力;增加对该区域的环境投入,建设相应的处理设施,能提高区域内的污染物环境承载力。因此,只要人们有目的地寻找环境限制因子并采取适当的改善措施,就能使环境承载力向人们预定的目标转化。

二、旅游环境承载力的测量

1. 指标体系的构建流程

指标体系是一个系统,一般包括元素配置和结构安排两个部分,前者主要是要确定指标体系的指标内容及其计算方式,后者则主要确定指标间的相互作用关系、层次结构及与外界环境的关系。指标体系的构建是一个"抽象－具体－抽象"的过程,一般包括四个环节:

(1)理论准备。主要是对有关方面的理论进行熟悉,对于旅游环境承载力指标体系的构建来说,理论准备就是要对旅游环境承载力的内涵、旅游环境系统和旅游环境管理等进行了解。理论准备是指标体系构建是否正确的关键。

(2)初选指标体系。即采用一定的方法初步选定指标体系,一般有综合和分析两种方法,前者是对目前已存在的指标群进行聚类,使之体系化,后者是将度量对象和目标分解成不同的部分和侧面,并逐步细分,直到每一个部分或侧面能够采用具体的指标进行度量为止,这样将自然形成一个指标体系。

(3)完善指标体系。包括指标体系的测试、丰富和修改等。

(4)使用指标体系,即指标体系的实践阶段。指标确定后,一般来说,还要进行协调性、必要性和完整性等方面的检验。

2. 不同旅游区指标界定重点

对于不同类型的旅游地,旅游环境承载力研究的指标体系是不完全相同的。即使是同一类型的旅游地,其研究的指标体系也不完全相同,以下提出各旅游区的侧重点。

(1)生态旅游区

目前,生态旅游逐渐成为一种时尚,我国比较典型的地区主要有云南的香格里拉、西双版纳和三江并流,西藏阿里的雪域高原,四川的神农架、吉林的长白山、广东的鼎湖山以及陕西南太白山旅游区。

在这种生态旅游地区,环境是开展旅游的依托,我们应以保护生态环境为出发点,而不应过多地考虑舒适性要求。保护生态环境,首先要考虑的因素是生物多样性的可持续发展、生物链的保护,其次要考虑的是山体、林体和水体等原生态的保护问题。在生态旅游区,为了确保游客对生态环境的干扰最小,应严格限制游客的数量,尤其是在核心区,几乎要禁止开展任何旅游活动,仅限科考人员和极少量的游客进入。

(2)自然风光旅游区

自然风光旅游区,包括大部分的森林公园和风景名胜区,是比较常见的一种旅游区。在这种旅游区,我们应以自然环境系统能形成良性循环为前提,使用生态环境应该具有的自我更新能力为标准来衡量旅游承载力;同时还要关注山体、林体和水体等生态环境的可持续保护、利用问题。

（3）以文物为主的旅游区

由于文物是不可再生的宝贵资源，以文物为主的旅游区在界定旅游环境承载力时，应以文物的绝对保护为前提。不同的文物景点应根据景点本身的特性来确定环境承载力，如西安的大雁塔、三原的文峰木塔、山西应县木塔等应主要考虑结构承载力的限制；北京的故宫应注意考虑游客对砖的磨损程度；敦煌的莫高窟、汉阳陵等的地下展厅等在界定时，应主要考虑空气中 CO_2 成分以及其聚集散发速度的限制，同时要考虑酸性气体对文物本身可能产生的侵蚀以及游客拍照留念时闪光灯对文物的破坏等因素。总之，都应本着绝对保护文物的原则。

（4）以民俗文化为主的旅游区

以民俗文化为主的旅游区，当地社区居民一般对自己的民俗文化有很深的感情，为了确保他们对旅游活动的支持，在界定旅游环境承载力时，应主要考虑游客的数量对其原生态民俗文化的延续与发展是否有影响，考虑当地的社会承载力、当地社区居民的心理承载力以及生态文化承载力，应以外来文化对当地民俗文化的干扰较小为原则。

（5）休闲度假旅游区

游客到休闲度假旅游区，主要就是为了进行娱乐，排解工作和学习的压力。在这种旅游区，应确保游客的舒适度，当然还应以资源的可利用量为前提。例如在温泉度假区，在满足游客舒适要求的情况下，还应考虑温泉资源的补给量，应在保证温泉资源可持续发展的前提下，决定合理的开采量，以此来界定旅游环境承载力。

（6）城市旅游与乡村旅游

针对城市旅游和乡村旅游，确定旅游环境承载力时应主要考虑当地的社会经济承载力和交通承载力等，不能对当地产生太大的负面影响；同时应以旅游活动对当地人正常生活的影响度来衡量，寻求在经济效益和当地人心理承受能力之间的平衡点，既要取得一定的经济效益，又要限定在当地人的心理承受能力之内。

（7）游乐场和城市主题公园

在游乐场和城市主题公园里，一般会结合不同的设施开展各种旅游活动，应主要以游客的心理承载能力和游玩的舒适度为标准来衡量；同时游客的认知度、信息的感知度等因素会在一定程度上影响旅游环境承载力的界定。

3. 旅游环境承载力的指标体系

樊霆于 2006 年构建了较为典型的指标体系。该指标体系结合湘西自治州旅游区的具体情况,选择有代表性的指标,把旅游环境承载力分为旅游自然环境承载力、社会环境承载力和经济环境承载力三个方面,共包含 4 层指标(表 16-2)。指标体系的具体含义如下所述。

表 16-2 旅游环境承载力指标评价体系

目标层	准则层	领域层	指标层	评价内容
旅游环境承载力体系(I)	自然环境承载力(I_1)	生态环境承载力(I_{11})	自然生态环境(I_{111})	水环境指标(I_{1111})
				大气污染指标(I_{1112})
				噪声等级(I_{1113})
				固体废物处理率(I_{1114})
				旅游区纳污的能力(I_{1115})
			生物环境(I_{112})	生物多样性指数(I_{1121})
				生物物种生长状态指数(I_{1122})
			自然灾害对旅游区的限制(I_{113})	抗震能力(I_{1131})
				旅游风景损害强度指数(I_{1132})
				防洪能力(I_{1133})
		旅游资源时空承载力(I_{12})	水资源、土地资源的空间承载力(I_{121})	开放空间的大小与总面积比(包括土地面积、水域面积)(I_{1211})
				游人指标($100m_2$ 最大的游人量)(I_{1212})
			自然旅游资源的敏感度(I_{122})	植物种群的类型(I_{1221})
				自然旅游资源的开发度(I_{1222})
			时间季节承载力(I_{123})	可游时间占全年的比例(I_{1231})
	社会环境承载力(I_2)	游客生理心理承载力(I_{21})	生理承载力(I_{211})	旅游区人口聚居比(I_{2111})
			心理承载力(I_{212})	游客的社会经济背景(I_{2121})
				游客的满意度(I_{2122})
		居民生理心理承载力(I_{22})	居民生理承载力(I_{221})	旅游区人口聚居比(I_{2211})
			居民心理承载力(I_{222})	旅游经济认知水平(I_{2221})
				旅游社会文化认知水平(I_{2222})
				旅游环境的认知水平(I_{2223})
				居民的满意度(I_{2224})
		社会文化承载力(I_{23})	人文条件承载力(I_{231})	旅游活动对文化的冲击力(I_{2311})
				旅游活动对生活方式的改变(I_{2312})
			历史条件承载力(I_{232})	历史古迹的游客承载力(I_{2321})
				大型工程设施的游客承载力(I_{2322})
		旅游区管理承载力(I_{24})	管理目标承载力(I_{241})	管理目标与规划目标的一致性(I_{2411})
			管理水平承载力(I_{242})	管理体制与旅游发展的适应性(I_{2421})
			管理方法承载力(I_{243})	管理方法与旅游发展的同步性(I_{2431})

续表

			给排水设施和条件(I_{3111})
经济环境承载力(I_3)	设施承载力(I_{31})	市容设施承载力(I_{311})	供电、工期设施和条件(I_{3112})
			通行设施和条件(I_{3113})
		道路交通承载力(I_{312})	游人指标（$100m_2$ 最大的游人量）(I_{3121})
			停车场的规模(I_{3122})
			旅游地对外车次的承载力(I_{3123})
		旅游区服务设施承载力(I_{313})	住宿设施承载力(I_{3131})
			餐饮设施承载力(I_{3132})
			娱乐设施承载力(I_{3133})
			其他服务承载力(I_{3134})
	社会经济承载力(I_{32})	旅游经济发展承载力(I_{321})	旅游总收入占 GDP 的比例(I_{3211})
			旅游总收入水平与当地消费水平之比(I_{3212})
			旅游投入与产出比(I_{3213})
			物价指数变动率(I_{321})
		旅游市场承载力(I_{322})	客源市场构成复杂程度(I_{3221})
			游客量占全区的量(I_{3222})
			游客消费水平(I_{3223})
		所解决的就业市场承载力(I_{323})	旅游区的劳动水平(I_{3231})
			旅游区的劳动规模(I_{3232})
			旅游区的劳动力人口与总人口之比(I_{3233})
			就业机会能力(I_{3234})
			旅游脱贫能力(I_{3236})

资料来源：樊霆. 旅游环境承载力理论及评价方法研究[D]. 湖南大学，2006.

4. 分量承载力计算方法

(1)资源空间承载力(RECC)

资源空间承载力是传统意义上的旅游环境容量，主要包括陆地资源空间承载力和水域空间承载力。陆地资源空间承载力采用总量模型和流量流速模型计算。

①陆地资源空间承载力(LRECC)

总量模型：

$$D_m = S/d \tag{16-9}$$

$$D_a = D_m \times (V \times T) \tag{16-10}$$

式中：D_m 表示瞬时旅游者的客流量；D_a 表示每天旅游者的客流量；S 表示旅游目的地旅游景区可供游览的面积；d 表示旅游者游览活动最佳密度；t 表示旅游者在景区内游览一次所需消耗的平均时间；T 表示景区每天对外界旅游者开放的时间长度，在夏半年和冬半年这个值一般不一样，夏半年一般为 12 小时，冬半年一般为 10 小时。

流量流速模型：　　　$D_m = L/d'$　　　　　　　　　　　　(16—11)

$$D_a = (V \times T)/d'$$　　　　　　　　　　　　(16—12)

式中：L 表示旅游景区内可供旅游者游览的所有路线的总长度；d' 表示为使旅游者在游览风景时不感到拥挤的游客合理密度；D_m 及 D_a 的含义与总量模型中的含义相同；V 表示旅游者在欣赏自然景观的过程中，单位时间内行走的路线长度。

②水域资源空间承载力（WRECC）

总模型：　　　$WRECC = (A_w/A_{wb}) \times B_p \times (T \times t)$　　　　　(16—13)

式中：WRECC 为水上资源空间承载力；A_w 为景区内水域面积；A_{wb} 为单位船只占用水域合理面积；B_p 为单位船只平均载客量；t 表示旅游者在景区内游览一次所需消耗的平均时间；T 表示景区每天对外界旅游者开放的时间长度，在夏半年和冬半年这个值一般不一样，夏半年一般为 12 小时，冬半年一般为 10 小时。

③综合资源空间承载力（RECC）

资源空间承载力分别以陆地和水上空间承载力计算，由于旅游者的流动性，因此不能作简单的加和处理，所以综合资源空间承载力为：

日承载力值：　　　$RECC = min\left[\dfrac{D_{a1}}{X_1}, \dfrac{D_{a2}}{X_2}\right]$　　　　　(16—14)

式中：D_{a1} 为陆地游览的时段承载力值；D_{a2} 为水上游览的时段承载力值；X_1 为陆地的游览几率；X_2 为水上的游览几率。

(2)生态环境承载力（EECC）

生态旅游活动过程中会产生大量排放物，包括废水、废气、固体废物以及噪声等，生态旅游系统对这些排放物有一定的消纳作用，但相对于每天排放的量来说，这种消纳能力是非常有限的。为了避免过多排放物对旅游环境系统造成过大压力，从而导致环境恶化，影响旅游的可持续性发展，目前在旅游景区的规划管理过程当中，很少依赖景区的生态系统消纳污染物，而是建立了人工污染物处置系统。计算主要考虑人工处理系统对排放物的净化能力。

生态承载力计算公式为：　　　$EECC = min\left[\dfrac{N_i \times S + H_i}{P_i}\right]$　　　(16—15)

式中：EECC 表示旅游人工处理系统消纳污染物的生态环境承载力；N_i 表示每天单位面积对第 i 种污染物处理并达标排放的处理能力；S 表示旅游景区面积；H_i 表示每天人工处理系统对第 i 种污染物的处理能力；P_i 表示每位生态旅游者一天内产生第 i 种污染物的数量。

(3)交通设施承载力（$SECC_1$）

交通设施承载力：　　　$S_t = \dfrac{T}{t}\sum\limits_1^n M \times N$　　　　　(16—16)

瞬时值：$$S'_t = \sum_1^n M \times N \tag{16-17}$$

式中：M 表示旅游景区拥有的运输游客的某类交通工具总辆数；N 表示某类交通工具可以搭载的旅游者数量；T 表示旅游景区运输游客的交通工具的运载时间；t 表示交通工具运输一次所需要消耗的时间。

（4）供水设施承载力（$SECC_2$）

供水设施承载力：$$S_w = (W \times T)/L \tag{16-18}$$

瞬时值：$$S_w = W/L \tag{16-19}$$

式中：W 表示旅游景区供水设施总承载力；T 表示旅游景区的供水时间长度；L 表示旅游者、管理者以及景区内居民的人均用水标准。

（5）住宿设施承载力（$SECC_3$）

住宿设施承载力模型：$$S_1 = B \times T/t \tag{16-20}$$

瞬时值：$$S'_1 = B \tag{16-21}$$

式中：B 表示旅游景区能够为生态旅游者提供的总床位数；T 表示在住宿设施承载力计算过程当中假定的时间长度单位；t 表示旅游者在旅游目的地的平均住宿天数

（6）居民心理承载力（$PECC_1$）

居民心理承载力是指旅游目的地居民对外地旅游者到本地来旅游表现出的一种好客程度，各类生态旅游活动开展势必会对当地社会文化造成一定的影响，这种影响可能是正面的，也可能是负面的。一般而言，旅游者的密度越大，对当地社会经济文化带来的影响力也越大。它包含三个方面，即旅游业发展对当地社会经济发展带动程度；当地居民对旅游发展产生社会文化影响的认知程度；旅游业发展过程对良好自然生态环境资源依赖性认同程度。

公式：$$PECC_1 = A_Y \times P_a \tag{16-22}$$

式中：A_Y 表示旅游开发地内当地居民居住点的面积，或者是旅游开发地内当地居民人口总数；P_a 表示旅游景区的当地居民对单位面积内不反感的最大旅游者数量。根据各旅游景区与居民居住点的关联程度可以分为三种情况：一是居民点在旅游景区的范围之内，由于旅游者多集中于景区内，密度大，容易使居民产生反感，因此，一般景区内居民的心理承载力较小；二是居民点与景区分离但依然是景区的依托点，此时，居民心理承载力比较大；三是居民点与景区分离，则可以认为居民的心理承载力无穷大。

（7）旅游者心理承载力（$PECC_2$）

影响旅游者心理承载力极限值大小的因素包括两方面：一是由于旅游者人群过度拥挤导致的旅游者视线受到干扰以及尽情享受自然风光的良好气氛被破坏，

二是由于旅游景区不合理开发导致的环境破坏,以及景区内人工建筑物过多,影响景区整体的自然景观。所以,在研究旅游者心理承载力时,选取人群敏感阈值和景观敏感阈值两个分量。

人群敏感阈值: $PECC_2 = A_1/P_a$ (16-23)

式中:A_1 表示旅游景区内可供游览的面积大小或线路长度;P_a 表示不至于使旅游者产生反感的最大游客密度。由于各地旅游者类型不同、社会生活水平差异、旅游活动类型不同等因素,各地的 P_a 值也不尽相同,需要结合各地的实际调查研究才能得到确切数值。

景观敏感阈值系数: $F_p = \dfrac{A}{\sum\limits_{i}^{n} K_i \times C_i} (i=1,2,3,4,\cdots,n)$ (16-24)

式中:C_i 表示旅游景区内第 i 类人工建筑物的面积;K_i 表示旅游者对旅游景区内第 i 类人工建筑物的视觉敏感系数;A 表示旅游景区总面积。这里旅游景区的人工建筑物包括住宿建筑、饮食建筑以及旅游者欣赏自然风光的所有建筑物。

5. 综合承载力计量方法

综合承载力计量法主要是针对某一景区或旅游地,研究各单项承载力之间的协调程度。它是一种采用统计方法、选择单项和多项指标来反映旅游区旅游环境承载能力现状和阈值的简捷方法。只有旅游承载力中的各个元素遵循综合原理,共同作用,才能形成实际的承载力。根据所选用的指标体系首先进行单因素测算,然后对其进行综合评价。

单要素分析法和综合指标法都是静态分析方法,目前应用比较广泛。这两种方法主要以自然资源和基础设施为基础,进行定量分析,方法简单、直观,但分析结果不能显示旅游环境承载力的动态变化。

$$TECC = OPT(RECC, EECC, SECC_1, SECC_2, SECC_3, PECC_1, PECC_2)$$ (16-25)

式中:$TECC$ 表示综合旅游环境承载力;$RECC$ 表示资源空间承载力;$EECC$ 表示生态环境承载力;$SECC_1$ 表示交通设施承载力;$SECC_2$ 表示供水设施承载力;$SECC_3$ 表示住宿设施承载力;$PECC_1$ 表示居民心理承载力;$PECC_2$ 表示旅游者心理承载力;OPT 是 Optimism 的缩写形式,指旅游景区综合旅游环境承载力由最小的分量环境承载力决定。

6. 旅游环境承载力动态测评模型

旅游环境承载力动态测评模型是基于旅游环境系统的动态性和旅游业的季节性特征,从时间序列的角度构建的。旅游业在时间上可分为旅游旺季、旅游平季和旅游淡季三种类型,如果用 X_i 表示不同的季节或时间状态,则可用 X_1、X_2、X_3 来分别表示旅游旺季、旅游平季和旅游淡季。不同季节旅游环境承载力的影响因子存在差异,其数值的大小也不尽相同。根据不同季节或时期,构建普遍适用的旅游环境承载力动态测评模型,确定不同时间段旅游环境承载力测评指标体系中各分量指标的权重,是下一步旅游环境承载力综合测评的重要基础。反映季节或时间因素影响的旅游环境承载力动态测评模型构建过程如图16-6所示。

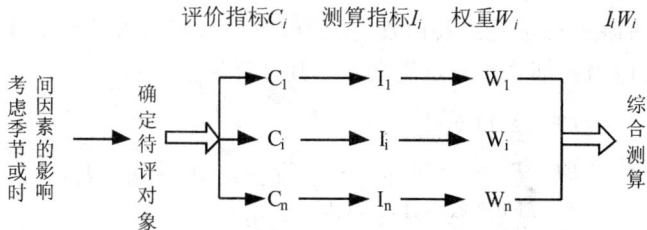

图16-6 旅游环境承载力动态测评模型构建过程

资料来源:翁刚民.旅游环境承载力动态测评及管理研究[D].天津大学,2006.

旅游地的功能和性质不同,旅游环境承载力的动态测评模型也不同,主要分为相对封闭的旅游景区(点)和开放或半开放的旅游区域(景区)两种类型。

(1)相对封闭的旅游目的地动态测评模型

对于相对封闭的旅游地,通常内部各景点相互邻近,可达性较强,旅游者在各景点之间可以自由流动。这种类型的旅游地环境承载力的大小取决于各景点承载力之和,此时其旅游环境承载力的动态测量模型为:

$$TECC = \sum_{i=1}^{n} I_i \times W_i \qquad (16-26)$$

式中,$TECC$ 表示在 X_i 季节或时期旅游环境承载力的综合测量值;I_i 表示在 X_i 季节或时期旅游环境承载力某单项指标的测量值;W_i 表示在 X_i 季节或时期旅游环境承载力某单项指标的权重;n 表示指标个数。

(2)开放或半开放的旅游地动态测评模型

对于开放或半开放的旅游地,旅游环境承载力往往取决于其中最小的某一分量指标,此时旅游环境承载力的动态测量模型为:

$$TECC = min(TECC_1, TECC_2, TECC_3, TECC_4, TECC_5, TECC_6) \qquad (16-27)$$

式中,$TECC$ 表示在 X_i 季节或时期旅游环境承载力的综合测量值;$TECC_1$,$TECC_2$,$TECC_3$,$TECC_4$,$TECC_5$,$TECC_6$ 表示在 X_i 季节或时期旅游地的资源空间、生态环境交通设施、供水设施、住宿设施、居民心理、旅游者心理对旅游活动强度的承受能力。

7. 旅游生态足迹模型

旅游生态足迹是旅游活动以及旅游活动对环境产生的影响所需的生产性土地面积的总和。结合旅游消费习惯,旅游生态足迹主要由旅游餐饮、旅游住宿、旅游购物、旅游交通、游览观光和休闲娱乐六部分组成。旅游生态足迹模型是一种从宏观角度来衡量一个地区的游客对自然资源消费的需求和自然界本身所能提供的生态供给的方法,二者之间的比较常用来评价某一区域旅游业的可持续发展程度。

(1)旅游生态足迹

旅游生态足迹的计算有两种方法,即分类计算法和综合计算法。

分类法:旅游生态足迹主要由食、住、行、游、购、娱六大部分组成。因此,总的旅游生态足迹应为各部分生态足迹之和。其计算模型为:

分类法: $TEF=\sum_{i=1}^{6}TEF_i$ (16-28)

综合法: $TEF=EF \times r=N \times ef \times r$ (16-29)

$$tef=TEF÷旅游总人数(人)$$

式中,TEF 表示旅游生态足迹;EF 表示生态足迹总量;r 表示旅游业对国内生产总值的贡献率;EF 表示总的生态足迹;N 表示人口数;ef 表示人均生态足迹;tef 表示人均旅游生态足迹。

(2)旅游生态承载力模型

$$TEC=EC \times r=Nec \times r$$ (16-30)

$$tec=TEC÷旅游总人数(人)$$

式中,TEC 表示旅游生态承载力;EC 表示区域总的生态承载力;N 表示人口数;ec(同上)表示人均生态承载力;tec 表示人均旅游生态承载力。

(3)旅游生态赤字模型

$$TED=TEC-TEF$$ (16-31)

式中,TED 代表生态赤字;TEC 表示旅游生态承载力;TEF 表示旅游生态足迹。

$TED>0$ 为旅游生态赤字,表明游客对生物生产性土地的需求量已经超过了可供给量,游客的需求已经超过了旅游区的生态承载能力,游客活动会给旅游区造成压力,同时也说明该旅游区的发展模式处于不可持续状态。

$TED<0$ 为旅游生态盈余,表明生物生产性土地的可供给量大于游客的需求量,游客活动在旅游区的生态承载能力范围内,同时也说明该旅游区的发展模式处于可持续状态。

8. 物元分析模型

物元分析模型是将复杂的问题抽象为形象化的模型,这种方法主要是把事物用"事物、特征、量值"三个要素来描述,并组成有序三元组的基本元,即物元。物元分析是研究物元及其变化规律,并用于解决现实世界中不相容问题的有效方法。旅游环境承载力状态等级的归属问题实质上是一个典型的矛盾问题,利用物元分析法可以建立事物多层次指标性能参数的评定模型,并能以定量的数值表示评定结果,从而能够较完整地反映生态旅游环境承载力的综合水平。

旅游环境承载力物元评价方法的具体步骤如下：

(1)旅游环境承载力评估指标体系及权重的确定。

(2)将旅游环境承载力分为若干等级，按一般标准将分为四个等级(见表16—3)。使用综合关联度值进行等级评定。

$$K_j(M)=max\{K_j(v)\}, j\in\{1,2,\cdots,m\} \tag{16-32}$$

式中，$K_j(M)$为待评价旅游环境承载力值，代表单元M为关于等级j的关联度；取关联度计算结果中的最大$K_j(M)$值，评定M属于等级j。

表 16—3　关联函数 $K_j(M)$ 的取值范围及其意义

取值范围	意　　义
$K_j(M)\geqslant 1.0$	被评价对象超过要求的上限，且数值愈大，开发潜力愈大
$0.0\leqslant K_j(M)<1.0$	被评价对象符合标准，其值愈大，愈接近标准的上限
$-1.0\leqslant K_j(M)<0.0$	被评价对象不符合标准，但具有可转化的条件
$K_j(M)<-1.0$	被评价对象不符合标准对象要求，不具备转化为标准对象的条件

●实证分析：关于进一步加强旅游生态环境保护工作的通知

改革开放以来，我国旅游迅速发展，已经成为国民经济新的增长点。旅游与环境相互依存，互相促进，旅游需要优良的生态环境，旅游能够有效地促进环境保护和生态建设。贯彻落实科学发展观，正确认识和处理环境保护与旅游发展的关系，有效保护生态环境，实行科学的旅游开发、建设、经营、服务和消费行为，是旅游业实现可持续发展的重要途径。为加强旅游生态环境保护工作，保护和改善旅游生态环境质量，实现旅游业的持续、快速、健康发展，现就进一步加强旅游生态环境保护工作通知如下：

一、确立"环境兴旅"目标，实现旅游业的可持续发展

生态环境是旅游业发展的重要基础和必备条件。我国旅游业正处于全面开发建设和快速发展阶段，必须高度重视生态环境保护。为此，各地、各单位在旅游资源开发活动中，必须坚持有效保护、合理开发和永续利用相结合的原则，将营造良好的生态环境和资源的永续利用作为实现旅游业可持续发展的主要任务和途径，妥善处理好各类自然生态和人文社会景观保护与利用的关系，兼顾当前利益和长远利益、局部利益和全局利益。

二、加强旅游生态环境保护规划工作

将生态环境保护纳入各级各类旅游规划。同时，各级旅游行政管理部门要加强对各级各类旅游规划中有关环境保护内容的审查。编制旅游开发建设规划时，应当按照《环境影响评价法》的要求，认真做好环境影响评价工作。各地、各有关部门要督促、指导旅游生态环境保护规划内容的贯彻落实。旅游发展规划、旅游区开

发建设规划、旅游项目规划设计中对生态保护和污染治理提出明确要求后，各级旅游、环境保护行政主管部门要认真督促、检查，防止规划贯彻落实中出现轻视乃至忽视环境保护的现象。

三、切实抓好旅游区生态环境保护工作

各级环保部门既要加大对旅游区的环境监管力度，也要加强对旅游区、旅游项目的生态环境监察，特别要加强对旅游区、旅游项目开发建设施工期间的环境监管，防止因施工造成环境污染和生态破坏。严禁在旅游区及周边地区新批污染环境的项目，已建项目不符合环境功能要求的，要建议政府限期关、停、迁、转。旅游区、旅游项目要严格按照生态保护需要进行开发建设和经营管理。在旅游区内、重点旅游线路及其邻近范围内，禁止毁林毁草、乱采滥挖野生植物、开山取石、挖土采沙、围湖（海）造田、改变自然水系（或岸线）等破坏生态的行为。在自然保护区的实验区、重要生态功能保护区进行旅游开发建设，要遵循"区内旅游、区外服务"的要求，合理划定功能分区，确定合理的环境游客承载力，合理设计旅游区域和线路。大力加强旅游区内的环境基础设施建设。控制和治理旅游区环境污染。

四、加强旅游生态环境保护法规和标准建设，积极推动生态旅游

各级旅游和环保行政主管部门要建立联合协调工作机制，明确职责分工，切实加强对所辖各类旅游区、旅游项目、旅游活动的环境监督，督促旅游经营者严格执行国家有关法律、法规、标准和规范，要建立、健全相应的规章制度和考核办法，有效防止旅游及其开发和经营中的环境污染和生态破坏。要进一步加快有关旅游环境保护及生态旅游标准和规范的制订工作，建立旅游区生态环境质量评价指标体系，规范和指导各类旅游区、旅游项目建设和经营，积极引导旅游企业参与ISO14000 国际环境管理体系认证，会同有关部门开展生态旅游的试点示范工作，积极探索建立旅游生态环境保护和生态补偿机制，加速旅游生态环境保护工作与国际接轨的步伐。在切实保护生态环境的基础上，积极发展生态旅游。将旅游业的生态环境保护、公众环境教育和促进地方经济发展有机结合起来。加强科学技术在旅游生态环境保护中的运用。

五、加强旅游生态环境保护的宣传教育

各级旅游和环保行政主管部门要积极开展旅游生态环境保护的宣传、教育与培训。加强旅游科普工作，提高旅游者、旅游管理者和旅游活动其他各方的生态环境保护意识，倡导文明、科学、健康的旅游行为。要加强舆论监督，配合新闻媒体搞好旅游生态环境保护的宣传工作。加强检查、督促、引导、交流工作。各级旅游和环保行政主管部门要按照以上要求，对所辖旅游区生态环境保护工作进行监督检查，及时发现和解决问题，将检查结果及时上报并向社会通报。对严格执行生态环境保护法律法规、在旅游生态环境保护工作中取得突出成绩的，应给予表彰和奖

励;对于违反国家法律法规,造成旅游区环境污染和生态破坏的,必须坚决予以制止并依法查办。

资料来源:国家旅游局、国家环保总局网站,2005-6-16.

复习思考题

1. 何谓旅游环境? 简要说明旅游环境与旅游资源的关系。
2. 旅游环境有哪些特性?
3. 简述旅游环境主要的审美学派理论及其主要内容。
4. 试构建旅游环境质量的评价体系的技术路线。
5. 简述旅游环境质量的综合评价的方法。
6. 简述计算旅游环境承载力的基本原理。
7. 试选取当地的某一类知名景区并计算旅游环境承载力。

第十七章 旅游开发中的利益相关者协调

学习导引

　　旅游利益相关者是在旅游资源开发和管理过程中，与旅游目的地有着直接或间接的利益关系的群体。本章主要讲述旅游开发中利益相关者的概念和构成，重点介绍了旅游开发中游客管理以及社区参与。通过对旅游开发过程中主要利益相关者的介绍和分析，希望引导学生明确利益相关者分析的重要性，通过对这些利益相关者现存问题及原因的分析，使学生明晰几种主要利益协调机制的构建方法和途径。

教学目标

- 认识旅游开发中利益相关者分析的重要意义。
- 掌握旅游开发中利益相关者的主要构成。
- 明确游客管理的含义、相关理论及主要内容。
- 掌握社区参与的含义和意义，了解目前社区参与的不同模式。
- 了解旅游开发中利益相关者间存在的问题及其原因，明确如何构建其协调机制。

学习重点

　　旅游开发中的利益相关者及构成；游客管理的模式及主要内容；社区参与的不同模式；建立利益相关者之间的协调机制。

旅游资源开发是旅游业中的重要一环。在这一环节中涉及多个利益主体,存在的问题较为复杂。只有充分认识到各利益相关者的重要性,有效协调各利益相关者间的关系,才能够实现旅游地的可持续健康发展。

第一节　旅游开发中的利益相关者

一、利益相关者概述

利益相关者(stakeholder)是一个管理学概念。在所有关于利益相关者的定义中,弗里曼的定义最具代表性。弗里曼在其著作《战略管理:利益相关者管理的分析方法》中提出,"利益相关者是指能够影响一个组织目标的实现,或者受到一个组织实现其目标过程影响的所有个体和群体"(Freeman,1984)。利益相关者理论(stakeholder theory)研究的真正起步始于 20 世纪 60 年代,它极大地挑战了以股东利益最大化为目标的"股东至上理念",随后得到管理学、伦理学、法学和社会学等众多学科的关注,但企业一直是该理论的绝对研究主体,直到 20 世纪 90 年代初期以后,其研究主体才开始从企业扩展到政府、社区、城市、社会团体以及相关的政治、经济和社会环境等领域。

外国旅游研究者最先将"利益相关者"一词引入旅游研究领域。学者们将这一概念引入旅游研究中主要缘于以下两个方面:其一,旅游发展中的平等参与、民主决策、公平分享/分担等问题日益凸显。而这些社会责任、公平伦理方面的问题与利益相关者理论强调的管理的社会责任和伦理相呼应;其二,旅游发展中涉及的各个组织或群体来自不同行业和部门,这些组织或群体的目标和利益不尽相同,加之,随着新兴旅游目的地的不断涌现,旅游目的地间竞争日趋激烈,而利益相关者理论有助于整合这些分散的力量和资源,形成协同效应,增强旅游目的地的竞争力。1999 年,"利益相关者"这一概念正式列入世界旅游组织制定的《全球旅游伦理规范》,标志着该概念得到了旅游官方文献的正式认可。

二、旅游开发中利益相关者的构成

旅游开发是一项综合性和关联性很强的活动,要准确确定旅游开发中利益相关者的构成以及他们之间的相互关系并不容易。在有关旅游伦理的文献中,将旅游专业人员、社会公众、媒体确定为旅游开发的利益相关者(世界旅游组织,圣地亚哥会议纪要,1999.10.01),显然不够全面;有学者以旅游经营者、旅游规划者、当地政府作为核心因素来研究利益相关者群体,但这种分类明显过于简单,因为在旅游开发实践中,主导者可能是政府或相关部门,也可能是旅游企业或其他投资商,也有可能是当地居民个体或组织,而且他们之间的关系也不是简单的双边关系。从可持续发展的角度,利益相关者的概念应该从涵盖面更宽泛的意义上去考虑,因为可持续发展的理念涉及到了人类(政府、企业、居民、旅游者等)与非人类(资源、环境)、当代人与后代人等广泛的利益,因此,旅游开发的利益相关者实际上包括了人类的与非人类的、现实的与潜在的利益主体。根据旅游开发所涉及的领域、不同领域利益主体的利益性质、相关程度和影响方式,可将旅游开发的利益相关者分为三个层次:核心层、支持层和边缘层,如图17-1所示。

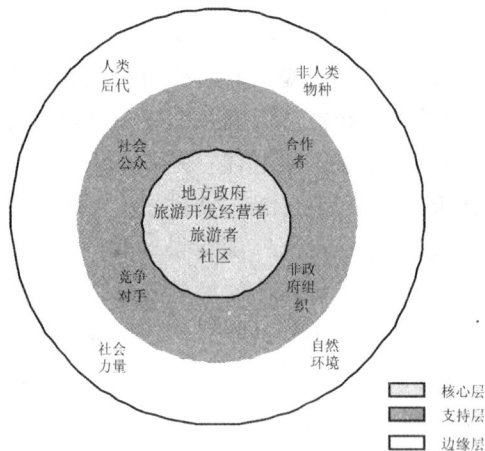

图 17-1 旅游开发中的利益相关者构成

资料来源:王德刚,贾衍菊. 成本共担与利益共享——旅游开发的利益相关者及其价值取向研究[J].旅游科学,2008,22(1):9-14.(引用时有改动)

核心层利益相关者:指旅游开发过程中的最直接和主要的利益相关者。他们通过参与旅游开发,彼此之间产生直接联系,影响旅游开发的运行,同时也直接接触旅游者的旅游活动。他们的利益更多的表现为经济效益,主要包括地方政府、旅游开发经营者、旅游者以及社区。地方政府既是一个"游戏规则"的制定者,也同时扮演着管理者、生态保护倡导者、社区发展支持者和旅游企业监督者等多重复杂的角色。旅游开发经营者一方面为旅游业注入了新的人流、物流、资金流以及信息流,另一方面,在其追求经济效益的同时,还可能造成环境资源的破坏。旅游者是旅游开发活动所围绕的主体,也是旅游活动盈利的主要来源。而社区既是旅游系统中的利益主体,也是载体,社区角色的多重性和动态性,对于旅游活动的开展具有重要意义。支持层利益相关者：指那些在某一特定的时间和空间能给旅游开发带来机会或威胁的利益相关者，主要包括社会公众、合作者、竞争对手以及非政府组织。与核心层利益相关者相比，它们对旅游开发的影响是间接的，但在信誉、公众形象方面的作用较大。社会公众虽与旅游开发活动无直接利益关系，但其反应和态度会对旅游开发产生重要影响。合作者是旅游开发中的助推剂，有利于资源的整合和充分利用。竞争对手一方面会对旅游开发活动造成威胁，另一方面对于提高自身实力也会有积极作用。非政府组织在我国发展并不完善，但也发挥着越来越重要的作用。边缘层利益相关者：指潜在的、非人类的、间接作用于旅游开发和旅游业发展过程的利益主体，主要包括自然环境、社会力量、人类后代以及非人类物种等。前两个层次的利益相关者考虑的是"人类"、"现实"的利益主体。但旅游开发作为一种影响深远的社会活动，其对资源的配置和使用不仅对当代人的利益产生影响，还能影响后代人的利益；不仅对人类种群的利益产生影响，还能够对非人类的其他种群和自然环境产生影响。这些人类的和非人类的、现实的和潜在的以及影响旅游开发的宏观环境——政治、经济、社会文化和技术环境等，都是旅游开发的利益主体，即边缘利益相关者。

第二节　游客管理

游客管理（Visitor Management）是一种以游客为中心的新型旅游管理模式。游客管理作为一种管理理念，已为发达国家旅游目的地所广泛应用。游客是旅游活动的主体，是旅游资源开发后产品的主要购买者和消费者，对游客实施有效的管理，不仅可以使其活动达到高水平的旅游体验，同样可以促进旅游地资源开发的永续利用和发展。

一、游客管理的含义

游客管理是指旅游管理部门或机构通过运用科技、教育、经济、行政、法律等各种手段组织和管理游客的行为过程。通过对游客容量、行为、体验、安全等的调控和管理来强化旅游资源和环境的吸引力，提高游客体验质量，实现旅游资源的永续利用和旅游目的地经济效益的最大化。最早关注和重视游客管理活动的是景区型旅游目的地，尤其是保护地，起因是西方一些国家公共公园游客量的急剧增加。起初，欧洲建造的公园是面向社会中特权阶层的，平民只有在当局的严格监督之下方可进入。其后特殊土地的概念被取消，政府建造的公园开始服务于普通民众。20

世纪初,经济的迅速发展带来了个人旅行的急剧增长,同时也增加了公园的访问量。20 世纪 60 年代,公共公园开始被过度利用,游憩活动对环境的冲击加剧。人们逐渐意识到,游客管理在保护公园的生态、社会、经济和文化价值方面有着举足轻重的作用。半个多世纪以来,游客管理在欧洲与北美洲的许多国家公园得到了重视与发展,并扩展到一些普通旅游景区和发展中国家的旅游目的地。人们对游客管理的认识也经历了从旅游环境容量到游客人数和利用强度,再到游客活动和游客影响控制,最后逐步形成较为规范的游客管理框架的过程。

二、游客管理的相关理论

游客管理理论的形成和发展大体经历三个阶段。

1. RCC 理论

美国学者韦格(J. Alan Wagar)提出了游憩环境容量(Recreation Carrying Capacity,RCC)这一概念,即一个游憩地区能够长期维持旅游品质的游憩使用量。游憩环境容量的出现标志着游客管理系统研究的真正开始,游客管理的实践也逐步走向较为合理的轨道。游憩环境容量研究在 20 世纪 60 到 80 年代,尤其是 60 到 70 年代进入高峰时期。美国、加拿大等发达国家在国家公园等旅游景区游客管理中积极引用环境容量的研究成果,各个旅游景区的游客可进入数量相继被算出,游客的过度进入得到了有效控制,这对保护景区环境起到了一定的积极作用。事实证明,虽然环境容量的概念起到了一定积极作用,但把容量简单地理解为数字问题或数学计算问题,在实践中往往会以失败告终。其原因在于环境容量的变量太多,计算结果很难得到一个准确答案。而管理的依据没有科学性和准确性,后果往往很难预料。

2. LAC 理论

1985 年 1 月,美国国家林业局出版的报告中,系统地提出了 LAC(Limits of Acceptable Change)理论的框架和实施办法。LAC 理论认为,一个地区一旦开展了旅游活动,那么当地资源状况下降是不可避免的,也必须接受,而问题的关键在于要为环境改变设定一个可容忍的极限,当旅游开发地的资源状况到达预先设定的极限值时必须采取措施,以防环境的进一步恶化;以一套不同步骤的管理过程来替代单纯的"环境容量计算",实践中取得了很好的效果。LAC 理论将实地调查的资源和社会状况与确定的旅游机会类别的资源和社会状况标准进行比较,从替选方案中选择最佳方案,制定管理行动计划,并在实施过程中纠正和制止不良行动的发生。但 LAC 理论只强调通过数据搜集和分析工作,解决受关注的问题和事件,这就忽视了一些没有被考虑的事件和问题,而这些问题恰恰有可能严重影响着游客的管理。此外,从管理者角度出发,LAC 理论是对游客的一种有效管理,但没有将游客管理的主体,游客以及游客的心理因素和主动性纳入管理的范围。

3.游客满意理论

进入 21 世纪以来,游客管理迎来了从"以管理人员为中心"向"以游客为中心"的转移,越来越多的学者主张游客管理应引进服务管理的原则。顾客满意理论是将游客对目的地的期望和在目的地的体验相互比较,若体验与期望比较的结果使游客感觉满意,则认为游客是满意的;反之,则认为游客是不满意的。Kenneth Hornback 等出版的《保护区公众使用管理指南》中,将消费领域的顾客满意度概念引入了国家公园和保护区管理,形成了游客服务管理、游客满意管理和游客满意度等概念,并在加拿大几个国家公园的规划和管理实践中得到应用,效果良好。游客管理只重视管理者,忽视游客的片面做法被游客满意理论彻底改变了,从此游客管理更加注重发挥游客的主动性和积极性,因而更加全面化。然而,游客管理目前还处于起步阶段,无论是在影响游客满意的因素方面,还是在游客满意度测试指标体系和模型等方面的研究都有待于迅速提升。

三、游客管理的模式

环境保护与游客满意是当前全球旅游地游客管理的两大目标主题。从实践发展看,追求的目标的侧重点不同,因而,形成了环境导向、偏环境导向、游客导向、偏游客导向、环境－游客导向等多种游客管理模式(图 17－2)。

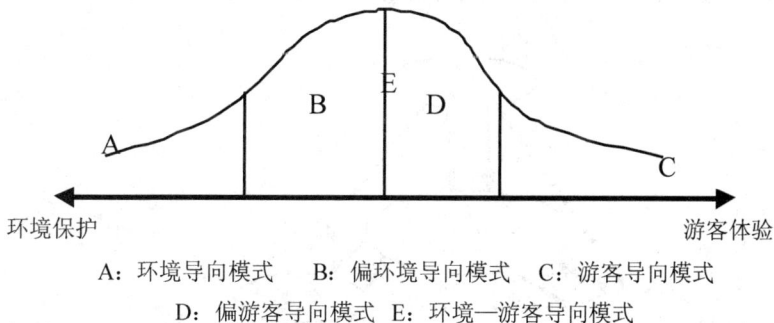

A：环境导向模式　　B：偏环境导向模式　　C：游客导向模式
D：偏游客导向模式　　E：环境—游客导向模式

图 17-2　不同导向的游客管理模式

资料来源:何方永.基于不同目标导向的游客管理模式比较研究[J].成都大学学报(社科版),2008(3):39－41.

1.环境导向模式

游客管理最原始也将是最持久的动机与目标就是环境保护。在全球极具影响力的游客管理模式如可接受的改变极限理论(LAC 理论)、游憩机会谱理论(ROS理论)、游客活动过程管理理论(VAMP 理论)、游客影响管理理论(VIM 理论)等都是以追求旅游地的环境资源保护为己任。在环境导向型模式下,游客管理的实质是调整游客行为以降低游客不良行为对旅游地环境与资源的影响,即游客行为管理。它强调提高旅游者的环境保护责任意识并适当约束其行为,关注如何对游客消费方式与行为方式加以影响,使之能够自主地(责任意识养成)或者被动地(行为适当约束)保护环境与资源。

2.游客导向模式

游客导向模式主张提高旅游体验质量是旅游目的地的主要任务,游客管理的中心应该是游客,要实现最大化的游客满意,显然,这种导向模式下,服务管理的原则与理念被贯彻在游客管理中。要想实现更高的游客满意度,就需要了解游客的需求,并以此为依据调整旅游目的地的行为特征。在该模式下,游客管理实际上就是游客体验管理。

3.环境-游客导向模式

环境-游客导向模式是对上述两种模式的修正。环境导向模式忽视了游客体验,游客导向模式弱化了环境保护理念。此模式则企图协调人(游客)与自然(环境)的关系,以期弥补二者不足,实现游客满意与环境保护的双重目标。

4.关系导向模式

处理好以游客为中心的旅游目的地利益相关者之间的关系,才能够实现游客管理的多元目标,而不应该仅仅只考虑游客与环境两个因素。关系型游客管理模式就是以多元目标体系为导向形成的游客管理模式(图17-3)。

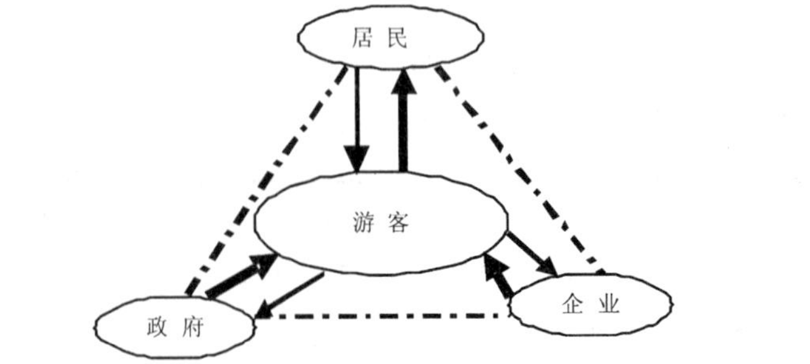

图17-3 关系型游客管理模式

资料来源:何方永. 基于不同目标导向的游客管理模式比较研究[J]. 成都大学学报(社科版),2008(3):39-41.

利益-责任双向多边关系型游客管理模式的内涵如下:(1)基本要素把游客、政府、居民与旅游企业等相关者均囊括其中,即游客与目的地利益相关者处于同一系统中。游客管理就必然要求将各利益相关者全部纳入游客管理系统。(2)游客管理的实质是旅游过程中客—主关系的管理,即通过协调游客与旅游目的地各利益相关者的关系,实现游客与旅游目的地共赢,最终实现旅游可持续发展。这种关系的协调包括两方面,一是调整游客的行为,使游客行为符合旅游目的地利益特征;二是调整目的地各利益相关者的行为使其符合游客需要,提高游客旅游体验能力,达到游客满意的效果。(3)游客管理的利益是双向的,责任也是双向的。关系型游客管理模式中任何利益相关者既是游客管理的利益享受者,也是责任承担者,只承担责任或只享受权利的利益相关者是不公平的。关系型游客管理模式是目前最优的游客管理模式,它与传统的三种游客管理模式相比更为成熟。具体表现在:① 关系型游客管理模式是对传统游客管理模式的继承与发展。传统管理重在保护的实施,只考虑游客与环境两个要素,游客与环境的关系成为了保护地最为敏感的问题。关系型游客管理模式将游客管理的基本要素从游客与环境两个要素扩展至游客、环境、政府、旅游企业、社区等多个要素,将游客与环境的双边关系扩展至游客与环境、政府、旅游企业、社区等多边关系。既吸收了传统模式的积极因素,又弥补了其缺陷,是对传统游客管理模式的继承与发展。② 关系型游客管理模式作为一种更公平的管理模式,实现了多个要素之间的责任—利益的双向制度。无论在责任承担还是利益享受上,关系型模式都同时指向游客、环境、社区居民等多个要素,体现游客管理的公平原则。

四、游客管理的主要内容

1. 数量管理

尽管对游客数量的控制已被证明是存在很大缺陷的,但不可否认,游客的体验水平和对环境的负面影响程度与游客数量存在普遍的相关关系,这也是环境容量理论在被越来越多地发现存在缺陷后还能一直在实践中运用的缘故。某些特殊旅游资源如喀斯特溶洞、石窟等,其环境和文物保护等负面影响的直接因素主要是二氧化碳、细菌含量的增多,而这种情况主要与游客数量有关,与游客的行为无明显联系。因此,此类景区必须考虑对所进入的游客数量设限。最简单的办法就是强制性限制,但考虑到对旅行社业务、游客出游计划的影响,一般必须采取建立客流信息系统、预定系统、价格策略加以调节控制。有时为达到数量控制的目的,可以采取特别的办法,如美国黄石国家公园采取抓阄进入的办法控制每天进入公园的人数。有些景区可以适当保持或提高景区进入难度、减少宣传等手段控制游客数量。

限制游客进入数量对于游客来说总是不愉快的事,对于游客人数的多少与环境的影响并无主要关联的多数景区,应该考虑的是实施游客分流,降低客流在景区内部局部景点的集中程度,从而减少各局部景点游客的拥挤程度。对客流时空分布情况的掌握非常有助于分流,通过信息传递反映各处的游客拥挤情况,可组织引导游客分流或实现游客自发分流。有时需要考虑游客的心理特征,例如人们在进入某个空间的时候,习惯朝左行,为此应尽量分散游客的注意力把游客吸引到那些宣传不多的地方。

2. 队列管理

分流措施并不是总能解决游客数量过多的问题,其效果与措施的实施成本也有联系,因此排队现象经常是难以避免的,这种现象在主题公园等景区十分突出。排队是影响游客总体体验的重要因素。因此要尽量采取措施缩短游客的排队时间。一些可供借鉴的改善游客体验的队列管理办法如:提供排队的详细资料、超额估算剩余时间、使人们排队时总是有事可做。各种措施的目的主要在于减少或避免游客等待时枯燥单调的环境。在英国,奥尔顿塔楼、伦敦眼等主题公园引入了绩效排队体系,即通过计算机订票系统保留各自位置,并在指定时间获得相应位置,绩效排队的意义在于基本避免了排队等待现象。

3. 游客投诉管理

要高效地处理投诉,需要建立一套完善的投诉处理程序,首先必须要有一个完整便捷的投诉受理渠道;其次,对游客的投诉要做出及时的、合适的反应,主要对游客的意见做到耐心倾听、安慰、负责;最后能快捷地拿出一个使投诉游客满意的处理方案。

4. 解说系统的建设

解说系统形式可以分为向导式解说和自导式解说,包括各种导游讲解、咨询服务、影音材料、标志、牌示、地图、手册等。让游客有更多机会获得信息是关键的一步,对此应充分发挥导游的解说引导作用。景区一般应有专门的游客中心为游客提供服务。景区内的牌示、标志等首先需要主要位置的得当及信息的醒目、简洁、准确,其次,个性化的设计、提示更能赢得游客的配合。完整的解说系统可以变对游客的直接管理为间接管理,真正体现游客管理的服务性特点。

5. 行为管理

行为管理内容可包括,环境卫生方面的常规行为管理,如垃圾、吸烟、践踏、吐痰、争吵、大声喧哗等,破坏性行为管理如涂刻、攀折、拍照、收集纪念品、闯入保护地带的活动,安全行为管理如危险地带、接近一些大型动物等。不同的旅游景区对游客行为的要求是不同的,如在生态旅游区,对游客的活动范围、装备乃至所穿的鞋子往往都有要求,在文物古迹景区,一般重点是监督接触、涂刻及拍照等行为。除配备足够人员的监管外,导游的配合是有效的补充,为此必须注意对导游的管理。管理的方式主要通过提醒、宣传教育,但强制性手段也是必不可少的。

6.游客体验的团队管理

保持适宜的团队规模、频率、距离对游客体验质量非常重要。团队规模过大易于造成空间拥挤。在旅游景区狭小景点往往有几个团队的导游同时解说,相互干扰是经常出现的现象。

第三节　社区参与

一、社区参与的含义

社区参与这一概念的发展历史并不长,众多学者从不同角度对社区参与做出了多种定义:(1)社区参与既是政府及非政府组织介入社区发展的过程、方式和手段,更是社区居民参加社区发展计划、项目等各类公共事务与公益活动的行为及其过程,体现了居民对社区发展责任的分担和对社区发展成果的分享。社区的可持续发展、参与式发展强调发展的重点是人的发展,人是发展过程的主体,这是可持续发展理念的具体化和现实化。(2)社区参与是受益人影响发展项目的实施及方向的一种积极主动的过程。这种影响主要是为了改善和加强他们自己的生活条件,如收入、自立能力以及他们在其他方面追求的价值。(3)公众参与指的是通过一系列正规和非正规的机制直接使公众介入决策。(4)参与并不是政府居高临下地对居民的一种权力施舍,而是后者多年来以各种方式进行抗争以及社会民主化发展的结果,参与目前已是发达国家社区建设的必要环节。(5)社区参与意味着社区的人们有权力和责任参与揭示自身的问题,指出自身的需要,评估自身的资源,并找出解决问题的办法。

有学者认为,社区参与是社区参与旅游发展(Community Participated in Tourism Development)的简称。社区参与旅游发展是指把社区作为旅游发展的主体纳入旅游规划、旅游开发等涉及旅游发展重大事宜的决策、执行体系中。这种阐述看重的依然是旅游发展而非社区的发展,真正的社区参与应该是为了自身的发展而在规划指导下寻找适宜的发展道路。

综上所述,可将社区参与旅游发展理解为在旅游的决策、开发、规划、管理、监督等旅游发展过程中,充分考虑社区的意见和需要,并将其作为主要的开发主体和参与主体,以便在保证旅游可持续发展方向前提下实现社区的全面发展。

二、社区参与的内容

旅游发展是一个较为宽泛的范畴。宏而观之,有旅游发展战略、指导思想、远景目标等纲领性内容;微而言之,又有旅游发展战术安排、旅游产品研究与开发、旅游市场开拓等。从时间上看,有旅游发展各要素的时序安排,优先发展项目的运筹等;从空间上讲,有旅游发展各要素的空间结构、比例的确定、区域联合发展等内容。因此,居民参与的内容只有渗透到各个层面才能真正体现过程参与原则,达到参与之预期目标。社区参与旅游发展主要体现在以下三个方面。

1.参与旅游发展决策

包括授权居民自行决定旅游发展目标,倾听居民对发展旅游的希望与看法,并将这些意见纳入政府的决策之中。这样做的依据之一是可持续发展的思想。可持续发展体现在代内公平和代际公平两个方面。就前者而言,指所有的人提供获得物质环境利益和社会文化利益的公平机会。旅游事业的发展不仅要使旅游者获得精神的满足和再生产能力的提高、政府税收的增加和旅游企业的盈利,还要给社区带来多方面的利益,参与分享利益各方共同形成伙伴关系,利益共享,责任共担,共同促进旅游业的健康、协调、持续发展。依据之二是对旅游吸引物的科学把握。即不仅仅是景观资源(自然和人文),居民(包括其素质高低、对旅游发展态度)也是旅游吸引系统的一个重要组成部分。这样看来,就不会在旅游发展中轻视乃至忽略居民的作用。旅游地若能充分考虑社区要求并使其受益,则居民表现为支持旅游进一步发展的倾向,并以更积极姿态继续介入,反指则与之相反。

2.参与旅游发展带来的利益的分配

这与参与旅游发展决策是相辅相成的。能够分享到旅游发展带来的利益,就有机会参与旅游发展决策。如从事旅游经营活动而上缴给政府税金的居民,会受到政府当局的重视,主动征求居民的意见,进而采取反映社情民意的措施。居民经济地位的提升,也意味着其发言分量的加重。反过来,参与旅游决策的多层面和高强度亦更容易使居民获得收益的机会。主要包括不断增加居民的就业机会和商业机会;保证本地居民优先被雇佣的权利;旅游商品尽量采用本地原料进行加工;向居民开放为旅游者而兴建的服务设施和环保设施。但目前的问题是,由于单个人经济力量有限,政府又无具体保障措施,参与利益分配大多有心无力,结果这种"特权"只集中在少数人或少数部门之中。而大多数人则承担起了旅游发展的各项成本(包括环境、社会成本等)。

3.参与有关旅游知识的教育培训

大致包括两方面内容。一是为提高居民旅游意识和环境观念而进行的教育。主要由旅游行政管理部门或行业协会牵头实施。通过教育培训最终达到这样的目标：由受教育前居民被动接受环境保护的教条转化为受教育后居民主动的、自觉的环保观念的形成。第二个方面是为增强居民在旅游发展中的生存能力和技能而进行的培训。如对居民进行服务接待和经营方式的简单培训后，可将部分民居装修改造为供出租的客房，并提供简单膳食，最终从中受益。从这个意义上说，居民参与教育培训与参与利益分享是相辅相成的，目标上是一致的。

三、社区参与的不同模式

1."分红利"社区参与模式

(1)模式简介。"分红利"社区参与模式起源于南非的洛克泰尔湾旅游社区。该地区居民持有旅馆所有权和旅馆经营权双重股份，收益取决于旅游收入和持有人的股票份额。股票份额由代表作为克瓦祖鲁保护信托基金会商业机构成立的非盈利性公司埃斯沃奴(Isivuno)的顾问指定。该公司现在是克瓦祖鲁－纳塔尔自然保护机构(KZNNCS)，比由私人经营者组成的野外旅行社要早。每个季节居民们都能收到他们在旅馆所有权公司的股息，其来源是野外旅行社缴纳的租金，在经营利润较多的情况下，还可得到旅馆经营公司的股息。红利被存入社区信托基金会经管的一个银行账户中。具体使用方法：① 信托基金会考虑项目方案，会接受社区成员个人的补充建议；② 信托基金会与独立的农村发展委员会协商社区所需的发展项目类型；③ 项目方案提交公开的社区大会，由整个社区投票决定如何使用这笔钱。

信托基金会向其他社区居民负责。如该会没经过整个社区的同意使用红利，社区居民可以解雇整个信托基金会，然后再选举一个新信托基金会。其经营模式结构如图 17-4。

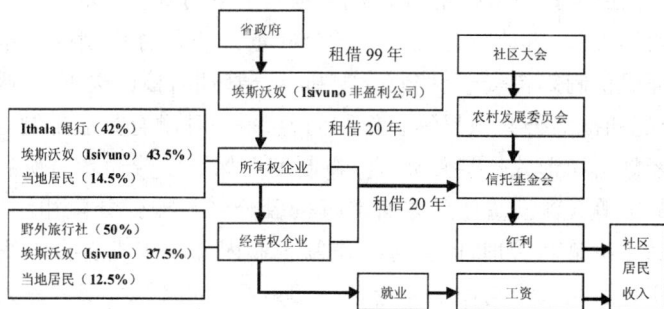

图 17-4　洛克泰尔经营模式结构图

资料来源：安妮.斯潘斯里,刘晓哗译.南非两个自然旅游经营项目中的当地社区受益体系[J].产业与环境,2002,24(3-4):50-53(引用时有修改补充).

（2）直接或间接产生的社区收益分配。①社区基金。洛克泰尔湾附近的两个村社区信托基金会 5 年收入现金 10500 镑，把钱按比例分给社区居民。②基础设施。基金利润部分被用于两所地方学校改造建设，改善连接乡村、经营场所及最近城镇的劣质道路，让居民从中获益。③教育。信托基金还提供个人奖学金，广泛资助学习和职业培训。④就业。就业招聘政策为：项目经理把候选者情况报告村领导（族长），族长把所感兴趣人的名字放在一个帽子里让随机挑选，项目经理对被选中者进行面试，确定最合适人选。

（3）评价。①受益体系的可持续性。该社区居民所有权具有很强的可持续性。如野外旅行社离开，社区受益体可转给其他私营者。所有权公司的红利定期分给居民，而经营公司的红利取决于利润。其同人住程度和对客人收费有关，如不盈利，居民则不会受益。②社区受益人的监控。社区任何居民都有机会参与决定项目是否被资助，基金会的分红利行为受到直接监控。③受益体系间接最大影响是就业。5 年间当地村民仅货币经营项目收入金额大约是分红的 15 倍。员工座谈显示，至少 34％ 的工资直接被用于社区内部，被用来养活更多无业者、建房、支付学费、雇佣更多社区居民。任何感兴趣的社区居民都可到经营企业面试，机会平等。此经营项目减少了劳动力外流，加强了社区凝聚力。另外，"河马旅游"产生经济效益改变了当地居民的观念，以前被当作有害动物的河马现在被当作宝贵资源加以保护。

2. "生态旅游股份合作制"社区参与模式

（1）"生态旅游股份合作制"社区参与模式的背景。厦门岛东海岸的思明区黄厝和曾厝两个村的生态旅游股份制合作，经国际公司策划设计，取得了成功。

（2）"股份合作制"的基本含义。这是一种"兼有资本合股和劳动联合的经营组织形式"，"是在所有制性质既定前提下，对属于不同所有者的各种生产要素加以组合和经营的形式"。劳动联合与资本联合并重是股份合作制的根本特征。股份合作制在保证股份制筹措资金、按股分配和经营管理内核前提下，又吸收股东参加劳动、按劳分配和提取公共积累等合作制内容，是一种融合集股份制与合作制优点的新型集体经济组织形式。特点如：① 在制度上保证了劳动者与所有者的统一及劳动者地位的平等；② 收益分配方面实行按股分红与按劳分配相结合的方式；③ 管理上实行民主决策和管理，即股份合作制企业内部职工拥有参与决策和管理的权利。一般实行股东大会与职工大会合一的最高权力制度，坚持一人一票制或与一股一票制相结合方式，同时仿照股份公司制度，设置相应的机构，制定相应章程。

（3）黄厝生态旅游股份合作制运行框架。①产权界定和股权的设置。黄厝生态旅游区的生态旅游资源产权可界定为国家产权、黄厝村集体产权、村民小组产权和农户个人产权 4 种产权主体。②生态旅游收益分配基本模式。利益分配结构是否合理是决定公众参与旅游经营和保护生态旅游资源积极性的重要因素。合理的利益分配是保证股份合作制经营企业长远发展、股东眼前利益和长远利益结合的重要机制。其税后收益分配包括三部分：一为公积金。这部分净收入是企业用于扩大再生产的积累资金。积累是利益分配的结果，企业积累合理、发展快、利润率上升，合作者就可从中多受益。二为公益金，主要用于股份合作制企业的公益事业。用于对当地社区居民进行环境教育、经营技能培训（导游培训、旅行社经营和农家度假村管理）和维持公众参与机制的运行等。三为股金分红，支付股东股利。即按国家、集体和个人的持股比例进行股利分配，分配办法体现"风险共担、利益共享、多投入多得"原则。国家、集体和个人可在生态旅游开发中按照自己的股份获得相应收益，实现社区参与的深层次转变。其运行模式如图17-5所示。

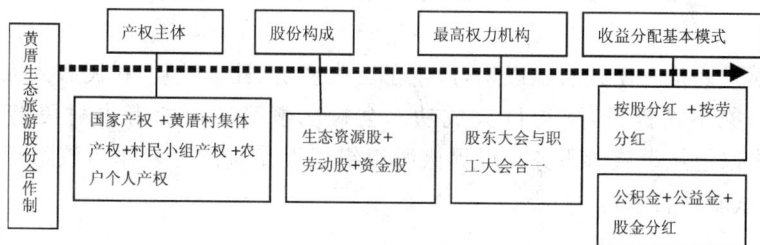

图 17-5　黄厝生态旅游股份合作制运行模式图

资料来源：张波. 旅游目的地"社区参与"的三种典型模式比较研究[J]. 旅游学刊，2006，21(7)：69－74（引用时有修改补充）.

（4）模式评价。该模式能够有效激励社区居民积极参与生态保护。在实行生态旅游股份合作制经营的条件下，社区居民既是生态旅游开发经营的股东，又是生态旅游经营中的劳动者。该模式将村民关心生态旅游的发展和保护自身的利益紧密联成一体，使村民真正有了主人翁地位，从而积极参与决策，自觉维护其赖以生存的生态旅游资源，实现了生态旅游资源由"公有"到"共有"的转变，达到保护管理的目的。采用生态旅游股份合作制经营，应按照生态旅游规划，统一管理入股后的土地和资源，合理调配和利用社区人力资源。

3. "政府＋公司＋旅行社＋农民旅游协会"的社区参与模式

（1）"政府＋公司＋旅行社＋协会"是广泛参与的社区参与模式。1999 年，平坝县供销社一名职工出资建立"屯堡文化资料收集小组"和"旅游开发筹建组"，对天龙进行了摸底调研，提出可行性研究报告和商业计划书，后经反复论证后正式组织实施。2001 年该职工及贵阳风情旅行社负责人等 3 人，共同投资 100 万元，组建了天龙旅游开发投资经营有限责任公司。①经营模式。旅游开发实行了"政府＋公司＋旅行社＋农民旅游协会"模式，根据"各负其责，各司其职"进行分工。如政府负责交通通讯等基础设施建设和协调旅游投资公司、旅行社与村委会、农户之间的关系;旅游投资公司负责旅游开发项目的资金投向;旅行社负责组织旅游团到天龙旅游;村委会和农民旅游协会负责环境卫生和治安秩序,同时还负责地戏演出,组织村民英语、导游培训等。分工明确,责任到人,责、权、利良好互动,各项工作有条不紊、秩序井然。②分配模式。将总收入的一部分作为开发项目再投入资金,剩余部分按照政府、公司、旅行社、协会四等份平均分配,农户这一部分再由协会按"多劳多得"分给农户,农户出卖旅游商品全归农户所得,政府不再提成。合理分配,按劳取酬的原则使广大村民从旅游中普遍得到实惠,激发了投身旅游的极大热情。③模式的特点。从根本上打破了封闭一贫困的局面,开发投入少,经济效益显著,社区居民参与度高、受益面宽,带动性强,综合效益明显,扶贫效果好。普遍认为要办好乡村旅游,最重要的是必须解决好社区农民利益问题。其经营模式见图17-6。

(2)模式评价。模式实施以来,产生了巨大经济、社会效益,村民收入大幅度提高,品牌形象不断提升,取得巨大成功。全村从事第三产业者占村民劳动力的40%,一半以上从事旅游服务。世界旅游组织把天龙旅游开发作为该组织的乡村旅游开发试验项目基地。

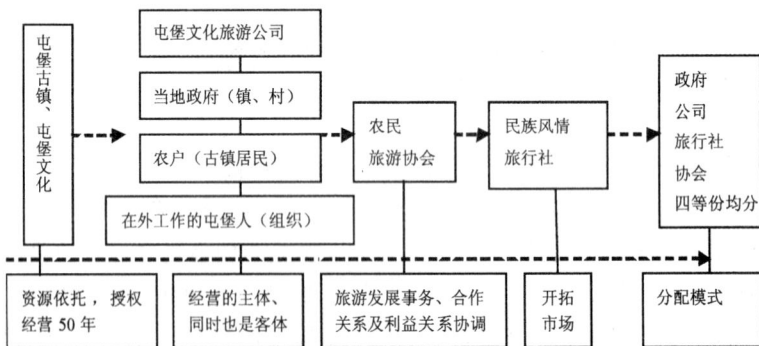

图17-6　天龙屯堡文化旅游经营模式

资料来源:增艳. 国内外社区参与旅游发展模式比较研究[D]. 厦门大学硕士学位论文,2007(引用时有修改补充).

4.三个典型模式的比较分析

三个具有代表性的目的地社区:一个在国外(南非),一个在国内西部经济相对欠发达地区(贵州平坝),一个在国内东部经济相对发达地区(厦门岛东海岸区)。通过三个案例的对比分析(表17-1),每一个"社区参与模式"都有典型之处,可被借鉴于相关社区旅游开发。

表 17-1　三种典型(案例)模式比较分析表

项目	案例1:非洲洛克泰尔	案例2:厦门黄厝村	案例3:贵州天龙屯堡村
资源依托	沿海森林保护区、湿地公园	自然原生态海岸景观	古镇石板房民居、屯堡文化
旅游业务	海滩旅馆、潜水、钓鱼等	海岸景观、生态旅游	屯堡村寨文化旅游
参与主体	非盈利性公司、旅行社、农村委员会、当地居民	国家、集体(政府)、农户、股份公司	政府、农民协会、农户、旅游公司、旅行社
经营模式	当地居民拥有旅馆等;企业所有权和经营权社区大会	生态资源股(国家股、集体股和个人股)+劳动股+资金股	政府+农民协会+旅游公司+旅行社合作经营
分配机制	社区居民可获得所有权企业的股息+经营权企业的红利+居民就业的工资	按股分红+按劳分红税后收益分配包括公积金+公益金+股金分红	政府、旅行社、公司、协会四份平均分配;农民的收入由协会进行再分配
主要特点	非政府组织介入社区;大会是最高权利机构	股份合作制,重视农民个人股,股东大会与职工大会合一	政府、旅行社、公司、协会及农民的广泛参与
旅游影响	解决了当地居民贫困,减少了劳动力外流,加强了社区凝聚力,保护了自然环境	实现了社区居民有效参与;社区居民生活水平提高;生态环境得以有效保护	天龙品牌提升;成为"乡村旅游开发试验项目基地"

从上述模式可以看出:

(1)旅游开发中"社区参与"的本质在于,整个"旅游地系统"既是社区旅游发展的客体,又是社区旅游发展的推动者,主动"参与"社区旅游业发展相关事务的行为。(2)在旅游地"社区参与"过程中,不能单靠社区个体的或少数居民群众自发参与,政府、研究者以及其他组织和群体的共同参与、综合决策必不可少。在旅游目的地社区中,共有4类主要社会群体,即社区参与主体:① 与旅游业相关的政府组织;② 驻地企业单位法人;③ 中介组织(非营利机构);④ 社区居民群众,即生活在旅游开发地社区中的原驻居民,包括个体的和群体的居民。旅游目的地社区参与的"客体"是指社区内与旅游业发展相关的各种事务,具体包括以社区旅游业发展为中心的政治发展、经济发展、文化发展和社会发展四个方面。作为社区经济发展的支柱产业,旅游目的地社区旅游业支撑着整个社区的发展,渗透于社区的各项事务之中。(3)"社区参与"一般具有以下几个基本特征:广泛性、全面性、自觉自主性、平等性、相对性、层次性和动态发展性等。此外,社区的有效参与也需要其自身能力和意识的不断提高,既需要不断完善社区参与机制,又需要健全法律制度保障,这样才能够实现社区各类主体参与社区发展决策乃至经营管理的合法性、自觉性、自主性和可行性,并从中获益。

第四节　旅游开发中利益相关者协调机制的构建

旅游开发中,各利益相关者拥有的资源不同,参与旅游的动机、方式、程度各异,个体目标及旅游开发整体目标的实现与否,取决于所有利益相关者利益的协调程度与方式。只有在一个合理的制度安排下,建立新型的利益平衡机制,才能确保所有利益相关者个体理性的主观动机,实现真正意义上的可持续发展。旅游开发过程实际上是一个博弈的过程,是资源(自然、文化、权力等)的分配和利益(经济、环境、社会等)的平衡过程,是利益相关者之间通过交易、协调、利益让渡和责任分担而进行社会建制的过程。因此,能否处理好利益相关者问题是关乎旅游可持续发展的关键。

一、旅游开发中利益相关者间存在的问题

旅游开发过程中涉及多个利益相关者。各个利益相关者因立场、目标等方面的差异,利益追求也有所不同。目前,他们之间存在的问题主要表现在三个方面:利益相关者间存在利益冲突,利益相关者间的角色错位以及利益相关者权益与义务的不对等。

1. 利益相关者间存在利益冲突

尽管从长期来看,旅游开发中各利益相关者之间的根本利益是一致的,但在短期内,利益相关者主体之间存在着一定程度的利益冲突,满足某一个利益相关者的利益甚至意味着必须同时牺牲其他利益相关者的利益。例如,向游客提供价廉的产品和优良的服务能够改善旅游开发经营者的形象,提高其长期竞争力,但是短期内会增加运营成本,减少收益。

同时,这些利益相关者对旅游发展有着很强的影响作用,它们既希望通过旅游开发来获取利益,但由于它们追求的利益点不同,又导致某种程度上的冲突。比如,投资者希望从旅游开发中获取高额的投资回报;旅游者希望通过旅游来获得旅游需求的有效满足;政府希望通过旅游开发促进当地社会经济的发展,可能会更关心税收、就业等问题;当地居民希望通过旅游开发来提高自己的生活水平和改善社区环境。投资者为获取最高的投资回报,就不会考虑到旅游开发对社区环境造成的影响,而政府的有关政策和措施又会使投资者和旅游者的行为受到一定程度的限制。

2.利益相关者间的角色错位

利益相关者的角色错位、重叠是旅游健康发展的一个主要问题。地方政府可能以经济功能为主导来进行旅游开发,而忽视旅游开发的社会效益和环境效益,容易导致多种短期行为而置旅游可持续发展于不顾。对当地居民而言,旅游开发有助于改善其生活水平,但旅游开发也打破了居民长期习惯的生活方式,占用了居民赖以生存的土地资源,当地居民被动地承担了过多的外部成本,却没有得到相应的补偿。旅游开发经营者主要是与资源管理部门合二为一或者由其所衍生出的旅游企业,这些旅游企业在参与经营过程中,凭借其机制、资本的优势,垄断了大部分营利性业务。尽管在长期战略上追求经济效益、环境效益和社会效益为一体的综合效益,但在现实操作过程中却片面追求短期经济效益。

3.利益相关者权益与义务的不对等

旅游开发过程中,各利益主体会因所处地位、开发利用能力等方面的不同,而使利益相关者在资源利用、经济要素分配和市场机会提供等方面存在着明显的差异,引起利益、权力、义务等方面的矛盾,如:各产业利益主体之间的权益与义务不对等的矛盾,以及当地政府和居民之间权益与义务不对等的矛盾。有的景区在发展过程中,政府因在地方治理和经济发展方面享有的各项权利和优惠措施,成为景区旅游开发的最大受益者。而与此相反,发展旅游业可能打破当地居民长期以来的生活方式和环境,占用当地资源和人们赖以生存的土地,引起物价上涨等,却受益较少。

二、旅游开发中利益相关者冲突产生的原因

1.政府控制力强,其他利益相关者处于弱势地位

利益来源于对资源的控制,利益的大小取决于对资源控制的多少。政府部门作为旅游资源的实际控制者,拥有绝对的控制权,而其他利益主体则处于相对弱势地位,因而在利益分配中较为被动。此外,利益相关者控制力不同,其对利益的关注度也不同,故使问题更复杂。

2.非政府组织发育不充分

旅游开发过程中,涉及诸多利益主体,不同利益主体获益能力的差别以及所关注的利益不同,不可避免地存在利益失衡和利益冲突的现象,而往往受损失的又是弱势群体。弱势群体由于缺乏代表自己利益的组织,无法以组织的力量来维护自己的合法权益,表达自己的利益诉求。在这种情况下,要保护弱势群体的利益,单有自上而下的政府组织是不够的。我们需要借助非政府组织,充分利用其优势,以灵活的方式、积极有效的行为介入来协调各方利益,从而推动国家相关政策的执行并保护弱势群体的利益。

3. 现行管理体制的弊端

本章第二节中已经提及,旅游开发中所涉及的政府部门主要包括两类:旅游资源主管部门和旅游行政管理部门。如:风景名胜区归属建设部门管理,遗址公园、博物馆归属文物部门管理,森林公园归属林业部门管理,且上述资源经开发后进入市场进行经营都要归属旅游部门管理。由此可见,旅游资源开发管理的复杂性,这种多个部门参与旅游开发的情况,导致了多重矛盾。

三、几种主要利益协调机制的构建

1. 利益表达机制

利益表达就是人们向各级公共权利机构或其组成人员反映、提出自己的愿望和利益诉求,并希望得到有力保护和促进的过程。在现代政治体系中,几乎所有的利益表达行为都可以分为制度化的与非制度化的两类。制度化的利益表达是在合法体制框架内进行的,既是公民政治权利和民主政治的重要组成部分,也是政府政策的警示器和社会稳定的缓冲阀。如果人们的合法权益不能通过制度化的渠道得到有效保护,那么,他们就会选择非制度化甚至非法的渠道进行利益表达,例如挑起社会动乱等非理性暴力行为。

首先,要进一步拓宽利益表达渠道。建立和完善与各利益相关者密切相关的政府信息披露制度、社会民意反映制度、重大事项社会公示制度和社会听证制度,进一步推动政府决策的科学化、民主化。让各利益相关者的意愿能够通过制度化的渠道表达出来,政府在决策时能够听到来自各种不同利益群体的声音,这些意见和声音最终应该成为制约并引导政府决策的有效力量。其次,要大力扶持各种非政府组织。原子化的个人利益表达,只能导致社会失序和政治不稳定,而不能促进社会的健康有序运转。当代我国利益表达机制的构建,在利益表达主体,即"谁来表达"方面,只能是非政府组织而不能定位在原子化的个人。这就需要大力扶持各种非政府组织,特别是弱势阶层或利益群体社会组织,使他们承担起社会利益表达的主要角色。第三,建立健全以非政府组织为载体的社会协商对话制度。各种利益群体和社会成员之间的协商对话,是当代社会减少、缓解、乃至解决利益冲突的重要途径。通过协商对话,把利益矛盾和冲突消灭在萌芽状态,既有利于各种社会利益诉求的实现,也有利于社会利益的相对平衡和社会的政治稳定。

2. 利益监控机制

每一个利益相关者的利益点不一致,因而在旅游开发过程中,存在着利益的冲突。同时有的利益相关者为了满足自己的利益,可能通过不法行为来损害其他利益相关者的利益,比如旅游开发经营者的过度开发造成的环境破坏问题、竞争者为争夺市场而采取的恶性竞争手段等,因此从维护利益相关者的整体利益出发,必须建立有效的行为监控机制,通过对利益相关者行为的监控使每个利益相关者的利益目标与系统的整体目标方向一致。有效监督利益相关者的行为可以有效预防经营过程中可能出现的各种问题,并避免资源的浪费和旅游外部不经济性现象的发生。

首先,健全法制,规范各利益主体的经济行为。由于市场发育不完善,竞争机制尚在形成过程中,市场规则不健全,用超经济手段甚至非法手段谋取利益的行为大量存在。这些不规范、不正当、不合法的逐利行为,侵犯和损害了社会成员的合法利益,是造成利益分化中的无序现象的重要原因。因此,应在现有的法律法规的基础上,建立与旅游开发实际相符的法律法规体系,从而保护各利益主体的正当合法利益,约束逐利行为,使之规范有序。其次,建立有效的投诉机制,做到有投必接、有接必处。在投诉过程中,对现场可以给予答复的,由工作人员现场给予解释说明;对于一些疑难问题,不在工作人员控制范围内的,工作人员应给予适当解释,并及时上报对应主管领导;客户投诉处理结束后,责任部门应对造成投诉的相关责任人进行处理。第三,建立规划管理行政责任追究制度。明确政府领导、管理部门领导和管理人员责任,做到权责统一。对各种违法违规行为,要追究直接责任人和主管领导责任;对造成资源重大破坏,影响严重和造成重大损失的还要追究主要领导责任;对监管不力,放任违法违规行为的,要追究相应责任。

3. 利益实现机制

首先,建立健全相关社会保障制度。社会保障制度是国家为了保护经济发展和社会稳定,对公民因年老、失业、疾病、伤残、生育等原因,丧失劳动能力或就业岗位时,由政府和社会依法给予一定的经济帮助,以保障公民的基本生活需要的一种基本制度。旅游开发中,可建立一笔专用资金用于保障员工、社区居民及其他弱势群体的基本生活需要,从而缓解矛盾,促进可持续发展。其次,建立针对当地弱势群体(当地居民)的补偿措施。如对当地居民的土地和旅游资源征用给予经济补偿,为居民提供发展替代型经济,为他们提供科研和技术扶持,为当地居民提供劳动就业机会和商业机会等。这是个互动、互惠的过程,只有当居民的经济来源获得保障,甚至因此获益,他们参与旅游发展的积极性才能被调动起来。

4. 利益激励机制

为保护旅游开发健康有序地进行,就必须奖罚分明,尤其是要建立健全相应的奖励机制,如对客运车辆、各经营摊点等实行统一管理,实行一票否决制、有效投诉累计淘汰制、承包转包管理制等;对销售物品实行统一标签,明码标价;工商管理部门推行投诉先行赔偿制度。针对不同行业、系统的特点,广泛开展"文明经营户"、"文明员工"、"文明示范岗"等文明创建评比活动。

5.利益整合机制

利益整合,就是对旅游开发过程中的个体和集团的利益进行调整,消除利益主体间的摩擦和冲突,使其协调和均衡,形成和谐统一的利益整体。包括肯定和保护各利益主体的正当合法利益,约束逐利行为使之规范有序,取缔非法利益。

首先,建立利益相关者之间沟通的平台。建立利益相关者之间沟通的桥梁,让他们互相了解对方的利益追求和关注焦点,在充分沟通的基础上,寻求双方一致的利益目标,寻找能够妥善解决问题的方法,实现整体利益的最大化。沟通是合作的前提,没有有效的沟通,就不能很好地了解对方的真实想法和意图。比如,可以通过与旅游者的沟通,了解他们的需求,向他们提供有针对性的旅游产品和服务,并跟踪其需求的变化,以便更好满足其需求;向旅游者充分传达各方面的信息,促进良好形象的塑造和推广。景区与政府、社区、投资者之间也需要加强沟通,在投资者取得良好投资回报的基础上,使景区的开发与政府的经济社会发展目标相一致,提高了当地居民生活水平,景区环境得到改善,并使其负面影响最小化。其次,加强利益相关者利益观的培养,在实现系统利益最大化的过程中,不可避免地要牺牲某个利益相关者的利益,如果利益相关者没有系统意识的话,就会产生抵触,危及系统整体利益的实现。因此,必须对利益相关者加强系统利益观的培养,促进可持续发展。比如可以通过对利益相关者的教育,让各利益相关者明确自己在整体系统中的所处地位和作用,并担当相应的社会责任,并在适当的时候以适当的方式予以补偿。

● 实证分析:江山市古村落旅游开发模式

浙江省江山市地处浙闽赣三省交界,区域总面积 2019 平方公里,人口 58 万,2006 年被评定为中国优秀旅游城市。全市旅游资源单体共 194 个,拥有国家级风景名胜区 1 处、AAAA 级旅游区 1 处、国家森林公园一处、省级历史文化名镇(村)3 处、国家历史文化名镇 1 处。其中,世界自然遗产地江郎山、江南毛氏发祥地清漾毛氏文化村、历史文化名镇廿八都、仙霞关以及和睦村等都是江山比较知名的古村落旅游地。

江郎山、清漾毛氏文化村和廿八都是由江山市旅游部门牵头成立相应的旅游开发有限公司对风景区进行投资、日常经营和管理。这些地方景区建设比较好,旅游设施相对完善,旅游部门投资到位,管理相对专业。在利益分配上则过于倾斜旅游管理部门。由于景区并不是完全等于当地社区,而旅游管理部门前期投入非常大,理所当然地掌握了绝大部分旅游景点的直接收益。旅游部门的开发公司与当地居民的关系紧张,利益补偿机制不合理,村民对旅游开发的态度冷漠,可持续旅游发展缺乏根基。

　　仙霞关由当地企业进行投资,景区收益基本由投资企业掌握。尽管投资企业与古村落所在社区签订有利益分配协议,通常是纯利润的 20％左右归社区所有,但实际操作中却很难执行到位。一方面,企业的纯利难以界定,投资企业往往以旅游业前期投入大,资金回收周期长为由,将报表中的纯利润体现为零或负数,社区根本无法拿到所谓的利益分成。另一方面,就算投资企业将部分门票收入分给社区,由于古村落所在的社区接待任务繁重,参观、视察的客人多,所获得的收益还不足以支付景区门票和环境卫生整治的费用。开发后社区及居民不仅不能从中受益,相反还要为投资企业买单,当地居民极大不满,政府协调各方矛盾的难度大。

　　和睦村开发的初衷是为了提高社区的集体经济收入,同时带动村民致富,其直接收益主要由当地社区(乡镇、村)掌握。旅游开发的收入主要用于新农村建设,改善村落的基础设施。由于社区组织由古村落的原住民选举产生,因此社区往往代表了大多数村民的利益,在保护开发过程中,更多的关注和保护村民的利益,在出现矛盾时也更易于协调沟通。社区在组织村民参与旅游开发、通过多种方式经营提高村民的收入方面也有着其他类型的开发模式无法比拟的优势。但是,这种开发模式主要依靠自身力量筹集开发资金,资金压力大。同时,社区经营者往往缺乏专业的旅游开发经营理念,影响了旅游发展规模及村落进一步发展。

复习思考题

　　1. 什么是利益相关者? 旅游开发中主要的利益相关者包括哪些?

　　2. 游客管理是什么? 游客管理理论包括哪些?

　　3. 游客管理的主要内容是什么?

　　4. 简述社区参与的含义、内容及模式。

　　5. 试分析比较案例中三种旅游开发模式的异同。

　　6. 假如你是案例中所述景区的决策者,你觉得应如何构建利益相关者的协调机制?

第十八章　开发管理体制与可持续发展

学习导引

如何解决旅游业发展和环境保护之间的矛盾从而实现旅游业的可持续发展，已成为一项世界性课题。本章重点探讨旅游可持续发展的理论问题，主要讲述可持续发展的理念、基本思想和原则；介绍旅游业可持续发展的内涵及面临的困境与挑战；通过生态旅游概念和内涵介绍，引导学生了解生态旅游和其他旅游的关系；通过国内外旅游业可持续发展经验的介绍，希望学生能够深刻理解旅游业可持续发展的必要性和趋势，并掌握其具体的实现途径。

教学目标

- ● 分析和理解可持续发展理念的内涵。
- ● 了解旅游可持续发展面临的困境与挑战。
- ● 掌握生态旅游与可持续发展的内涵。
- ● 认识和了解旅游业可持续发展趋势与实现途径。

学习重点

可持续发展理念的内涵；旅游可持续发展面临的困境与挑战；生态旅游与可持续发展；旅游业可持续发展趋势与实现途径。

第一节　可持续发展的内涵

一、可持续发展的概念及基本思想

1. 可持续发展的概念

可持续发展思想自提出以来,被不断地应用到各个领域,由此而引出的可持续发展的定义也众说纷纭,至今尚未达成共识。但目前真正得到国际社会普遍认可和接受的定义是,在《我们共同的未来》书中提出的:"既满足当代人的需要,又不对后代人满足其需要的能力构成危害的发展"。根据这一定义,不难看出可持续发展强调的是环境与经济的协调,追求的是人与自然的和谐,它的最终目标是既要使人类的各种需要得到满足,又要保护资源和生态环境,不对后代人的生存和发展带来威胁。它不仅包括时间维的"代际公平",还应包括空间维的"区际公平",强调在全球范围内各个国家各个地区在尽可能的情况下最有效地保护当代和后代赖以生存的环境和自然资源,使其发挥生态可持续能力以满足全人类今天、明天以至未来发展的需要。它所重视的是社会、经济、文化、环境、生活等各个方面的综合发展,把眼前利益与长远利益、局部利益与全局利益有机地结合起来,从而指导人类走向新的繁荣。

2.可持续发展的基本思想

可持续发展概念的核心思想就是:健康的经济发展应建立在生态可持续能力、社会公正和人民积极参与自身发展决策的基础之上;可持续发展所追求的目标既是人类的各种需要得到满足,个人得到充分发展,又要保护资源和生态环境,不对后代人的生存和发展构成威胁;衡量可持续发展主要有经济、环境和社会三方面的指标,缺一不可。因此可持续发展是一项关于人类社会经济发展的全面性战略,它包括:

(1)经济可持续发展。可持续发展鼓励经济持续增长,而不是以保护环境为由取消经济增长。当然经济持续增长不仅指数量的增长,而是指质量的增长,如改变以"高投入,高消耗,高污染"为特征的粗放式的经济增长,实现以"提高效益,节约资源,减少污染"为特征的集约式的经济增长。一方面,可持续的经济增长增强了国力,提高了人民生活水平和质量;另一方面,它为可持续发展提供了必要的物力和财力,否则可持续发展只能停留在口号上。(2)生态可持续发展。可持续发展要求发展与自然承载能力相协调,因此它是有限制的。正是这种有限制的发展,保护和保证了生态的可持续性,才可能实现持续的发展。也就是说,没有生态的可持续性,就没有可持续发展。因此生态的可持续性是可持续发展的前提,同时通过可持续发展能够实现生态的可持续发展。(3)社会可持续发展。无论对什么样的国家、区域或地区,在不同时期可持续发展的具体目标是不同的,但本质是改善生活质量,提高健康水平,创造一个人人平等、自由和免受暴力,享有教育权和发展权的社会环境。总之,在人类可持续发展系统中,经济可持续是基础,生态可持续是条件,社会可持续是目的。

二、可持续发展应遵守的原则

要将可持续发展从理论推向实践,就必须根据可持续发展的内涵来制定能够在国家或区域实施的方针政策、对策措施等,而要将抽象的概念转换成对策、措施等,实际上是比较困难的。如何在准确把握可持续发展内涵的基础上,首先把它转化成具有不同资源禀赋和处于不同发展水平的国家或地区都能够参照的法则或标准就显得十分重要。可持续发展的众多原则可归纳为 6 条:

1. 公平性(Fairness)原则

可持续发展强调:"人类需求和欲望的满足是发展的主要目标"。经济学上的公平是指机会选择的平等性。可持续发展所追求的公平性原则,包括三层意思:一是本代人的公平,即同代人之间的横向公平。可持续发展要满足全体人民的基本需求和给全体人民机会以满足他们要求较好生活的愿望。二是代际间的公平,即世代人之间的纵向公平。要认识到人类赖以生存的自然资源是有限的,当代人不能因为自己的发展与需求而损害人类世世代代满足需求的条件——自然资源与环境,要给世世代代以公平利用自然资源的权利。三是公平分配有限资源。可持续发展要求当代人在考虑自己的需求与消费时,也要对未来各代人的需求与消费负起历史的道义与责任,因为同后代人相比,当代人在资源开发和利用方面处于一种类似于"垄断"的无竞争的主宰地位。各代人之间要求任何一代都不能处于支配地位,即各代人都应有同样多的选择发展的机会。

2. 可持续性(Sustainable)原则

可持续性是指人类的经济活动和社会的发展不能超过自然资源与生态环境的承载力。可持续发展要求人们根据可持续性的条件调整自己的生活方式,在生态可能的范围内确定自己的消耗标准。"发展"一旦破坏了人类生态的物质基础,"发展"本身也就衰退了。可持续原则的核心指的是人类的经济和社会发展不能超过资源与环境的承载能力。

3. 共同性(Common)原则

可持续发展作为全球发展的总目标,所体现的公平性和可持续性原则,则是共同的。并且,实现这一总目标,必须采取全球共同的联合行动。《里约宣言》中提到:"致力于达成既尊重所有各方的利益,又保护全球环境与发展体系的国际协定,认识到我们的家园——地球的整体性和相互依存性"。可见,从广义上说,可持续发展的战略就是要促进人类之间及人类与自然之间的和谐。如果每个人在考虑和安排自己的行动时,都能考虑到这一行动对其他人(包括后代人)及生态环境的影响,并能真诚地按"共同性"原则办事,那么人类内部及人类与自然之间就能保持一种互惠共生的关系,也只有这样,可持续发展才能够实现。

4. 质量性(Quality)原则

可持续发展更强调经济发展的质,而不是经济发展的量。因为经济增长并不代表经济发展,更不代表社会的发展。经济增长是指社会财富即社会总产品量的增加,它一般用实际 GNP 或 GDP 的增长率来表示。经济发展当然也包括经济增长,但它还包括经济结构的变化,主要包括投入结构的变化、产出结构的变化、产品构成的变化和质量的改进、人民生活水平的提高、分配状况的改善等。由此可见,经济发展比经济增长的内容要丰富得多。经济学家丹尼斯·古雷特认为,发展包括三个核心内容:生存、自尊、自由。这是从个体角度而言的,至于群体及群体组成的社会的发展则不仅包括了经济发展的所有内容,还包括生态环境的改善,政治制度和社会结构的改善,教育科技的进步,文化的良性融合与交流,社会成员工作机会的增加和收入的改善等等。因此,如果说经济学家提出绿色 GNP(或者绿色GDP)是一大进步(充分考虑了经济增长中的环境问题),那么可持续发展则站得更高,它充分考虑经济增长中环境质量及整个人类物质和精神生活质量的提高。

5. 系统性(System)原则

可持续发展是把人类及其赖以生存的地球看成一个以人为中心、以自然环境为基础的系统,系统内自然、经济、社会和政治因素是相互联系的。系统的可持续发展有赖于人口的控制能力、资源的承载能力、环境的自净能力、经济的增长能力、社会的需求能力、管理的调控能力,以及各种能力建设的相互协调。评价这个系统的运行状况,应以系统的整体和长远利益为衡量标准,使局部利益与整体利益,短期利益与长期利益,合理的发展目标与适当的环境目标相统一。不能任意片面地强调系统的一个因素,而忽视其他因素的作用。同时,可持续发展又是一个动态过程,并不要求系统内的各个目际齐头并进。系统的发展应将各因素及目标置于宏观分析的框架内,寻求整体的协调发展。

6. 需求性(Demand)原则

首先,人类需求是一种系统,这一系统是人类的各种需求相互联系,相互作用而形成的一个统一整体,其次,人类需求是一个动态变化过程,在不同的时期和不同的发展阶段,需求系统也不相同。传统发展模式以传统经济学为支柱,所追求的目标是经济的增长(主要是通过国民生产总值 GDP 来反映)。它忽视了资源的代际配置,根据市场信息来刺激当代人的生产活动。这种发展模式不仅使世界资源环境承受着前所未有的压力而不断恶化,而且人类的一些基本物质需要仍然不能得到满足。而可持续发展则坚持公平性和持续性,要满足所有人的基本需求,向所有的人提供美好生活愿望的机会。

总之,可持续发展的目标是社会福利的不断改善,约束条件是资源与环境的承载力,核心是经济的可持续发展,基础是人与自然的协调,原则是公平性、持续性、共同性、质量性、系统性与需求性,关键是有利于可持续发展的制度创新和技术进步。

第二节　旅游可持续发展面临的困境与挑战

一、旅游可持续发展的内涵

关于可持续旅游发展的定义,学术界有诸多不同定义,有关机构也从不同角度给出了阐释。比较权威的可持续旅游发展的定义有以下几个:一是可持续发展大会通过的《旅游业可持续发展行动战略》草案提出的,该草案认为旅游可持续发展是在保持和增强未来发展机会的同时,满足目前游客和旅游地居民的需要;二是世界旅游组织(WTO)顾问爱德华·英斯基普(Edward Isjeep)的定义"保护旅游业赖以发展的自然资源、文化资源及其他资源,使其为当今社会谋利的同时也能为将来所用";三是世界旅游组织(WTO)的定义"指在维持文化完整、保持生态环境的同时,满足人们对经济、社会和审美的要求。它能为今天的主人和客人们提供生计,又能保护和增进后代人的利益并为其提供同样的机会"。

这些定义是从不同角度的阐释,在不同的理论和实践领域都有其特殊意义。旅游业可持续发展主要包括下面三方面的含义:在为旅游者提供高质量的旅游环境的同时,改善当地居民生活水平;在开发过程中维持旅游供给地区生态环境的协调性、文化的完整性和旅游业经济目标的可获得性;保持和增强环境、经济和社会未来的发展机会。1990 年在加拿大召开旅游可持续发展国际大会,第一次比较完整地提出旅游可持续发展的基本目标:(1)增进人们对旅游所产生的环境影响与经济影响的理解,加强人们的生态意识;(2)促进旅游的公平发展;(3)改善旅游接待地区的生活质量;(4)向旅游者提供高质量的旅游经历;(5)保护未来旅游开发赖以存在的环境质量。总体而言,可持续旅游发展目标包括环境目标、经济目标和社会目标(图18-1)。

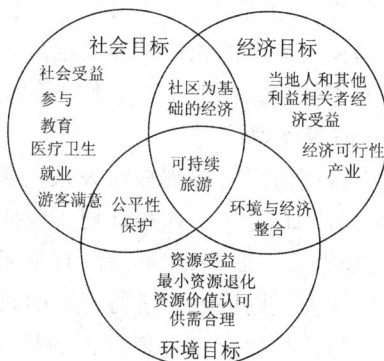

图18-1　旅游可持续发展价值与原则模型

资料来源:Hall M C, Jenkins J, Kearsley G. Tourism Planning and Policy in Australia and New Zealand: cases, issues and Practice. Sydney: Irwin Publishers, 1997.

　　旅游可持续发展不仅仅是旅游活动的可持续发展,也是整个旅游业的可持续发展。在旅游活动的可持续发展方面,长期的视角是基本前提,其次就是各因素的和谐、旅游活动行为模式的优化、旅游接待地区的环境和生活文化的保护等;在旅游业的可持续发展方面,要求旅游业的开发者、经营者和管理者应具有社会责任感,目的地旅游资源的开发与旅游产品经营必须考虑并致力于实现三方面因素的协调。第一,是旅游业发展与保护环境的协调。第二,是游客利益与当地居民利益的协调。第三,是当代人需要与后代人需要的协调。当然,这三个因素也是互相关联不可割裂的共同体,也需要搞清其内部关系,协调三者间关系。

二、实践中的可持续发展旅游

　　全球有很多可持续发展旅游的案例和实证研究。从小规模的社区企业到大型饭店的环境/技术管理,可以通过多种途径来解释旅游的可持续发展。因此,以可持续发展旅游理念为基础的"区域"发展计划层出不穷,一般可分为如下几类:

　　1. 区域乡村发展计划

　　这些计划覆盖了广大的乡村地区,如葡萄牙的阿拓明侯地区。这些计划往往由多个公共部门合作管理,从旅游的角度关注区域经济的发展。

　　2. 行政区域发展计划

　　一般由单一的政府部门管理(通常是合作关系)、覆盖特定的政治区域,如康沃尔东南部开发计划、南非克鲁格的国家公园开发计划。

3. 当地社区创新开发计划

由当地居民制定和管理的"自上而下"而非"自下而上"的开发方式。国际最先出现这种开发计划的,有北爱尔兰海滨的拉斯林岛及厄瓜多尔的卡派纳的开发。在卡派纳的开发中,印第安盖丘亚族族人就把发展生态旅游作为一种经济发展的手段。

4. 城市/独立景点的旅游者管理计划

其包括在修复城市历史古迹的同时实现旅游发展的城镇中心管理计划、海滨度假胜地环境管理计划(如马拉加市)等。这些计划还包括旅游景点和吸引物等特殊区域的管理计划,例如尼加拉瓜大瀑布、艾耶斯巨石及庞贝古城遗址等。可持续发展的独立景点是以可持续发展主题为基础进行开发的,比如英国的伊甸园工程。

为了进一步讨论旅游可持续发展在世界范围内的增长及潜力,以下举几例进行说明:

(1)尼泊尔的安那波那保护区

尼泊尔是位于喜马拉雅山脚下的一个小国,因其社会文化和生物的多样性而闻名遐迩。每年有三万多人到那里进行徒步旅游。前几年的旅游发展导致了很多客栈和茶馆的兴建。旅游业已成为尼泊尔经济的重要组成部分,但为此也付出了严重的环境代价。为了提供能源和烹饪燃料,大片森林惨遭砍伐。此外,水质污染、恶劣的卫生条件和旅游者沿途丢弃的垃圾,无不加速了该地区自然环境的恶化。为了解决这一问题,当地政府发起了安那波那项目。该项目覆盖面积很广,其宗旨是最大限度地减少对自然环境的负面影响。借助当地人的参与,该项目倡导开发与环保协调发展,强调授权由地方进行旅游开发,既要与自然环境和谐一致,又要保证经济效益。专门组建了地方委员会协调旅游与环境保护的工作。对当地客栈老板进行培训,教他们如何安装太阳能顶板。同时鼓励物资再回收,为尽量减少树木砍伐,还用煤油做替代燃料。地方参与项目中包括建立客栈管理委员会,负责实施各项规定,如偷猎处罚、林木砍伐控制等。因而,森林毁损速度明显减慢,自然环境得到改善。

(2)伯利兹社区内的黑吼猴避难所

该项目是由伯利兹西北33英里处一个村庄中十几位地主共同发起的。这是在私人土地上进行的一项环保与土地多用途开发的实验。该项目始于1985年,它鼓励私人地主利用自己的土地挽救濒危的物种黑吼猴。鼓励他们调整计划,从而使日益减少的猴群获救。他们一致同意给猴子们留出伯利兹河沿岸的林带和特殊的树种、土地边界处以及一大片公共区域供其生活。此种奉献之举还起到控制河岸水土流失的作用。该地区大力进行旅游推广来实现经济效益,同时对土地主也有所补偿,以便他们继续努力。在世界自然基金会的帮助下,这个栖息地不断扩大,有100多个地主参加。黑吼猴的数量增加到1000只,这表明这个保护计划的确发挥了作用。现在那里还有一个温室,收集有关花草的数据。博物馆举办的活动成为当地学校儿童的课堂。来此旅游的人从 1985 年的 25—30 人增加到 1990 年的 6000 人。未来的计划是使这个栖息地能够重新引进已经从这个区域消失的草木和动物。

从上述可知,这些项目大多数都是控制型管理下的小型项目,都是可持续的。所有的项目都经过精心策划,经济效益良好。因此,不难看出,旅游业可持续发展战略的具体实施已受到许多国家的重视,旅游业必须走可持续发展的道路已经在国际上达到了共识。

三、旅游可持续发展所面临的挑战和困难

1. 旅游的可持续发展所面临的挑战

人们已经逐渐认识到旅游产生的破坏性影响,因此"可替代型旅游"的发展开始成为焦点。但可替代型旅游提出的问题是:"可替代什么?"大多数学者认为,可替代旅游是指对大众旅游的一种替代方式。按照这种说法,可持续发展旅游就成了一个利基市场,而这种情况已经成为现实。各种具有可替代性的利基市场被冠以绿色旅游、自然旅游、软性旅游和冒险旅游等称号,这些旅游形式中,有些已成为国际和国内旅游市场的一个部分。

从某种程度上,这种模式的旅游发展违背了可持续发展的原则,因为可替代型旅游更适宜于开发程度较低的地区,以及一旦管理不当就很可能发生负面影响的环境脆弱的地区、乡村地区以及文化差异显著的地区,目前推出的所谓可替代型旅游,依然是大众广泛参与的,而这恰是与可持续相悖的。因此,得出如下结论:可持续发展旅游更应当理解成为是一种旅游发展观念,而不是一种旅游产品或者旅游利基市场。如果要使环境和人类免受旅游负面作用的影响,可持续发展的观念必须渗透到整个旅游系统中去。

2. 旅游可持续发展所面临的困难

目前一个重要的问题是,人们仍然无法就可持续发展旅游在实践中的具体含义达成共识。虽然这是个学术争论,但可持续发展旅游理论上的难题确实导致了实践上的困难。如果不能精确理解这个术语的含义,人们就不可能在可持续发展旅游的实践中取得进步。自欺欺人的行为是无论如何都要避免的,正如 Wheeller 所说"成功的旅游客流管理只是例外,而不是规律。"这就为我们提出了一个问题:可持续发展旅游只是针对精英阶层而言的吗? 新的旅游开发吸引了无数新的旅游者。许多现在及新建成的旅游目的地都希望吸引少量高消费旅游者。而大众旅游通常与低消费、高人流的旅游相联系。这正是可持续发展旅游所要强调的基本问题之一。即使这种可替代旅游方式能够有效保护环境,但也无法独立发挥作用。

它必须涉及旅游各个方面。随着旅游业发展,减少对环境产生影响的方法显然不是吸引低消费、高数量的旅游者。这也是旅游目的地决策者面临的一个两难问题。

提倡可持续发展旅游的过程中,仍然存在很多风险。这种做法可能产生与大众旅游发展相同的结果。绿色旅游往往关注如何扩大旅游收益的问题。这些旅游收益包括:时间上——通过鼓励淡季旅游来延长旅游季节;空间上——推销更多的旅游目的地。因此,对于自然和历史景点脆弱的地区而言,其对旅游者有着很强的吸引力,但当地有必要制定环境规划、管理和监控的战略。

人们还需要进一步研究对旅游产生影响的监控及对可持续发展旅游开发计划的监控。没有监控措施,我们就不可能判断旅游是否正在向可持续的方向发展。ETC 报告也形成了一系列标准,对过程进行监控和检验,拓展了可持续发展旅游计划的其他研究。从国际规模来看,实施监控正在成为坚持可持续发展工作的一部分。Muller 认为,出于以下 4 个方面的原因,实现旅游的可持续发展是非常困难的:

(1)理论和专家过多,而资源和实施行动过少;(2)旅游需求继续膨胀;(3)虽然人们的环境意识逐渐增强,但普遍的享乐主义风潮意味着人们在假期中往往会只顾娱乐休闲,而忘记了对环境的责任;(4)要实现与社会和环境和谐的生活方式,人类还需要做出一系列的行为调整,这是一个漫长而艰难的过程。

Sisman 认为:"环境主义更应该与社会融合为一个整体,而不是社会的附属物。"也就是说,可持续发展旅游应该是贯穿于整个旅游业的一种观念和原则,而不是一个利基市场。为了实现可持续发展旅游,"人们应当建立二者之间的一种工作伙伴关系,即把良好的环境实践与赢利性企业相结合,并实现二者的长期共赢"。各种环境保护团体已经为旅游企业制定了大量指导其环境实践的环境指导方针和章程。Sisman 认为这些方法都是不可行的,因为这些团体对旅游企业缺乏了解。当然,环境团体可能会持相反意见,他们认为这些指导方针和章程不奏效的原因在于旅游企业并不了解环境。这正是实现可持续发展的焦点问题所在。Redclift 阐述了将可持续发展的概念融入国际环境的重要性,否则这个概念将有可能成为"第二个被弃用的发展概念"。

尽管可持续发展旅游的含义仍然不十分明确,但是可以明显看出,保护旅游赖以生存的资源是可持续发展的中心内容,而在不同的区域内实施是一个非常复杂的过程。认识到这一过程的复杂性是非常重要的;通过制定一项方针政策或者执行一项环境管理措施是不可能实现旅游的可持续发展的,认识到这一点也是非常重要。事实上,可持续发展旅游在某种程度上是一个矛盾综合体——虽然我们能够在景点的层次上进行适当的旅游管理,但是由于旅游的需求,管理者不可能实现对所有环境的管理。旅游业作为一个整体,它的最佳前进方向就是致力于更高水平的环境实践。May 提出了向全球可持续发展目标迈进的 6 个步骤:

(1)更好地理解环境价值;(2)收集有关环境、当地经济价值及对外部影响敏感性的更完整的信息;(3)更关注发展的区域效应;(4)在开发评价中运用环境经济学;(5)估计评价环境因素的方法;(6)制定开发规划应以保证环境长期质量为原则。

在 21 世纪,这些问题将继续对旅游发展和管理提出挑战。Carcalho 认为,如果想要通过旅游给可持续发展概念一个新的意义,那么我们需要做的更多,而不只是维持"在现行体制下稍加调整和稍稍绿化的开发模式的概念"。Page 指出,我们要改变以往的旅游开发模式,形成新的理念,一旦旅游开发不受控制,可能会造成区域和环境的自我破坏。

第三节　生态旅游与可持续发展

一、生态旅游的概念

生态旅游的定义提出至今已近 30 年,但其内涵界定依然模糊。据不完全统计,国际上与生态旅游相关的概念有 140 多种,包括世界自然保护联盟、世界银行以及澳大利亚、美国、日本等国家的旅游机构提出的生态旅游概念。国内学者提出的概念也有近 100 种。但至今还没有令大多数人信服的统一的定义,这些概念的表述或层次不同,或出发点不同,或范围不同,或陈述的角度不同,或要达到的目标不同。目前生态旅游定义中存在的主要问题是,各定义所着眼的角度和层次不同,生态旅游的概念与其他概念含糊交叉。正如奥朗姆斯(Orams)所说"生态旅游的概念就像是画在沙滩上的一条线,其边界是模糊的,而且被不断地冲刷、修改"。目前关于生态旅游的概念归纳起来,主要有以下几种类型:

1. 保护中心说

这类概念认为"生态旅游＝观光旅游＋保护",其核心内容是强调对旅游资源的保护。认为生态旅游应强调保护,要求旅游者在旅游过程中应保护自然、保护资源、保护文化。

2. 居民利益中心说

这类概念认为"生态旅游＝观光旅游＋保护＋居民收益",其核心内容是增加当地居民收入。认为生态旅游应在保护的基础上开展,而且旅游组织者和旅游者有义务为增加当地居民的收入而做出应有的贡献。

3. 回归自然说

这类概念认为"生态旅游＝大自然旅游",其核心内容是回归大自然。认为生态旅游就是回归大自然,只要旅游者走进大自然的怀抱就属于生态旅游的范畴。

4. 负责任说

这类概念认为"生态旅游＝负责任旅游"。其核心内容是旅游者应对环境承担维护责任。

5. 原始荒野说

这类概念认为"生态旅游＝原始荒野旅游"。其核心内容是生态旅游开展的区域是在人迹罕至的原始荒野区域。

从上述关于生态旅游定义的不同阐释可知,对生态旅游的界定必须要考虑环境、生态等要素,同时兼顾旅游动机、主要客源、开发最佳地域及旅游资源。因此,生态旅游可以定义为:城市和集中居民区的居民为了解除城市恶劣环境的困扰,为了健康长寿,追求人类理想的生存环境,在郊外良好的生态环境中去保健疗养、度假休憩、娱乐,达到认识自然、了解自然、享受自然、保护自然目的的旅游。

二、生态旅游与其他旅游之间的关系

1. 生态旅游、替代性旅游与传统大众旅游

生态旅游规模小,且蕴含丰富的精神内涵,是一种带责任感的旅游,所以对环境的破坏比传统大众旅游小得多。生态旅游与大众旅游是不同发展阶段的理念概括,是两种截然不同的旅游方式。20 世纪 90 年代所谓更科学、更客观的理性旅游理念出现。理念将旅游规模与其价值进行了分离,旅游的好坏不再单纯根据规模的大小来判断。巴特勒(Butler,1996)提出过一个大众旅游与替代旅游的关系模型,在该模型中清楚地标明,大众旅游与替代旅游都可以分为可持续旅游和不可持续旅游两部分(图 18-2)。

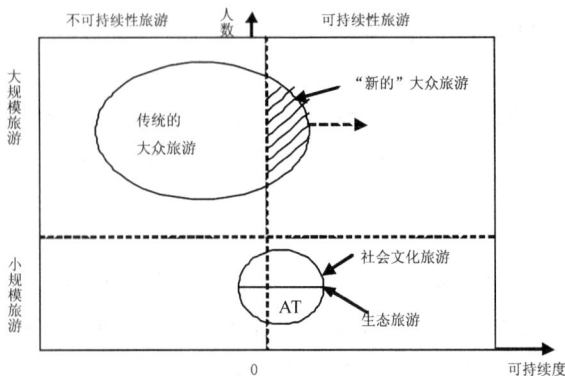

图 18-2 可持续性旅游与大众旅游、代替旅游之间的相互关系

　　该图明确表明大众旅游事实上比小规模旅游能够更好地实现可持续发展实践,这其中包括大众旅游所拥有的经济规模,足够的经济规模才能保证昂贵的景点设施、建设措施(这些措施可增强景区的环境承载力)及有益的资源循环利用与共生措施的实施。大众旅游在很多方面,对自然和人文环境的危害更小也更适宜,并且在特种条件下,比可持续的或生态旅游形式更有利于经济环境。大众旅游的种种问题更多的应该算是操作管理机制上的弊端,而不是大众旅游及其与旅游区(集散地)之间的先天不协调的问题,如果生态旅游管理得当,可以解决大众旅游带来的很多问题,但生态旅游不能完全代替它。

　　随着大众旅游者环境意识的逐渐加强和产业逐渐采纳可持续原则,生态旅游和大众旅游逐渐出现相互融合的趋势(图18-3)。该图将生态旅游描述为跨越了替代性旅游及大众旅游界限的产品,单线条的大圆圈包含了两种旅游形式,该图所反映的是这一系统中的一种极端情况,而不是完全分离的种类,点线表明这二者之间的界线不清楚或是过渡性的。

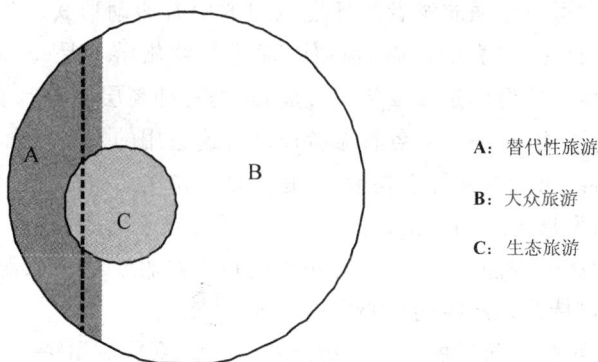

A：替代性旅游

B：大众旅游

C：生态旅游

图 18-3　生态旅游、替代旅游与大众旅游

资料来源:(澳)韦弗 著,杨桂华 等译.生态旅游[M].天津:南开大学出版社,2004.

　　2. 生态旅游与可持续旅游的关系

　　可持续旅游是旅游与可持续发展思想相结合的结果,由于可持续发展概念阐述的多样性,从而对可持续旅游的解释也是多种多样。有时它被等同或近似等同于"可替代性旅游"、"适宜性旅游"、"替代性旅游"、"绿色旅游"、"仁慈旅游"甚至"伦理的旅游"。可持续旅游包括了所有的生态旅游、绝大多数的替代性旅游以及少部分的大众旅游,它反映了旅游向着理性的方向发展,旅游思想向着成熟方向发展。替代性旅游与大众旅游的可持续性程度不同,旅游方式决定着旅游形式是否具有可持续性,而这种方式又取决于目的地的环境特征和管理状况(图18-4)。

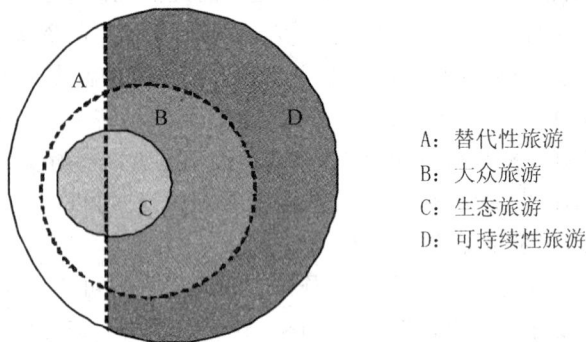

A：替代性旅游
B：大众旅游
C：生态旅游
D：可持续性旅游

图 18－4　生态旅游与可持续性旅游

资料来源:(澳)韦弗 著,杨桂华 等译.生态旅游[M].天津:南开大学出版社,2004.

　　生态旅游属于可持续旅游,但两者也是有区别的。生态旅游对环境的影响相对较小,并是一种可以增强旅游者的环境意识的旅游活动形式。生态旅游产品的出现迎合了追求自然、本真的消费者群体,而可持续旅游不是一种单纯的旅游方式,更不能望文生义的看作是持续旅游发展,它是一种高层次的追求和谐的精神在旅游活动的结合渗透,是一种对各种旅游产品普遍适用的发展理念。另一方面,生态旅游作为可持续旅游的一种表现形式,是实现可持续旅游的核心和基石,但它并不是可持续旅游发展方式的全部,可持续旅游不局限于生态旅游。可持续旅游思想丰富了生态旅游的内涵,加强了生态旅游的可持续性。生态旅游凸显了可持续旅游的特征,是可持续性旅游的核心发展方式。

　　生态旅游是可持续旅游的一个表现方式,是"大众旅游"的一种管理和经营方式。与传统旅游有着很大区别,它是一种限制性,是一种需要旅游者、经营者及当地居民共同构造、共同经营的区别于传统旅游的限制性。从意识上说,要顾及其他生命体同样有享受伦理合理性的权力;从行为上说,就是一种非大众化方式;游客团队大小的限制,旅游时间的限制,服务设施的规模和类型以及景区内游客活动范围等都需要受到限制。生态旅游作为可持续发展中一支典型旅游形式应该得到更大范围的发展和取得更多的社会认同。

三、发展生态旅游促进旅游景区可持续发展的实例

　　自生态旅游形式被推出后,它被当成一剂灵丹妙药而备受推崇,它能够资助环境保护工作和科学研究、保护脆弱和原始的生态系统、使景区受益,还能促进贫穷地区的发展、提高生态和文化敏感性,在旅游业中渗透环境意识和社会道德感、满

足和教育有差别的旅游者,有些人还指出,生态旅游会建立世界和平。

从全世界范围来看,生态旅游促进旅游地可持续发展的现实案例已不在少数,以下是几个在生态旅游方面成绩比较突出的国家实例:

1. 肯尼亚

肯尼亚是全世界最早开展生态旅游的国家之一,可以说是世界生态旅游业的先驱者。肯尼亚生态旅游主要是针对野生动物的旅游,目前旅游业的发展已成为肯尼亚国民经济的两大支柱产业之一。生态旅游的内涵之一就是要顾及旅游景区居民的利益能够不因旅游业的发展而受损害,保证当地居民可以从旅游业中受益,改善当地居民的生活质量,以此推动生态旅游地区的环境与自然资源的保护和可持续发展。在这方面,肯尼亚树立了很好的榜样,其中马赛马拉保护区和安波沙提国家公园结合当地居民共同发展旅游业的实际经验是非常珍贵的。20世纪70年代中叶,由于缺乏科学合理的规划与妥善的管理,肯尼亚的自然保护区和国家公园的旅游问题日益突出。到1989年4月,肯尼亚政府解散了工作成绩不佳的"野生生物保育暨管理部",取而代之成立了肯尼亚野生生物服务署,并赋予这一机构主导自然保护和旅游发展的重要使命,肯尼亚的所有国家公园及两处保护区皆划归野生生物服务署直接管理。由于其直接隶属于肯尼亚总统的领导,预算与开支独立,从而实现了专款专用,可以有力地推动野生动物的管理及保障保护区内当地百姓的生活水平的提高,有效且及时地推动与保护区附近居民切身相关的计划。

为使保护区内野生动物与当地百姓和谐共处,当地政府鼓励居民参与到针对野生动物的旅游行业中从事与旅游业相关的第三产业,使居民可以从中获益,这样的规划使当地居民意识到保护好自然资源、野生动物及脆弱的生态环境对于自身的经济发展有益,因此会更加赞同政府的保护工作,使可持续发展的政策与计划可以顺利实施。

2. 澳大利亚

澳大利亚是一个多姿多彩又充满神秘色彩的国度,蔚蓝色的天空、金色的沙滩及不同于其他大陆的珍禽异兽,每年都会吸引大批世界各地的游客来此游览观光,旅游业一直都是对澳大利亚经济发展贡献较大的行业之一。在处理自然环境与人类发展的关系中,澳洲政府一直都做得很好,动植物与人类和谐共处、旅游开发建设与原始的自然环境相互协调。在澳大利亚可以看到世界其他地区少有的画面,闹市中可以找到一片宁静的森林,街道上随处可见各种各样的飞禽。游客、市民与自然环境融为一体,充分享受与大自然亲近的乐趣。当地政府还要求游人必须保护好动物的栖息环境,使自己对旅游环境的影响减至最小,导游还会不断告知"旅游影响最小化"的理念。澳大利亚联邦旅游部曾在对生态旅游下定义时指出:以大自然为基础,涉及自然环境的教育、解释与管理,使之在生态上可持续的旅游。

像肯尼亚政府一样,澳大利亚自然保护区的管理工作与其他事物也有当地居民的参与,这样不但维护了景区百姓的切身利益,还有效的保护了自然环境不被破坏。澳大利亚联邦和各州政府还投入人力、物力、财力来改善土著居民的居住环境、公共设施,以及进行生态补偿,还通过低息或无息贷款帮助百姓发展、创业,雇佣当地土著进行经营管理,从方方面面来切实保护自然景观的原始性与持久性,也使景区内的居民不因旅游业发展而改变生活方式或迁出家乡。澳洲政府不以获得短期的眼前利益为目标,而是深入贯彻了可持续的发展理念,其核心目标在于为游客提供高质量的旅游资源、旅游环境的同时,改善当地居民的生活水平,使生态旅游业的发展走上良性循环。

第四节　旅游业可持续发展趋势与实现途径

一、国内外旅游业可持续发展经验

1. 旅游规划以及相关法律的制定

旅游可持续发展不是脱离实际的理论,而是要具体化。这时就需要做好旅游规划,旅游活动的结果是否符合旅游可持续发展原则的首要影响因素就是旅游规划的优劣。旅游规划是将可持续旅游思想与可持续旅游实践联系起来的桥梁,是旅游可持续发展过程中的一个重要环节,没有旅游规划或不完善的旅游规划容易导致盲目开发和经营方面的问题。

(1)制定符合可持续发展原则的旅游规划

传统旅游对环境的破坏日益凸显,随着经济不断发展,社会对旅游业提出了更高要求,人们不断探索新的旅游形式以及新的管理措施。生态旅游近年来受到人们的高度重视,因为生态旅游很好地解决环境保护与经济开发之间的矛盾,这就可以避免走入传统旅游的模式。

(2)加强旅游立法

为发展旅游,世界许多国家用立法的手段完善旅游规划,旅游开发和运行一旦有了法律依据便会更加有序合理。其中,美国黄石国家公园的实例值得我们借鉴。

为了保护黄石国家公园的资源及旅游环境,1894年美国国会通过了《黄石国家公园旅游规划》和《黄石公园保护法》。在《黄石国家公园旅游规划》中,对于相关的旅游设施以及旅游管理都制定了详细的规则。而《黄石公园保护法》的主要内容有：①资源保护；②需求研究；③协调规划；④保障原野生态，区域尽量不设服务设施；⑤道路与交通系统疏导，要求进园尽可能乘坐游览巴士，减少中心区的车流量。

而在我国，许多地方对旅游资源的开发存在"先开发，后规划"、"先粗放经营，后治理整顿"的情况。我国某著名自然风景区，早在 20 世纪 80 年代初期就已被开发，但关于该景区的旅游发展总体规划直到 1987 年才由当时的建设部批准实施；到 1998 年该景区才基本实现了"沟内游，沟外住"，拆除了沟内大量违章建筑和摊点。但早期已成的无规划开发，已对景区的森林和水体造成了一定程度的破坏。

另一个因规划不当造成旅游资源被破坏的案例是我国南方某国家森林公园。因其世界罕见的砂岩峰林地貌和丰富的物种资源、良好的自然生态环境成为著名的生态旅游区，但因发展初期规划的失误，把位于金鞭溪上游的锣鼓塔作为接待基地进行了大规模的开发建设。大量游客的活动以及长期以来缺乏符合标准的污水处理设施，使一个重要的景区——金鞭溪景区的水体受到不同程度的污染，又因燃煤造成的酸雾，已导致一些树木枯萎。

上述的案例告诉我们，只有对旅游开发规划给予足够的重视，才能避免大量后续问题的产生。所以亟需制定和实施旅游相关法律，规范旅游开发经营过程，重视科学合理的开发规划。

2. 科学处理旅游资源保护与开发的关系

处理好开发与保护是实现持续发展的基础。旅游资源的形态具有多样性的特点，既有物质或自然状态的生态资源，也有人类社会创造的历史、文化资源，具体表现为山川、河流、森林、草地与湿地等以及文物古迹、民俗、民情等。这种多样性要求采取不同的开发和保护方式，同时处理好两种资源的保护与经济发展之间的关系，从根源上减少开发中的破坏。

(1)生态旅游资源的开发与保护

生态旅游有利于旅游资源的长期可持续利用，受到旅游界、生态保护界的普遍重视。1992 年，美国的一项调查显示，7％(约 800 万人)美国旅游者至少有过一次生态旅游经历。而到了 1998 年，在被调查的 3342 户家庭中，就有 48.1％的家庭参加过生态旅游。

日本极为重视生态环境的保护，国家公园占国土面积的 15％，每年有上亿人次奔赴森林公园进行"森林浴"。该国主要有两种公园体系，一种是 1957 年制定的自然公园法所定义的国家公园、国定公园和地区自然公园等 3 类自然公园；另一种是 1972 年颁布执行的自然保护法划分出的荒野区、自然保护区和地区自然保护区等 3 种公园类型。

现在日本每年大约有 10 亿人次到自然公园去旅游，美国每年大约有 3 亿人次到森林里去观光旅游，德国大约有 40％的人每月都要到森林中去游憩。

　　加拿大是世界上生态旅游开展得较好的国家之一,一直把国家公园作为生态旅游的主要对象。如建于 1887 年的班夫国家公园因成功地采取了功能分区模式(表 18—1),五个不同的功能区既提供了旅游资源,也达到了保护的目的。

表 18—1　加拿大贾斯帕国家公园功能分区

功能区	占总面积比例	功能特点
特殊保护区	不到 1%	保护古代森林、马利涅喀斯特地貌和德沃纳考古风景区,采用严格限制或禁止的措施
原始环境区	98%	保持原始状态,允许少量简单设施的旅游活动
自然环境区	不到 1%	设有一些休息点,配备最低限度的设施
游览观光区	不到 1%	可以开展环境教育活动,有相关设施,允许汽车通行
公园服务区	不到 1%	由村庄和服务网店构成,提供服务,汽车随便出入

　　旅游活动对环境的影响是不可避免的,人们进入生态环境势必对其产生影响。合理、科学的开发中不可避免的破坏生态自身可以修复,不会影响旅游发展的可持续性。但不合理的开发、不及时保护环境就会对生态产生严重破坏。如我国一些山岳型热点景区,节假日人山人海,拥挤不堪,造成了游人上不了山,也下不了山的尴尬局面。不仅如此,由于游人过多,很多人肆意践踏绿地和植被、丢弃废弃物等,对旅游环境和旅游资源造成了巨大的破坏,这种破坏有时是不可恢复的或者恢复的代价极大。

　　据不完全统计,在我国,44% 的自然保护区存在垃圾公害,12% 出现水污染,22% 的自然保护区由于开展旅游而造成保护对象受到损害,11% 出现旅游资源退化,61% 存在建筑设施与景观环境不协调或不完全协调的现象。如广西桂林,从漓江到桂林的阳朔段由于不适当开发,造成两岸森林覆盖率仅为 18.5%,不少地方荒山秃岭,与漓江景致极不协调。

　　生态旅游中蕴含的对原生态的追求和自然和谐的审美,提供了一条保护民族传统文化的有效途径。在优美的自然景观中,穿插一些精心挖掘、整理、提炼出的最具地方特色、原汁原味的民族文化,会对旅游者构成更强的吸引力。这样,就保存甚至是抢救了一些珍贵的历史文化遗产,一些原先几乎被人们遗忘了的传统习俗和文化活动也得到保护和传承;传统的手工艺品因市场需求的扩大重又得到重视,弘扬文化的同时又促进经济发展,带动地区经济转型;所以,这样的效应不仅仅是旅游上的效应,还有诸多社会效应。如对地方文化的挖掘展示,使当地人民对自己的文化增添了自豪感,认识了其价值,从而自觉地采取措施进行保护、开发和利用。

　　(2)历史、文化遗产的保护与开发

　　人类历史在延续的过程中逐渐积累下了珍贵的人文旅游资源。每个民族的历史、文化遗产记录了本民族不同时期优秀的文化、价值观与哲学思想,保护并合理开发这类旅游资源是当代人不可推卸的责任。

法国对历史遗产保护的意识不仅由来已久,而且也落实在实际行动中。早在1793年,法国就建立了小奥古斯都博物馆,并于1840年公开出版了法国历史上第一份受到保护和国家财政资助的历史建筑名录,1913年又颁布了20世纪第一个重要的遗产保护法律——《历史建筑保护法》,奠定了当代法国遗产保护实践的基础,一直沿用至今。在此后的实践中,法国又相继出台了《保护区法》《地方分权法》《国家建筑与规划师制度》及《拆除许可证制度》等法律文件,使法国城市规划和遗产保护体系建成并不断得到完善。

我国很多旧城改造的过程中,也出现了开发不当、保护不周而引起的历史文化资源的破坏。北京市在旧城改造过程中,最有特色的胡同、古城墙大部分被拆除。苏州在城市建设中,近62%的古典园林和庭院遭到破坏,昔日有"十八景"盛誉的沿隐园占用后,玲珑剔透的假山、楼阁被拆移,而有数百年历史的西园、济园、五峰园、塔影园、芳草园、梅园、柴园、楼园、瑞云园等都渐渐消失。中国四大名园之一的苏州拙政园,其周围相继建起了工厂、水塔、高楼等建筑,挡住了人们的视线,改变了风景区的整体环境。

据调查,外省到云南的游客中,首选旅游地丽江者占46.41%,西双版纳占36.36%,而这种不平衡的趋势还在继续,其主要原因就是西双版纳旅游业在地方文化和民族特色的开发方面不如丽江,游人未能充分地体验当地文化。

3. 促进旅游目的地经济与社会发展

自然和社会文化相对原始的地区,在旅游开发之前往往是经济发展水平相对落后的地区。也正因为人类对这些自然区域的影响力较小,才使得众多原始的、独特的、珍贵的自然景观富集。地区旅游资源得到开发后,当地居民一方面可以得到政策扶持,另一方面可以通过从事旅游服务增加收入。这无形中增大了当地人的生存空间,促进区域经济发展。而当地居民意识到本地区旅游资源给自己带来效益后,经过合理引导和科学管理,他们也会在旅游资源保护和环境保护方面发挥重要作用。如在一些非洲国家,政府在发展旅游、保护生态的过程中,采取适当经济补偿的方式,将当地社区的经济利益与生态环境的保护结合起来。增加了当地居民参与野生动物保护的积极性,已经成为这些国家开展生态旅游的成功经验,既发展了旅游,又减少了贫困,同时也保护了生态环境。

赞比亚在卢安瓜峡谷公园内建立了一个野生生物保护区,专门保护大象、黑犀牛等重要的珍稀野生动物,同时为游客提供观看野生动物的场所。为了禁止当地社区居民非法猎杀野生动物,还成立了一个野生生物管理机构,由当地的最高行政官员担任主席,这个机构将每年旅游收入的35%,拨给当地社区兴建学校、诊所、饮水工程和村民们组织的防止非法捕猎巡逻队。这些收入对改善当地社区居民生活状况发挥了积极作用,使居民自觉加入到保护野生动物的行列中。

在肯尼亚,政府在国家公园推行"绝对保护"政策,严禁危害国家公园中的动物和一草一木。同时,为国家公园周边因此而遭受经济损失的居民发放补偿金,并吸收他们参与国家公园的经营管理工作。如肯尼亚安波沙提国家公园因提供野生动物观赏活动所创造的土地价值,每公顷达 40 美元,而若开辟为耕地,则每公顷只值 0.8 美元,每头狮子吸引游客所创造的价值估计为 2.7 万美元,每群大象为 61 万美元。

旅游业是典型的劳动密集型产业,发展旅游业可以解决很多就业问题。如山东枣庄山亭区北庄镇,在短短的两年半时间里,在镇政府的引导和支持下,就有 4000 多农民成为了"假日经济"、"乡村旅游"、"农家乐"的主力军,当地百姓生活因此得到了极大的提高和改善。

贵州省雷山县郎德苗寨则是通过保护民族村寨,开展文化旅游脱贫致富的一个典型例子。1987 年郎德苗寨对外开放后,以真山真水、古朴自然、浓郁的民风民俗和保护完好的苗族历史文化吸引了大量的中外游客。目前接待中外游客 60 多万人,旅游收入年均 30 多万元,村民们不仅从旅游活动中得到了可观的经济收入,而且思想观念也得到了改变,素质得到了普遍提高。在"打开山门迎远客,走出山寨闯世界"中,走出了一条小康之路。

二、实现旅游业可持续发展的途径

旅游可持续发展要求旅游与自然、文化和人类生存环境融为一体。生态环境和人文环境是旅游业赖以存在和发展的客观基础。旅游可持续实质上是自然、社会与经济发展之间的协调与平衡。到目前为止,我国旅游基本上是数量增长型,旅游人数逐年增加,旅游收入亦如此。但这种数量增长型的旅游造成的一个结果可能是不可持续的。旅游可持续发展是我国旅游发展的必由之路。因此,我国旅游业可持续发展应当建立以政府、旅游企业和旅游者为主体的生态—社会—经济复合系统。

1. 坚持三个基本理念

(1)将发展放在首位。旅游可持续发展的首要问题是发展,这对于中国的贫困地区尤为重要。贫困地区,比如边远的山区也往往是景色秀丽的地方,我们在进行地方和区域经济规划的时候,就应该以科学发展观为指导,将这两个因素结合起来。风景是旅游的重要资源之一,把旅游与解决贫困问题连在一起,正好可以促进区域的经济与社会发展。在我们所考察的地方,已经有了当地居民参与旅游服务,这自然可以增加他们的收入。

(2)以人为本。发展的目的是为了每个人的幸福和利益,包括当代人和后代人。要实现发展目标,必须实现人与自然、人与社会的和谐。

(3)必须依靠科技创新。单纯保护并不是真正的可持续发展,要追求健康的可持续发展,亦即在创新基础上的可持续发展。科技创新表现在旅游活动的各个环节,这里的科技创新一方面指进行自然科学与工程技术方面的创新,开发的新景观、增添的旅游设施必须符合环境保护要求等;另一方面是充分利用人文与社会科学知识进行创新,尤其是决策科学。正确的决策是旅游可持续发展的根本保证。

2. 完成三个根本转变

(1)在发展模式上,从粗放式开发向集约经营转变;(2)在发展规模上,从数量增长向质量效益型转变,从单纯追求经济增长转向追求经济、社会、生态环境效益的统一;(3)在发展层次上,从低层次向高层次转变,即从单纯观光旅游转向休闲度假旅游和专业化旅游。

目前,世界旅游业的发展已经逐渐转向挖掘文化内涵,增加科技含量,旅游经营方式和产业结构正在发生结构性和阶段性的变化(如表18-2),旅游产品正由传统的陈列式、观赏式上升到表演式和参与式,以全方位适应现代旅游消费。人们对旅游产品的需求表现为:由传统的观光性旅游向专题旅游转化,如休闲度假旅游、生态旅游、文化旅游、探险旅游等;静态陈列式旅游项目向动态参与旅游项目转化;被动式旅游向主动式、自助式旅游转化;大一统的单一主题旅游向多元化主题的个性化旅游转化。

表18-2　世界旅游发展阶段模式和趋势

阶段	旅游类型	主要特征
第一阶段	人文自然景观型	①以名胜古迹、自然山水景观为载体,具有明显的地域特色和局限性;②是早期旅游的主要形式并延续至今;③借助本地特色,开发成本较低
第二阶段	人造景观型	①对世界各国自然人文景点的移植汇萃,突破时空界限;②是目前旅游开发的主流;③主要借助大投入产生轰动效应,但人工痕迹明显难以产生持续吸引力
第三阶段	科技参与型	①在旅游中引入高科技的休闲娱乐项目,强调游客的高度参与;②代表未来旅游开发的潮流方向;③彻底突破时空局限,营造一个充满游戏的崭新、虚拟的文化空间

3. 实现三个措施保证

(1)适度开发。从一定意义上说,旅游可持续发展实际上是适度发展,而不是大力发展。因为大力发展有可能造成环境承载力的饱和,以至于难以接纳更多的旅游者,或者因为接纳了过多旅游者而不能持续下去。另外,适度开发也是为了保证旅游目的地自然和文化风貌的完整性。最近几年,各地政府都热衷于对当地自然和人文资源进行世界遗产的申报,但他们的初衷都是为了增加对旅游者的吸引力,因此,不遗余力地将已获得批准的世界遗产作为旅游资源进行开发,结果使得遗产本身以及周边环境发生了不可逆转的环境退化或文化特性的消失,这与世界遗产组织为了保护世界自然和文化遗产资源的目的相悖。

(2)管理和教育利益相关,保证有关各方的活动不会造成自然和文化特性的破坏。旅游可持续发展的关键是管理,包括审慎的旅游开发计划、对旅游地可持续性的测度、旅游教育、旅游监控等。其次是对于利益相关的教育,通过开展不同形式的活动,使得可持续观念能够深入人心,使人们的行为方式自觉符合可持续发展的要求。世界旅游组织与联合国环境计划署的《联合宣言》表达了可持续旅游的目标,保护和改善人类环境是旅游协调发展的基本条件。合理的旅游管理在很大程度上有助于物质环境和文化遗产的保护与开发,也有助于生活质量的改善。教育与规划则是旅游可持续发展的两种途径,两种途径都有必要且互为补充。教育旅游者、旅游企业及其从业人员和当地居民承担各自的责任,促进旅游可持续发展。旅游教育对于旅游可持续发展具有重要影响,欧洲早就开展了这方面的工作。

(3)加强政府的协调职能。研究旅游可持续发展或者为了促进旅游的可持续发展,必须进行相关的政策分析。在旅游发展和环境保护之间的确存在着很大矛盾。一方面,旅游要发展,要对当地经济做出贡献,要改善当地居民的生活质量,就需要扩大接待能力,吸引更多的游客。另一方面,游客的增多会对当地环境造成不利影响。如何在最短时间内消除影响旅游地可持续发展的消极因素,要依赖政府做出及时的反应,其中包括迅速制定各种政策。旅游地的衰败或旅游企业的破产可能只是局部问题,但是有许多影响旅游可持续发展的因素具有全局性,这就需要地方政府、中央政府有时甚至需要国际组织进行协调。在中国,要实现旅游可持续发展,还必须突破行政区划的限制以及地方保护主义的束缚,因为有时候一个大的旅游目的地往往属于不同的省区,比如大香格里拉地区。如果任由各地政府自行规划,就会出现抢夺甚至掠夺旅游资源的现象,最终造成旅游资源的破坏,所以要建立由各地方政府共同协调的机构和机制。

政府相对于旅游企业和当地居民而言掌握着更多的信息,理应对于本地区旅游可持续发展的状况有一个基本的正确判断,并在此基础上制定出可持续发展的旅游战略和旅游规划,并以此指导并且规范本地区的旅游活动。

旅游发展是有一定限度的,它受制于一定时期当地社会与经济发展状况,包括相关的基础设施和管理水平,更受制于当地的生态与自然资源的承载力,因此不可能无限度地发展。由于一个地区的旅游资源存在一定限度,具体而言就是旅游的容量问题,超出这个限度,就会使旅游朝不可持续方向发展。为了避免这种情况发生,政府需要做的是确定合适的游客数量、评估旅游对旅游点的物质和文化影响、实施配额和收取进入费等,这样可以通过减少或控制游客数量的方法增强旅游目的地的可持续性。

此外,政府应该对旅游安全问题具有相当的敏感性。可以说,旅游活动直接受制于旅游区域的安全问题。2003 年发生的 SARS 危机造成了整个中国和东南亚旅游业的迅速衰败,虽然是短期的,但其影响巨大。众多的旅游从业者因此而失去工作,旅游企业遭受损失。旅游业的脆弱性也表现在此。

●实证分析:澳大利亚用战略规划保障旅游可持续发展

澳大利亚旅游业重视旅游规划的制定,在生态旅游开发方面较为成功,成为世界瞩目的生态旅游目的地。澳大利亚地处南半球,有着 36735km 长的海岸线,历史悠久,自然资源极为丰富,为发展旅游业提供了优越的条件。澳大利亚政府早在 20 世纪 50 年代就制定了旅游业发展战略规划,主要包括以下几个方面:①贯彻生态旅游原则,确定区域的总体规划,促进生态旅游活动与环境保护之间的良性循环;②实施适当的产业标准、建立许可证制度,建立高水准的生态旅游行业标准与全国性的生态旅游质量认证体系,促使旅游产业和旅游企业按可持续发展原则开展旅游经营活动;③慎重对待旅游项目选址、开发与建设,将基础设施远离生态敏感区域,以使旅游活动对自然环境的影响降到最低;④开展与生态区域规划相一致的环境与旅游教育;⑤深入进行旅游影响和市场研究,在研究过程中对旅游目的地的环境、社会和文化影响进行监测,并对其中的经济和社会变化进行调查,同时对游客的行为、态度、期望和教育水平进行定量分析;⑥提高当地居民对于旅游活动的参与水平。

复习思考题

1. 简述可持续发展的理念、基本思想和原则。

2. 何谓旅游可持续发展?

3. 说明旅游可持续发展面临的困境和挑战。

4. 简述生态旅游和其他旅游的关系和区别。

5. 简要说明国内外旅游业可持续发展有哪些经验值得借鉴。

6. 旅游业可持续发展的实现途径是什么?

7. 请举出几个可持续发展旅游的实例,并在管理体制上进行简要分析。

主要参考文献

1. 陈传康,刘振礼.旅游资源鉴赏[M].上海:同济大学出版社,1990

2. 卢云亭.现代旅游地理学[M].南京:江苏人民出版社,1988

3. 苏文才,孙文昌.旅游资源学[M].北京:高等教育出版社,1998

4. 雷明德.旅游地理学[M].西安:西北大学出版社,1988

5. 保继刚等.旅游地理学[M].北京:高等教育出版社,1993

6. 孙文昌,陈元泰.应用旅游地理学[M].长春:东北师范大学出版社,1989

7. 陈安泽,卢云亭等.旅游地学概论[M].北京:北京大学出版社,1991

8. 杨桂华等.旅游资源学[M].昆明:云南大学出版社,1994

9. 甘枝茂等.旅游资源概论[M].西安:世界图书出版公司,1997

10. 李天元,王连义.旅游学概论[M].天津:南开大学出版社,1993

11. 国家旅游局资源开发司、中国科学院地理研究所.中国旅游资源普查规范(试行)[M].北京:中国旅游出版社,1993

12. 郑平等.青年旅游手册[M].北京:中国青年出版社,1989

13. 冯天驷.中国地质旅游资源[M].北京:地质出版社,1998

14. 庞规荃.中国旅游地理[M].北京:旅游教育出版社,1990

15. 杨载田.中国旅游地理[M].北京:科学出版社,1999

16. 文化部文物局.中国名胜词典[M].上海:上海辞书出版社,1986

17. 钱今昔.中国旅游景观欣赏[M].合肥:黄山书社,1993

18. 宋德明等.中国旅游资源地理[M].西安:陕西人民出版社,1994

19. 王兴中.旅游资源景观论[M].西安:陕西科学技术出版社,1992

20. 潘树荣等.自然地理学[M].北京:高等教育出版社,1985

21. 宋春青,张振春.地质学基础[M].北京:人民教育出版社,1978

22. 李文华,赵献英.中国的自然保护区[M].北京:商务印书馆,1984

23. 马乃喜.中国西北的自然保护区[M].西安:西北大学出版社,1995

24. 刘振礼,王兵.新编中国旅游地理[M].天津:南开大学出版社,1999

25. 陶犁.旅游地理学[M].昆明:云南大学出版社,1995

26. (苏)O.A斯宾格列尔著,赵抱力,郑连生等译.水与人[M].石家庄:河北人民出版社,1981

27. 萧涤非等.唐诗鉴赏辞典[M].上海:上海辞书出版社,1983

28. 庞规荃.旅游开发与旅游地理[M].北京:旅游教育出版社,1992

29. 孙仲明.旅游开发研究论集[C].北京:旅游教育出版社,1990

30. 颜宗岳. 陕西风景名胜[M]. 西安:西安地图出版社,1991

31. 刘兰桂,刘金山. 张家界探奇[M]. 长沙:湖南科学技术出版社,1988

32. 景才瑞[M]. 黄山[M]. 北京:科学出版社,1984

33. 王德刚,焦连安. 旅游资源开发与利用[M]. 济南:山东大学出版社,1997

34. 庄志民. 旅游美学[M]. 上海:上海三联书店,1999

35. 沈祖祥. 旅游与中国文化[M]. 北京:旅游教育出版社,1996

36. 华东师大中文系资料室编. 古代文学名篇赏析[M]. 上海:上海教育出版社,1982

37. 艾万钰. 论旅游资源分类及分级[J]. 旅游学刊,1987.2(3),40~44

38. 王清廉. 旅游资源和旅游景观概念浅析[J]. 旅游学刊(增),1988,17~19

39. 刘继韩. 我国东部若干名山康乐气候的初步分析[J]. 旅游学刊(增),1988,47~53

40. 郭康. 试论旅游资源的动态分类[J]. 旅游学刊,1990.5(1),51~53

41. 甘枝茂. 对旅游地貌学几个问题的探讨. 中国地理学会地貌与第四纪专业委员会编. 地貌·环境·发展[C]. 北京:中国环境科学出版社,1995,257~259

42. 段启明,戴晨京,何虎生. 中国佛寺道观[M]. 北京:北京燕山出版社,1997

43. 余桂元. 中国著名的寺庙宫观与教堂[M]. 商务印书馆,1996

44. 马波. 现代旅游文化学[M]. 青岛:青岛出版社,1997

45. 石高俊. 中国旅游资源[M]. 江苏:江苏教育出版社,1998

46. 邵骥顺. 中国旅游历史文化概论[M]. 上海:上海三联书店,1998

47. 班武奇,韩景辉. 中国旅游资源[M]. 北京:首都师范大学出版社,1994

48. 周维权. 中国古典园林史[M]. 北京:清华大学出版社,1992

49. 城市园林绿地规划编写组[M]. 城市园林绿地规划. 北京:中国建筑工业出版社,1982

50. (日)针之谷钟吉菁著,邹洪灿译. 西方造园变迁史[M]. 北京:中国建筑工业出版社,1991

51. 张浪. 图解中国园林建筑艺术[M]. 安徽:安徽科学技术出版社,1996

52. 《中国建筑史》编写组. 中国建筑史[M]. 北京:中国建筑工业出版社,1996

53. 杜汝俭,李恩山,刘管平. 园林建筑设计[M]. 北京:中国建筑工业出版社,1986

54. 国家旅游局人事劳动教育司. 全国导游基础知识[M]. 北京:旅游教育出版社,1995

55. 李海瑞. 都市旅游与上海模式[J]. 旅游学刊,1996.11(1)

56. 陈桥驿. 中国七大古都[M]. 北京:中国青年出版社,1991

57. 洪锡祺. 中国旅游之最[M]. 北京:中国旅游出版社,1991

58. 贺光辉.中国城市[M].北京:改革出版社,1990

59. 城市实力编写组.城市综合实力五十强——杭州市[M].北京:中国城市出版社,1994

60. 高曾伟.中国民俗地理[M].苏州:苏州大学出版社,1996

61. 韩杰.现代世界旅游地理学[M].青岛:青岛出版社,1997

62. 徐杰舜.汉族民间风俗[M].北京:中央民族大学出版社,1998

63. 秦关民,张建华,马耀峰等.系统旅游地理学[M].西安:陕西师范大学出版社,1998

64. 钟敬文.民俗学概论[M].上海:上海文艺出版社,1998

65. 宋德胤.丧葬仪观[M].北京:中国青年出版社,1991

66. 杨载田.中国旅游地理[M].北京:科学出版社,1999

67. 王景海.中华礼仪全书[M].长春:长春出版社,1992

68. 徐万邦.中国少数民族节日与风情[M].北京:中央民族大学出版社,1999

69. 周进步,庞规荃等.现代中国旅游地理学[M].青岛:青岛出版社,1998

70. 阎顺等.亚洲大陆地理中心旅游资源与开发[M].乌鲁木齐:新疆美术摄影出版社,1994

71. 楚义芳.旅游的空间经济分析[M].西安:陕西人民出版社,1992

72. 杨振之.旅游资源开发[M].成都:四川人民出版社,1996

73. 马耀峰,李天顺等.中国入境旅游研究[M].北京:科学出版社,1999

74. 陈俊,宫鹏.实用地理信息系统——成功地理信息系统的建设与管理[M].北京:科学出版社,1999

75. 保继刚,楚义芳.旅游地理学(修订版)[M].北京:高等教育出版社,1999

76. 李天顺,张红.旅游业管理[M].西安:陕西师范大学出版社,1998

77. 马耀峰.旅游地图制图[M].西安:西安地图出版社,1996

78. 邹统钎.旅游开发与规划[M].广州:广东旅游出版社,1993

79. 郭康.旅游开发研究[M].北京:气象出版社,1997

80. 严艳.旅游风景区开发与规划[M].西安:陕西旅游出版社,1997

81. 马勇,舒伯阳.区域旅游规划——理论·方法·案例[M].天津:南开大学出版社,1999

82. 保继刚等.旅游开发研究——原理·方法·实践[M].北京:科学出版社,1996

83. 中国旅游协会区域旅游开发专业委员会.区域旅游开发研究[C].济南:山东地图出版社,1996

84. 丁文魁.风景名胜研究[M].上海:同济大学出版社,1988

85. 李蕾蕾.旅游点形象定位初探[J].旅游学刊,1995.(3),29~31

86. 李海瑞,王兴斌. 深圳三景区成功之奥秘——"锦绣中华"、"中国民俗村"和"世界之窗"的考察报告[J]. 旅游学刊,1995. (5),30～31

87. 何建伟. 深圳华侨城旅游文化特色探析[J]. 旅游学刊,1999. (5),54～57

88. 王方华,张向青. 绿色营销[M]. 太原:山西经济出版社,1998

89. 郑向敏. 旅游对风情民俗资源的消极影响及对策研究[J]. 旅游学刊,1996. (3)

90. 刘振礼. 旅游对接待地的社会影响及对策[J]. 旅游学刊,1992. (3)

91. 申葆嘉. 论旅游接待地的社会压力问题[J]. 旅游学刊,1992. (3)

92. 牛亚菲. 可持续旅游,生态旅游及实施方案[J]. 地理研究,1999. (2)

93. Edward Inskeep. National and Regional Tourism Planning[M]. TheHugue: Van Nostrand Reihold,1994

94. Sustainable Tourism Development:Guide for Local Planners[M]: WTO,1993

95. Nelson J G, Butler R,Wall G. Tourism and Sustainable Development: Monitoring Planning, Managing, Waterloo[M]. Qnt: University of Waterloo, Dept of Geography,1993

96. 刘华琳. 山西省旅游环境质量评价及优化对策研究[D]. 辽宁师范大学,2008.

97. 董钦轩. 自然风景区旅游环境保护对策——以芦芽山自然保护区为例[D]. 山西大学,2010.

98. 翁刚民. 旅游环境承载力动态测评及管理研究[D]. 天津大学,2006.

99. 万绪才,包浩生. 山岳型旅游地旅游环境质量综合评价研究——安徽省黄山与天柱山实例分析[J]. 南京农业大学学报,2002,25(1):48-52.

100. 黄震方,陈志钢,袁林旺. 我国区域旅游环境研究综述[J]. 地理与地理信息科学,2004,20(3):99-104.

101. 李悦铮. 山西省旅游环境质量评价及优化对策研究[D]. 辽宁师范大学,2008.

102. 穆之秀. 我国湖泊景区旅游环境质量评价研究[D]. 燕山大学,2008.

103. 王琦. 城市生态旅游环境质量研究——以厦门生态旅游环境评价为例[D]. 福建师范大学,2008.

104. 李文彬. 黄家湖公园生态旅游环境承载力研究[D]. 湖南农业大学,2009.

105. 苏文俊. 海岛型城镇的环境容量研究——以舟山市朱家尖岛为例[D]. 复旦大学,2009.

106. 樊霆. 旅游环境承载力理论及评价方法研究[D]. 湖南大学,2006.

107. 韦艳. 旅游的可持续发展与生态旅游环境承载力研究——以峨眉山景区为例[D]. 成都理工大学,2010.

108. 肖雄. 基于生态足迹模型的旅游环境——以长阳清江风景名胜区为例[D].

华中科技大学,2011.

109. 田颖. 旅游环境承载力在生态旅游规划中的应用研究——以南太白山生态旅游区为例[D]. 西安建筑科技大学,2007.

110. 李正欢,郑向敏. 国外旅游研究领域利益相关者的研究综述[J]. 旅游学刊,2006,21(10):85—91.

111. 刘静艳. 从系统学角度透视生态旅游利益相关者结构关系[J]. 旅游学刊,2006,21(5):17—21.

112. 王德刚,贾衍菊. 成本共担与利益共享——旅游开发的利益相关者及其价值取向研究[J]. 旅游科学,2008,22(1):9—14.

113. 刘亚峰,焦黎. 旅游景区游客管理探讨[J]. 新疆师范大学学报(自然科学版),2006,25(3):259—262.

114. 刘纬华. 关于社区参与旅游发展的若干思考[J]. 旅游学刊,2000,(1):47—52.

115. 宋瑞. 我国生态旅游利益相关者分析[J]. 中国人口、资源与环境,2005(1):36—41.

116. 余飞. 战略人力资源管理体系构建及实施策略研究[D]. 武汉理工大学硕士学位论文,2007.

117. 唐顺铁. 旅游目的地的社区化及社区旅游研究[J]. 地理研究,1998,17(2):145—149.

118. 曹霞,吴承照. 国外旅游目的地游客管理研究进展[J]. 人文地理,2006,88(2):17—23.

119. 何方永. 不同目标导向的游客管理模式比较研究[J]. 成都大学学报(社科版),2008(3):39—41.

120. (英)艾伦·法伊奥,布赖恩·加罗德,安娜·利斯克著. 旅游吸引物管理——新的方向[M]. 郭英之译. 大连:东北财经大学出版社,2005.

121. 保罗·伊格尔斯,斯蒂芬·麦库尔,克里斯·海恩斯著. 保护区旅游规划与管理指南[M]. 张朝枝,罗秋菊译. 北京:中国旅游出版社,2005.

122. 孙九霞,保继刚. 社区参与旅游发展的相关概念及国内外相关研究进展(2—23). 社区旅游与边境旅游[C]. 北京:中国旅游出版社,2006.

123. AKANA J, KIIETI D M. Measuring tourist satisfaction with Kenya's wildlife safari: a case study of Tsavo West National Park[J]. Tourism Management. 2003(24): 73—81.

124. 增艳. 国内外社区参与旅游发展模式比较研究[D]. 厦门大学硕士学位论文,2007.

125. 安妮·斯潘斯里著. 南非两个自然旅游经营项目中的当地社区受益体系[J]. 刘晓晔译. 产业与环境，2002，24(3—4)：50—53.

126. 张波. 旅游目的地"社区参与"的三种典型模式比较研究[J]. 旅游学刊，2006，21(7)：69—74.

127. 郑仕华. 石林风景区利益相关者及其协调机制研究[D]. 云南师范大学硕士学位论文，2006.

128. 毛慧卿. 古村落保护开发利益协调机制研究——以江山市古村落保护开发为例[D]. 华东理工大学硕士论文，2011.

129. 冯华. 怎样实现可持续发展——中国可持续发展思想和实现机制研究[D].复旦大学，2004.

130. 吴楚材，吴章文，郑群明，胡卫华.生态旅游概念的研究[J].旅游学刊，2007，22(1)：67—71.

131. 邵中兴. 运城市生态旅游可持续发展的研究[D].山西大学硕士学位论文，2011.

132. 梁文庭. 旅游资源可持续开发的立法问题研究[D].昆明理工大学硕士学位论文，2006.

133. 赵翔翔. 论旅游业可持续发展[J].武汉大学学报(人文社会科学版)，2000，53(2)：183—187.

134. 万幼清. 旅游业可持续发展的理论与实践[D].华中科技大学博士学位论文，2004.

135. 马耀峰，宋保平，赵振斌. 旅游资源开发[M].北京：科学出版社，2005.

136. 周海林. 可持续发展原理[M].北京：商务印书馆，2004.

137. 杨絮飞. 生态旅游的理论与实证研究[D].东北师范大学博士学位论文，2004.

138. 廖柏明，陈泰和.桂林旅游资源保护典型案例比较分析[J].社会科学家，2006，S2：339—340.

139. Wheeler B. Tourism's troubled times：Responsible tourism is not the answer[J]. 1991，12(2)：91—96.

140. Müller H. The thorny path to sustainable tourism development [J]. Journal of Sustainable Tourism ，1994，2(3)：131—136.

141. Sisman R，Cater E. Tourism：environmental relevance[J]. Ecotourism：a sustainable option?，1994：57—67.

142. Redclift M. Mexico's green movement[J]. CSA Illumina, 1987，17：6—46.

143. May V. Tourism, environment and development：Values, sustainability and

stewardship[J]. Tourism Management，1991，12(2):112—118.

144. Page S J，Connell J. Tourism：A Modern Synthesis[M]. Cengage Learning Business Press，2011.

145. 王继庆. 我国乡村旅游可持续发展问题研究[D]. 东北林业大学博士学位论文,2007.

146. 马耀峰,宋保平,白凯. 旅游资源开发及管理[M].北京:科学出版社,2010.

附录一 旅游资源分类、调查与评价

一、旅游资源分类、调查与评价

1 范围

本标准规定了旅游资源类型体系，以及旅游资源调查、等级评价的技术与方法。本标准适用于各类型旅游区（点）的旅游资源开发与保护、旅游规划与项目建设、旅游行业管理与旅游法规建设、旅游资源信息管理与开发利用等方面。

2 规范性引用文件

下列文件中的条款通过本标准的引用而成为本标准的条款。凡是注日期的引用文件，其随后所有的修改单（不包括勘误的内容）或修订版均不适用于本标准，然而，鼓励根据本标准达成协议的各方研究是否可使用这些文件的最新版本。凡是不注日期的引用文件，其最新版本适用于本标准。

GB/T 2260　中华人民共和国行政区代码

3 术语和定义

3.1 旅游资源（tourism resources）。自然界和人类社会凡能对旅游者产生吸引力，可以为旅游业开发利用，并可产生经济效益、社会效益和环境效益的各种事物和因素。

3.2 旅游资源基本类型（fundamental type of tourism resources）。按照旅游资源分类标准所划分出的基本单位。

3.3 旅游资源单体（object of tourism resources）。可作为独立观赏或利用的旅游资源基本类型的单独个体，包括"独立型旅游资源单体"和由同一类型的独立单体结合在一起的"集合型旅游资源单体"。

3.4 旅游资源调查（investigation of tourism resources）。按照旅游资源分类标准，对旅游资源单体进行的研究和记录。

3.5 旅游资源共有因子评价（community factor evaluation of tourist resources）。按照旅游资源基本类型所共同拥有的因子对旅游资源单体进行的价值和程度评价。

4 旅游资源分类

4.1 分类原则。依据旅游资源的性状，即现存状况、形态、特性、特征划分。

4.2 分类对象。稳定的、客观存在的实体旅游资源。不稳定的、客观存在的事物和现象。

4.3 分类结构。分为"主类"、"亚类"、"基本类型"3 个层次。每个层次的旅游资源类型有相应的汉语拼音代号,具体内容见第二章第三节。

5 旅游资源调查

5.1 基本要求。

5.1.1 按照本标准规定的内容和方法进行调查。

5.1.2 保证成果质量,强调整个运作过程的科学性、客观性、准确性,并尽量做到内容简洁和量化。

5.1.3 充分利用与旅游资源有关的各种资料和研究成果,完成统计、填表和编写调查文件等项工作。调查方式以收集、分析、转化、利用这些资料和研究成果为主,并逐个对旅游资源单体进行现场调查核实,包括访问、实地观察、测试、记录、绘图、摄影,必要时进行采样和室内分析。

5.1.4 旅游资源调查分为"旅游资源详查"和"旅游资源概查"两个档次,其调查方式和精度要求不同。

5.2 旅游资源详查。

5.2.1 适用范围和要求。

5.2.1.1 适用于了解和掌握整个区域旅游资源全面情况的旅游资源调查。

5.2.1.2 完成全部旅游资源调查程序,包括调查准备、实地调查。

5.2.1.3 要求对全部旅游资源单体进行调查,提交全部"旅游资源单体调查表"。

5.2.2 调查准备。

5.2.2.1 调查组。

5.2.2.1.1 调查组成员应具备与该调查区旅游环境、旅游资源、旅游开发有关的专业知识,一般应吸收旅游、环境保护、地学、生物学、建筑园林、历史文化、旅游管理等方面的专业人员参与。

5.2.2.1.2 根据本标准的要求,进行技术培训。

5.2.2.1.3 准备实地调查所需的设备如定位仪器、简易测量仪器、影像设备等。

5.2.2.1.4 准备多份"旅游资源单体调查表"。

5.2.2.2 资料收集范围。

5.2.2.2.1 与旅游资源单体及其赋存环境有关的各类文字描述资料,包括地方志书、乡土教材、旅游区与旅游点介绍、规划与专题报告等。

5.2.2.2.2 与旅游资源调查区有关的各类图形资料,重点是反映旅游环境与旅游资源的专题地图。

5.2.2.2.3 与旅游资源调查区和旅游资源单体有关的各种照片、影像资料。

5.2.3 实地调查。

5.2.3.1 程序与方法。

5.2.3.1.1 确定调查区内的调查小区和调查线路。

　　为便于运作和此后旅游资源评价、旅游资源统计、区域旅游资源开发的需要，将整个调查区分为"调查小区"。调查小区一般按行政区划分（如省级一级的调查区，可将地区一级的行政区划分为调查小区；地区一级的调查区，可将县级一级的行政区划分为调查小区；县级一级的调查区，可将乡镇一级的行政区划分为调查小区），也可按现有或规划中的旅游区域划分。

　　调查线路按实际要求设置，一般要求贯穿调查区内所有调查小区和主要旅游资源单体所在的地点。

5.2.3.1.2 选定调查对象

　　选定下述单体进行重点调查：具有旅游开发前景，有明显经济、社会、文化价值的旅游资源单体；集合型旅游资源单体中具有代表性的部分；代表调查区形象的旅游资源单体。

　　对下列旅游资源单体暂时不进行调查：明显品位较低，不具有开发利用价值的；与国家现行法律、法规相违背的；开发后有损于社会形象的或可能造成环境问题的；影响国计民生的；某些位于特定区域内的。

5.2.3.1.3 填写《旅游资源单体调查表》。

　　对每一调查单体分别填写一份《旅游资源单体调查表》。调查表各项内容填写要求如下：

　　① 单体序号：由调查组确定的旅游资源单体顺序号码。

　　② 单体名称：旅游资源单体的常用名称。

　　③ "代号"项：代号用汉语拼音字母和阿拉伯数字表示，即"表示单体所处位置的汉语拼音字母－表示单体所属类型的汉语拼音字母－表示单体在调查区内次序的阿拉伯数字"。如果单体所处的调查区是县级和县级以上行政区，则单体代号按"国家标准行政代码（省代号 2 位－地区代号 3 位－县代号 3 位，参见 GB/T 2260－1999 中华人民共和国行政区代码）－旅游资源基本类型代号 3 位－旅游资源单体序号 2 位"的方式设置，共 5 组 13 位数，每组之间用短线"－"连接。如果单体所处的调查区是县级以下的行政区，则旅游资源单体代号按"国家标准行政代码（省代号 2 位－地区代号 3 位－县代号 3 位，参见 GB/T 2260－1999 中华人民共和国行政区代码）－乡镇代号（由调查组自定 2 位）－旅游资源基本类型代号 3 位－旅游资源单体序号 2 位"的方式设置，共 6 组 15 位数，每组之间用短线"－"连接。如果遇到同一单体可归入不同基本类型的情况，在确定其为某一类型的同时，可在"其他代号"后按另外的类型填写。操作时只需改动其中的"旅游资源基本类型代

号",其他代号项目不变。填表时,一般可省略本行政区及本行政区以上的行政代码。

④"行政位置"项:填写单体所在地的行政归属,从高到低填写政区单位名称。

⑤"地理位置"项:填写旅游资源单体主体部分的经纬度(精度到秒)。

⑥"性质与特征"项:填写旅游资源单体本身个性,包括单体性质、形态、结构、组成成分的外在表现和内在因素,以及单体生成过程、演化历史、人事影响等主要环境因素。提示如下:

1)外观形态与结构类:旅游资源单体的整体状况、形态和突出(醒目)点;代表形象部分的细节变化;整体色彩和色彩变化、奇异华美现象,装饰艺术特色等;组成单体整体各部分的搭配关系和安排情况,构成单体主体部分的构造细节、构景要素等。2)内在性质类:旅游资源单体的特质,如功能特性、历史文化内涵与格调、科学价值、艺术价值、经济背景、实际用途等。3)组成成分类:构成旅游资源单体的组成物质、建筑材料、原料等。4)成因机制与演化过程类:表现旅游资源单体发生、演化过程、演变的时序数值;生成和运行方式,如形成机制、形成年龄和初建时代、废弃时代、发现或制造时间、盛衰变化、历史演变、现代运动过程、生长情况、存在方式、展示演示及活动内容、开放时间等。5)规模与体量类:表现旅游资源单体的空间数值如占地面积、建筑面积、体积、容积等;个性数值如长度、宽度、高度、深度、直径、周长、进深、面宽、海拔、高差、产值、数量、生长期等;比率关系数值如矿化度、曲度、比降、覆盖度、圆度等。6)环境背景类:旅游资源单体周围的境况,包括所处具体位置及外部环境如目前与其共存并成为单体不可分离的自然要素和人文要素,如气候、水文、生物、文物、民族等;影响单体存在与发展的外在条件,如特殊功能、雪线高度、重要战事、主要矿物质等;单体的旅游价值和社会地位、级别、知名度等。7)关联事物类:与旅游资源单体形成、演化、存在有密切关系的典型的历史人物与事件等。

⑦"旅游区域及进出条件"项:包括旅游资源单体所在地区的具体部位、进出交通、与周边旅游集散地和主要旅游区(点)之间的关系等。

⑧"保护与开发现状"项:旅游资源单体保存现状、保护措施、开发情况等。

⑨"共有因子评价问答"项:旅游资源单体的观赏游憩价值、历史文化科学艺术价值、珍稀或奇特程度、规模丰度与几率、完整性、知名度和影响力、适游期和使用范围、污染状况与环境安全。

5.3 旅游资源概查。

5.3.1 适用范围和要求。

5.3.1.1 适用于了解和掌握特定区域或专门类型的旅游资源调查。

5.3.1.2 要求对涉及到的旅游资源单体进行调查。

5.3.2 调查技术要点。

5.3.2.1 参照"旅游资源详查"中的各项技术要求。

5.3.2.2 简化工作程序,如不需要成立调查组,调查人员由其参与的项目组织协调委派;资料收集限定在与专门目的所需要的范围;可不填写或择要填写"旅游资源单体调查表"等。

6 旅游资源评价

6.1 总体要求。

6.1.1 按照本标准的旅游资源分类体系对旅游资源单体进行评价。

6.1.2 本标准采用打分评价方法。

6.1.3 评价主要由调查组完成。

6.2 评价体系。

本标准依据"旅游资源共有因子综合评价系统"赋分。本系统设"评价项目"和"评价因子"两个档次。评价项目为"资源要素价值"、"资源影响力"、"附加值"。其中:"资源要素价值"项目中含"观赏游憩使用价值"、"历史文化科学艺术价值"、"珍稀奇特程度"、"规模、丰度与几率"、"完整性"等 5 项评价因子。"资源影响力"项目中含"知名度和影响力"、"适游期或使用范围"等 2 项评价因子。"附加值"含"环境保护与环境安全"1 项评价因子。

6.3 计分方法。

6.3.1 基本分值。

6.3.1.1 评价项目和评价因子用量值表示。资源要素价值和资源影响力总分值为 100 分,其中:"资源要素价值"为 85 分,分配如下:"观赏游憩使用价值"30分、"历史科学文化艺术价值"25 分、"珍稀或奇特程度"15 分、"规模、丰度与几率"10 分、"完整性"5 分。"资源影响力"为 15 分,其中:"知名度和影响力"10 分、"适游期或使用范围"5 分。

6.3.1.2 "附加值"中"环境保护与环境安全",分正分和负分。

6.3.1.3 每一评价因子分为 4 个档次,其因子分值相应分为 4 档。旅游资源评价赋分标准见表1(参见正文中表 13—11)。

6.3.2 计分与等级划分。

6.3.2.1 计分。

根据对旅游资源单体的评价,得出该单体旅游资源共有综合因子评价赋分值。

6.3.2.2 旅游资源评价等级指标

依据旅游资源单体评价总分,将其分为五级,从高级到低级为:

五级旅游资源,得分值域≥90 分。四级旅游资源,得分值域≥75—89 分。三级旅游资源,得分值域≥60—74 分。二级旅游资源,得分值域≥45—59 分。一级旅游资源,得分值域≥30－44分。此外还有:未获等级旅游资源,得分≤29分。其中:五级旅游资源称为"特品级旅游资源";五级、四级、三级旅游资源被通称为"优良级旅游资源";二级、一级旅游资源被通称为"普通级旅游资源"。

7 提交文(图)件

7.1 文(图)件内容和编写要求。

7.1.1 全部文(图)件包括《旅游资源调查区实际资料表》、《旅游资源图》、《旅游资源调查报告》。

7.1.2 旅游资源详查和旅游资源概查的文(图)件类型和精度不同,旅游资源详查需要完成全部文(图)件,包括填写《旅游资源调查区实际资料表》,编绘《旅游资源地图》,编写《旅游资源调查报告》。旅游资源概查要求编绘《旅游资源地图》,其他文件可根据需要选择编写。

7.2 文(图)件产生方式。

7.2.1《旅游资源调查区实际资料表》的填写。

7.2.1.1 调查区旅游资源调查、评价结束后,由调查组填写。

7.2.1.2 按照本标准附录C规定的栏目填写,栏目内容包括:调查区基本资料、各层次旅游资源数量统计、各主类、亚类旅游资源基本类型数量统计、各级旅游资源单体数量统计、优良级旅游资源单体名录、调查组主要成员、主要技术存档材料。

7.2.1.3 本表同样适用于调查小区实际资料的填写。

7.2.2《旅游资源图》的编绘。

7.2.2.1 类型。

——"旅游资源图",表现五级、四级、三级、二级、一级旅游资源单体。

——"优良级旅游资源图",表现五级、四级、三级旅游资源单体。

7.2.2.2 编绘程序与方法

7.2.2.2.1 准备工作底图。① 等高线地形图:比例尺视调查区的面积大小而定,较大面积的调查区为1:50000 －1:200000,较小面积的调查区为1:5000－1:25000,特殊情况下为更大比例尺。②调查区政区地图。

7.2.2.2.2 在工作底图的实际位置上标注旅游资源单体(部分集合型单体可将范围绘出)。各级旅游资源使用下列图例(表2)。

表2 旅游资源图图例

旅游资源等级	图例	使用说明
五级旅游资源	■	1.图例大小根据图面大小而定,形状不变。2.自然旅游资源(旅游资源分类表中主类 A、B、C、D)使用蓝色图例;人文旅游资源(旅游资源分类表中主类 E、F、G、H)使用红色图例。
四级旅游资源	●	
三级旅游资源	◆	
二级旅游资源	□	
一级旅游资源	○	

7.2.2.2.3 单体符号一侧加注旅游资源单体代号或单体序号。

7.2.3《旅游资源调查报告》的编写。各调查区编写的旅游资源调查报告,基本篇目如下:

前言;第一章 调查区旅游环境;第二章 旅游资源开发历史和现状;第三章 旅游资源基本类型;第四章 旅游资源评价;第五章 旅游资源保护与开发建议;主要参考文献;附图:《旅游资源图》或《优良级旅游资源图》。

二、旅游资源基本类型释义

旅游资源基本类型释义见表 A.1。

表 A.1 旅游资源基本类型释义

主类	亚类	代码	基本类型	简要说明
A 地文景观	AA 综合自然旅游地	AAA	山丘型旅游地	山地丘陵区内可供观光游览的整体区域或个别区段。
		AAB	谷地型旅游地	河谷地区内可供观光游览的整体区域或个别区段。
		AAC	沙砾石地型旅游地	沙漠、戈壁、荒原内可供观光游览的整体区域或个别区段。
		AAD	滩地型旅游地	缓平滩地内可供观光游览的整体区域或个别区段。
		AAE	奇异自然现象	发生在地表面一般还没有合理解释的自然界奇特现象。
		AAF	自然标志地	标志特殊地理、自然区域的地点。
		AAG	垂直自然地带	山地自然景观及其自然要素(主要是地貌、气候、植被、土壤)随海拔呈递变规律的现象。
	AB 沉积与构造	ABA	断层景观	地层断裂在地表面形成的明显景观。
		ABB	褶曲景观	地层在各种内力作用下形成的扭曲变形。
		ABC	节理景观	基岩在自然条件下形成的裂隙。
		ABD	地层剖面	地层中具有科学意义的典型剖面。
		ABE	钙华与泉华	岩石中的钙质等化学元素溶解后沉淀形成的形态。
		ABF	矿点矿脉与矿石积聚地	矿床矿石地点和由成景矿物、石体组成的地面。
		ABG	生物化石点	保存在地层中的地质时期的生物遗体、遗骸及活动遗迹的发掘地点。

主类	亚类	代码	基本类型	简要说明
A 地文景观	AC 地质地貌过程形迹	ACA	凸峰	在山地或丘陵地区突出的山峰或丘峰。
		ACB	独峰	平地上突起的独立山丘或石体。
		ACC	峰丛	基底相连的成片山丘或石体。
		ACD	石（土）林	林立的石（土）质峰林。
		ACE	奇特与象形山石	形状奇异、拟人状物的山体或石体。
		ACF	岩壁与岩缝	坡度超过60°的高大岩面和岩石间的缝隙。
		ACG	峡谷段落	两坡陡峭、中间深峻的"V"字型谷、嶂谷、幽谷等段落。
		ACH	沟壑地	由内营力塑造或外营力侵蚀形成的沟谷、劣地。
		ACI	丹霞	由红色砂砾岩组成的一种顶平、坡陡、麓缓的山体或石体。
		ACJ	雅丹	主要在风蚀作用下形成的土墩和凹地（沟槽）的组合景观。
		ACK	堆石洞	岩石块体塌落堆砌成的石洞。
		ACL	岩石洞与岩穴	位于基岩内和岩石表面的天然洞穴,如溶洞、落水洞与竖井、穿洞与天生桥、火山洞、地表坑穴等。
		ACM	沙丘地	由沙堆积而成的沙丘、沙山。
		ACN	岸滩	被岩石、沙、砾石、泥、生物遗骸覆盖的河流、湖泊、海洋沿岸地面。
	AD 自然变动遗迹	ADA	重力堆积体	由于重力作用使山坡上的土体、岩体整体下滑或崩塌滚落而形成的遗留物。
		ADB	泥石流堆积	饱含大量泥砂、石块的洪流堆积体。
		ADC	地震遗迹	地球局部震动或颤动后遗留下来的痕迹。
		ADD	陷落地	地下淘蚀使地表自然下陷形成的低洼地。
		ADE	火山与熔岩	地壳内部溢出的高温物质堆积而成的火山与熔岩形态。
		ADF	冰川堆积	冰川后退或消失后遗留下来的堆积地形。
		ADG	冰川侵蚀遗迹	冰川后退或消失后遗留下来的侵蚀地形。
	AE 岛礁	AEA	岛区	小型岛屿上可供游览休憩的区段。
		AEB	岩礁	江海中隐现于水面上下的岩石及由珊瑚虫的遗骸堆积成的岩石状物。

续表

主类	亚类	代码	基本类型	简要说明
B 水域风光	BA 河段	BAA	观光游憩河段	可供观光游览的河流段落。
		BAB	暗河河段	地下的流水河道段落。
		BAC	古河道段落	已经消失的历史河道段落。
	BB 天然湖泊与池沼	BBA	观光游憩湖区	湖泊水体的观光游览区域段落。
		BBB	沼泽与湿地	地表常年湿润或有薄层积水,生长湿生和沼生植物的地域或个别段落。
		BBC	潭池	四周有岸的小片水域。
	BC 瀑布	BCA	悬瀑	从悬崖处倾泻或散落下来的水流。
		BCB	跌水	从陡坡上跌落下来落差不大的水流。
	BD 泉	BDA	冷泉	水温低于 20 ℃或低于当地年平均气温的出露泉。
		BDB	地热与温泉	水温超过 20 ℃或超过当地年平均气温的地下热水、热汽和出露泉。
	BE 河口与海面	BEA	观光游憩海域	可供观光游憩的海上区域。
		BEB	涌潮现象	海水大潮时潮水涌进景象。
		BEC	击浪现象	海浪推进时的击岸现象。
	BF 冰雪地	BFA	冰川观光地	现代冰川存留区域。
		BFB	长年积雪地	长时间不融化的降雪堆积地面。
C 生物景观	CA 树木	CAA	林地	生长在一起的大片树木组成的植物群体。
		CAB	丛树	生长在一起的小片树木组成的植物群体。
		CAC	独树	单株树木。
	CB 草原与草地	CBA	草地	以多年生草本植物或小半灌木组成的植物群落构成的地区。
		CBB	疏林草地地	生长着稀疏林木的草地。
	CC 花卉地	CCA	草场花卉地	草地上的花卉群体。
		CCB	林间花卉	灌木林、乔木林中的花卉群体。
	CD 野生动物栖息地	CDA	水生动物栖息地	一种或多种水生动物常年或季节性栖息的地方。
		CDB	陆地动物栖息地	一种或多种陆地野生哺乳动物、两栖动物、爬行动物等常年或季节性栖息的地方。
		CDC	鸟类栖息地	一种或多种鸟类常年或季节性栖息的地方。
		CDD	蝶类栖息地	一种或多种蝶类常年或季节性栖息的地方。

主类	亚类	代码	基本类型	简要说明
D 天象与气候景观	DA 光现象	DAA	日月星辰观察地	观察日、月、星辰的地方。
		DAB	光环现象观察地	观察虹霞、极光、佛光的地方。
		DAC	海市蜃楼现象多发地	海面和荒漠地区光折射易造成虚幻景象的地方。
	DB 天气与气候现象	DBA	云雾多发区	云雾及雾凇、雨凇出现频率较高的地方。
		DBB	避暑气候地	气候上适宜避暑的地区。
		DBC	避寒气候地	气候上适宜避寒的地区。
		DBD	极端与特殊气候显示地	易出现极端与特殊气候的地区或地点,如风区、雨区、热区、寒区、旱区等典型地点。
		DBE	物候景观	各种植物的发芽、展叶、开花、结实、叶变色、落叶等季变现象。
E 遗址遗迹	EA 史前人类活动场所	EAA	人类活动遗址	史前人类聚居、活动场所。
		EAB	文化层	史前人类活动留下来的痕迹、遗物和有机物所形成的堆积层。
		EAC	文物散落地	在地面和表面松散地层中有丰富文物碎片的地方。
		EAD	原始聚落遗址	史前人类居住的房舍、洞窟、地穴及公共建筑。
	EB 社会经济文化活动遗址遗迹	EBA	历史事件发生地	历史上发生过重要贸易、文化、科学、教育事件的地方。
		EBB	军事遗址与古战场	发生过军事活动和战事的地方。
		EBC	废弃寺庙	已经消失或废置的寺、庙、庵、堂、院等。
		EBD	废弃生产地	已经消失或废置的矿山、窑、冶炼场、工艺作坊等。
		EBE	交通遗迹	已经消失或废置的交通设施。
		EBF	废城与聚落遗迹	已经消失或废置的城镇、村落、屋舍等居住地建筑及设施。
		EBG	长城遗迹	已经消失的长城遗迹。
		EBH	烽燧	古代边防报警的构筑物。
F 建筑与设施	FA 综合人文旅游地	FAA	教学科研实验场所	各类学校和教育单位、开展科学研究的机构和从事工程技术实验场所的观光、研究、实习的地方。
		FAB	康体游乐休闲度假地	具有康乐、健身、消闲、疗养、度假条件的地方。
		FAC	宗教与祭祀活动场所	进行宗教、祭祀、礼仪活动的地方。

续表

主类	亚类	代码	基本类型	简要说明
F 建筑与设施	FA 综合人文旅游地	FAD	园林游憩区域	园林内可供观光游览休憩的区域。
		FAE	文化活动场所	进行文化活动、展览、科学技术普及的场所。
		FAF	建设工程与生产地	经济开发工程和实体单位,如工厂、矿区、农田、牧场、林场、茶园、养殖场、加工企业以及各类生产部门的生产区域和生产线。
		FAG	社会与商贸活动场所	进行社会交往活动、商业贸易活动的场所。
		FAH	动物与植物展示地	饲养动物与栽培植物的场所。
		FAI	军事观光地	用于战事的建筑物和设施。
		FAJ	边境口岸	边境上设立的过境或贸易的地点。
		FAK	景物观赏点	观赏各类景物的场所。
	FB 单体活动场馆	FBA	聚会接待厅堂(室)	公众场合用于办公、会商、议事和其他公共事务所设的独立宽敞房舍,或家庭的会客厅室。
		FBB	祭拜场馆	为礼拜神灵、祭祀故人所开展的各种宗教礼仪活动的馆室或场地。
		FBC	展示演示场馆	为各类展出演出活动开辟的馆室或场地。
		FBD	体育健身场馆	开展体育健身活动的独立馆室或场地。
		FBE	歌舞游乐场馆	开展歌咏、舞蹈、游乐的馆室或场地。
	FC 景观建筑与附属型建筑	FCA	佛塔	通常为直立、多层的佛教建筑物。
		FCB	塔形建筑物	为纪念、镇物、表明风水和某些实用目的的直立建筑物。
		FCC	楼阁	用于藏书、远眺、巡更、饮宴、娱乐、休憩、观景等目的而建的二层或二层以上的建筑。
		FCD	石窟	临崖开凿,内有雕刻造像、壁画,具有宗教意义的洞窟。
		FCE	长城段落	古代军事防御工程段落。
		FCF	城(堡)	用于设防的城体或堡垒。
		FCG	摩崖字画	在山崖石壁上镌刻的文字,绘制的图画。
		FCH	碑碣(林)	为纪事颂德而筑的刻石。
		FCI	广场	用来进行休憩、游乐、礼仪活动的城市内的开阔地。
		FCJ	人工洞穴	用来防御、储物、居住等目的而建造的地下洞室。

主类	亚类	代码	基本类型	简要说明
F 建筑与设施		FCK	建筑小品	用以纪念、装饰、美化环境和配置主体建筑物的独立建筑物,如雕塑、牌坊、戏台、台、阙、廊、亭、榭、表、舫、影壁、经幢、喷泉、假山与堆石、祭祀标记等。
	FD 居住地与社区	FDA	传统与乡土建筑	具有地方建筑风格和历史色彩的单个居民住所。
		FDB	特色街巷	能反映某一时代建筑风貌,或经营专门特色商品和商业服务的街道。
		FDC	特色社区	建筑风貌或环境特色鲜明的居住区。
		FDD	名人故居与历史纪念建筑	有历史影响的人物的住所或为历史著名事件而保留的建筑物。
		FDE	书院	旧时地方上设立的供人读书或讲学的处所。
		FDF	会馆	旅居异地的同乡人共同设立的馆舍,主要以馆址的房屋供同乡、同业聚会或寄居。
		FDG	特色店铺	销售某类特色商品的场所。
		FDH	特色市场	批发零售兼顾的特色商品供应场所。
	FE 归葬地	FEA	陵寝陵园	帝王及后妃的坟墓及墓地的宫殿建筑,以及一般以墓葬为主的园林。
		FEB	墓(群)	单个坟墓、墓群或葬地。
		FEC	悬棺	在悬崖上停放的棺木。
	FF 交通建筑	FFA	桥	跨越河流、山谷、障碍物或其他交通线而修建的架空通道。
		FFB	车站	为了装卸客货停留的固定地点。
		FFC	港口渡口与码头	位于江、河、湖、海沿岸进行航运、过渡、商贸、渔业活动的地方。
		FFD	航空港	供飞机起降的场地及其相关设施。
		FFE	栈道	在悬崖绝壁上凿孔架木而成的窄路。
	FG 水工建筑	FGA	水库观光游憩区段	供观光、游乐、休憩的水库、池塘等人工集水区域。
		FGB	水井	向下开凿到饱和层并从饱和层中抽水的深洞。
		FGC	运河与渠道段落	正在运行的人工开凿的水道段落。
		FGD	堤坝段落	防水、挡水的构筑物段落。
		FGE	灌区	引水浇灌的田地。
		FGF	提水设施	提取引水设施。

续表

主类	亚类	代码	基本类型	简要说明
G 旅游商品	GA 地方旅游商品	GAA	菜品饮食	具有跨地区声望的地方菜系、饮食。
		GAB	农林畜产品及制品	具有跨地区声望的当地生产的农林畜产品及制品。
		GAC	水产品及制品	具有跨地区声望的当地生产的水产品及制品。
		GAD	中草药材及制品	具有跨地区声望的当地生产的中草药材及制品。
		GAE	传统手工产品与工艺品	具有跨地区声望的当地生产的传统手工产品与工艺品。
		GAF	日用工业品	具有跨地区声望的当地生产的日用工业品。
		GAG	其他物品	具有跨地区声望的当地生产的其他物品。
H 人文活动	HA 人事记录	HAA	人物	历史和现代名人。
		HAB	事件	发生过的历史和现代事件。
	HB 艺术	HBA	文艺团体	表演戏剧、歌舞、曲艺杂技和地方杂艺的团体。
		HBB	文学艺术作品	对社会生活进行形象的概括而创作的文学艺术作品。
	HC 民间习俗	HCA	地方风俗与民间礼仪	地方性的习俗和风气，如待人接物礼节、仪式等。
		HCB	民间节庆	民间传统的庆祝或祭祀的节日和专门活动。
		HCC	民间演艺	民间各种表演方式。
		HCD	民间健身活动与赛事	地方性体育健身比赛、竞技活动。
		HCE	宗教活动	宗教信徒举行的各种宗教与法事活动。
		HCF	庙会与民间集会	节日或规定日子里在寺庙附近或既定地点举行的聚会，期间进行购物和文体活动。
		HCG	特色饮食风俗	餐饮程序和方式。
		HCH	特色服饰	具有地方和民族特色的衣饰。
	HD 现代节庆	HDA	旅游节	定期和不定期的旅游活动的节日。
		HDB	文化节	定期和不定期的展览、会议、文艺表演活动的节日。
		HDC	商贸农事节	定期和不定期的商业贸易和农事活动的节日。
		HDD	体育节	定期和不定期的体育比赛活动的节日。

资料来源：节选自中华人民共和国国家标准（GB/T 18971—2003），《旅游资源调查、分类与评价》2003

附录二　旅游规划通则

一、旅游规划通则

引　言

为规范旅游规划编制工作,提高我国旅游规划工作总体水平,达到旅游规划的科学性、前瞻性和可操作性,促进旅游业可持续性发展,特制定本标准。本标准是编制各级旅游发展规划及各类旅游区规划的规范。本标准的制定,总结了国内并借鉴了国外旅游规划编制工作的经验和教训,在体现中国旅游规划特色的同时,在技术和方法上努力实现与国际接轨。

1 范围

本标准规定了旅游规划(包括旅游发展规划和旅游区规划)的编制的原则、程序和内容以及评审的方式,提出了旅游规划编制人员和评审人员的组成与素质要求。本标准适用于编制各级旅游发展规划及各类旅游区规划。

2 规范性引用文件

下列标准的条款通过本标准的引用而成为本标准的条款。凡是不注时间的引用文件,其最新版本适用于本标准。

GB3095-1996 环境空气质量标准;GB3096-1993 城市区域环境噪声标准;GB3838 地面水环境质量标准;GB5749 生活饮用水卫生标准;GB9663 旅游业卫生标准;GB9664 文化娱乐场所卫生标准;GB9665 公共浴室卫生标准;GB9666 理发店、美容店卫生标准;GB9667 游泳场所卫生标准;GB9668 体育馆卫生标准;GB9669 图书馆、博物馆、美术馆、展览馆卫生标准;GB9670 商场(店)、书店卫生标准;GB9671 医院候诊室卫生标准;GB9672 公共交通等候室卫生标准;GB9673 公共交通工具卫生标准;GB12941-1991 景观娱乐用水水质标准;GB16153 饭馆(餐厅)卫生标准;GB/T 18972-2003 旅游资源分类、调查与评价。

3 术语和定义

下列术语和定义适用于本标准:

3.1 旅游发展规划(tourism development plan)。旅游发展规划是根据旅游业的历史、现状和市场要素的变化所制定的目标体系,以及为实现目标体系在特定的发展条件下对旅游发展的要素所做的安排。

3.2 旅游区(tourism area)。旅游区是以旅游及其相关活动为主要功能或主要功能之一的空间或地域。

3.3 旅游区规划(tourism area plan)。旅游区规划是指为了保护、开发、利用和经营管理旅游区,使其发挥多种功能和作用而进行的各项旅游要素的统筹部署和具体安排。

3.4 旅游客源市场(tourist source market)。旅游者是旅游活动的主体,旅游客源市场是指旅游区内某一特定旅游产品的现实购买者与潜在购买者。

3.5 旅游资源(tourism resources)。自然界和人类社会凡能对旅游者产生吸引力,可以为旅游业开发利用,并可产生经济效益、社会效益和环境效益的各种事物和因素,均称为旅游资源。

3.6 旅游产品(tourism product)。旅游资源经过规划、开发建设形成旅游产品。旅游产品是旅游活动的客体与对象,可分为自然、人文和综合三大类。

3.7 旅游容量(tourism carrying capacity)。旅游容量是指在可持续发展前提下,旅游区在某一时间段内,其自然环境、人工环境和社会经济环境所能承受的旅游及其相关活动在规模和强度上极限值的最小值。

4 旅游规划编制的要求

4.1 旅游规划编制要以国家和地区社会经济发展战略为依据,以旅游业发展方针、政策及法规为基础,与城市总体规划、土地利用规划相适应,与其他相关规划相协调;根据国民经济形势,对上述规划提出改进的要求。

4.2 旅游规划编制要坚持以旅游市场为导向,以旅游资源为基础,以旅游产品为主体,经济、社会和环境效益可持续发展的指导方针。

4.3 旅游规划编制要突出地方特色,注重区域协同,强调空间一体化发展,避免近距离不合理重复建设,加强对旅游资源的保护,减少对旅游资源的浪费。

4.4 旅游规划编制鼓励采用先进方法和技术。编制过程中应当进行多方案的比较,并征求各有关行政管理部门的意见,尤其是当地居民的意见。

4.5 旅游规划编制工作所采用的勘察、测量方法与图件、资料,要符合相关国家标准和技术规范。

4.6 旅游规划技术指标,应当适应旅游业发展的长远需要,具有适度超前性。技术指标参照本标准的附录 A(资料性附录)选择和确立。

4.7 旅游规划编制人员应有比较广泛的专业构成,如旅游、经济、资源、环境、城市规划、建筑等方面。

5 旅游规划的编制程序

5.1 任务确定阶段。

5.1.1 委托方确定编制单位。

委托方应根据国家旅游行政主管部门对旅游规划设计单位资质认定的有关规定确定旅游规划编制单位。通常有公开招标、邀请招标、直接委托等形式。公开招标:委托方以招标公告的方式邀请不特定的旅游规划设计单位投标。邀请招标:委托方以投标邀请书的方式邀请特定的旅游规划设计单位投标。直接委托:委托方直接委托某一特定规划设计单位进行旅游规划的编制工作。

5.1.2 制订项目计划书并签订旅游规划编制合同。

委托方应制订项目计划书并与规划编制单位签订旅游规划编制合同。

5.2 前期准备阶段。

5.2.1 政策法规研究。对国家和本地区旅游及相关政策、法规进行系统研究,全面评估规划所需要的社会、经济、文化、环境及政府行为等方面的影响。

5.2.2 旅游资源调查。对规划区内旅游资源的类别、品位进行全面调查,编制规划区内旅游资源分类明细表,绘制旅游资源分析图,具备条件时可根据需要建立旅游资源数据库,确定其旅游容量,调查方法可参照《旅游资源分类、调查与评价》(GB/T 18972－2003)。

5.2.3 旅游客源市场分析。在对规划区的旅游者数量和结构、地理和季节性分布、旅游方式、旅游目的、旅游偏好、停留时间、消费水平进行全面调查分析的基础上,研究并提出规划区旅游客源市场未来的总量、结构和水平。

5.2.4 对规划区旅游业发展进行竞争性分析,确立规划区在交通可进入性、基础设施、景点现状、服务设施、广告宣传等各方面的区域比较优势,综合分析和评价各种制约因素及机遇。

5.3 规划编制阶段。

5.3.1 规划区主题确定。在前期准备工作的基础上,确立规划区旅游主题,包括主要功能、主打产品和主题形象。

5.3.2 确立规划分期及各分期目标。

5.3.3 提出旅游产品及设施的开发思路和空间布局。

5.3.4 确立重点旅游开发项目,确定投资规模,进行经济、社会和环境评价。

5.3.5 形成规划区的旅游发展战略,提出规划实施的措施、方案和步骤,包括政策支持、经营管理体制、宣传促销、融资方式、教育培训等。

5.3.6 撰写规划文本、说明和附件的草案。

5.4 征求意见阶段。

规划草案形成后,原则上应广泛征求各方意见,并在此基础上,对规划草案进行修改、充实和完善。

6 旅游发展规划

6.1 旅游发展规划按规划的范围和政府管理层次分为全国旅游业发展规划、区域旅游业发展规划和地方旅游业发展规划。地方旅游业发展规划又可分为省级旅游业发展规划、地市级旅游业发展规划和县级旅游业发展规划等。地方各级旅游业发展规划均依据上一级旅游业发展规划并结合本地区的实际情况进行编制。

6.2 旅游发展规划包括近期发展规划(3～5年)、中期发展规划(5～10年)或远期发展规划(10～20年)。

6.3 旅游发展规划的主要任务是明确旅游业在国民经济和社会发展中的地位与作用,提出旅游业发展目标,优化旅游业发展的要素结构与空间布局,安排旅游业发展优先项目,促进旅游业持续、健康、稳定发展。

6.4 旅游发展规划的主要内容。

6.4.1 全面分析规划区旅游业发展历史与现状、优势与制约因素,及与相关规划的衔接。

6.4.2 分析规划区的客源市场需求总量、地域结构、消费结构及其他结构,预测规划期内客源市场需求总量、地域结构、消费结构及其他结构。

6.4.3 提出规划区的旅游主题形象和发展战略。

6.4.4 提出旅游业发展目标及其依据。

6.4.5 明确旅游产品开发的方向、特色与主要内容。

6.4.6 提出旅游发展重点项目,对其空间及时序做出安排。

6.4.7 提出要素结构、空间布局及供给要素的原则和办法。

6.4.8 按照可持续发展原则,注重保护开发利用的关系,提出合理的措施。

6.4.9 提出规划实施的保障措施。

6.4.10 对规划实施的总体投资分析,主要包括旅游设施建设、配套基础设施建设、旅游市场开发、人力资源开发等方面的投入与产出方面的分析。

6.5 旅游发展规划成果包括规划文本、规划图表及附件。规划图表包括区位分析图、旅游资源分析图、旅游客源市场分析图、旅游业发展目标图表、旅游产业发展规划图等。附件包括规划说明和基础资料等。

7 旅游区规划

7.1 旅游区规划按规划层次分总体规划、控制性详细规划、修建性详细规划等。

7.2 旅游区总体规划。

7.2.1 旅游区在开发、建设之前,原则上应当编制总体规划。小型旅游区可直接编制控制性详细规划。

7.2.2 旅游区总体规划的期限一般为10～20年,同时可根据需要对旅游区的远景发展做出轮廓性的规划安排。对于旅游区近期的发展布局和主要建设项目,亦应做出近期规划,期限一般为3～5年。

7.2.3 旅游区总体规划的任务,是分析旅游区客源市场,确定旅游区的主题形象,划定旅游区的用地范围及空间布局,安排旅游区基础设施建设内容,提出开发措施。

7.2.4 旅游区总体规划内容。

7.2.4.1 对旅游区的客源市场的需求总量、地域结构、消费结构等进行全面分析与预测。

7.2.4.2 界定旅游区范围,进行现状调查和分析,对旅游资源进行科学评价。

7.2.4.3 确定旅游区的性质和主题形象。

7.2.4.4 确定规划旅游区的功能分区和土地利用,提出规划期内的旅游容量。

7.2.4.5 规划旅游区的对外交通系统的布局和主要交通设施的规模、位置;规划旅游区内部的其他道路系统的走向、断面和交叉形式。

7.2.4.6 规划旅游区的景观系统和绿地系统的总体布局。

7.2.4.7 规划旅游区其他基础设施、服务设施和附属设施的总体布局。

7.2.4.8 规划旅游区的防灾系统和安全系统的总体布局。

7.2.4.9 研究并确定旅游区资源的保护范围和保护措施。

7.2.4.10 规划旅游区的环境卫生系统布局,提出防止和治理污染的措施。

7.2.4.11 提出旅游区近期建设规划,进行重点项目策划。

7.2.4.12 提出总体规划的实施步骤、措施和方法,以及规划、建设、运营中的管理意见。

7.2.4.13 对旅游区开发建设进行总体投资分析。

7.2.5 旅游区总体规划的成果要求。

7.2.5.1 规划文本。

7.2.5.2 图件,包括旅游区区位图、综合现状图、旅游市场分析图、旅游资源评价图、总体规划图、道路交通规划图、功能分区图等其他专业规划图、近期建设规划图等。

7.2.5.3 附件,包括规划说明和其他基础资料等。

7.2.5.4 图纸比例,可根据功能需要与可能来确定。

7.3 旅游区控制性详细规划。

7.3.1 在旅游区总体规划的指导下,为了近期建设的需要,可编制旅游区控制性详细规划。

7.3.2 旅游区控制性详细规划的任务是,以总体规划为依据,详细规定区内建设用地的各项控制指标和其它规划管理要求,为区内一切开发建设活动提供指导。

7.3.3 旅游区控制性详细规划的主要内容:

7.3.3.1 详细划定所规划范围内各类不同性质用地的界线。规定各类用地内适建、不适建或者有条件地允许建设的建筑类型。

7.3.3.2 规划分地块,规定建筑高度、建筑密度、容积率、绿地率等控制指标,并根据各类用地的性质增加其它必要的控制指标。

7.3.3.3 规定交通出入口方位、停车泊位、建筑后退红线、建筑间距等要求。

7.3.3.4 提出对各地块的建筑体量、尺度、色彩、风格等要求。

7.3.3.5 确定各级道路的红线位置、控制点坐标和标高。

7.3.4 旅游区控制性详细规划的成果要求：

7.3.4.1 规划文本。

7.3.4.2 图件，包括旅游区综合现状图，各地块的控制性详细规划图，各项工程管线规划图等。

7.3.4.3 附件，包括规划说明及基础资料。

7.3.4.4 图纸比例一般为 1/1000～1/2000。

7.4 旅游区修建性详细规划。

7.4.1 对于旅游区当前需要建设的地段，应编制修建性详细规划。

7.4.2 旅游区修建性详细规划的任务是，在总体规划或控制性详细规划的基础上，进一步深化和细化，用以指导各项建筑和工程设施的设计和施工。

7.4.3 旅游区修建性详细规划的主要内容：

7.4.3.1 综合现状与建设条件分析。

7.4.3.2 用地布局。

7.4.3.3 景观系统规划设计。

7.4.3.4 道路交通系统规划设计。

7.4.3.5 绿地系统规划设计。

7.4.3.6 旅游服务设施及附属设施系统规划设计。

7.4.3.7 工程管线系统规划设计。

7.4.3.8 竖向规划设计。

7.4.3.9 环境保护和环境卫生系统规划设计。

7.4.4 旅游区修建性详细规划的成果要求：

7.4.4.1 规划设计说明书。

7.4.4.2 图件，包括综合现状图、修建性详细规划总图、道路及绿地系统规划设计图、工程管网综合规划设计图、竖向规划设计图、鸟瞰或透视等效果图等。图纸比例一般为 1/500～1/2000。

7.5 旅游区可根据实际需要，编制项目开发规划、旅游线路规划和旅游地建设规划、旅游营销规划、旅游区保护规划等功能性专项规划。

8 旅游规划的评审、报批与修编

8.1 旅游规划的评审。

8.1.1 评审方式。

8.1.1.1 旅游规划文本、图件及附件的草案完成后,由规划委托方提出申请,上一级旅游行政主管部门组织评审。

8.1.1.2 旅游规划评审采用会议审查方式。成果应在会议召开五日前送达评审人员审阅。

8.1.1.3 旅游规划的评审,需经全体评审人员讨论、表决,并有 3/4 以上评审人员同意,方为通过。评审意见应形成文字性结论,并经评审小组全体成员签字,评定意见方为有效。

8.1.2 规划评审人员的组成。

8.1.2.1 旅游发展规划的评审人员由规划委托方与上一级旅游行政主管部门商定;旅游区规划的评审人员由规划委托方与当地旅游行政主管部门确定。旅游规划评审组由 7 人以上组成。其中行政管理部门代表不超过 1/3,本地专家不少于 1/3。规划评审小组设组长 1 人,根据需要可设副组长 1~2 人。组长、副组长人选由委托方与规划评审小组协商产生。

8.1.2.2 旅游规划评审人员应由经济分析专家、市场开发专家、旅游资源专家、环境保护专家、城市规划专家、工程建筑专家、旅游规划管理官员、相关部门管理官员等组成。

8.1.3 规划评审重点。

旅游规划评审应围绕规划的目标、定位、内容、结构和深度等方面进行重点审议,包括:①旅游产业定位和形象定位的科学性、准确性和客观性;②规划目标体系的科学性、前瞻性和可行性;③旅游产业开发、项目策划的可行性和创新性;④旅游产业要素结构与空间布局的科学性、可行性;⑤旅游设施、交通线路空间布局的科学合理性;⑥旅游开发项目投资的经济合理性;⑦规划项目对环境影响评价的客观可靠性;⑧各项技术指标的合理性;⑨规划文本、附件和图件的规范性;⑩规划实施的操作性和充分性。

8.2 规划的报批。

旅游规划文本、图件及附件,经规划评审会议讨论通过并根据评审意见修改后,由委托方按有关规定程序报批实施。

8.3 规划的修编。

在规划执行过程中,要根据市场环境等各个方面的变化对规划进行进一步的修订和完善。

二、旅游规划指标选取指南

A.1 旅游容量测算

旅游容量为空间容量、设施容量、生态容量和社会心理容量四类。对于一个旅游区来说,日空间容量与日设施容量的测算是最基本的要求。

A.1.1 日空间容量。

日空间容量的测算是在给出各个空间使用密度的情况下,把游客的日周转率考虑进去,即可估算出不同空间的日空间容量。例如:假设某游览空间面积为 X_i m^2,在不影响游览质量的情况下,平均每位游客占用面积为 Y_i $m^2/$人,日周转率为 Z_i。则该游览日空间日容量为:

$$C_i = X_i \times Z_i / Y_i (人)$$

旅游区日空间总容量等于各分区日空间容量之和,即:

$$C = \sum C_i = \sum X_i \times Z_i / Y_i$$

A.1.2 日设施容量。

日设施容量的计算方法与日空间容量的计算方法基本类似。

例如:假设一个影剧院的座位数为 X_i,日周转率为 Y_i,则日设施容量为:

$$C_i = X_i \times Y_i$$

旅游区日设施总容量为:

$$C = \sum C_i = \sum X_i \times Y_i$$

其中旅游接待设施,如宾馆、休疗养院的日间系数建议为 0.4。

A.1.3 生态环境容量

A.1.3.1 生态环境容量的测算是一个比较复杂的问题,但起码要考虑到如下因素:

a)土壤密度、土壤组成、土壤温度、土壤冲蚀与径流。b)植被:植被覆盖率、植被组成、植被年龄结构、稀有植物的灭绝、植被的机械性损伤。c)水:水中病原体的数目与种类、水中的养分及水生植物的生长情况、污染物。d)野生动物:栖息地、种群组成、种群改变、旅游活动对种群活动的影响。e)空气。

A.1.3.2 生态环境容量的研究,常采用以下三种方法:

a)既成事实分析(After-the-Fact Analysis):在旅游行动与环境影响已达平衡的系统,选择游客量压力不同调查其容量,所得数据用于测算相似地区环境容量。

b)模拟实验(Simulation Experiment):使用人工控制的破坏强度,观察其影响程度。根据实验结果测算相似地区环境容量。

c)长期监测(Monitoring of Change through Time):从旅游活动开始阶段作长期调查,分析使用强度逐年增加所引起的改变;或在游客压力突增时,随时作短期调查。所得数据用于测算相似地区的环境容量。

A.1.4 社会心理容量。

社会心理容量的主要影响因素是拥挤度。对于它的测算也是一个比较复杂的问题。目前主要有两个模型可以利用：一是满意模型（Hyporhetical Density），二是拥挤认识模型（Perceived Crowding Models）。

A.1.5 旅游容量的确定。

一般对一个旅游区来说，最基本的要求是对空间容量和设施容量进行测算，对生态环境容量和社会环境容量进行分析。有条件的话，也应对后两个环境容量进行测算。如果上述四个容量都有测算值的话，那么一个旅游区的环境容量取决于以下三者的最小值：

a）生态环境容量；b）社会心理容量；c）空间容量与设施容量之和。

A.2 旅游服务设施规划

旅游服务设施的配置可依照以下原则：

a）经济上可行。配套设施的选择不仅符合投资能力，要力争有较好的经济效益，同时还要考虑它的日常维护费用和淘汰速度，力求经济实惠。b）要与旅游区性质和功能相一致。不能设置与旅游区性质和规划原则相违背的设施，必须按照规划确定的功能与规模来进行。设施的配套满足使用要求，既不能配套不周全，造成旅游区在使用上的不便，也不能盲目配套造成浪费。c）要有一定的弹性。波动是旅游市场的显著特征，设施配套应考虑这一情况，使之有一定的灵活适应力。

A.2.1 商业、饮食业设施。

旅游区内商业、饮食业服务设施的建筑面积，建议采用在区内接待总床位数的基础上，按 $0.4 \sim 0.6 \ m^2$/床的指标作估算，详见表 A.1。

表 A.1 商业、饮食业设施的分项配置指标

类　别	1 千床	2 千床	4 千床	7 千床	12 千床	20 千床
百货、食品类	1	2	4	7	10	20
综合类 a	2	3	5	8	12	20
器材类 b	2	5	10	20	35	50
服务类 c	1	2	4	7	12	30
旅游咨询及车辆出租站		P	1	1～2	2	2～3
银行			1	1	2	2
房地产所			1	2	2～3	3
总计	6	12	26	47	75	123

注 1：假设旅馆最低出租率均为 50%。注 2：P 表示可以设置。a 包括：药品、书报、烟草、花木、工艺品、礼品。b 包括：体育物品、摄像用品、本地产品、家具及时装。c 包括：饮食、理发、洗衣、加油、汽车修理、室内。

旅游区内单个商店的面积平均在 90～130m² 为宜。但有些商店可以组织在一起,由一个中心来管理,不同类型的商店可以混杂地组织起来创造有趣和多样的公共购物环境。

A.2.2　文娱设施。

文娱性建筑的总建筑面积,建议按 0.1～0.2m²/床的指标作估算。文娱设施的项目除了表 A.2 所列外,还可根据旅游区的具体情况设置植物园、展览及游乐性建筑、动物园等。

表 A.2　文娱设施的分项配置指标

类　　别	1 千床	2 千床	4 千床	7 千床	12 千床	20 千床
电影院 300～600 座			1	1	1	2
多功能厅 200～1000m²					1	1
露天影剧场 500m²		1	1	1	1	1
图书阅览 150～500m²			P	P	1	1
青年中心			P	1	1	1
夜总会、舞厅 150～200m²				1～2	2～3	3～4

注 1:若旅游区有扩大可能,则可以设置。注 2:P 表示可以设置。

A.2.3　体育设施。

户外体育活动场地的总面积可按 5～8m²/床的指标进行估算,而游乐性建筑的面积可按 0.2m²/床的指标进行估算。旅游区体育活动内容除了表 A.3 所列之外,还可根据本身的条件组织其他活动,如登山、野外考察、海底欣赏、冲浪等。

表 A.3　体育设施的分项配置指标

规　　模	1 千床	2 千床	4 千床	7 千床	12 千床	20 千床
活动场 2000 平米	1	2	4	6	10	16
篮、排球场 800 平米			1	1	2	4
网球场	P	1～4	2～8	4～10	6～12	8～20
室内网球(25×40 平米)						1
体育厅 250～1000 平米		P	P	1	1	1
室内游泳池 500～2500 平米		1	1	1	1	1～2
跑马中心		P	1	1	1	
马数				10	15	25
小型高尔夫球场 5000 平米		p	p	1	2	3

注:P 表示可以设置

A.2.4　管理与医疗等设施。

旅游区内管理、医疗等设施的总的建筑主面积可按 0.2 m²/床的指标进行估算。

表 A.4　管理、医疗等设施的分项配置指标

类　别	1千床	2千床	4千床	7千床	12千床	20千床
行政管理中心		P				
旅游咨询服务		P				
邮电所	P					
消防队		P				
派出所(季节性)			P	P		
维修站						
医疗诊所(平米)	P	100	200	400	1000	2000
托幼服务		P				
托儿所(平米)	P	100	150	250	400	500
内科医务人员(人)			1	1～2	2～6	2～10
牙科医生(人)			P	P	1	1
按摩医师(人)			P	1	1	1
药剂师(人)		P	1	1	1～2	2～3
其他医务人员(人)			1	2	3	5	5

注1:维修站包括道路、庭园、废物处理、扫雪等。注2:P表示可以考虑设置。

A.2.5　旅馆面积指标。建议按照表 A.5 执行。

表 A.5　旅馆面积指标　　　　　　　　　　　　　单位:m²

类　别	五星	四星	三星	二星
客房部分	46	41	39	34
公共部分	4	4	3	2
饮食部分	11	10	9	7
行政服务	9	9	8	6
工程机房	9	8	7	4
其　他	2	1	0	0
备用面积	5	5	4	1
总 面 积	86	76～80	68～72	54～56

A.2.6　旅游公寓面积指标。建议按照表 A.6 执行。

表 A.6　旅游公寓面积指标

设施及面积	两用卧室		一间卧室		二间卧室		三间卧室	
	最小	一般	最小	一般	最小	一般	最小	一般
床数/床	2～3		3～4		5～6		7～8	
起居室净面积/m²	14	20	14	20	16	24	18	30
厨房净面积/m²	2	2	2	3	4	5	5	6
卫生间净面积/m²	3	4	3	5	4	7	5	6

续表

设施及面积	两用卧室		一间卧室		二间卧室		三间卧室	
	最小	一般	最小	一般	最小	一般	最小	一般
卧室净面积/m²			8	9	8	10	8	10
					8	9	8	9
							7	8
过道与橱柜净面积/m²	2	4	5	8	8	11	12	15
总净面积/m²	21	30	32	45	48	66	63	84
总毛面积/m²	27	39	41	58	62	86	82	112

A. 3 环境质量

A.3.1 旅游区按其不同产品类型可划分为：

观光产品型：包括自然景观（如名山大川），人文景观（如名胜古迹、城市娱乐等）。度假产品型：包括森林型、山地型、草原型、温泉型、滑雪型、海滨型、河湖型度假产品等。专项产品型：包括体育、探险、游船、科学考察等旅游产品。上述类型产品可能单独出现，也可能相互交叉出现在同一旅游区内。

A.3.2 旅游区根据不同的产品类型及旅游容量采用不同环境质量标准，对跨两种或两种以上产品类型的旅游区，应采用较高的环境质量标准。

A.3.3 人文景观型旅游区的规划设计应当以达到以下环境质量标准为目标：

a)绿地率不于于 30%；b)大气环境达到 GB3095－1996 一级标准；c)人体直接接触的娱乐水体达到 GB12941－1991A 类标准，与人体非直接接触的景观娱乐水体达到 GB12941－1991B 类标准，生活饮用水水质达到 GB5749 的要求，其他水体达到 GB3838；d)环境噪声达到 GB3096 的要求；e)公共场所卫生达到 GB9663－9673 和 GB16153 的要求。

A.3.4 自然景观型旅游区和度假型旅游区的规划设计应当以达到以下环境质量标准为目标：

a)除滑雪、海滨和河湖型旅游区外，其他旅游区绿地面积不少于 50%；b)大气环境达到 GB3095－1996 一级标准；c)人体直接接触的娱乐水体达到 GB－12941－1991A 类标准，与人体非直接接触的景观娱乐水体达到 GB12941－1991B 类标准，生活用水水质达到 GB5749 的要求，其他水体达到 GB3838 的要求；d)环境噪声达到 GB3096－1993O 类标准；e)公共场所卫生达到 GB9663－9673 和 GB16153 的要求。

A.3.5 专项旅游产品应按照专项产品环境质量保护的特殊要求进行规划设计。①

---

① 资料来源：节选自中华人民共和国国家标准（GB/T 18972－2003），《旅游规划通则》.2003

附录三 国务院关于加快发展旅游业的意见

各省、自治区、直辖市人民政府,国务院各部委、各直属机构:

旅游业是战略性产业,资源消耗低,带动系数大,就业机会多,综合效益好。改革开放以来,我国旅游业快速发展,产业规模不断扩大,产业体系日趋完善。当前我国正处于工业化、城镇化快速发展时期,日益增长的大众化、多样化消费需求为旅游业发展提供了新的机遇。为充分发挥旅游业在保增长、扩内需、调结构等方面的积极作用,现就加快发展旅游业提出如下意见:

一、总体要求

(一)指导思想。以邓小平理论和"三个代表"重要思想为指导,深入贯彻落实科学发展观,进一步解放思想,深化改革开放,加强统筹协调,转变发展方式,提升发展质量,把旅游业培育成国民经济的战略性支柱产业和人民群众更加满意的现代服务业。

(二)基本原则。坚持改革开放,破除体制机制性障碍,充分发挥市场配置资源的基础性作用,走内涵式发展道路,实现速度、结构、质量、效益相统一;坚持以人为本,安全第一,寓管理于服务之中,不断满足人民群众日益增长的旅游消费需求;坚持以国内旅游为重点,积极发展入境旅游,有序发展出境旅游;坚持因地制宜,突出优势,推动各地旅游业特色化发展;坚持节能环保,合理利用资源,实现旅游业可持续发展。

(三)发展目标。到 2015 年,旅游市场规模进一步扩大,国内旅游人数达 33 亿人次,年均增长 10%;入境过夜游客人数达 9000 万人次,年均增长 8%;出境旅游人数达 8300 万人次,年均增长 9%。旅游消费稳步增长,城乡居民年均出游超过 2次,旅游消费相当于居民消费总量的 10%。经济社会效益更加明显,旅游业总收入年均增长 12%以上,旅游业增加值占全国 GDP 的比重提高到 4.5%,占服务业增加值的比重达到 12%。每年新增旅游就业 50 万人。旅游服务质量明显提高,市场秩序明显好转,可持续发展能力明显增强,力争到 2020 年我国旅游产业规模、质量、效益基本达到世界旅游强国水平。

二、主要任务

(四)深化旅游业改革开放。放宽旅游市场准入,打破行业、地区壁垒,简化审批手续,鼓励社会资本公平参与旅游业发展,鼓励各种所有制企业依法投资旅游产业。推进国有旅游企业改组改制,支持民营和中小旅游企业发展,支持各类企业跨行业、跨地区、跨所有制兼并重组,培育一批具有竞争力的大型旅游企业集团。积极引进外资旅游企业。在试点的基础上,逐步对外商投资旅行社开放经营中国公民出境旅游业务。支持有条件的旅游企业"走出去"。要按照统筹协调、形成合力的要求,创新体制机制,推进旅游管理体制改革。支持各地开展旅游综合改革和专项改革试点,鼓励有条件的地方探索旅游资源一体化管理。旅游行政管理及相关部门要加快职能转变,把应当由企业、行业协会和中介组织承担的职能和机构转移出去。五年内,各级各类旅游行业协会的人员和财务关系要与旅游行政管理等部门脱钩。

（五）优化旅游消费环境。逐步建立以游客评价为主的旅游目的地评价机制。景区门票价格调整要提前半年向社会公布,所有旅游收费均应按规定向社会公示。全面落实旅游景区对老年人和学生等特殊人群门票优惠政策。增加旅游目的地与主要客源地间的航线航班、旅游列车,完善旅客列车车票的预售和异地购票办法。城市公交服务网络要逐步延伸到周边主要景区和乡村旅游点,公路服务区要拓展旅游服务功能。进一步完善自驾车旅游服务体系。规范引导自发性旅游活动。博物馆、金融服务网点、邮政服务网点等在旅游旺季应适当延长开放和服务时间。各类经营场所的公用厕所要对游客开放。建立健全旅游信息服务平台,促进旅游信息资源共享。广播、电视、报刊、网站等公共媒体要积极开设旅游栏目,加大旅游公益宣传力度。

（六）倡导文明健康的旅游方式。在全社会大力倡导健康旅游、文明旅游、绿色旅游,使城乡居民在旅游活动中增长知识、开阔视野、陶冶情操。景区景点、宾馆饭店和旅行社等旅游企业要通过多种形式,引导每一位旅游者自觉按照《中国公民国内旅游文明行为公约》和《中国公民出境旅游文明行为指南》文明出行、文明消费。旅游者要尊重自然,尊重当地文化,尊重服务者,抵制不良风气,摒弃不文明行为。出境旅游者要维护良好的对外形象,做传播中华文明的使者。

（七）加快旅游基础设施建设。重点建设旅游道路、景区停车场、游客服务中心、旅游安全以及资源环境保护等基础设施。实施旅游厕所改扩建工程。加强主要景区连接交通干线的旅游公路建设。规划建设水路客运码头要充分考虑旅游业发展需求。加快推进中西部支线机场建设,完善旅游航线网络。确保景区和交通沿线通信顺畅。加强重点城市游客集散中心建设。力争通过五年努力,全国所有A级景区旅游交通基本畅通,旅游标识系统基本完善,旅游厕所基本达标,景区停车场基本满足需要。

（八）推动旅游产品多样化发展。实施乡村旅游富民工程。开展各具特色的农业观光和体验性旅游活动。在妥善保护自然生态、原居环境和历史文化遗存的前提下,合理利用民族村寨、古村古镇,建设特色景观旅游村镇,规范发展"农家乐"、休闲农庄等旅游产品。依托国家级文化、自然遗产地,打造有代表性的精品景区。积极发展休闲度假旅游,引导城市周边休闲度假带建设。有序推进国家旅游度假区发展。规范发展高尔夫球场、大型主题公园等。继续发展红色旅游。

(九)培育新的旅游消费热点。大力推进旅游与文化、体育、农业、工业、林业、商业、水利、地质、海洋、环保、气象等相关产业和行业的融合发展。支持有条件的地区发展生态旅游、森林旅游、商务旅游、体育旅游、工业旅游、医疗健康旅游、邮轮游艇旅游。把旅游房车、邮轮游艇、景区索道、游乐设施和数字导览设施等旅游装备制造业纳入国家鼓励类产业目录,大力培育发展具有自主知识产权的休闲、登山、滑雪、潜水、露营、探险、高尔夫等各类户外活动用品及宾馆饭店专用产品。大力发展旅游购物,提高旅游商品、旅游纪念品在旅游消费中的比重。以大型国际展会、重要文化活动和体育赛事为平台,培育新的旅游消费热点,特别要抓住举办2010年上海世界博览会的机遇,扩大旅游消费。

(十)提高旅游服务水平。以游客满意度为基准,全面实施《旅游服务质量提升纲要》。以人性化服务为方向,提升从业人员服务意识和服务水平。以品牌化为导向,鼓励专业化旅游管理公司推进品牌连锁,促进旅游服务创新。以标准化为手段,健全旅游标准体系,抓紧制定并实施旅游环境卫生、旅游安全、节能环保等标准,重点保障餐饮、住宿、厕所的卫生质量。以信息化为主要途径,提高旅游服务效率。积极开展旅游在线服务、网络营销、网络预订和网上支付,充分利用社会资源构建旅游数据中心、呼叫中心,全面提升旅游企业、景区和重点旅游城市的旅游信息化服务水平。

(十一)丰富旅游文化内涵。把提升文化内涵贯穿到吃住行游购娱各环节和旅游业发展全过程。旅游开发建设要加强自然文化遗产保护,深挖文化内涵,普及科学知识。旅游商品要提高文化创意水平,旅游餐饮要突出文化特色,旅游经营服务要体现人文特质。要发挥文化资源优势,推出具有地方特色和民族特色的演艺、节庆等文化旅游产品。充分利用博物馆、纪念馆、体育场馆等设施,开展多种形式的文体旅游活动。集中力量塑造中国国家旅游整体形象,提升文化软实力。

(十二)推进节能环保。实施旅游节能节水减排工程。支持宾馆饭店、景区景点、乡村旅游经营户和其他旅游经营单位积极利用新能源新材料,广泛运用节能节水减排技术,实行合同能源管理,实施高效照明改造,减少温室气体排放,积极发展循环经济,创建绿色环保企业。五年内将星级饭店、A级景区用水用电量降低20%。合理确定景区游客容量,严格执行旅游项目环境影响评价制度,加强水资源保护和水土保持。倡导低碳旅游方式。

(十三)促进区域旅游协调发展。中西部和边疆民族地区要利用自然、人文旅游资源,培育特色优势产业。东部发达地区、东北等老工业基地要通过经济结构调整,提升旅游发展水平。有序推进香格里拉、丝绸之路、长江三峡、青藏铁路沿线和东北老工业基地、环渤海地区、长江中下游地区、黄河中下游地区、泛珠三角地区、海峡西岸、北部湾地区等区域旅游业发展,完善旅游交通、信息和服务网络。积极推动海南国际旅游岛建设。继续促进内地居民赴香港、澳门旅游。加强海峡两岸旅游交流与合作。

三、保障措施

(十四)加强规划和法制建设。制定全国旅游业发展规划。旅游基础设施和重点旅游项目建设要纳入国民经济和社会发展规划。编制和调整城市总体规划、土地利用规划、海洋功能区划、基础设施规划,村镇规划要充分考虑旅游业发展需要。制定国民旅游休闲纲要。设立"中国旅游日"。落实带薪休假制度。抓紧旅游综合立法,加快制定旅游市场监管、资源保护、从业规范等专项法规,不断完善相关法律法规。

(十五)加强旅游市场监管和诚信建设。落实地方政府、经营主体、相关部门的监管责任。健全旅游监管体系,完善旅游质量监管机构,加强旅游服务质量监督管理和旅游投诉处理。旅游、工商、公安、商务、卫生、质检、价格等部门要加强联合执法,开展打击非法从事旅游经营活动,整治"零负团费"、虚假广告、强迫或变相强迫消费等欺诈行为,维护游客合法权益。加强旅游诚信体系建设,开展诚信旅游创建活动,制订旅游从业人员诚信服务准则,建立旅行社、旅游购物店信用等级制度。发挥旅游行业协会的作用,提高行业自律水平。

(十六)加强旅游从业人员素质建设。整合旅游教育资源,加强学科建设,优化专业设置,深化专业教学改革,大力发展旅游职业教育,提高旅游教育水平。建立和完善旅游职业资格和职称制度,健全职业技能鉴定体系,培育职业经理人市场。抓紧改革完善导游等级制度,提高导游人员专业素质和能力,鼓励专业技术人员特别是离退休老专家、老教师从事导游工作。实施全国旅游培训计划,加强对红色旅游、乡村旅游和文化遗产旅游从业人员培训,五年内完成对旅游企业全部中高级管理人员和导游人员的分级分类培训。

(十七)加强旅游安全保障体系建设。以旅游交通、旅游设施、旅游餐饮安全为重点,严格安全标准,完善安全设施,加强安全检查,落实安全责任,消除安全隐患,建立健全旅游安全保障机制。严格执行安全事故报告制度和重大责任追究制度。完善旅游安全提示预警制度,重点旅游地区要建立旅游专业气象、地质灾害、生态环境等监测和预报预警系统。防止重大突发疫情通过旅行途径扩散。推动建立旅游紧急救援体系,完善应急处置机制,健全出境游客紧急救助机制,增强应急处置能力。搞好旅游保险服务,增加保险品种,扩大投保范围,提高理赔效率。

(十八)加大政府投入。地方各级政府要加大对旅游基础设施建设的投入。各级财政要加大对旅游宣传推广、人才培训、公共服务的支持力度。中央政府投资重点支持中西部地区重点景区、红色旅游、乡村旅游等的基础设施建设。国家旅游发展基金重点用于国家旅游形象宣传、规划编制、人才培训、旅游公共服务体系建设等。安排中央财政促进服务业发展专项资金、扶持中小企业发展专项资金、外贸发展基金以及节能减排专项资金时,要对符合条件的旅游企业给予支持。要把旅游促进就业纳入就业发展规划和职业培训计划,落实好相关扶持政策。完善"家电下乡"政策,支持从事"农家乐"等乡村旅游的农民批量购买家电产品和汽车摩托车。

(十九)加大金融支持。对符合旅游市场准入条件和信贷原则的旅游企业和旅游项目,要加大多种形式的融资授信支持,合理确定贷款期限和贷款利率。符合条件的旅游企业可享受中小企业贷款优惠政策。对有资源优势和市场潜力但暂时经营困难的旅游企业,金融机构要按规定积极给予信贷支持。进一步完善旅游企业融资担保等信用增强体系,加大各类信用担保机构对旅游企业和旅游项目的担保力度。拓宽旅游企业融资渠道,金融机构对商业性开发景区可以开办依托景区经营权和门票收入等质押贷款业务。鼓励中小旅游企业和乡村旅游经营户以互助联保方式实现小额融资。支持符合条件的旅游企业发行短期融资券、企业债券和中期票据,积极鼓励符合条件的旅游企业在中小企业板和创业板上市融资。鼓励消费金融公司在试点过程中积极提供旅游消费信贷服务。积极推进金融机构和旅游企业开展多种方式的业务合作,探索开发适合旅游消费需要的金融产品,增强银行卡的旅游服务功能。

(二十)完善配套政策和措施。落实宾馆饭店与一般工业企业同等的用水、用电、用气价格政策。允许旅行社参与政府采购和服务外包。旅行社按营业收入缴纳的各种收费,计征基数应扣除各类代收服务费。排放污染物达到国家标准或地方标准并已进入城市污水处理管网的旅游企业,缴纳污水处理费后,免征排污费。旅游企业用于宣传促销的费用依法纳入企业经营成本。鼓励银行卡收费对旅行社、景区售票商户参照超市和加油站档次进行计费,进一步研究适当降低对宾馆饭店的收费标准。年度土地供应要适当增加旅游业发展用地。积极支持利用荒地、荒坡、荒滩、垃圾场、废弃矿山、边远海岛和可以开发利用的石漠化土地等开发旅游项目。支持企事业单位利用存量房产、土地资源兴办旅游业。

各地区、各有关部门要提高对加快发展旅游业重要意义的认识,强化大旅游和综合性产业观念,把旅游业作为新兴产业和新的经济增长点加以培育、重点扶持,切实抓好本意见的贯彻落实。国家发展改革委负责综合协调,国家旅游局会同有关部门进行业务指导并对本意见的贯彻执行情况开展督促检查。各级旅游行政管理及相关部门要充分发挥职能优势,加强协调配合,推动旅游业又好又快发展。

国务院

二〇〇九年十二月一日

资料来源:选自中华人民共和国国家中央政府门户网站/www.gov.cn/2009 年 12 月 03 日/国务院办公厅.